Hilde Domin
Die Liebe im Exil
Briefe an Erwin Walter Palm
aus den Jahren 1931 – 1959

Herausgegeben von
Jan Bürger und Frank Druffner
unter Mitarbeit von Melanie Reinhold

*V. Elfi Seifert zum
77 ten. Geburtstag*

S. Fischer Verlag

Der Abdruck einzelner Faksimiles und Fotografien
aus dem Nachlass von Hilde Domin
erfolgt mit freundlicher Genehmigung des
Deutschen Literaturarchivs Marbach.

© S. Fischer Verlag GmbH, Frankfurt am Main 2009
Alle Rechte vorbehalten
Gesamtherstellung: CPI – Clausen & Bosse, Leck
Printed in Germany
ISBN 978-3-10-015342-5

Inhalt

Vorwort
Im Schatten fruchtloser Palmen.
Zu Hilde Domins Briefen aus der Zeit des Exils 7

1. »Ich biete Dir ein Teeviertelstündchen an . . .«
April 1931 bis Oktober 1932. Heidelberg 19

2. »Überhaupt komme ich mir vor wie eine Italienerin.«
November 1932 bis Februar 1939.
Rom und Florenz 81

3. »Das Leben ist kein Spaß.«
Sommer 1939 bis Juli 1940.
London und Minehead 141

4. »Die Inselkäfigexistenz – ich wünsche ihr die Pestilenz.«
August 1940 bis August 1953.
Dominikanische Republik 153

5. »Die Lösung heisst: *Nur eine Rose als Stütze.*«
Februar 1954 bis März 1959.
Deutschland, Spanien, Schweiz 253

Anhang

Editorische Notiz 307
Siglen 310
Zeittafel 311
Anmerkungen 318
Personenregister 375

Vorwort
Im Schatten fruchtloser Palmen.
Zu Hilde Domins Briefen aus der Zeit des Exils

Tausende haben sie erlebt, die Dichterin, die mit über neunzig Jahren wieder und wieder ihre Verse vortrug, die aus ihrem Leben erzählte und über ihr Schreiben. Hilde Domin galt als große alte Dame der Exilliteratur, eine der letzten Überlebenden. Ihre Gedichte las sie fast immer zweimal hintereinander, weil sie dem ersten Hören misstraute. Viele von ihnen waren ein halbes Jahrhundert alt, so wie das lange *Wen es trifft* oder *Nur eine Rose als Stütze*. Immer wollte Hilde Domin verstanden werden. Als sie 1954 zu veröffentlichen begann, erregte einerseits eine betont intellektuelle Lyrik Aufmerksamkeit, andererseits stand noch immer eine Reihe von ästhetisch und politisch konservativen, wenn nicht gar reaktionären Dichtern hoch im Kurs. Die meisten von ihnen konnten auch während des Nationalsozialismus in Deutschland Erfolge feiern. Domins Gedichte stellten sich quer zu beiden Strömungen: Sie waren unverkennbar modern und zugleich alles andere als hermetisch.

Seit 1932 war Hilde Domin nicht mehr in Deutschland gewesen. 1933 wurde der zunächst freiwillige Italienaufenthalt zum Exil. Es folgten anderthalb Jahre in England und fast vierzehn in Santo Domingo, der heutigen Dominikanischen Republik. Ihre Vorbilder stammten vor allem aus der spanischen und iberoamerikanischen Moderne. Es waren damals in Deutschland noch weitgehend Unbekannte wie César Vallejo, Pablo Neruda oder Jorge Carrera Andrade und allen voran Federico García Lorca.

Zeit ihres Lebens verließ sich Domin auf ihren widerständigen Optimismus. Sie war davon überzeugt, dass es trotz der Erfahrung der Verfolgung möglich sein musste, miteinander ins Gespräch zu kommen, sogar mit den Schuldigen.

1 »Ich bin ein Rufer. Wer würde rufen, ohne den Glauben, dass

Kommunikation möglich ist?«, stellte sie auf ihr eigenes
Werk zurückblickend fest. Das war 1972. Damals schrieb sie
schon fast keine Verse mehr, das macht ihr Nachlass deutlich,
der nach ihrem Tod am 22. Februar 2006 zusammen mit dem
ihres Mannes Erwin Walter Palm ins Deutsche Literaturarchiv Marbach kam.

Im März 2006 fanden sich in Domins Heidelberger Wohnung nur vereinzelte literarische Arbeiten, die unveröffentlicht waren, und die meisten von ihnen waren nie über das
Entwurfsstadium hinausgekommen. Sehr umfangreich und
vielfältig hingegen waren ihre Korrespondenzen. Es war
schon lange bekannt, dass sich Domin und Palm mit Ilse
Aichinger, Ingeborg Bachmann, Heinrich Böll, Günter Eich,
Hermann Hesse, Hans Erich Nossack, Nelly Sachs und vielen anderen geschrieben und diese Briefe sorgfältig aufgehoben hatten. Aber der Austausch mit namhaften Schriftstellern und Gelehrten steht nur am Rande eines schwer über-
schaubaren Korrespondenz-Massivs.

Im obersten Fach ihres Kleiderschranks bewahrte Domin
über 2000 meist sehr ausführliche Briefe aus den Jahren der
Emigration auf, die sie vor allem mit ihrem Mann und ihren
Eltern gewechselt hatte. Die meisten von ihnen waren jahr-
gangsweise zu kleinen Bündeln zusammengeschnürt. Weitere Bündel steckten in den hinteren Fächern von Palms
Schreibtischschubladen, die seit seinem Tod im Jahr 1988
offensichtlich nicht mehr aufgezogen worden waren. Möglicherweise hielt Domin selbst all diese Briefe, von denen hier
erstmals eine Auswahl veröffentlicht wird, für weitgehend
unbedeutend. Vielleicht hatte sie sie auch einfach vergessen.
Das ändert nichts daran, dass sie heute das Zentrum der
schriftlichen Hinterlassenschaften des Paares bilden. Wer
sich für Domins persönlichen und intellektuellen Werdegang
interessiert, wird sie nicht unberücksichtigt lassen. Darüber
hinaus dokumentieren sie den exemplarischen Weg zweier
Verfolgter des Naziregimes, eine Sammlung, wie sie sich

reichhaltiger kaum finden lässt. Nur sehr wenigen Exilanten ist es gelungen, ihre Korrespondenzen, Aufzeichnungen, Manuskripte und Dokumente über die unfreiwilligen Wanderjahre hinweg nahezu vollständig bei sich zu behalten.

Bereits 1942 hatte Hildegard Dina Palm, geborene Löwenstein – den Künstlernamen Domin legte sie sich erst für ihre Veröffentlichungen zu –, ihrem Mann vorgeschlagen, mit neunzig einen gemeinsamen »Rat« darüber abzuhalten, welche Teile ihrer Korrespondenz der Nachwelt und welche dem
2 Feuer zu übergeben seien: »Und die hiesigen ›Bulletins‹ werden uns dann nicht wenig lachen machen, und uns ein zärtliches Mitleid für uns selber einflössen.« Der Ton dieses Briefes ist ironisch. Dennoch rechnete Domin damals fest mit einem Nachruhm, allerdings nicht mit dem eigenen, sondern mit dem ihres Mannes, der sich seit seinen Studentenjahren nicht nur als Klassischer Archäologe und Kunsthistoriker verstand, sondern im emphatischen Sinne auch als Dichter. Dass seine während der dreißiger Jahre entstandene Lyrik, mit der er sich deutlich an Stefan George orientierte, ohne jede öffentliche Beachtung blieb, ließ ihn und seine Frau nur zeitweilig an der Bedeutung dieser Arbeiten zweifeln.

Domins früheste literarische Versuche stammen aus den späten vierziger Jahren. Sie selbst hat den Beginn ihres eigenen Schreibens, ihre »zweite Geburt« als Dichterin, noch später datiert. »Ich, H. D., bin erstaunlich jung«, schreibt sie 1962 in einem ihrer wichtigsten autobiographischen Essays.
3 »Ich kam erst 1951 auf die Welt. Weinend, wie jeder in diese Welt kommt. Es war nicht in Deutschland, obwohl Deutsch meine Muttersprache ist. Es wurde spanisch gesprochen, und der Garten vor dem Haus stand voller Kokospalmen. Genauer, es waren elf Palmen. Alles männliche Palmen und also ohne Früchte. Meine Eltern waren tot, als ich auf die Welt kam. Meine Mutter war wenige Wochen zuvor gestorben.«

Bis dahin hatte sich Domin, nur unterbrochen von der Arbeit an ihrem politikwissenschaftlichen Examen, weitgehend in den Dienst ihres Mannes gestellt. Seit 1932 arbeitete sie Palm zu, sie recherchierte und fotografierte für seine Forschungsvorhaben und nicht besonders fruchtbaren literarischen Arbeiten, sie korrigierte und übersetzte seine Aufsätze und Vorträge und alimentierte ihn jahrelang durch Sprachunterricht, den sie privat und an Hochschulen erteilte. Nicht zuletzt setzte sie sich selbstlos für die Veröffentlichung seiner Texte ein.

1944 publizierte Palm sein Langgedicht *Requiem für die Toten Europas* als sorgfältig hergestellten Privatdruck. Mit Kriegsende schickte seine Frau zahlreiche Exemplare dieses Drucks an namhafte Schriftsteller – in der Hoffnung, ihrem Mann durch die Literatur zu einer neuen Existenz zu verhelfen. Palms Verse blieben nicht ungelesen. Im Nachlass finden sich Reaktionen von Martin Buber, Hermann Hesse, Yvan Goll, Arnold Schönberg, Karl Wolfskehl und einigen anderen. Fast alle bemühen sich, Palm in seinen künstlerischen Absichten zu bestärken, doch von seinen Dichtungen sind nur wenige überzeugt. Charakteristisch ist Thomas Manns Urteil, der sich am 8. Januar 1946 aus Kalifornien meldete. Er schicke die Gedichte dankend zurück, schreibt der Nobelpreisträger an Domin, und er bedaure, dass er nicht öffentlich für das *Requiem* eintreten könne: »Ich kann wohl sagen, [4] dass ich mich redlich um diese Gebilde bemüht habe, aber es ist mir nicht gelungen, in ein Vertrauensverhältnis dazu zu gelangen, für das ich laut zu zeugen wagen möchte. Es ist wahr, momentweise berührten die Gedichte mich merkwürdig und bedeutsam, aber dann schienen sie mir wieder im Enigmatischen stecken geblieben, nicht zu fassbarem Ausdruck durchgedrungen zu sein. Gott weiss, ob ich nur versage vor einem Neutönertum, das einer jüngeren Generation verwandt ins Ohr lautet. Es mag sein. Dann will ich mich nicht klüger und fortgeschrittener hinstellen, als ich bin. Es hat aber für mich auch dies alles etwas Aphoristisches, Abgerissenes, Kurzatmiges, – keine grössere Form ist gewonnen, zu der ein längerer, tieferer Atem gehörte. Gewiss ein Hölderlin'scher Tonfall, eine dichterische Gebärde ist da, aber oft scheint sie mir zu misslingen, daneben zu gehen, und ich bringe mich nicht dazu, ihr zu glauben. Mein Eindruck ist, dass der Dichter warten sollte, bis das Wenige mehr wird, das Spärliche sich füllt. Natürlich mag er, wenn ein Verleger den Glauben hat, auch dies erst einmal drucken und sich damit hören lassen.«

Palms künstlerischer Misserfolg steht im deutlichen Gegensatz zum Echo, das Hilde Domins eigene Lyrik seit den fünfziger Jahren hervorrief, zumal es ihr zunächst überhaupt nicht darauf anzukommen schien, schriftstellerisch hervorzutreten. Ihre Gedichte sind das Resultat einer schweren persönlichen Krise, deren Auslöser keineswegs nur der vielbeschworene Tod ihrer Mutter im fernen Europa gewesen war. Domin empfing die niederschmetternde Botschaft, als sie dabei war, ihre Rückkehr in ihre Heimat vorzubereiten, weil ihre Mutter Schwierigkeiten mit ihrem US-amerikanischen Pass bekommen hatte und Deutschland vorerst nicht wieder verlassen konnte. »Das Reisegeld«, erinnerte sich Domin, »das ich von amerikanischen Verwandten erbettelt hatte, erhielt ich gleichzeitig mit der Nachricht über ihren Tod.« Die karibische Abgeschiedenheit konnte sie zu diesem Zeitpunkt kaum noch ertragen, zumal ihre Ehe keine Zukunft mehr zu haben schien. Obwohl nicht zu übersehen war, dass sie psychisch an eine Grenze geraten war, hatte sich Palm über Monate hinweg kaum noch um seine Frau gekümmert. Auf diese Zeit zurückblickend, schrieb Domin 1957 einen ausführlichen Brief an ihren Bruder, den sie vermutlich nie abschickte. Darin heißt es: »Als Mutter starb und es das einzige Mal im Leben war, dass ich eine Stütze gebraucht hätte, statt zu stützen, […] da verliess er mich.« Erst durch Palms Abwesenheit und wohl auch Gleichgültigkeit ihr gegenüber verwandelte sich ihre schwierige Situation in eine existentielle Krise: »Ich fand mein Leben mit einem Schlage als widerlegt, wenn die Liebe diese einzige ihr auferlegte Probe nicht ertrug. Ich schämte mich vor Mutter. Ich bekam Angst, sie könne noch im nächsten Leben da sein und mich so ansehen.« Aus dieser Scham heraus begann Domin zu schreiben, und sicher kam auch eine zweite Form von Scham hinzu: die, überlebt zu haben. Diese Scham teilte sie mit vielen verfolgten Juden, die dem Holocaust entkommen konnten.

Domins Korrespondenz aus den Jahren 1931 bis 1959 kann als unbewusste Einübung in ihre zweite Existenz gelesen werden, in deren Mittelpunkt die Literatur stand. Weite Passagen ihrer Briefe – die feinsinnigen Alltagsbeschreibungen, der beiläufige Wortwitz oder die sichere Wiedergabe von Dialogen – zeugen vom Ausnahmetalent der Autorin. Dabei hat Domin vor ihrer Rückkehr nach Europa und ihren Erfolgen als Dichterin eine spätere Veröffentlichung ihrer Briefe höchstens scherzhaft in Erwägung gezogen. Gewissermaßen handelt es sich bei ihnen um ein umfangreiches Werk vor dem Werk. In ihrer radikalen Unbefangenheit scheinen die Botschaften an ihren Mann erstaunlicherweise oft gerade durch das Fehlen künstlerischer Ambitionen zu ergreifenden Beispielen der Briefkunst des 20. Jahrhunderts geworden zu sein, die mit der Durchsetzung des Telefons mehr und mehr marginalisiert wurde. Im Alter telefonierte auch Hilde Domin viel und gern, und bereits in den ersten Jahren des Exils ist in ihren Briefen oft von Ferngesprächen die Rede. Doch das ändert nichts daran, dass Briefe für sie und Palm das wichtigste Mittel blieben, um längere Trennungen zu überbrücken. Dann rückte die Korrespondenz für beide nicht nur an die Stelle des täglichen Austauschs, sie ersetzte auch Tagebuchaufzeichnungen und vielleicht sogar manchen literarischen Text. Sie wurde zum Lebenszweck, besonders wenn der Alltag so schwer zu bewältigen war, dass an intellektuelle Anstrengungen nicht mehr zu denken war. So waren diese Briefe mitunter auch einfach nur nächtliche Liebesbeteuerungen, Spuren einer Zweisamkeit, die allein

schon durch die Kosenamen gegen die Außenwelt abge-
schirmt wurde: Ihren Mann rief Domin wahlweise als Affen,
Panther, mitunter auch als Pfau oder Peter an, der Diminu-
tive und Kombinationen sind viele. Sie selbst firmierte meist
als Hase, Häslein oder auch Hasino. Hinzu kommen An-
spielungen und Hinweise auf Ereignisse und Bekannte, deren
Sinn Außenstehenden dunkel bleiben muss. Ein anderes Mittel der Monadenbildung ist das Wechseln zwischen den Sprachen: Je nach Stimmungslage schreiben sich Palm und
Domin nicht nur in ihrer Muttersprache, sondern auch auf
Griechisch, Latein, Französisch, Italienisch, Spanisch und
Englisch.

Die frühesten überlieferten Gedichte schrieb Domin im
Rahmen ihres Ehebriefwechsels. Es handelt sich um Gele-
genheitslyrik, die sie zu Palms Geburtstagen verfasste. Von
ganz anderer Art sind jene Gedichte, die sie ihm 1951 und
1952 zukommen ließ, auf dem Höhepunkt ihrer Beziehungs-
krise. Als es ihr immer schwerer fiel, sich ihrem Mann überhaupt noch irgendwie verständlich zu machen, wechselte sie
in die gebundene Rede. Auch wenn Palm die literarischen
Arbeiten seiner Frau nicht immer ohne Eifersucht las, blieb
er doch ihr erster und wichtigster Adressat. Im Gegensatz zu
anderen in der jüdischen Tradition stehenden Lyrikern wie
Ossip Mandelstam oder Paul Celan war das Gedicht für Domin keine »Flaschenpost«, die zwar aus dem Wunsch heraus
geschrieben wird, dereinst gelesen zu werden, aber auf keinen konkreten Empfänger abzielen kann. Domin hat beim
Schreiben ihrer Gedichte stets ihre Adressaten im Auge behalten, genau wie bei einem ordentlichen Brief. Sie wollte
gehört und verstanden werden, sie suchte die Nähe des Pu-
blikums. Die Arbeit am Wort war für sie niemals ein Selbst-
zweck. Sie blieb jener »Rufer«, dem die Dichtung ein Mittel
des Trosts und der Versöhnung war, und wahrscheinlich
machte gerade das sie so erfolgreich.

Die Poesie glich für sie einer Rose, die zwar gefährdet war, auf die sie sich aber doch verlassen konnte. »Meine Hand / ⁷ greift nach einem Halt und findet / nur eine Rose als Stütze«, heißt es am Ende des Titelgedichts ihres 1959 erschienenen Debüts. Ihre Hand fand nur diese zerbrechliche, zudem noch dornenreiche Stütze – in apokalyptisch anmutenden Zeiten, die nicht nur Auschwitz möglich gemacht hatten, sondern auch die Atombombenabwürfe auf Hiroshima und Naga-saki, schien das allerdings gar nicht so wenig zu sein.

Nur eine Rose als Stütze – diese Worte enthalten auch eine Anspielung auf das erste Buch, an dessen Veröffentlichung Domin maßgeblich beteiligt gewesen war. Es handelt sich um den schmalen Band *Rose aus Asche. Spanische und spanisch-amerikanische Lyrik seit 1900*, der 1955 von Palm herausge-geben wurde. Er enthält einige jener Gedichte, die für Palm und Domin in den Jahren, in denen die meisten ihrer Freunde und Verwandten verfolgt und ermordet wurden, überlebens-wichtig geworden waren. Dabei wurde das kurze Gedicht, dem der an Celans *Todesfuge* erinnernde Titel des Buches entnommen ist, fern von Europa, fernab der Shoa geschrie-ben. Es stammt von dem chilenischen Dichter Alberto Baeza Flores, und in ihm finden sich gleich mehrere Bilder, die auch für Domins Gedichte und Briefe charakteristisch sind. Fast ist man versucht, die Verse für ihre eigenen zu halten:

Ach, dieser ganze schöne Leib   ⁸
aus Ewigkeit und Traum,
schöne leuchtende Insel,
muß fallen, fallen hin zur Rose.
Kurzer Tag, das Licht hoch, Zeit im Vergehn.
Fallen so wie die Rose die nach Tau
duftet, selig, für einen Tag.
Und dann ...
Rose im Herbst, du, meine Freundin.
Du, Winterrose, meine Taube.
Rose aus Asche du, Geliebte.

Nach ihrem Tod standen Rosen in Hilde Domins Wohnung. In ihrem Arbeitszimmer hing eine alte hölzerne Taube, die sie gern mit in ihr Grab genommen hätte. *Irdisches Paradies* lautet die Überschrift von Alberto Baeza Flores' Gedicht. Domins einziger, unverblümt autobiographischer Roman *Das zweite Paradies* nimmt offenbar darauf Bezug. Nach einer Reihe von Enttäuschungen und vielen Jahren der Emigration findet sich die Protagonistin des Romans zwischen zwei Männern wieder, die sie beide bedingungslos liebt – mit dem einen ist sie verheiratet, mit dem anderen könnte sie verheiratet sein. Diese Konstellation beruht, das machen Domins Briefe deutlich, auf ihren eigenen Erfahrungen. Ob sich auch in der folgenden Begebenheit des Romans ihr Leben unmittelbar spiegelt, wissen wir nicht: »Sie bot ihm an, zu bleiben – und doch schenkte sie ihm gleichzeitig eine kleine rote Kerze, kleiner als ihr kleiner Finger, eine Kerze für einen Miniaturweihnachtsbaum, damit er ihre Briefe verbrenne. Wie sie die Kerze aus der Tasche nahm, etwas sehr Kleines in Seidenpapier, begann er, sich vor dem Geschenk zu ängstigen, und sagte abwehrend: ›Ich will nichts. Geben Sie mir nichts!‹«

Hilde Domins Nachlass wirkt nicht so, als hätte sie viele Papiere vernichtet. Zumindest die Korrespondenz mit ihrem Mann scheint fast lückenlos überliefert zu sein. Ob ansonsten im Lauf ihres langen Lebens etwas Wesentliches verloren gegangen ist oder sogar verbrannt wurde, hätte uns allein die Verstorbene mitteilen können.

Jan Bürger, im Dezember 2008

Die Ziffern an den Innenseiten verweisen auf die Anmerkungen im Anhang (ab Seite 318).

1. »Ich biete Dir ein Teeviertelstündchen an ...«
April 1931 bis Oktober 1932. Heidelberg

Das gemeinsame Leben von Hilde Domin und Erwin Walter Palm beginnt im Sommersemester 1931 in der Mensa der Ruprecht-Karls-Universität in Heidelberg. Ein halbes Jahr-
1 hundert später erinnert sich Domin: »[...] ich [habe] dort un-ten in der Mensa im Marstallhof, die auch weiter die Mensa ist, vor soundsoviel Jahrzehnten einen Studenten getroffen, mit dem ich dort in der großen Aula, die noch dieselbe ist, in Jaspers' Vorlesungen und Seminaren gesessen habe, Zettel-chen austauschend, und den ich dann nach den beiderseitigen Doktorexamen geheiratet habe, und der jetzt Professor ist (wenn auch in einem anderen Fach), wie er es schon als Stu-dent gewünscht hatte. Als sei dies ein Film, aus dem nur der Mittel- und Hauptteil weggeschnitten zu werden braucht, und die beiden Enden passen nahtlos zusammen.« Am An-fang dieses Mittelteils stehen die Jahre in Italien – am Ende die Erfolge der Dichterin Hilde Domin und die Berufung Palms zum Professor am Kunsthistorischen Institut der Hei-delberger Universität.

Nach dem Abitur am Humanistischen Mädchengymna-sium Merlo-Mevissen in Köln tritt die zwanzigjährige Hilde Löwenstein im Sommersemester 1929 in die Fußstapfen ih-res Vaters und studiert erst an der Ruprecht-Karls-Univer-sität Heidelberg zwei Semester, dann an der Universität Köln ein Semester Jura. Im Wintersemester 1930/31 geht sie für ein Semester an die juristische Fakultät der Friedrich-Wil-helms-Universität zu Berlin, um dann im Sommersemester 1931 zurück nach Heidelberg zu wechseln, wo sie sich ausge-
2 sprochen wohl fühlt. Im März 1932 schreibt sie Palm: »Hier ist es herrlich, schon die Fahrt am Neckar entlang war be-glückend, der Blick auf sanft geschwungene grüne Hügel, wenn auch die Bäume noch als dürre Besen in die Luft ste-

hen.« Palm geht es ähnlich. In seinem Tagebuch heißt es:
»Ein Weg durch Heidelberg hat mir gezeigt wie verwachsen 3
ich mit dieser Stadt bin. Eine Anzahl Bekannte, hier und da
ein liebes Gespräch, der Atem der Häuser alles ist mir lieb
und wert.« Er behauptet sogar, Domin und Heidelberg bil-
deten für ihn eine Einheit: »Ihr zwei gehört nämlich unlös- 4
lich zusammen: ihr seid süß und betäubend wer euch einmal
geküßt hat ist euch verfallen.«

Die ersten Liebesbotschaften der beiden spiegeln ein spie-
lerisches Miteinander: Sie wird zum »Häschen«, er zum
»Äffchen«. Beide unterzeichnen mit Illustrationen zu ihren
Kosenamen. In guten Zeiten sind Palms Briefe fast übermü-
tig. So nennt er sich auf einem undatierten Zettelchen einmal
Ervinus Waltharius Palum Graf zu Klosterhausen. Bald 5
schon schreiben sich Palm und Domin ausführliche Briefe,
vor allem, weil beide immer wieder für mehrere Wochen zu
ihren jeweiligen Eltern fahren. Mitunter scheinen Palm diese
Trennungen gar nicht ungelegen zu kommen, denn »um
wirklich zu arbeiten«, dürfe man, wie er behauptet, »nicht 6
glücklich sein, zumindest nicht in der Nähe dessen den man
liebt«. Als dann allerdings im Oktober 1931 feststeht, dass er
den Winter mit Domin zusammen in Heidelberg verbringen
kann, schreibt er: »Ich hätt gestern morgen Häuser einreißen 7
mögen vor Vergnügen.«

Bei gemeinsamen Leseabenden entdecken Palm und Domin die Antike für sich: »Da war zunächst die Griechenland- 8
begeisterung, bei mir wie bei ihm, ganz an der Antike festge-
macht, ohne daß wir, er wie ich, je in Hellas gewesen waren.
Diese Leidenschaft für das Griechische war, auch in meinem
Fall, eng mit der Liebe verbunden. Denn Erwin Walter Palm
war klassischer Philologe, seinerseits zwar mehr den Römern
als den Griechen zugeneigt, aber er konnte wesentlich mehr
Griechisch als ich, die ich es nur vier Jahre lang auf einem humanistischen Gymnasium gelernt hatte. Und so lasen wir
Abend für Abend miteinander Platon, das *Symposion*, in der

kleinen Dachstube auf der Anlage, meinem Studentenzim-
mer. Das begann in Heidelberg im Sommersemester 1931.
Mit den Platonabenden war er allen Rivalen, die in mich verliebt waren, von vornherein überlegen. Es war dies, die gemeinsamen Leseabende, der Beginn einer Lebensform, die
sich für uns Jahrzehnte lang bewährt hat, besonders auch in
den Jahren der Not.«

Obwohl die Beziehung zwischen Domin und Palm zeit ihres Lebens besteht, gibt es immer wieder auch andere Männer und Frauen. Im September 1931 kokettiert Domin mit
ihrer Freundschaft zu Harry Schulze, beteuert aber, dass
9 Palm nicht eifersüchtig sein müsse: »Denk mal, Harry ist
wieder aufgetaucht. Ich traf ihn dieser Tage auf der Straße, er
begleitete mich nach Hause und ich mußte ihn natürlich noch
ein Stündchen mit herauf nehmen. Gestern pfiff er stunden-
lang auf der Straße, mir kam es schließlich bekannt vor, daß
ich herausschaute. Wieder Harry. Dann verschwatzten wir
den ganzen Abend. Der arme Junge hat buchstäblich niemanden zum reden und liest sich täglich eine halbe Stunde
Gedichte vor, um das Sprechen nicht zu verlernen und um
eine Stimme zu hören. Unter diesen Umständen konnte ich
doch nicht so hartherzig sein, ihn wegzuschicken. Solange er
vernünftig ist, kann man sich ganz gut mit ihm unterhalten.
Er ist intelligent und sensibel, auch wenn Du es nicht glaubst.
Heute ist er nicht gekommen, er wagt sich nicht so oft her.
Daß ich nun bereits darüber unterrichtet bin, daß er seine
Freundin Gerda nicht liebt, sondern eben nur u.s.w., ist mir
etwas peinlich. Aber er ist sehr munter. Ich hüte mich, ihn
abermals zu ›beunruhigen‹. Ich will aber meine Abende nicht
verlieren und werde ihm vorschlagen, täglich eine Stunde
spazieren zu gehen. Denn es wurmt mich, daß ich alleine
nicht richtig in den Wald darf. Nun will ich noch so liebenswürdig sein, Dir zu versichern, was sich ja von selbst versteht,
daß Du auf Harry kein Bißchen eifersüchtig sein brauchst.«
10 Palm ist trotzdem eifersüchtig: »Bist Du das Alleinesein

schon wieder so satt? Schaue! Du brauchtest <u>unbedingte</u>
Ruhe und Einsamkeit!« Kurze Zeit später hat Domin eine
kurze Affäre mit Achim Gerstel, die sie Palm am 7. Dezember
1931 beichtet und die ihre Beziehung ernsthaft gefährdet.   11
  Auch Palms Interesse für andere Frauen ist durch die Begegnung mit Domin nicht versiegt. Auf einem Löschblatt,
das bei seinen Mitschriften zur Vergil-Veranstaltung von
Hans Oppermann liegt, stehen folgende Namen: Kaethe Sil-   12
berberg, Irina Renata und Hilde Löwenstein. Vor allem Silberberg scheint für Domin eine ernsthafte Konkurrentin gewesen zu sein. Am 5. November 1931 schreibt Palm in sein
Tagebuch: »Hilde war wieder sehr nervös. Unruhig. Wir ka-   13
men zu keiner Lösung und mich hält irgendetwas sie ganz
mir zu zutun. Das vielleicht beunruhigt sie im Innersten. Ich
spiele kein ehrliches Spiel. Hätt ich nur Kaethe da und wüßt
ich nur wie sie aussähe.« Vier Tage später heißt es: »Noch   14
einmal seh ich das Bild von Kaethe das sie mir gestern
schickte: nein, sie hat sich geändert. Sie ist eine kleine Frau
geworden mit charme und chic. Oder habe ich ihr in Göttingen nur die georgianische Maske aufgepfropft?« Am 10. November 1931 vermerkt er kurz: »Abend mit Hilde. Klärungs-   15
versuche.« Domins Brief vom 19. Februar 1932 macht dann
deutlich, dass in der Zwischenzeit eine Entscheidung gefallen   16
sein muss.
  Die Liebe und das Studium sind für Domin eng miteinander verknüpft. Als sie zum Wintersemester 1931/32 von Jura
zur Nationalökonomie wechselt, geschieht dies vor allem aus
pragmatischen Gründen. In ihrem Brief vom 12. August 1931
legt sie Palm ihre Pläne und Absichten dar: Zum einen kann
ihr Vater sie finanziell nicht mehr im bisherigen Umfang unterstützen. Zum anderen hat sie als Volkswirtin bessere Be-
rufsaussichten: »Ich konsultierte gestern Richard C. und kam   17
zu dem Entschluß, zunächst das Diplom zu machen, das ich
bei intensiver Arbeit gerade vor dem nächsten Sommersemester schaffen kann, und dann nach den vorschriftsmäßigen &

weiteren Semestern den Dr. rer. pol. – Ich habe dann, sollten die Zeiten sehr traurig sein, wenigstens prinzipiell die Möglichkeit, mich nur pro forma zu immatrikulieren, und z. B. in Frankfurt als Diplom[-]Volkswirt eine Stellung auszufüllen – so ich eine bekomme natürlich –. [...] Bin ich dann mit dem Studium in etwa 2 Jahren fertig, so kann ich, Interesse und Geld vorausgesetzt, in weiteren 2 Semestern immer noch den Referendar und Dr. iuris machen. Jedenfalls aber habe ich auf diese Weise wohl einen schnelleren und praktischeren Abschluß meiner Studien. Dann steht mir offen, die Beziehungen vorausgesetzt, die nötig sind, um Gelegenheit zur Entfaltung meiner Fähigkeiten zu haben, der Weg in Handelskammern, Banken und große Unternehmen jeder Art, die Volkswirte brauchen. Ferner der Weg zur Presse. Dann die Arbeit in Partei und Gewerkschaften, wenn ich mich ganz der Politik zuwende. Und endlich, falls mein Kopf dazu reicht, theoretische Arbeit.« Palm antwortet am 13. August 1931:
18 »Dein Brief hat mich mit allem Entzücken der Welt erfüllt: es ist die ideale Lösung. Zum ersten beglückwünsche ich Dich zu Deiner rasch entschlossenen Schwenkung zu einem Arbeitsgebiet, dessen Materie Dich mehr erfüllt und in der gerade Du auch mehr wirst leisten können als in der Jura. Denn Gehirnakrobatik ist kein Lebensberuf. Zum zweiten gratuliere ich uns beiden, aufs herzlichste und innigste [zu einem gemeinsamen Winter].«

Gemeinsam nehmen beide an Lehrveranstaltungen teil, ihre philosophischen Interessen weiten sich aus. Sie belegen im Sommersemester 1931 und im Wintersemester 1931/32
19 Jaspers' Veranstaltungen zur »Existenzphilosophie«, zu »Kants Kritik der reinen Vernunft« und zur »Logik«. Um die schwierige Materie zu bewältigen, treffen sie sich regelmäßig zum Lernen. Am 7. November 1931 schreibt Palm in sein Ta-
20 gebuch: »Am späten Abend mit Hilde Studium zu ›Kritik der reinen Vernunft‹ begonnen. Wir konnten tatsächlich nur mit Hilfe des Jasperschen Logikcollegs eindringen. Es ver-

führt dauernd zu Sophistereien wenn man sich nicht streng in Acht nimmt. Nur wenig weit gekommen. Eben dies Werk und Jaspers Logik ernsthaft studiert, werden uns weiterhelfen.« Einen Tag später ergänzt er: »Kant mit Hilde gelesen 21 noch immer unter quälenden Schwierigkeiten.« Und am 11. November 1931 heißt es: »Jaspers: Kantseminar. Klarer 22 als die Eigenlektüre. Aber noch immer kein Verhältnis zu Kant.« Neben philosophischen Veranstaltungen bei Jaspers besucht Domin in Heidelberg nachweislich eine Veranstaltung – »Soziologie der öffentlichen Meinung und Presse« – bei Karl Mannheim. Hauptsächlich beschäftigt sie sich aber 23 mit Jura und Nationalökonomie.

Palms kunstgeschichtliche Neigungen sind schon zu Schulzeiten erkennbar. In seinem Reifezeugnis des Frankfur- 24 ter Goethe-Gymnasiums vom 15. Februar 1929 heißt es, er habe die Arbeitsgemeinschaft Kunstbetrachtung mit genügend abgeschlossen. In seinen Memoiren schreibt er: »Noch 25 als Gymnasiast hörte ich meine ersten kunsthistorischen Vorlesungen bei dem Besitzer des Schneiderschen Parks, Karl Burkart.« Am 16. April 1929 ist er dann »durch Handschlag den akademischen Gesetzen verpflichtet und in die Gemeinschaft der akademischen Bürger« an der Georg-August-Uni- 26 versität in Göttingen aufgenommen. Nachdem er bei Professoren wie Eduard Fraenkel, Hermann Fränkel und Kurt Müller am Institut für Altertumskunde studiert hat, verlässt er die Göttinger Universität im März 1931. Am 29. April 27 1931 nimmt ihn das Philologische Seminar der Ruprecht- 28 Karls-Universität Heidelberg auf.

Neben Jaspers gehören hier Otto Regenbogen, Eugen Täubler und Arnold von Salis zu seinen Lehrern. Bei Fried- 29 rich Gundolf hört er eine Vorlesung. Zu einem engeren Kontakt mit ihm kommt es wahrscheinlich nicht. Gundolf stirbt bereits im Juli 1931 an Krebs – sein Grab befindet sich heute unmittelbar neben dem von Palm und Domin. Für den jungen Palm muss dieser Todesfall ein herber Verlust gewesen

sein, war der Umzug nach Heidelberg für ihn doch vermutlich nicht unwesentlich mit dem Wunsch verbunden, sich in
die Nähe eines der wichtigsten Mitglieder des George-Krei-
ses zu begeben. In allen geistigen Fragen ist Stefan George
für Palm zu Beginn seines Studiums das wichtigste Vorbild,
ohne dass er dem Dichter jemals persönlich begegnet wäre.
Unter Georges Einfluss modifiziert Palm sogar seine Handschrift, und die Reinschriften seiner Gedichte sind ganz im
Stil des »Kreises« gehalten.

Von den Heidelberger Hochschullehrern scheint Palm
Otto Regenbogen am wichtigsten gewesen zu sein. Unter
30 dem 6. November 1931 heißt es in seinem Tagebuch: »Gespräch mit Regenbogen. Noch immer viele stilistische
Übungen notwendig. Ein wundervolles Verantwortungsbe-
wußtsein bei diesem Mann. Und auch deshalb ist jene er-
greifende Rede über seine Pflichten und die Begründung
seines Hierbleibens nicht leere Pathetik. Das Colleg ist wieder gleich eindrucksvoll und schenkend. Auch Jaspers war
am Nachmittag besser; wenigstens hat er etwas gesagt und
doch habe ich den Eindruck von einem betroffenen Menschen gegen seine vorsemestrige Ruhe.« Am 28. Juli 1932
31 beendet Palm seine Studien der Klassischen Philologie an
der Universität Heidelberg, um diese kurz darauf in Italien
fortzusetzen. Domin schließt ihr Heidelberger Studium am
32 29. Juli 1932 als Diplom-Volkswirtin mit der Gesamtnote
gut ab.

Bereits im Mai des Vorjahres weiht Palm sie in seinen Plan
33 ein, nach Italien zu gehen: »Am Montag abend fassten wir
den Entschluss die Koffer zu packen und nach Italien zu fahren, auf einige Zeit, auf immer (?)[.] Lieber dort verkommen,
als sich hier in Deutschland zu verbeißen: hieß es. Ich habe
meinen Eltern meinen Plan unterbreitet und einigermaßen
glaubwürdig motiviert. Sie waren zwar erstaunt haben aber
prinzipiell nichts einzuwenden. Was mich noch hält sind Fäden zur Universität, zu Regenbogen vor allem auch Bezie-

hungen die ich nicht gerne verlieren möchte: was wichtiger ist: die alten Bekannten.«

Wie ernst Palm seine Absichten verfolgt, zeigt sich daran, dass er sich im November 1931 seine Italienischkenntnisse bescheinigen lässt. Knapp ein Jahr später lernt auch Domin Italienisch: »Eben telephoniert das Institut, man wird mir die Adresse einer ital. Lehrerin verschaffen. Schlimmer nur, daß ich kein Geld habe und die Mutti mir keines dazugeben will. Sie ist ohnehin schon gegen den Plan […]« Ganz grundlos scheinen die Bedenken von Paula Löwenstein nicht zu sein. Doch Domin lässt sich weder von ihrer Mutter beirren noch dadurch, dass Palm von ihr verlangt, ihre Interessen den seinen vollständig unterzuordnen. Letzteres fällt ihr zuweilen schwer, letztlich fügt sie sich dann aber doch den Forderungen des Geliebten. So macht sie auch die Entscheidung, ob sie besser nach Florenz oder Rom gehen sollten, ganz von ihm abhängig: »Ist übrigens nicht Regenbogen diesen Winter in Florenz? Du […] warst es, der einen Aufenthalt in Florenz in den heitersten Farben schilderte, und Du zogst es Rom sehr vor. Da es kleiner ist, dürfte man dort eher in italien. Kreise kommen als in Rom. Du mußt auch ein wenig an mich denken, Du hast da wie dort Empfehlungen, moi pas. Ausschlaggebend ist für mich aber die Facultät, und wenn sie in Rom etwas taugt, so gehe ich nicht minder gerne dorthin. Daß es dort noch viel mehr zu sehen gibt, macht das Arrangement so herum sehr sinnvoll. Aber jedenfalls möchte ich nicht auf Florenz verzichten.«

Im Herbst 1932 wird Domins Abreise zunächst noch durch eine fiebrige Grippe verzögert, die sie bei ihren Eltern in Köln auskuriert. Obwohl sie Palm mehrfach darum bittet, auf sie zu warten, bricht er am 22. Oktober alleine auf. Er reist über Basel und Mailand. Domin folgt ihm vier Tage später über Luzern. Ihre polizeiliche Abmeldung vom 26. Oktober 1932 beantwortet die Frage nach dem neuen Wohnort: Sie ziehen nach Rom.

1 *In Heidelberg, ohne Datum*

Ich bekomme heute nur Zahlen und Vorträge vorgesetzt, und noch dazu methodische, und harte Eier & dumme Mädchen – und gar keinen Kuß!

2 *In Heidelberg, ohne Datum*

Mein liebstes [Äff]chen.
Ich biete Dir ein Teeviertelstündchen an von 6–6^{20}. Sorge für [Tee], [Tisch], und [Essen]!
Du dormiglione, Beneidenswerter, sei geküßt von Deinem [Häschen]

[Abb. siehe Seite 30 oben]

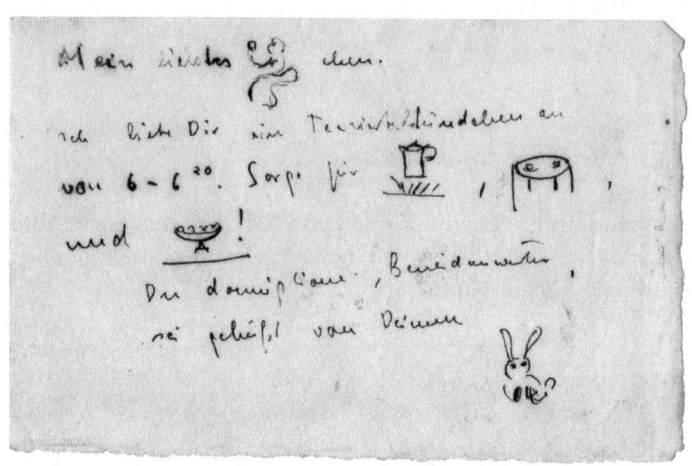

3 *Aus Heidelberg nach Frankfurt a. M.*

24. VIII. 31

φιλτατε. Ich schreibe nur in Eile im Restaurant. – Ich habe 1
nämlich gerade ein hübsches großes Zimmer gesehen,
Neckarstaden 11, dicht bei der alten Brücke. Was Du so
suchst, eine abgetrennte Schlafnische (kein extra-Zimmer,
aber durch Vorhang getrennt.) Platz genug für Deine Bücher.
Schreibtisch, Sofa, kleiner runder Tisch mit 2 kl. Korbses-
seln, Schrank & diverse Schränkchen. Kostet 45 M incl.
Frühstück, Bedienung, Wäsche. Licht circa 2 M. Und Feue-
rung. Frau sehr kulant, wie sie sagt. Wenn Du es bezahlen
kannst, sehr schön. – Nicht modern, auch keine Stylmöbel,
aber solide bürgerlich. – Ich habe es mir bis Donnerstag an
Hand geben lassen. Bitte um Bescheid. – Deinen Brief beantworte ich noch in extenso. Ich glaube, ich habe ganz vergessen, Deinem Wagner-Essay das Lob zu zollen, das ihm
zukommt. Er hat mir sehr gut gefallen. Ich bin ja kein ganz
zuverlässiger Kritiker da ich Deine Begeisterung nicht teile

und, was schlimmer ist, das Sachliche nicht beurteilen kann –
soweit Musik sachlich ist. – Einstweilen allen Dank für Dein
Bildchen. Es ist recht nett, obwohl ich mir noch ein Besseres
von Dir denken könnte. Du hast nicht geschrieben was Du
von dem Erwerb der Zeitschriften hältst. Für heute alles
Gute Liebe

Deine Hilde

4 *Aus Heidelberg nach Frankfurt a. M.*

Heidelberg, den 24. VIII. 31
abends um 10.

Mein Lieber.

Da Dich dieser Brief erst am 27. erreichen wird, muß ich mich
gleich jetzt geburtstäglich fassen. N'importe, ich habe so
schön Ruhe zum Schreiben, und werde deswegen am 26. und
an dem großen Tage selbst nicht weniger Deiner gedenken.
Also: mein liebstes Geburtstagskind.

Da an diesem Tage auszusprechen Brauch ist, was wir auch
so und alle Tage des Jahres wünschen et que nous désirer
nous savons, und uns aller warmen Gefühle für den anderen
bewußt zu werden – ein nützlich Memento für die, deren Gefühle eingeschlummert sind; und wieviele Gratulanten versuchen nicht an diesem Tage, tote Gefühle zu beleben, und
staffieren die starre Leiche einer abgelebten Beziehung niedlich aus, und offerieren die geschminkte Puppe dem Geburtstagskind, täuschend und manchmal selbst getäuscht –
hab alle lieben guten Wünsche in explicite. Denn wir haben
uns ja lieb genug, um nicht eines besonderen Tages zu bedür-
fen, der unsere freundlichen Gefühle weckt. Und unser Verhältnis ist uns noch nicht so zur Selbstverständlichkeit geworden, daß wir, völlig zueinander gehörig, dies nur einmal
im Jahr besonders manifestieren müssten wie alte Eheleute.
Daher ist mir dieser Tag nur ein lieber Anlaß mehr, Deiner zu

gedenken, mein lieber Freund, und Dir von Herzen das Beste
zu wünschen. Das Gute ist nie gut genug. Aber was dies Beste sei, das ahne ich nur, denn da ich sehr jung und unruhig
bin, zeigt sich mir das Beste von vielen Seiten. Nicht so, daß 4
es nicht Eines wäre, denn des Guten gibt es eine Unzahl, aber
das Beste ist nur ein Einziges, aber es erscheint mir in vielerlei
Gestalt das Eine, in mancherlei Incarnationen. Ich bin im
letzten Jahr so weit fortgeschritten – wenn ich diesen anma-
ßenden Ausdruck mir erlauben darf, der keineswegs leugnen
will, daß ich noch weitab vom Ziele bin – daß ich durch die
Erscheinungen hindurchsehend, oder besser, hindurchfüh-
lend – denn es ist ja noch so unsicher – sie nach dem Wesentlichen hin ordne und viele von ihnen, ohne es näher erklären
zu können, als zusammengehörig dabei empfinde, mögen sie
auch gänzlich verschieden, ja einander fremd und zuwider,
und in ganz anderen Sphären des Daseins sich ereignen. Ich
fühle sie verbunden durch das Eine »worauf es eigentlich ankommt«, (um Jaspers seine liebste Formulierung zu stehlen),
als Seinsformen dieses Einzigen. – Ob diese Gestaltungen
dem Wesentlichen verschieden nah sind, ob es eines Tages zu
wählen gilt zwischen den Möglichkeiten, das Eine zu erleben
oder ob es, wie ich heute glaube, darauf ankommt, daß und
nicht wie und in welcher seiner Gestaltungen man es erfährt,
oder ob eines Tages ein geraderer und unmittelbarer Weg dahin führen wird – das alles erscheint mir noch so ungewiß wie
die Frage: Ob dies Eine mir ein anderes sei, als das worauf es
für Dich z. B. ankommt. Mir will heute scheinen, als ob das
Wesentliche für jeden Menschen verschieden sei und jedes
Eine nur Einem gehörig, und doch ahnt mir ganz dunkel, daß
auch diese vielen Eigentlichen nur Sterne sind in einem Pla-
netensystem, oder besser lauter Monde, durch eine Sonne erhellt. D.h. es mag ein absolutes Bestes geben. Ignoramus. 5
Ignorabimus? – Wohin bin ich gekommen bei diesem ganz
alltäglichen und allzu unbedacht meist und leichtfertig ausgesprochenen Wunsch: Ich wünsche Dir das Beste. Ich habe

mich in das Dornengestrüpp der Methaphysik verirrt, und noch dazu dorthin, wo es am allerdickichsten ist, ja, ich merke ganz erschrocken, daß es verflucht religiös klingt in
6 diesen Zeilen, die da eine arme Marxistin, Abteilung: Private Sphäre, einem – subjektiv mindestens – Nur-Menschen schreibt. (Das »nur« ist hier nicht in minderndem Sinne gebraucht, um jedes Mißverständnis zu vermeiden. Es ist der Gegenbegriff zu der Marxistin mit menschlichem Vorbehalt[.])

Was also das Beste immer sei, und was es für Dich sein kann, das zu erreichen, mein Freund, wünsche ich Dir. Und ich weiß wohl, daß mein Wunsch wie leider viele Wünsche, dasteht als Ausdruck eines Gefühls, und ohne jeden weiteren Anspruch. Tun kannst nur Du selbst, auch die allerinnigsten Wünsche sind ohnmächtig Dir zu helfen. Ich hoffe sehr, daß, was ich für Dich bewußt nicht fördern kann, daß Du es im Erleben unserer Freundschaft vielleicht ein wenig gewinnen könntest, daß unser Zusammensein Dir den Weg ein noch so winziges Stück, in noch so kurzen Augenblicken, licht und sichtbar macht. Wenn ich dies hoffe, so liegt mir jede Eitelkeit fern. Denn auf mein Wollen kommt es dabei nicht an, oder
7 doch nicht so essentiell. »Que l'importance soi[t] dans ton regard, non dans la chose regardée.« – Daß ich, in diesem Sommer mit Dir, gar nicht so wenig erfaßt zu haben glaube von dem, worauf es eigentlich ankommt – möge mein starkes Gefühl, etwas begriffen zu haben, ein untrügliches Criterium sein! –, daß ich Dir vieles danke, auch wenn Du nicht eigentlich dafür kannst, auch wenn mir Dein guter und bewußter Wille nicht allein Ursache scheint – in dem gerade explizierten Sinne – so sage ich Dir dies heute doch noch einmal und expressis verbis, denn wenn Du es auch längst weißt, so ist ein solcher Dank doch noch eine Geburtstagsfreude. –

Ich glaube, ich habe jetzt schon soviel gesagt, daß sich alles Weitere erübrigt. Daß ich Dir ein zufriedenes Leben in notwendiger Unzufriedenheit wünsche, neben dem Besten auch

alles Angenehme und möglichst wenig von den Widrigkei-
ten, die das Leben unnütz erschweren und die Seele vom
Wichtigen allzu leicht ablenken, daß ich auf einen schönen
Winter hoffe, daß ich Dir wünsche, den großen Tag in Freude
zu verbringen, das alles versteht sich von selbst, und es lohnt
nicht, Dir mit viel Tinte die Aufrichtigkeit dieser naheliegen-
den Wünsche darzutun.

Lieber will ich meine kleine Geburtstagsgabe noch etwas
kommentieren.

Ich überlegte, was ich Dir nur schenken könnte, alles hatte
seine Meriten und Nachteile. Da fiel mir ganz plötzlich, dies
Buch ein, und es fiel mir so à la Offenbarung ein, daß ich beinah sicher bin (beinah ist ein Bescheidenheitsmodus), das
Richtige getroffen zu haben. Von gewählt kann man da schon
kaum mehr reden. Ich liebe dieses Buch sehr, wie sehr merkte
ich, als ich, nach diesem Einfall und nach getätigtem Kauf,
darin nochmals blätterte. Du wirst es vielleicht überwertet
finden, aber es kommt für mich ziemlich bald nach Goethe 8
und den Wenigen, ganz Großen, worunter ich, wie Du weißt,
Heine den Lyriker zähle, nicht in einer Reihe mit Goethe 9
aber gleich danach. Dieser Gide ergreift mich, mit einer Ge- 10
walt des Gefühls, die berauschend ist. – Mag dies Buch auch
ein einziger Gefühlsüberschwang sein, mögen mir selbst
diese Gefühle nur so echt und so natürlich und wahr und gar
nicht übertrieben erscheinen, weil ich jung und reichlich verrückt bin (nach dem Urteil meiner Eltern) wozu soll ich,
sollen wir unsere Gefühle relativisieren und die jener sog.
normalen d. h. Durchschnittsbürger (im besten Sinne meinetwegen) zum Maßstabe machen. Ich liebe dies Buch. Aber
ich glaube, auch jene, die sich nicht und an keiner Stelle mit
dem Dichter identifizieren können, müssen die große Kunst
und die mitreißende Sprache, die Sprache eines echten Dich-
ters, bewundernd anerkennen. Was mich so ganz besonders
berührte, als ich es vor knapp einem Jahr zum ersten Male las,
gerade gesund, oder doch fast gesund, und dem Leben wie-

dergegeben: dies Buch ist ein Hymnus auf das Leben, das auch Gide nach einer schweren Krankheit mit nie geahnter Intensität ergreift. Bei aller natürlichen Verschiedenheit der Gefühle eines Mannes von denen einer viel jüngeren Frau, bei allen menschlichen Verschiedenheiten und Ungleichheiten des Niveaus, der Überschwall des Erlebens auch im Kleinsten ist den vom Tode Auferstandenen multis et multo gemein. – – –

Ob dies Buch, um das ich hier zuviel Worte mache, denn Du wirst es ja lesen, diesen Einband verdient, oder wie sonst Du es hättest binden lassen, das musst Du mir sagen. Ich bin überzeugt, auch ohne Deine Liebe zu Blau und alles, was Du davon sagtest, ich hätte diese und nur diese Farbe gewählt.

Ich schrieb Dir einige Zeilen dieses Buches heraus. Denn wie dürfte ich es wagen, einen solchen Dichter eines solchen Werks damit zu kränken, daß ich bei einem anderen ein Geleitwort suchte, da er eine solche Fülle an Weisheit bietet, von so menschlicher und uns so zutiefst angehender Weisheit, daß ein Wort wählen sich bescheiden heißt und auf viele, die ich Dir ebenso gerne besonders ans Herz legte, verzichten. – Du siehst, ich habe es nicht unter 2 Zitaten getan. (Und dabei schreibt es sich abscheulich auf diesem französischen Papier.)

Mir scheint fast, ich sollte jetzt endlich zu Bette gehen statt immer die Nacht zum Tage zu machen. – Ich sitze noch immer hier mit etwas dicker Backe und einem weißen Tuch um den Kopf, dessen Zipfel oben lieblich abstehen. Eine muntere Karikatur. Morgen gehe ich dieser lächerlichen Sache auf den Grund und lasse den Zahn röntgen, um mal wieder in Ordnung zu kommen und statt an Tüchern und Wärmflaschen meinen Kopf an oekonomischen Theorien zu erhitzen. Übrigens, trotz des Geburtstags, Du dürftest auch bald mal mit der Arbeit beginnen. Du schreibst gar nichts von Deinen di-

versen Freunden. Niemand in Frankfurt? – Wenn Du eine
freie Wohnung haben willst – ob Du sie bekommst, ist eine
andere Sache, annonciert man besser nach den Ferien. Wie
wäre es mit Herbst, deren Söhnchen Du doch unterrichten
sollst? Was wird aus der Spessartwanderung? Bei diesem
Wetter ist sie ja so kein Spaß, aber besteht wenigstens prinzipiell die Absicht noch? Ich fahre am 1. oder 6.–8. September
auf eine Woche heim. Ich werde, wenn es ohne große Unkosten möglich ist, den Rückweg über Frkft. nehmen, und
bei dieser Gelegenheit mich mal mit meinem Vetter Bankdi-
rektor anbiedern. Da man greulicherweise als rer. pol. Beziehungen braucht. Auch sonst finde ich diesen Plan ganz
hübsch, n'est-ce pas? Ich möchte gerne die Fahrt per Flug-   13
zeug machen, das kostet jetzt für Studenten das Gleiche wie
D.-Zug III. Klasse. Also, eine Gelegenheit, dies Vehicel kennen zu lernen. Mir wird seekrank, wenn ich nur daran denke.
Aber was tut man nicht alles aus Neugier und Selbsterzie-
hung, und um auf dem Laufenden zu bleiben (wie ich als
Kind sagte) oder besser auf dem Fliegenden.

Jetzt mache ich wirklich Schluß für heute. Wenn ich noch
wach genug bin, lese ich im Bett noch etwas. Gide: la porte   14
étroite. Womit ich für heute – dabei ist es schon morgen, was
das Datum betrifft – mich allerfreundlichst empfehle. – Gute
Na..acht gähnt

Deine Hilde

25. VIII. 31

φίλτατε. Ich schreibe hier an meinem Tisch, von dessen Un-   15
ordnung Du Dir schlechthin keine Vorstellung machen
kannst. Rings aufgetürmt die Ruinen meiner unterbrochenen
Arbeit, einige noch ungelesene Frankfurter [Zeitungen].   16
(Der Artikel von Diebold heute abend über die Berliner   17
Theater-Saison war wirklich lesenswert, seiner brillanten
Stylisierung wegen. Mit großen Passi des Rothschen Aufsat-
zes bin ich nicht einverstanden, wenn er um sein Kriegserleb-

nis, »das Elendige von Damals, das Lausige eben«, »einen bil-
ligen armen, goldenen wehmütigen Schimmer darum gemalt
(hat), den Kränzchen ähnlich, die um Gefallenenbilder auf
18   kleinbürgerlichen Konsolen gewoben sind.« Herr Roth kann
mir leid tun, Gefühlchen eben, und noch dazu höchst klein-
bürgerliche Sentimentalites. Kein Jude kann hier etwas anderes sagen als das unübersetzbare Wörtchen »Nebbisch«.
Übersetze es, wenn Du kannst. – Und wenn ich das nur lese
»in unserem liebenden! treuen Gedächtnis ruhen sie … der
zerfetzte Rumpf, die kleine liebe blecherne Totenkapsel, die
Handgranate, die man warf und jene, die daneben explo-
dierte« u.s.w., so wird mir schlecht, und die liebende Seele
des kompromißlerischen Herrn Roth (sieh Dir die sonstige
Haltung des Artikels an und seine anderen Veröffentlichungen, apropos Kompromiß) mit ihren spießischen Sentiments
im Kleinformat kann mir gestohlen werden! – Das wollte ich
aber alles gar nicht schreiben. Ich wollte nur einige gutge-
launte Worte sagen, denn nun räume ich die Bücher auf und
beginne heute oder morgen mit der Arbeit. Nach der Röntgenaufnahme hat der Zahnarzt den einen Nerv, den Stören-
fried, herausgeholt, und nun macht sich die Sache langsam
aber sicher. Ich bin so vergnügt darob, wie ich es ohne die
ganze Schererei gar nicht gewesen wäre. Wirklich, Unan-
nehmlichkeiten haben ihr Gutes, sie lassen den Normalzu-
stand als erstrebenswertes Glück erscheinen. Und wenn man
diesen winzigen Unheilstifter sieht: die Maus kreis[s]t und
bringt einen Berg hervor. Mit diesem Beweis meiner Bibelfe-
stigkeit – denn dies ist ein auf den Kopf gestelltes Wort aus
dem Buch der Bücher – schließe ich für heute ab und begebe
mich an die Arbeit. Ich wollte ja sowieso nicht mehr, als
durch einige Zeilen die Continuität der Briefe bis an Deinen
Geburtstag, d. h. bis morgen früh, wo ich ihn der Post übergeben muß, aufrechterhalten. –

      Morgen gehe ich übrigens nochmal zur Brockensamm-
19   lung, die bis dahin vermutlich eingerichtet ist. Deine Bianca

samt Serighof ist verzogen. Ich werde mir an der Polizei mal die Adresse verschaffen und der Guten Dich gehörig in Erinnerung bringen. – Sitzt Du jetzt auch an Deinem Schreibtisch und arbeitest? Oder hörst Du fauler Epikuräer Musik, eingeweckt und wieder ausgespieen von Radio oder Grammophon? Deine Hilde

26. VIII. 31

Mein lieber, lieber Erwin.
Da ich, kaum aufgestanden, gleich fort muß, und diesen Brief gleich befördern will, damit Du ihn mit der ersten Post morgen hast, kann ich mich in Dein Gedicht, das mir auf den ersten Blick sehr gefällt, nicht vertiefen. Ich dank Dir sehr dafür, und werd mich heut mittag damit etwas näher beschäftigen.
Ich wünsch Dir einen sehr schönen Tag. Lass Dich ordentlich feiern. Noch ganz verschlafen gebe ich Dir einen sehr herzlichen Geburtstagskuß.

Deine Hilde

Meine neue Adresse ab 1. Karlstr. 16 bei Schmiedel   20

5 *Aus Heidelberg, vermutlich nach Miltenberg a. M.*

Heidelberg, den 6. Sept. 31.
In meinem neuen, alten Zimmer.
abends gegen 9

Mein lieber Erwin.
Nun bin ich allein. Die Eltern sind heute mittag heimgefahren. (Du habest ihr beim Abschied auf dem Bahnhof gefehlt, meinte Mutter). Ich kann nicht schreiben: wieder allein, denn die Eltern lösten Dich ja sozusagen ab. Ich war mit ihnen natürlich teils mehr, teils weniger alleine als mit Dir. Aber nun bin ich völlig auf mich gestellt, und – nachdem mir heute

morgen noch die Trennung von den Eltern schmerzlich schien – empfinde ich jetzt, da sie fort sind, die Alleinsamkeit keineswegs als Einsamkeit, als noch so dunkles und verschwommenes Gefühl der Leere. Der Gedanke, daß ich die nächsten Wochen ganz für mich habe, erfüllt mich zutiefst mit wohliger Ruhe, eine Beruhigung, die fast zu ruhig ist, um sie beglückend zu nennen. Ich werde auch unter keinen Umständen irgendwelche gleichgültige Gesellschaft meiner eigenen vorziehen, und der meiner Bücher.

1   Das einzig Traurige ist, daß ich so tanto sola keine großen Spaziergänge durch den Wald unternehmen kann, ein Versprechen, das mir die Eltern abverlangten, mit einem gewissen Recht. Immerhin kann ich ja bisweilen meine Freundin
2 Anni mitnehmen, die ein ganz guter Schutz ist und weniger störend als eine menschliche Eskorte. Zunächst ist auch das Wetter so trostlos, daß sich die großen Wanderungen von selbst verbieten. Aber wenn es endlich mal ausgeregnet hat, dann muß man die traurige Schönheit des bunten Herbstes noch auskosten, das melancholische Künden der verhaßten Winterzeit. – In meinem Zimmer fühle ich mich bereits ganz zu Hause und liebe es schon jetzt mehr als irgend eine frühere Wohngelegenheit meiner Studentenzeit.

Wirklich, auch das bisherige Favorit-Gemach bei Frl. Bertha ist nur eine freilich sehr acceptable Wohngelegenheit, dies ist ein Zimmer. Nicht ein beliebiges, das einem der Zufall für einige Monate anweist, und das man eben nimmt, wie es ist, weil es diese und jene Annehmlichkeiten bietet. Es ist ein Zimmer mit eigener Note, nicht zusammengestückelt aus entbehrlichem Hausrat der Vermieter, sondern ein Ganzes, das ich rückhaltlos und bis in jede Einzelheit bejahe, das ich völlig als gerade so für mich geschaffen, ganz als mein empfinde. – Du wirst Dich ja davon überzeugen, ob ich übertreibe.

Die vielen Jahre, die großen Menschen, die diese Räume gesehen haben, sind nicht ohne jede Spur dahingeschwun-

den, sie leben auch nicht nur als Bilder des Erinnerns, von
Gnaden der Phantasie eines zufälligen Hausbewohners. Etwas von ihrem Wesen hat sich dem Hause mitgeteilt, lebt in
den Möbeln, schwingt in der eigenen Athmosphäre des Ganzen. – Dies mir, Goethe bewundern zu dürfen in einem
Hause, das er bisweilen betrat, und das, wenn auch nicht von
seiner Persönlichkeit, so doch von einer Zeit seine Prägung
empfing, deren größte und erhabenste Möglichkeit er ver-
körperte. –
    Ich komme zur Beantwortung Deines Briefes. – Du
brauchst keine Angst zu haben, dies ist nicht das Haus, in
dem man Goethen verheiraten wollte. Er hat hier nicht gewohnt, sondern er pflegte dies Haus d. h. die Familie Thi-   3
bauts gern zu besuchen. D.h. ich muß mich erkundigen, ob es
damals schon die Thibauts waren. – Jedenfalls wurde hier
keine Atta[c]ke auf seine Freiheit geplant, damit kannst Du
Deinen besorgten Freund Caspari trösten. Ganz abgesehen   4
davon, daß ich mit bestem Gewissen versichern kann, daß in
diesem Hause, und sollte es eine noch so gefährliche Tradition haben (die der Hirschgasse dürfte ja sowieso kaum zu
überbieten sein!) von mir aus Deiner Freiheit keinerlei be-
drohliche Schlinge gelegt werden soll. – Dein Freund
C.[aspari] sieht jetzt überall Gespenster, das kann ich ihm
gut nachfühlen. Du hast sicher wieder den Seelensamariter
gespielt. Auch Deine bewährten Talente zur Entwicklung
des Verwickelten haben Deinem gewiß weniger geschickten
Freunde gute Dienste leisten können. Auf diese etwas plötz-
liche Weise ist Dein Frankfurter Leben doch sehr bereichert
worden, denn es war ja sehr schade, daß keiner Deiner
Freunde daheim war. – Die Brockensammlung ist immer
noch geschlossen. Daß meine letzten Einkäufe keine nen-
nenswerten Acquisitionen sind, weiß ich selbst; sie sind sehr
billig und ganz praktisch, bis man diese Sachen in besserer
Ausgabe zu kaufen Gelegenheit hat. – Der Braun, den ich   5
auch in sehr guter Erinnerung habe, ist mir im Augenblick zu

teuer. Vielleicht lasse ich es mir zurücklegen, es ist fast neu.
Ich lege doch auf Borchardt gewiß keinen Wert. – Nach dem
Artikel in der F.[rankfurter]-Z.[eitung] versuchte ich allerdings, mir die Rede doch noch zu beschaffen, um sie der Ko-
mik halber an die F.-Z. zu schicken. Aus besagtem Artikel
geht nämlich hervor, daß dieser fürtreffliche Führer die infe-
rioren Deutschen noch eben gut genug für eine Diktatur mit
der Knute hält. In der Rede 1915 aber ist es noch die Mission
der Deutschen, die Kultur Europas gegen die westlerischen
Barbaren zu schützen und zu retten. Dies sah ich bei einem
flüchtigen Blick. – Die Rede ist aber bereits verkauft. Jetzt hat
sie der andere Händler, der sie teurer verkaufen möchte. Ich
werde morgen mir bei ihm einen Passus abschreiben, wenn
ich einen für die Publizierung geeignet finde. – Übrigens, der
Bücherteufel ist keineswegs ein Novum für mich. Er ist ein
lieber alter und von jeher kostspieliger Bekannter, umso
kostspieliger, als ich vor dem Berliner Winter gar nichts antiquarisch kaufte. In Berlin habe ich ja auch eine ganz stattliche
Menge Bücher erworben. Wie ich aber bewundernd zugebe,
hast Du ein ungleich größeres Geschick + Dusel im Entdek-
ken wertvoller alter Ausgaben, und ich hoffe, Dir dies noch
etwas abzugucken. Wenn ich in 3 Wochen nach Köln reise,
werde ich mal ordentlich stöbern. Hier gibt es nicht soviel
Gelegenheit. – Ich bin sehr einverstanden Homer oder ein
Drama zu lesen, neben regelmäßiger Platonlektüre. – Ich
kann natürlich nur eine sehr begrenzte Zeit daran wenden,
denn so sehr es mir eine Freude und eine innere Notwendig-
keit ist, so ist es doch vom Standpunkt eines zu beschleuni-
genden oekonom. Studiums aus ein reiner Luxus. – Übrigens
dachte ich mir eine gemeinsame Lektüre des Meister anders.
– Etwa so, daß wir jeweils einen größeren Abschnitt jeder für
sich gelesen und uns dann darüber unterhalten hätten, im
Modus, den man freilich erst hätte ausproben müssen. Aber
vielleicht hast Du recht, etwas anderes zur gemeinsamen
Lektüre vorzuziehen. Ich habe vermutlich ja mehr davon,

mir von Dir die Antike nah bringen zu lassen. Denn daß ich den Meister nicht vorschlug, weil mir der Zugang zu Goethe schwer fiele, das bedarf keinen Wortes. Eben weil ich aus mir selbst diesen Zugang zu Goethe immer, und immer neu und anders, gehabt habe, – und ich kann mir gar nicht denken, daß es einmal nicht mehr so sein könnte – fiel mir ein, wir wollten den W. Meister zusammen lesen. Denn schließlich bist Du bei der griech. Lektüre immer der Gebende, nur ich werde im Nehmen gefördert, während Du doch im Grunde nur wiederholst, was Du schon weißt von eigener Arbeit. Je mehr ich mich eingearbeitet habe, je eher werde ich einen kleinen Beitrag geben können. Bisher waren meine Beiträge sehr dürftig, und das ist noch euphemistisch gesagt. Du kannst natürlich einwenden, einen Menschen in diese erhabene Welt einzuführen, beglücke den Lehrer wie den Beschenkten, umso mehr wenn ... hier könntest Du alle Liebenswürdigkeiten anfügen, die sich auf das Verhältnis von Lehrer und Schülerin in unserem Fall beziehen ließen, sowie noch einige freundliche Worte über die vermeintliche Würdigkeit der also Beschenkten (wobei dies Urteil nur ein sehr subjektives ist, wenngleich, – nur die Lumpe sind bescheiden – ich mich zu den Würdigen zu zählen wage). Trotzdem würde es mich freuen, mich in geistiger Münze revanchieren zu können. Ich werde mich also bemühen, eine eifrige Schülerin zu sein, um über das primitivste Schülerstadium bald hinauszukommen. –

Überhaupt, wenn ich so gesund bleibe, wie in den letzten 14 Tagen, so wirst Du mich recht verändert wiederfinden. In diesem Sommer war ich doch ein recht jämmerlicher Schlappschwanz. Und körperliche Müdigkeit lähmt auch die Regsamkeit des Geistes. – Wirklich, wenn mein Gefühl für die nächste Zukunft sich auch nur zum Teil erfüllt, so wird die kommende Zeit für mich eine so glückliche werden, wie ich es seit Jahren nicht mehr erleben durfte. Ich habe geradezu das Empfinden, als sei mein Geist auf einmal wieder

hellwach und rege, und gar nicht mehr in schläfriger Gleichgültigkeit und Dumpfheit befangen. Ich freue mich auf
meine Arbeit und habe ein Zutrauen zu meiner Leistungsfähigkeit, wie schon lange nicht mehr. Und, was das Wichtigste
ist, ich wage es kaum zu schreiben, aber mich überkommt allmählich eine Seelenharmonie, die das wüste Gegeneinander
der allzu vielen Konflikte, die verzehrende und so ziellose
Unruhe zu besänftigen und zu wandeln scheint. Man sollte
Dinge, die zu glauben man kaum den Mut findet, tunlichst
für sich behalten, denn daß ich aufs Papier fixiere, was ich
kaum zu hoffen wage, vermöchte nicht einer eingebildeten
Harmonie Wirklichkeit zu verleihen. Was man sagt, hat Bestand. Vielleicht ist es morgen bereits nicht mehr wahr, im
Guten oder im Bösen, wozu also ein Praejudiz schaffen. Du
siehst, ich bin sehr ängstlich. Überdies hasse ich alles, womit
der Mensch vorzeitig und unbedacht der eigenen Entwicklung eine Grenze setzt. –

Zum Praktischen. Dieser Tage gehe ich zu Serighof[?].
Vielleicht schon morgen, dann lege ich die Rechnung bei: Ich
an[n]onciere am 16. Sept. für Dich. – Ob das Zimmer neben
mir dann noch frei ist, weiß ich nicht. Ich habe auch Bedenken, ob Du dort Deine Bücher gut unterbringen kannst. Ein
Schreibtisch ist auch nicht zu beschaffen. Sonst ist es sehr
nett. –

Ich danke Dir für die beiden Karten. Miltenberg scheint
entzückend zu sein. Aber vergiß nicht, Wertheim zu besuchen.

Bei Georg Hermann war ich noch nicht. Ich werde Hilde
Borchard morgen anklingeln. Morgenabend gehe ich in den
»Hauptmann v. Köpenick«. Ich werde mich bei dieser Gelegenheit nach den Mannheimer Konzerten erkundigen. Ich
möchte gerne versuchen, mit Deiner Hilfe einen wenn auch
noch so schmalen Weg zur Musik zu finden. –

Jetzt habe ich den ganzen Abend mit Dir verplaudert, und
mit der Arbeit ist nicht mehr viel zu wollen.

Sag mal, ich bin ja in Geographie schwach und kann mir daher die möglicherweise groteske Frage erlauben: Führt nicht der Rückweg von Miltenberg nach Frankfurt ziemlich direkt an Heidelberg vorbei?

Gute Nacht. Träume ab & zu von Deiner Hilde

6   *Aus Heidelberg nach Miltenberg a. M.*

9. Sept. 31.

φιλε Ich hätte Dich gar nicht für so ein rachsüchtiges Scheu- 1
sal gehalten. Auge um Auge, Zahn um Zahn: schreibst Du mir nicht, schreib ich Dir nicht. Oder höchstens Karten mit schöner Ansicht & wenig Worten. Dabei müßtest Du doch meinen Brief inzwischen in Händen haben. – Übrigens, was meint ἀντίδοσις wirklich. Du siehst, ich habe es mit Vergel- 2
tung übersetzt, & zwar treffend, auch wenn Du etwas anderes gemeint haben solltest. – Dabei hatte ich wirklich keine σχολή zum Schreiben, Du dagegen Zeit en masse, – wenn an- 3
ders Du nicht zum Zeitvertreib einen kleinen Reiseflirt Dir zugelegt hast. – Also wähle: soll ich Dich für rachsüchtig oder untreu halten? Eine niedliche Alternative. Also geh in Dich und schreibe einen ganz langen Brief. –

Hier gibt es wenig Neues. Ich habe gestern den halben Tag im Antiquariat verkramt & einiges Schöne aber leider nicht sehr Billige erstanden. Mit Erstausgaben war nichts zu wollen die Leute wußten zu gut Bescheid, ich mochte die Bücher mit noch so gleichmütiger Miene aus einer Ecke hervorzerren & als Schund betrachten.

Für heute alles Herzliche

Deine Hilde

7 *Aus Köln nach Frankfurt a. M.*

Köln, den 24. Sept. 31.

Mein Lieber.

Vielen Dank für Deinen freundlichen Brief, der mich gleich
1 bei meiner Ankunft begrüßte. – Nous voilà à Cologne. Ehe
ich diese Zeilen schrieb, habe ich gerade wie ein naschhaftes
Baby den Puddingtopf ausgeschleckt. Und ein schönes Menü
für morgen gemacht. Nun ich, von meiner poweren Nicht-
Esserei in H[eidelberg], zu den heimatlichen Fleischtöpfen
versetzt bin, lasse ich es mir allzu wohl sein, und ründe[?]
mich lieblich und mit schlechtem Gewissen. Den modernen
Tantalus zu spielen fehlt mir heute Energie. – Im übrigen be-
nehme ich mich so, wie junge Damen dies zu Anfang der Sai-
son tun. – Ich renne von der Schneiderin zur Modistin, und
in …zig Geschäfte. Diesmal macht alles mehr Kopfzerbre-
chen von wegen weniger Geld. Da ich mit weiblicher Eitelkeit reichlich gesegnet bin, ist dies eine wichtige und im ganzen recht amüsante Beschäftigung. Meine Mutter jammert
bereits, wenn ich vom 9. ins 10. Geschäfte laufe, um einer
Nuance willen. Ich meinerseits habe sie nicht darüber im
Zweifel gelassen, daß ihr Farbensinn nicht genug ausgeprägt
und allzu wenig differenziert ist. Aber dabei vertragen wir
uns glänzend. Sie findet mich ein wenig verwahrlost, schnitt
mir bereits am ersten Abend einige Zentimeter meines wild
gelockten Schopfes, bürstete die von Heidelberg importier-
ten Regenspritzer vom Mantel (bei Sonnenschein Andenken
an Suppe bei[?] Pluviae[?]!) und erwies sich im einzelnen wie
im allgemeinen als eine gute & besorgte Mama. – Ich unter-
zog die Ramschecke im elterlichen Bücherschrank auf der
2 Suche nach Jettchen Gebert einer gründlichen Inspektion,
und fand statt des gutbürgerlichen Hermann – eine Geschichte der Prostitution. Mein Vater, dem ich sie mit den da-
zugehörigen Moralia auf den Tisch legte, sagte, erstens sei sie
ungelesen, zweitens wolle er sie gut wegtun. Dann sagte er,
ich solle einen lateinischen Vers am Schluß dieses opus’ über-

setzen, und bereute diesen in aller Harmlosigkeit geäusserten Wunsch post festum. – Ich habe mich sehr amüsiert. Denn mein Vater ist wirklich solide und im guten Sinne moralisch. Wie kommt ein so verwerfliches Buch in seinen Schrank? Dann fand ich noch ein Buch über die Frau, das ich, falls es auch nur komisch gewesen wäre, Dir spaßeshalber geschickt hätte. Es ist aber nur banal oder dumm. – Den Max Weber und die »Kartelle & Trusts«, was alles ich aus H.[eidelberg] 3 mitbrachte πρός τό διδασκειν, ruht in jungfräulicher Ein- 4 samkeit. –

Ich werde mal in den Antiquariaten stöbern, heute habe ich bereits ein Bißchen herumgeschaut. Was man sucht, ist ja nie aufzutreiben. – Morgen werde ich, balancierend auf einer be- drohlich langen Leiter schmökern. – Ich bin heute ganz allein daheim. Die Eltern sind zu Mutters Bruder gefahren, der im Sterben liegt. Jetzt wird Dir vielleicht der Ton dieses Briefes sehr herzlos scheinen, aber dieser Todesfall ist nicht traurig sondern ein Glück. Traurig war das Leben meines Onkels, der seit einer Kinderkrankheit blind und kränkelnd, die letz- ten Jahre dahinsiechte, und dessen Seele längst gestorben ist. Jetzt wird endlich ein armer invalider Körper aufhören, zu es- sen, über das Essen zu jammern, zu schlafen, den ganzen Tag im Zimmer zu sitzen oder zu stehen nihil faciens nec cogitans. 5 Kurz ein Etwas, das einen Platz im Dasein hatte, zum Leid- wesen und zur Qual seiner Nächsten und nicht zur eigenen Freude, wird endlich erlöst. So ein Leben, an dem der Tod das Beste ist, ist eine Gemeinheit. Es ist besser, nicht an Gott zu glauben, als ihm die Schuld an dieser Sinnlosigkeit zu geben. – Meine Mutter wie ihre Geschwister sind natürlich sehr auf- geregt und unglücklich, trotzdem sie es nicht wagen, ihrem Bruder ein längeres Vegetieren zu wünschen. C'est la vie. Vielleicht ist das Leben der πολλοι (um Deine Terminologie 6 zu acceptieren) nicht mehr vom Sinn erfüllt, ja vielleicht ist, nach höherem, objektivem Maßstab, auch die Existenz der ἀριστοι nichts wesensmäßig anderes. Aber hier ist die Sinn- 7

losigkeit so wenig caschiert und so krass, daß auch, wer nicht
an den Sinn des Lebens glaubt & ihn in keiner Minute gefühlt
hat, einen Verantwortlichen sucht, um ihn für solch gemeine
Sinnwidrigkeit zur Rechenschaft zu ziehen. – – C'est la vie. –.
Mit diesem dicken Punkt schließe ich dies Thema. Ich danke
Dir sehr für das wahrhaft freundschaftliche Anerbieten, mich
in Deiner nächsten Nähe zu beherbergen. Das erinnert mich
lebhaft an ein Poem des von Dir bestgehaßten Tucholsky, in
8 dem ein edelhuriger Philant[h]rop erzählt: »Ich gab das
Letzte hin nach links & rechts, sogar das Lager teilte ich mit
ihnen.« (In dem Zusammenhang ergab es sich einwandfrei,
daß es auch in diesem Fall sich um höchst lebendige Musen
handelte). Da Du weißt, daß ich dies edel-altruistische Ange-
bot nicht annehmen kann, Du hast es auch wohlweislich im
Optativ (mit är[?]) geschrieben – muß ich nun die Liebenswürdigkeit meiner zwoten Cousine mobilisieren, hoffentlich
mit Erfolg. Die Nichtgeantwortethabende ist gerade hier,
aber in dem augenblicklichen Trubel nicht verantwortlich zu
machen. – Ich hoffe sehr, daß ich bei einer dieser zahlreichen
Verwandten Unterschlupf finde. Du weißt, solche Leute laden einen dauernd aufs herzlichste ein, wenn sie gewiß sind,
daß der so freundlich Gebetene keinen Gebrauch von ihrer
Liebenswürdigkeit machen kann. Hic Rodos! – Du siehst,
auch diese Bagatellen bestätigen jenen alten wahren Satz, daß
immer zwei Causalketten sich verfehlen: bald fehlt der Boden[?] – Aber das ist ein Bagatellbeweis. Immerhin, daß die
Welt höchst schlecht eingerichtet ist, davon überzeugen sich
allmählich auch die Optimisten und die Gottesfürchtigen.
Letztere können alles für irdische Prüfung erklären, wir aber,
die wir uns auf keinen Himmel zu freuen haben, wo man
ohne Fleisch kocht di[e] ewge Seligkeit (frei nach Heine, ich
habe das genaue Zitat in philologischem Eifer vergeblich ge-
sucht, wo ich noch Folgendes zu diesem Thema fand:

Weh mir! soll ich gleichsam nackt   9
Ganz ohne Körper, ganz abstrakt
Hinlungern als ein seliges Nichts.
Dort oben in dem Reich des Lichts,
In jenen kalten Himmelshallen,
Wo schweigend die Ewigkeiten wallen
Und mich angähnen – sie klappern dabei
Mit ihren Pantoffeln von Blei.
O, das ist grauenhaft; o bleib
Bleib bei mir, Du geliebter Leib.

Für Skeptiker also ist die Überzeugung von der Mangelhaf-
tigkeit des Daseins wenig tröstlich. Lassen wir das. Entschuldige; aber so wenig, ich gestehs, der Tod meines Onkels mich
traurig macht, so weckt er doch trübe Gedanken und beunruhigt mich. – (Eben habe ich auf der Suche nach dem
Füll[er], der während eines vergeblichen Telephonats das
Weite suchte, dem niedlichen kleinen Esel, der auf dem roten
Filz des elterlichen Schreibtisches grast, ein Ohr abgeschla-
gen, nun trauert er auch) –
   Die Konzerte werden wir also gemäß Eurem Ratschlag
nicht abonnieren, indeß sind die Mannheimer keineswegs so
freundlich, Studenten den musikalischen Genuß billiger zu
gönnen. – Hör mal, ich habe mir vergeblich überlegt, auf was
Dein Epitheton in der Anrede gemünzt ist. Was für sonder-
bare Neigungen meinst Du? Ich wüßte nicht, daß ich die alten um eine neue vermehrt hätte.? Τί οὖν: 10
   Daß mein Brief, wie es eben das übliche Geschick der
Briefe ist, zu spät kam, freut mich in diesem Fall. Wenngleich
mein armer Gide schlecht weg gekommen ist bei Deiner wieder erwachten Aktivität. Trotzalledem, ich bleibe ihm bis auf
Weiteres treu – & werde möglichst bald & vielleicht kriti-
scher als dazumal die Nourritures lesen. Mir hat es damals in   11
toto, Gehalt und Form, einen ganz tiefen Eindruck gemacht,
und auch als ich kürzlich einige Sätze las, nahmen sie mich

sehr gefangen. Aber Du lehnst es ja ab, wegen einiger Sätze oder Zeilen ein Werk anzuerkennen, sonst würde ich gerne Dir Abschnitte vorlesen, die Du bejahen mußt, – auch wenn Du anderer Ansicht bist. Es ist ja möglich, daß die Stimmungsfülle, die manchmal gewiß nicht zu leugnende Vagheit der entfesselten und zu entfesselnden Gefühle einer Frau mehr zusagt als einem Mann. – Aber verschieben wir ein letztes Wort über dies Buch, bis ich es nochmals gelesen habe. –

12   Kürzlich las ich Harry zufällig etwas aus Heraklit vor. (Vielleicht findest Du das stilwidrig?) Wir bemühten uns intensiv, uns deutlich zu machen, was mit den einzelnen Sentenzen wirklich gemeint ist. Da ging es mir oft so: Ich las, und wußte – ohne auf Einzelnes zu achten, ohne zergliedernde Analyse – mehr im Gefühl als genau definierbar, um die Bedeutung der Sätze. Ginge ich diesem Verstehen zu Leibe, so wich mir der Sinn geradezu aus und ich mußte mich sehr bemühen, seiner habhaft zu werden. Meist gelangte ich dahin, im günstigsten Fall, am Ende erklären zu können, was ich gleich gewußt hatte. Wobei mir das Gefühl für den Gehalt weniger deutlich blieb. Ich hatte mehr das Gefühl, das[s] ich, was ich auf dem Boden der ratio gewann, am Wesentlichen

13   verlor. (Das liegt nicht an Harry, c'est ma faute) Übrig blieb oft ein banaler Spruch. – In Jaspers Terminologie: ich bemühte mich emsig, was ich kommunikativ erfaßte, auf intellektuellem Wege seines Gehalts zu entleeren. – Wo mag da der

14   Fehler liegen. Also bitte, als Beispiel: η όδό϶ άνω κάτω μία. Wenn Du das liest, begreifst Du es doch?! Dann kannst Du es Dir auch sonder Mühe räumlich vorstellen. Der Weg zum Schloß. Heißt es nun: es ist für Dich der selbe Weg, Du wirst ihn auch wieder herunter gehen, – oder heißt es, daß er anderen herunter führt & Dir hinauf, oder heißt es nur, daß man diesen einen Weg in beiden Richtungen gehen kann oder: für die oben führt er hinunter, für die unten hinauf. Und bitte, kommt es auf Deinen Standort an innerhalb dieses Wegs. Heißt es, daß Du Dich ebenso herauf wie hinab entwickeln

kannst. Ist die menschliche Entwicklung gemeint, die einen Höhepunkt überschreitet. Kommt es überhaupt noch auf die Richtung an, in der Du diesen einen Weg – ist es einer für Dich allein oder überhaupt einer – beschreitest. – So geht es augenscheinlich nicht. Also abstrakter: Es gibt nur eine Entwicklung. Die Entwicklung zum Guten oder Bösen ist beides der gleiche Prozess mit ungekehrtem Vorzeichen. Von da aus – denn dies ist eine Formel, die man noch mit tieferem Gehalt füllen muß – führen wieder 2 Wege. Entweder – wenn Du jetzt aus seinen anderen Werten diesen näher kommen willst (Anfang & Ende des Kreises ist eins. Und die Seite über Tag & Nacht) – so kommst Du zu diesem Sinn: Das Geschehen ist eins. Das Schlechte ist nicht ohne das Gute wie die Nacht nicht ohne den Tag. Zusammen erst bildet es ein Ganzes, es ist nur in seiner Bezogenheit aufeinander. Du gelangst also zu einer Weltanschauung, die das Weltgeschehen als Einheit erfaßt, auf die alles bezogen ist. Von da erhellt sich der Satz (und gewinnt an Tiefe). Oder Du ziehst zur Erklärung diesen Satz heran: Das gleiche Wasser ist für den Menschen nicht trinkbar, aber der Fische Lebenselement. Wenn Du den ersten Gedankengang bereits gemacht hast, ordnet sich dieser Satz mühelos ein. Betrachtest Du aber diesen ausschließlich, so gelangst Du zu einem schäbigen Relativismus, im Gegensatz zur Relativierung des Seins in einem höheren Sinne, wie es die erste Deutung zeigt. – Ich sehe bei dieser Rekapitulation, daß sie doch nicht banalisiert & den Gehalt nimmt. Über den Wert dieses Gedankengangs bin ich aber im Zweifel. Also, überlege Dir, unabhängig von diesem, das Wort des dunklen Philosophen, und schreibe mir, von welchem Ausgangspunkt Du auf welchen Weg zu welchem Ergebnis kommst. –

Mein lieber Erwin, nun ist es schon wieder eine halbe Stunde nach Mitternacht: Ich gähne – & die Eltern sind immer noch nicht zurück. Voilà. – Ich lege Dir ein kleines Photo bei, als ich noch klein und niedlich war? Es ist der bravsten eins, das ich finden konnte.

Alles Liebe Deine Hilde

8 *Aus Heidelberg nach Frankfurt a. M.*

7. X. 31.

1 Caro mio

Ich sehne mich so nach lieben Worten von Dir. Du hättest das unschwer merken können, auch wenn ich es Dir nicht schon expressis verbis geschrieben hätte.

Warum sind Deine Briefe so dürr wie die Bäume im Winter? Hast Du mich gar nicht mehr lieb?

Du schreibst mit solcher Gleichgültigkeit, sachlich unpersönlich noch das Persönliche, daß noch die Küsse am Ende der Epistel zur Formel gefrieren. Du bist doch sonst nie um Worte verlegen. Warum bist Du zu mir so geizig? Wenn Du wirklich einmal an mich denkst, merkst Du dies als abendliches Factum an. Rede, denn sonst denkst Du ja doch nur von Morgens bis Abends und von Abends bis Morgens an Dich.

Die Erinnerung an die glücklichen Tage an dem See, wo
2 wir Petron[?] lasen und uns wie die Kinder mit Knallerbsen warfen, verblassen ins Unwirkliche und nur die mannigfachen Unerquicklichkeiten der letzten Woche sind sehr lebendig.

3 C'est votre faute, et de vos lettres.

Dabei ist alles andere schon bedrückend genug.

Wenn das so weitergeht, bekomme ich Lust, Dummheiten zu machen.

Ich bin ein Narr, zu weinen.

Mach Dir die Tage in Frankfurt angenehm.

Hilde.

4,5 P. S. Ich habe gestern an Klingenstein, Huck[?], Niederheisser geschrieben, Dich sofort über das Geschick der Kröten zu informieren.

9 *In Heidelberg*

7. XII. 31, um 12 $^1/_2$.

Cher Erwin, mein lieber Freund.

Eben wollte ich mich an den Schreibtisch setzen, Dir zu
schreiben, da kamst Du pfeifend vorbei. Ich überlegte sehr,
ob ich Dich nicht herauf rufen sollte, aber ich glaube, es ist
gut, daß ich bei meinem Entschluß, Dir schriftlich dicendo   1
dicere verharrte. – So läßt Du mich wenigstens ausreden, und
es wird Dir eher gelingen, das Ganze zu erfassen, als wenn
man Satz für Satz hervorstottert.

Mein Freund, ich war einmal feige und habe Dich einmal
belogen. Ich schwor mir, uns das nie wieder anzutun, es ist
das größte Unrecht gegen Dich, gegen mich selbst, gegen unsere Freundschaft, welche mir lieb und unersetzlich teuer ist
wie weniges auf dieser Welt. Da ich nun mich sehr quäle, Dir
zu schreiben, so bitt ich Dich, lies diesen Brief wenigstens bis
zum Ende, und zerreiß ihn nicht gleich, wie Du mir nach
dem ersten Satz weglaufen würdest.

Ich schreibe mit größter Aufrichtigkeit gegen mich, und
ich will versuchen, nicht nur ein Abruptes zu schildern, sondern die Fäden der Continuität als Leitseil nehmen durch ein
allzugefährliches Gebirge. – Gestern, eh Vater kam, sagten
wir vieles, was – ausgesprochen oder verschwiegen – uns beiden gleich gültig und von erschreckender Realität erschien.
Was wir nicht, oder nicht deutlich sagten: der konkrete Anlaß für alles Trennende, Traurige liegt wohl darin, daß ich
nicht mehr recht zu Dir zurückgefunden habe nach diesem
unglücklichen Beginn unseres Wiederzusammenseins. –
Vielleicht konnte ich mir – und vielleicht auch Dir, unschul-
dig-schuldigem – die Heuchelei, die mich zu ruinieren begann, nicht verzeihen, vielleicht war auch mein Gefühl für
den anderen schon zu gegenständlich und zu bewußt geworden – woran auch immer es gelegen haben mag, das Gesche-
hene hat seine Wirklichkeit und läßt sich nicht wieder ungeschehen machen. Es ist keine Sache des Willens – am guten

Willen habe ich es nie fehlen lassen, glaube es mir – es ist einfach da. – Ich habe mich die ganzen Wochen seit jener schrecklichen Nacht abgequält in dem vergeblichen Versuch, fortzusetzen, wo wir mit dem Ende unseres ersten Semesters geendet hatten. Du weißt, daß mir dies nur in seltenen Augenblicken gelungen ist. – In jener Nacht konnte ich nicht anders. Ich wollte Dich halten um jeden Preis. Wirf mir nicht vor, daß ich damals nicht klarsichtig genug war, daß ich glaubte, eine solche Episode sei einfach zu negieren. Ich wollte wirklich Dich, und nicht ihn. Ich hatte das Gefühl, ich könne es einfach nicht ertragen, Dich zu verlieren. Und nun hat alle Liebe und aller gute Wille nicht gereicht, Dir die Qual der letzten Wochen zu ersparen. Das geht einfach nicht. Ich habe Dich viel zu lieb, um zuzusehen, wie ich Dich ruiniere. – Es war nur eine Frage von Tagen, wann ich Dir das sagen mußte.

Gestern war – seit jener Nacht – das erste Mal, dass ich mit Achim einen Abend zusammen war. Du wirst mir das glauben. Und gestern abend kam mir klar zum Bewußtsein, dass das Hemmnis unserer Beziehung, doch in ihm liegt. Ich teile Dir das selbstverständlich mit, ich kann nicht anders. Ich muß also, damit Du mich nicht mißverstehst – denn ich will mir nun gar nichts ersparen –, was ich oben von der Realität des Vergangenen sagte, so deuten, daß das Vergangene nicht nur nicht verschwindet, sondern irgendwie seine Wirklichkeit behält. Ich habe das Gefühl des Zauberlehrlings, dem die Geschehnisse übermächtig über den Kopf wachsen. Daß ich überhaupt, damals in den Ferien, mit einem Manne nähere Bekanntschaft schloß, das war ein Willensakt. (Daß ich damals nicht in ihn verliebt war, sagte ich Dir schon). Aber alles andere kam ἀπό του αὐτομάτου. »Beim ersten sind wir frei ...« (Es ist lächerlich, daß mir in der Stimmung, in der ich diesen Brief schreibe, noch Zitate in die Feder kommen).

Das ist alles, was ich zu sagen habe – und doch nicht der kleinste Teil dessen, was ich sagen möchte.

Also, ganz klar, ziehen wir die Konsequenzen.

Ich kann Dir hinfort nicht mehr Rede und Antwort stehen, ob ich mit Achim Gerstel zusammen war. Ich werde nicht einmal viel mit ihm zusammen sein, da er soviel zu arbeiten hat. – Aber wir wissen, Du & ich, beide, daß es nicht auf die facta ankommt. Du wirst, weder für Dich noch für mich, wünschen, daß ich ein Dasein der Lüge führe – sei es nun so, daß ich mich belüge über meine eigenen Gefühle, oder Dich über Tatsachen. – Ich habe Dich sehr, sehr lieb. Ich weiß auch heute noch nicht, wie das Leben ohne Dich sein wird – aber es hat keinen Sinn, daß Du Dich weiter quälst. Du bist schon heute ganz bleich und elend.

Unsere Freundschaft, die nur noch ein Schatten ihrer selbst ist, eine nur unvollkommene Erfüllung vieler Möglichkeiten, wird mir trotz allem unendlich fehlen.

Wenn Du, φιλε, Dich doch von dem Wahn freimachen könntest, daß die Seele des Menschen ein eng begrenztes Volumen hat. Der Mensch hat, das ist nicht zu leugnen, einen sehr kleinen und endlichen Körper. Die Seele aber ist weder groß noch klein, sie ist kein meßbarer Gegenstand, sie ist das Unendliche schlechthin. Und ich schwöre Dir mit gutem Gewissen, wenn Du mit meiner Seele vorlieb nehmen willst, – und mir scheint dies gar nicht das Schlechteste und Verachtenswerte –, so wird meine Seele immer für Dich da sein. Du würdest nicht einen Teil von ihr erhalten, denn ein Unendliches läßt sich nicht teilen. Es ist stets da und stets ganz. Ich wage sogar zu glauben, daß wir – da es anders doch nicht mehr geht, und das Unerfüllte auch das Erfüllbare zu nichte macht – unsere Freundschaft aus ihrem Dahinsiechen in einem neuen, schöneren Leben erwecken könnten – wenn Du nur willst.

Ich kann Dir mit gutem Gewissen versichern, daß dieser Vorschlag nicht dem Wunsch nach Bequemlichkeit entspringt. (Ich sage dies nur, weil ich Dich kenne und weiß, daß Du ihn im ersten Augenblick so verstehen könntest). Aber

Du wirst nicht so gering von meinen Gefühlen für Dich, von allem, was zwischen uns war, denken, um mir solch niederträchtige Motive unterzuschieben.

Meine Gefühle für Dich sind da wie stets, ich hoffe, Du wirst mir erlauben, sie von neuem Dich wärmen zu lassen, nun, da alle Hemmungen beseitigt sind und sie, – befreit, aber nicht geschwächt – nur stärker und reiner ausstrahlen können. – Ich schreibe von beseitigten Hemmungen, und ich bin in großer Angst, ob ich nicht mit den Hemmungen zugleich alles, was Dich zu mir zieht, beseitigt habe, gleich jenem Arzte, dem der Patient an der glücklichen Operation starb.

Nie fühle ich stärker, wie sehr wir zusammengehören, und welch starkes Band uns verknüpft, als wenn ich an dieser Fessel zerre. Und ehe Du diesen Brief voll Wut zerreißt, denke daran, daß sich gemeinsam erlebtes Leben nicht so einfach zerreißen läßt, und das, was uns zusammen hält, sehr wirklich ist.

Wenn Du aber, was ich Dir biete, und ich biete es Dir von Herzen, nicht annehmen kannst, oder willst – ich hoffe so, Du kannst es und willst es! – dann wünsche ich Dir sehr, daß Du nicht weiter Schmerzen habest, und daß Du mich vergißt – und nur später, nach vielen Jahren, sollst Du Dich an ein paar schöne Stunden, die wir zusammen erlebt haben, ein klein wenig erinnern. – Ich sitze jetzt hier und weine. Es wird Zeit, diesen Brief abzuschließen. Bedeutet er die Trennung, so will ich, statt allen Dankes, Dir versichern, daß, wann immer, wo und unter welchen Umständen, Du mich brauchst – oder auch nur irgendeine Frau, die Dir helfe – ich da sein will, und ebenso wieder verschwinden werde, ohne den geringsten Dank zu verlangen – denn ich werde Dir meine Freundschaft bewahren, wie Du Dich auch entscheiden magst.

Ich kann nicht mehr. Es ist alles gesagt.

Überleg es wohl. Und hab Geduld, und quäl Dich bitte nicht so sehr.

Hilde.

P. S. Bitte, gib mir Bescheid – Du kannst einen Zettel in mein Zimmer legen, ich bin den Vormittag kaum zu Hause, sondern mit Vater – was aus der für morgen abend angesetzten Kant-Besprechung mit Manasse werden soll. Wenn Du, falls 6
Du den Brief nicht bis dahin bewältigt hast, & es rein sachlich als notwendige – und das ist es – Arbeit fürs Seminar auffassen willst, so wollen wir nach meiner Ansicht die Verabredung einhalten. Nostra res agitur, Manassen geht das garnichts an. Aber es liegt bei Dir. 7
     Und bitte, übereil Dich nicht, überlege es wohl.
     Es ist schon nach 2, vielleicht bringe ich Dir diesen Brief jetzt noch, damit ich nicht bis morgen früh den Mut dazu verliere.

10 *In Heidelberg*

                                                     19. II. 1932
Mon cher.
Mir kommt der gestrige Abend unwirklich und absonderlich vor wie ein Traum. Es scheint mir geradezu absurd, daß Du Dich gestern einen Tag lang bemüht hast, mir weh zu tun, auf eine so schäbige und flegelhafte Weise, daß das Gesagte gar nicht traf, sondern nur verletzen konnte als Manifestierung der häßlichen Absicht eines Freundes. – Ich bedaure (dies Bedauern enthält keinerlei Entschuldigung), daß ich gestern abend mich elend genug fühlte, um mich zu Vorwürfen verleiten zu lassen.
     Als ich Dich nach Göttingen schickte, wußte ich sehr wohl, daß ich Dich dabei verlieren könne. Kätes Verhalten 1
war das absolut Ebenbürtige correlat des meinen.
     Du hattest die Wahl, φιλε – und überleg es Dir wohl, Du 2
hast sie in diesem Augenblick noch – zwischen <u>zwei</u> Möglichkeiten. Wenn Du Dich für Käte entschieden hättest, hätten wir wohl einen modus vivendi gefunden. – Tertium non est. 3

4   Que le jour d'hier ne soit qu'une rêve, c'est tout à fait à vous.

H.

11 *In Heidelberg*

15. VII. 32.

Mon cher.

Ich schicke Dir hier die Zeitungen, voll interessanter Dinge. (Besonders wichtig die Zwangsversteigerung in Cassel.)

Ich will meine Arbeit nicht unterbrechen und meinen Arbeitseifer sorgsam hüten, deshalb schreib ich, statt zu Dir zu kommen.

1   Falls ich Dich vor morgen nicht seh – denn von Salis fährst Du am besten geradewegs heim – eine Bitte:

Sei kein Baby, Lieber, und hol Dir nicht einer Reise nach Bruchsal wegen eine seriöse Halsentzündung.

Wenn Du Dich nicht Deinetwegen in acht nehmen willst – und Du hast die Aussicht, statt Deine Eltern zu besuchen, im Bett zu liegen, was bei der Heidelberger Hitze ein zweifelhafter Spaß ist –, und Dir den Rest des Semesters gründlich zu verderben – so tus mir zuliebe. Ich muß jetzt wieder aufs unsinnigste arbeiten, und selbst wenn Deine Erkrankung mich keine Zeit kostete (was sie hingegen tun würde) so würde mich das Bewußtsein, Dir gehe es schlecht, und ich könne Dir nicht helfen, ebensosehr bedrücken und an intensiver Arbeit hindern.

Du hast mir ja selbst gesagt, Bruchsal sei so wichtig nicht, als ich über die Arbeit jammerte, die mir das Mitreisen verbietet. – Zudem kannst Du auch noch an einem Wochentage
2   fahren, peut-être.

Sei also mein braver kleiner Bub, bleib über Sonntag schön im Bett und kränkle lieber die 2 Tage, wo Du so schön Zeit dazu hast.

Du darfst auch den ganzen Tag schlafen und hübsche Dinge lesen und Malzbonbons lutschen.

Amüsier Dich gut heut abend, rede schön morgen früh, und komme nach 11, ehe du heimgehst morgen nach dem Seminar, bei mir vorbei. Und sei nicht bös, daß ich mich so um Dein höchstpersönliches Halsweh kümmere. ✆   3

H.

12 *Aus Heidelberg, vermutlich nach Frankfurt a. M.*

Heidelberg, den 22. Sept. 32.

Mein Liebster.

Heute langte, nach Umwegen, Dein Brief bei mir an, zugleich mit der Karte aus Emmendingen. Hab Mitleid mit der Landpost, sie kann trotz offensichtlicher Mühe Deine Aufschriften nicht entziffern. – Ich wundere mich, daß Du meinen Brief und die abendliche Karte gestern noch nicht hattest. Aber die rusticale Post nimmts gemütlich. –

Seit gestern abend ist schönes Wetter hier, d. h. Sonne und blauer Himmel, aber Herbstwind und Kälte. Bei der Brausin   1 zieht es durch alle Ritzen, es ist abscheulich kalt dort. Trotzdem läßt es sich aushalten, seit ich mir bei dem Elektriker eine Lampe geborgt habe.

Gestern machte ich einen Spaziergang aufs Schloß. Es hat sich wenig verändert. Höchstens, daß ich inzwischen ein wenig mehr sehen gelernt habe, und mir die »schön« renovierten Figuren immer weniger gefallen. Am Abend ging ich am Neckar entlang und über die alte Brücke, und versöhnte mich auf eine halbe Stunde mit Heidelberg. – Der ganze Tag ging auf gründliche Lektüre der Zeitungen darauf, denn ich kann doch nicht schlecht informiert zu B.[ergsträsser] kommen,   2 der ein politisches Gespräch aus dem Stegreif liebt. – Damit Du aber der Ergebnisse dieses Fleißes teilhaftig werdest, und Dir in etwa ein Bild machen kannst, lege ich Dir einen kurzen

Abriß alles Berichtenswerten bei. – Ich habe es gleichzeitig zum Objekt meiner Schreibmaschinenexercitien gemacht. Ich glaube, das Wesentliche berichtet zu haben, aber es wirkt natürlich, so komprimiert, noch peinlicher als in den Zeitungen einer ganzen Woche, die noch viel tröstlich sein sollenden oder belanglosen Schmus darum herum machen. –

Zu meinem Besuch bei der Professorin trage ich noch nach: Sie sagte entrüstet »Herr Palm hat auch noch Sachen liegen lassen. Ich konnte sie nicht in den Koffer tun, da ich keinen Schlüssel dazu habe.« »Die Sachen« erwiesen sich als 1. ein Päckchen Zahnstocher 2. eine alte Zahnbürste 3. ein kl. Rasiertuch 4. ein Regenschirm. Ich gab mir Mühe, Ernst zu bleiben und verfügte, daß Zahnstocher, die Zahnbürste (sie hat inzwischen lange genug im Staube gelegen) wegzuwerfen seien. Das Tüchlein nahm ich an mich. Es sind von Dir also noch da außer Kisten & Regalen 1. Der Schirm 2. ein Koffer 3. ein Wäschekörbchen. – Ab nach Frankfurt? Es kann aber auch noch etwas hier bleiben, obwohl die Klingensteinsche das ungern sieht. –

Eben kaufte ich übrigens Obst bei der Italienerin, da kam ein Mann, wartete einen Moment, um dann urplötzlich mit dem Ausruf »ich kaufe nicht bei Juden«, zu verschwinden. Die Italienerin war weniger verblüfft als ich. –

3   Neuerdings kostet auch überall – außer bei Scheu – das Briefpapier 5 Pf. Wir sind eben ein schäbig armes Land. –

Heute morgen also tippte ich erst die beiliegenden Blätter. Übersieh die zahllosen Tippfehler. Dann ging ich aufs Auslandsamt, wo ich eine weit bessere Auskunft erhielt als auf dem Konsulat. Anbei die Prospekte. Weitere Erkundigungen zieht das Amt noch für mich ein.

Der Mann riet zu. Das Leben in Italien sei nicht teurer als in Deutschland. Vermutlich billiger als in der Schweiz. Der Lire steht 22 Pf. Aus dem Prospect ersiehst Du, daß man mit 150 M schon anständig dort leben kann, vermutlich sogar mit weniger.

Die Italiener wünschen ausländische Studierende an ihre Universitäten zu ziehen und schaffen ihnen die günstigsten Bedingungen. (Für Ausländer Colleggebühren zum halben Preis). Die Immatriculation dürfte etwas über 60 M, die Collegs 80−120 normal also 40−60 M betragen, sodaß das Studium um einiges billiger wird als bei uns.

An sich besteht ein Verbot bezahlter Arbeit für Ausländer, soviel der Herr wußte. Aber mit ein Bißchen Glück könne es klappen, Stunden zu bekommen. Man könne sich eben nur nicht darauf verlassen. Das Sem.[ester] beginnt Anfang November, Immatrik.[ulation] bis zum 5. Nov., dauert bis Juni. In Florenz besteht eine ökonom.[ische] Fakultät, die sich allerdings, nach dem Prospect, nicht mit der in Rom vergleichen kann. Umgekehrt ists für die humanist.[ischen] Wissenschaften in Florenz besser. − Ich habe mich erkundigt, welche Professoren für Dich & mich an beiden Universitäten sind. − Ausserdem werde ich mit Bergsträsser darüber sprechen.

Paris kommt nicht in Frage, da es viel teurer ist, und man dort mindestens 150−200 M. braucht. Die französ. Provinz lockt mich gar nicht, und Dich auch kaum.

Wenn ichs mir recht überlege, kann ich den Vorteil des Basler Studiums nicht einsehen. Es lebt sich dort − an sich − nicht besser, sondern schlechter als in Frankfurt, und jedenfalls viel teurer. Zudem ist man in Deutschland, ohne in Deutschland zu sein.

Wenn wir aber die Gelegenheit haben − und wir haben sie jetzt zweifellos − richtig herauszugehen, wer hindert uns, uns das Beste auszusuchen? − Übrigens hat man, wenn man nachher in Deutschland den Dr. gemacht hat, nicht die geringsten Ungelegenheiten, sofort auch den italien. Dr. zu machen (vgl. Prospect) falls eine italienische Uni für Dich als Anfangsstation in Frage käme. − Mit mir ist es ja erheblich schwieriger.

Mit den Devisen geht es folgendermaßen. Man nimmt 200 M mit und schickt eine Immatrikul.-Bescheinigung nach

Hause. Auf Grund dieser bewilligt das Landesfinanzamt an-
standslos monatl. Überweisungen von 200 M, sogar Colleg-
gelder. Die Bewilligung muß monatlich neu eingeholt werden, ist aber eine pure Formalität.

4   Übrigens, Olschki hat einen Lehrauftrag in Rom diesen
Winter! – Ich versuchte dann, B.[ergsträsser] zu sprechen,
der aber heute leider infolge ausländischen Besuchs keine
Zeit hat. – Die große Unterredung wird also morgen steigen.
Ich danke für Deinen guten Rat und werde mich bemühen,
wo nicht Dir Ehre, sodoch vor allem keine Dummheiten zu
machen. Vor allem werde ich nie eindeutig Stellung nehmen,
sondern auch mit »einerseits – andrerseits« jonglieren. – Das
Referat kann ich nicht in meine Arbeit einbauen, aber ich
werde es schon irgendwie unter den Tisch fallen lassen. Ich
fange bestimmt nicht davon an.

5   Mixed grill der Woche.
Aussenpolitisch: Das englische Memorandum zu unserem
Schritt in der Abrüstungsfrage ist, entgegen allen optimistischen Erwartungen, England werde zumindest eine Vermitt-
lerstellung einnehmen, ganz im Sinne der Franzosen ausgefallen, ja es stellt sich noch weit entschiedener auf den Boden
des Versailler Vertrags. In »schulmeisterlichem Ton,« sagt die
6   Daz. mit Recht. Deutschlands Weg in die Vorkriegs Isolie-
rung, sagt man auf soz. Seite und auch die FZ warnt davor.
Am Schluss des Memorandums einige wohlmeinende, im
Gegensatz zu den juristischen Ausführungen allzu nebulöse
Phrasen. Mit Recht scheint mir, wirft E.[ngland] uns vor, wir
hätten den denkbar ungünstigsten Moment zu einem solchen
Schritt erwählt. Eine rechte Zeitung schreibt, nach der
Kriegsschuldlüge, der Kreditzusammenbruchschuldlüge,
wolle man uns als dritte Schuldlüge die Hemmung des wirt-
schaftlichen Wiederaufschwungs in die Schuhe schieben. –
Lassen wir den Krieg, mögen wir auch die unschuldige Ur-
7   sache des Kreditzusammenbruchs gewesen sein, diesmal sind

wir nicht nur Ursache, sondern dafür auch absolut verantwortlich. Hie Papen und Aufrüstung – ein etwas kostspie-
liges Wahlgeschrei.

Innenpolitisch: Augenscheinlich ein Abflauen der Nazis,
etwa so, dass man viele ihrer Ideen übernimmt, um sie auf
diesem Wege zu schwächen, d. h., zu »Staatsbürgern« zu machen. Strasser selber rechnet mit einer Verminderung bei den
Wahlen. Ihre Kassen dürften auch weniger gefüllt sein als im
Juli. Da sie den rechten Augenblick versäumt haben, machen
sie – – falls man Strasser glauben darf (?) – – eine Schwenkung
zum Revolutionären Sozialismus, aber einem nationalen.
Würde diese Wendung wirklich vollzogen, so müsste es bei
einigermassen geschickter Politik den soz. Parteien gelingen,
ihnen den Wind aus den Segeln zu nehmen, denn qua Sozialismus ist ihnen der Marxismus aller Schattierungen über, Sie
schreien jetzt schon in abgeklapperten »marxist.« Redens-
arten gegen die Regierung der Barone usw.

Was die Stimmung betrifft (soweit ich sie beurteilen kann,
ich bin ja im Moment ausser Beziehung zu Arbeiterkreisen) –
Resignation und Desinteressement auf der Ganzen Linie.
Hoffnungsloser Jammer, Wurschtigkeit, wenn etwas angenehm empfunden wird, ists die Militarisierung (es werden
Zigaretten mit Soldatenbildern verkauft) und bisweilen eine
müde Hoffnung auf das Wirtschaftsprogramm selbst bei denen, denen es schadet. Andere von lethargischer Wut auf ihre
weitere Gehaltskürzung, aber alles müde, gleichgültig und
ohne Elan. (Nach einem Artikel von Diebold herrscht in Ber- 8
lin eine ähnliche Stimmung (ausgenommen immer die eigentliche Masse des Volkes) Diebold wird völlig verrückt, aber
ich finde gerade das sympathisch. Den beiliegenden Artikel,
er ist symptomathisch nicht nur für Diebolds Pathologie,
sondern für die allgemeine Stimmung überhaupt, und die
Uebergeschnappten sind ihre besten Interpreten, erbitte ich
zurück.) Ueberhaupt, Du müsstest einige Tage in Heidelberg
oder sonst einer reagiblen Umgebung leben, die Dir vertraut

ist, sodass Du nicht an einzelnen Sehenswürdigkeiten hängen bleibst, sondern die Schwingungen der vita Germanorum wieder die Deinen werden.

Es ist jetzt irgendwie noch peinlicher in dieser Stagnation als im Trubel des Juli. Alles, was überhaupt noch geschieht, geschieht zur Vermeidung von etwas noch Uebleren. Im übrigen kümmert sich jeder um sich, und die res publica ist eine Sache für Fachpolitiker. Wir schliddern in die schönsten Vorkriegszustände, mit einigen kleinen Unterschieden: die wirtschaftliche Lage ist ungleich schlechter, die Freiheitssphäre der einzelnen schon von da aus beschränkter; vor allem, damals war trotz des autoritären Regimes der Liberalismus geistiges Allgemeingut, heute ist er verpönt. Dann schon lieber im Deutschland um die Jahrhundertwende und in den ersten zehn Jahren, als in dem unter Beisteuer von nationalsoz. Gedankengut von Hugenbergianern aufgewärmten teutschen Staat. – – Papen hat »als kleinstes Uebel« auch bei Leuten wie meinen Eltern und Strucks Symphat[h]ien gewonnen. Strucks sind optimistisch, ihnen ist alles egal. Vermutlich wird das auch der einzig mögliche Standpunkt werden, man zieht sich ganz auf sich zurück – vorausgesetzt, dass der wildgewordene Staat das zulässt, und lässt sichs ganz privatim schlechter und schlechter gehen, wer sich aber eine gewisse Reagibilität für die Entwicklung des Ganzen bewahrt, landet im Irrenhaus oder am Galgen. (Apropos, ein Freund von Strucks hat eine sehr gute Idee gehabt. Er ist, mittels einiger Tobsuchtanfälle, ins Irrenhaus gekommen, lebt dort wie in einem ausgezeichneten Hotel, darf sagen, tun und denken, was er Lust hat. Dazu ist er seine Familie und alle wirtschaftl. Sorgen los und noch des allgemeinen Mitleids gewiss. Etwas Geld gehört natürlich dazu. Er hat eine ausgezeichnete Bibliothek und pfeift auf die Sorgen seiner Familie sowie der restlichen Menschheit!)

Werden wir sachlich. Der Wahlkampf hat noch nicht wieder eingesetzt. Er wird sicher weniger Beteiligung finden als der letzte. Papen mit Militär und Wirtschaftsprogramm, Nationalismus und Christlicher Gesinnung. Hitler gegen die Herrenclique, für Aufrüstung gegen Papens unsoziale Verordnungen. Die SPD mit dem Volksbegehren gegen die grosse Notverordnung. Das Zentrum vermu[t]lich, wie auch Hitler, für Verfassung und Verfassungsehrlichkeit, Ruhe und Ordnung. Deutschnationale, Volkspartei und vielleicht Teile des rechten Zentrums für Papen, dessen Position zweifellos gebessert erscheint.

Die SPD ausserdem für Sozialisierung des Bergbaus und der Schlüsselindustrien. Die KP vermu[t]lich mit viel Geschrei für Russland, die Sozialisierung und dito gegen Papen. So ähnlich dürfte das diesmalige Gebrüll aussehen, soweit es überhaupt zum brüllen kommt.

Zur Staatsrechtl. Situation. Es ist inzwischen festgestellt, dass das verfassungswidrige Verhalten bei Göring lag, Papen hatte sich vor der Abstimmung gemeldet.

Reichsreformdebatten. Preussen soll nicht nur mit der Reichsverwaltung in Personalunion verbunden werden, sondern es soll auch de forma völlig in Reichsverwaltung kommen. Bayern propagiert Stärkung der Reichsratsposition. Lage weithin ungeklärt, zwischen Bayern und dem Reich anscheinend kleine Spannungen.

Kulturell: Inangriffnahme des Männer ertüchtigenden Geländesports.

In einem Artikel wurde das »Arbeitslager als Lebensform« diskutiert. Labilität der Institution der Familie und des individuellen Lebens, und so. (Nur als Stimmungsbild berichtet.) Das Werkjahr der Studenten wird diskutiert, nicht nur zur Entlastung der Hochschulen, es wird Dich freuen zu hören, dass der Student ein Handwerk lernen soll, von dem er sich im Notfall ernähren kann und das ihn jedenfalls zum Bezug der Arbeitslosenversicherung berechtigt. Ausserdem wird das Zeugnis, das ihm über seine Handarbeit ausgestellt wird, eine der entscheidenden Bewertungsgrundlagen für eine

nach neuen Grundsätzen nach dem ersten Studienjahr statt-
findende Auslese.

Irgendwo steckt da natürlich etwas ganz Vernünftiges, eine
Verbindung von geistiger und körperlicher Schulung. Aber
so – – greulich! Ausserdem möchte man Wehrkunst an den
Unis lehren, damit eine engere Verbindung zwischen Hoch-
schule und Militär erzielt werde. Aber dies sind alles nur
ganz wage, in der Presse diskutierte Pläne, die ich nicht der
Facten, sondern der Geisteshaltung wegen erzähle.

Die Strafrechtsreform wird nun unter Berücksichtigung
natsoz. Gedankenguts fortgesetzt wie der Kongress mit 2
Stimmen Mehrheit bei 7 Enthaltungen beschloss. Radbruch,
dessen Lebenswerk der Reformentwurf ist, verzichtete nach
den Ausführungen des natsoz. Prof. Gleispach auf eine Fort-
führung und stellte lieber die ganze Reform in Frage, als sie
unter fascistischem Einfluss fortzusetzen. Er enthielt sich
auch der Stimme. Ich finde diese Haltung in der Tat bewun-
dernswert.

Eine Kostprobe aus Gleispach: (Wörtlich) »Apriori habe
der Einzelne überhaupt keine Freiheitssphäre.« Todesstrafe
selbstverständlich, keine übertriebene Rücksicht auf die
Freiheit. »Strafschutz für die Ehre und Würde des deutschen
Volkes und die seiner Helden, für das deutsche Volkstum
überhaupt, für die Fruchtbarkeit der deutschen Frau.[«] – –
Freiheit des richterlichen Ermessens sei nicht zu bestimmen
nach Sicherheit des Beschuldigten(!), sondern nach der
Erwartung, wieweit der Richter die Grundgedanken des
Gesetzes zur Anwendung bringen werde[.] Drum herum
viel »Recht und Sittlichkeit« Strafe nach den Motiven. Die
F[rankfurter]z.[eitung] weist mit Recht darauf hin, dass
dann nach Hitler die Beuthener Mörder freigesprochen werden müssen, und jemand, der Friedrich den Grossen kritisiert, aufgehängt würde. Berücksichtigung der Erbanlage,
nicht des Milieus. Usw.

Das einzig Gute ist, dass die Strafrechtsreform schon chronisch ist, und, wird sie wie bisher betrieben, so werden noch unsere Kinder und Kindeskinder über Entwürfe debattieren, falls diese miserable Welt nicht inzwischen von einem einsichtigen Gott verschluckt worden ist, der aus dem alten Lehm etwas Besseres gebiert.

Erfindungen. Vitamin C ist noch nicht erfunden, es war eine voreilige Behauptung. Eine Lichttonschrift soll erfunden werden, die dem Musiker erlaubt, seine Auffassung autoritativ festzulegen, Ausschaltung der Reproduktion, Tonfi[l]mapparatur. F[rankfurter]z.[eitung,] Nr. 689/91.

Die Zeitungen von gestern, heute noch nicht gelesen. 12

13 *Aus Köln nach Frankfurt a. M.*

Köln, den 28. Sept. 32.

Mein lieber Erwin.

Ich bin sehr froh, daß Du nun endlich aus dem Zaudern heraus bist und alles entschieden ist. Mir kommt es noch so unwahrscheinlich vor, daß ich mich noch gar nicht richtig ausgelassen freue wie Du. Ich werde es erst glauben, wenn ich im Zug sitze. Apropos Zug, warum willst Du schon am 10. oder 12. fahren? Und bleibst Du bis dahin in Freiburg? – Die Mutti – ich hab es ihr lieber gleich erzählt, damit sie nachher keine Schwierigkeiten macht, – ist etwas entsetzt, daß ich die Große Reise allein machen soll. Mir macht es wenig aus, wenngleich ich lieber mit Dir gefahren wäre. Kompromißvorschlag: ich fahre früher als beabsichtigt hier los, etwa am 18. Noch früher geht kaum. Zudem will ich ja einen Tag nach Frankfurt. Und wohin willst Du nun, Rom oder Florenz? Ich will unbedingt, ehe ich mich entscheide, den sachverständigen Beckerath hören. Ich hoffe, er ist wieder hier, er war gerade in Italien. – Wieweit der Kompromiß für Dich acceptabel ist, kann ich natürlich nicht beurteilen. – Hast Du inzwischen Deine Gedichte an [den] nobelsten aller Poeten gesandt? 2

Die Bücher werde ich gleich in der Bibliothek bestellen.
Ausserdem werde ich sehen, was an Italienbüchern, Baedek-
3 ker u.s.w. ich mir bei Carl Plotke leihen kann, der einige Male
dort war und ja kunstgeschichtlich sehr auf der Höhe ist. –
Du vergißt aber, daß ich mich auch noch um die ital. Wirtschaft und den Fascismus kümmern muß. – Könnte man hier
nur ruhig arbeiten. Unsere Wohnung und alles übrige ist
nicht danach geschaffen. Schlimmstenfalls schließe ich mich
im Badezimmer ein, es wird schon irgendwie gehen.

Bescheidene Frage: Was muß man mitnehmen, außer der
berüchtigten Urkunde[?], um den Erfordernissen dieses
Landes gerecht zu werden? Abführpillen, nach Manasses Erzählungen zu schließen? Aber was noch? Braucht man
warme Wäsche, dicke Winterkleider, oder soll man sich dün-
nere machen lassen, als für einen deutschen Winter? – Ich
will mir ein schwarzes und ein blaues Kleid machen lassen.
Findest Du das hübsch? Mutti will unbedingt eine Volant an
der Hüfte, und ich bekomme geradezu Krach mit ihr, wenn
ich für ein Glattes plädiere. Ich fürchte, mein Bester, daß
Deinen Wünschen wegen mütterlichen Widerstands nicht
entsprochen werden kann.

Die Sommersachen lasse ich jetzt hier, um weniger Gepäck
zu haben. Ich lasse sie nachher schicken. Oder ist es im Winter dort warm?

Du siehst, meine Kenntnisse von Klima & Sitten sind wie
die gesamte Geographie: höchst mangelhaft. – Soll ich übrigens Goethes Ital. Reise mitbringen. Ich weiß nicht, ob sie in
unserer kleinen Kiste ist.?

Unsern Schopenhauer, obwohl vollständig, lasse ich wohl
hier.?

Ich will sehen, ob ich hier einen Italiener aufgabe, wegen
4 der Aussprache. Warst Du bei Fraenkel? –

Bei Beckerath erkundige ich mich auch, ob man in einer
Pension leben soll. Der Austauschmann hielt Zimmer für
5 praktischer & billiger. Dito will ich mir die Adresse von Hans

Georg empfehlen lassen. Ich möchte auf jeden Fall, und wenn
es nur irgend möglich ist, daß wir im selben Haus unterkom-
men.

Vielleicht ist, da es eine Mensa gibt, ein Zimmer wirklich
praktischer als volle Pension. Man hat dann auch besser die
Möglichkeit, abends in kleine Lokale zu gehen, und herum
zu kommen. –

Jetzt muß ich mich rasch anziehen, und zur Bibliothek gehen. Obwohl ich Mutters Schlafrock anhabe, ist es mörder-
lich kalt und man kommt aus dem Frieren nicht heraus. Wie
herrlich, dem deutschen Winter, diesem Matsch und Eis, aus
dem Wege zu gehen, dem schweren gelbgrauen Himmel und
der Sorge um den schlecht heizenden Ofen. Dort ist sicher
auch im Winter der Himmel dunkelblau, und statt der Weihnachtsbäume gibt es Palmen, schönere, als auf dem Bahnhof
in Bellinzona. Während sie sich hier Sorge machen und zwischen Politik und Wirtschaft, unserer deutschen Scylla &
Charibdis, ein ängstliches Dasein führen, werden wir leben
wie die Götter. Es ist eigentlich eine Gemeinheit.

Womit haben wir verdient, daß es uns so gut gehen soll?

Du Scheusal, bekommst es völlig gratis und brauchst nicht
einmal was dafür zu arbeiten. Aber jetzt muß ich die Schreiberei aufgeben und etwas Vernünftiges tun, ich muß mich
jetzt ordentlich dran halten.

Schnapp mir nicht schon in der Vorfreude über, Du alter
Narr, und sei sehr zärtlich geküßt von Deiner Hilde.

Bitte, vergiß nicht, mir zu schreiben, ob Du das braune
Kästchen mit meinen gesamten Briefschaften hast.

Kennst Du Wölflin: Barock & Rennaissance.?   6

Und wo meine blaulederne Uhr geblieben ist, weiß ich
auch nicht.

14   *Aus Köln nach Frankfurt a. M.*

Köln, den 10.x.32.

1   Mon cher ami:

Mir geht es recht jämmerlich. Aber jetzt hab ich den großen
Feldzug hoffentlich überstanden. Es war eine Herkulesar-
beit, und fast zu viel für mich. Ich »darf« also mit nach Italien
– nachdem ich einen Revers unterschrieben habe, daß ich alleine alle Verantwortung trage und Mutter nie einen Vorwurf
mache, daß sie mich mit Eurer Wenigkeit hat ziehen lassen.
Die ganze Familie hat Front gemacht, und alle haben mir »zu
Deinem Besten, liebes Kind« das Leben sauer gemacht. Fanden sie »allein so weit«, schon schrecklich, so fanden sie es in
Deiner Begleitung völlig horrent. Man hat mir Dinge an den
Kopf geworfen – man konnte nur noch die Tür hinter sich zu
schmettern. Wie sich die Tanten auf einmal interessieren,
wenn sie denken, daß die Nichte etwas mit einem Mann haben könnte. Die Sorte von Diskretion »ich weiss nicht, ob,..
geht mich auch nichts an, aber alle werden es denken«!

Ich bin noch ganz krank davon. Dies Exemplifizieren mit
den beiden Fällen in unserer Familie, wo Töchter gegen den
Rat der Mutter Fatzken geheiratet haben, zu ihrem Unglück.

Man stürzte sich geradezu in Unkosten, um mich der bür-
gerlichen Gesellschaft zu erhalten. – Man ist allgemein der
Meinung, daß ich durch diese Reise mit Dir »jede Chance«
verliere, und für »die Gesellschaft« erledigt bin. »Reise mit
dem Geliebten«. »Nur sein Verhältnis« und so. Mir ist spei-
übel. »Alle Boote hinter sich verbrennen«, meinetwegen!
Was mir an diesen lumpigen Kähnen schon liegt.

2   Tante Liese lud mich also auf 6 Monate zu sich nach London ein, versprach mir alle Herrlichkeiten der Welt, einen
entzückenden Kreis, Einführung bei Professoren, reiten, und
was Du nur willst. Auf daß ich Dich, Liebster, vergäße, oder
so etwas wie Feuerprobe mache. Nebenbei hoffte man mich
dabei natürlich unter die Haube zu bringen. – Oder ich dürfe
nach Frankfurt, nach Berlin, nach Paris. Man überbot sich,

Dich mir abzukaufen. Kompromiß von Mutti: ich solle nach F.[rankfurt] reisen, um mich von Dir zu verabschieden oder Dich zu veranlassen, in F. zu bleiben oder wenigstens nicht soo weit weg.

Ich weiß ja zur Genüge, daß Deine einmal gefaßten Entschlüsse sakrosankt sind. Immerhin, es wäre freundlicher von Dir gewesen, wenn Du – vor Wochen noch hast Du mir den Vorschlag einer Trennung tagelang verübelt – eine eventuelle Trennung als weniger selbstverständlich betrachtet hättest, und meine Sache mehr als die Deine behandeltest.

Ich hab gar nicht so wenig auf mich genommen, um bei Dir bleiben zu können. Nicht nur die Familienschlachten, ich riskiere wirklich einiges bei dieser Reise. Ich riskiere, nicht Du – Du wagst ja nicht einmal das Stirnrunzeln Deiner eifersüchtigen Mutter, wenn sie hört, daß wir zusammenfahren.

Aber eines verlange ich unbedingt von Dir (es ist Deine Schuld, daß ich auf eine Antwort bestehen muß, die so überflüssig sein sollte):

Sag mir, ohne Ausflüchte und ganz deutlich, ob Dir ernstlich daran gelegen ist, daß ich mit Dir fahre, oder ob Du ebensogerne alleine fährst.

Daß ich darüber im Zweifel bin, hat mir all die Schwierigkeiten ganz unerträglich gemacht. Wie kann man sich verteidigen, wenn der Boden zu schwanken beginnt. Was mich am meisten quält: ich kann mir ein Leben ohne Dich nicht mehr denken. Du solltest großmütiger sein, Lieber, und nicht zulassen, daß die Fessel, in die Du mit langsamer Raf[f]inesse mich eingefangen, mich so zerquält. – Ach, das ist ja alles eine Narretei, Mangel an Phantasie, man kann auch anders leben.

Aber ich bin kein Spielzeug, es ist auch Deine Sache, wenn ich mit Dir gehen soll. Ich bitt Dich, so herzlich ich kann, vergiß auf eine Viertelstunde Deine Herbstlaune und schreib mir, wie es not tut!

Wozu mir eine Warnung? Tu, amice, cave canem, sonst geb 3

ich auf, was ich mir eben erst erkämpft habe, und springe kopfüber in das eiskalte Wasser der Familienwünsche. Ein comfortabler Tod! Mir grauts.

Ich bin ganz verwirrt.

Aber ich kann doch nicht noch lauter schreien, so hör mich doch endlich!

⁴   La tua infelice H.

15 *Aus Köln nach Frankfurt a. M.*

Köln, den 12. x. 32.

Carissimo

Jetzt liege ich also auf der Nase, richtiger im Bett. »Ich bin kein Nilpferd.« Seit den »fast-Kämpfen« vorgestern ist mir übel und schwindelig und nun hab ich zu guter Letzt seit gestern noch Fieber.

Wie manch Positives scheine ich auch den nervösen Magen von Dir angenommen zu haben. Ich hoffe, wenn ich heut liegen bleibe, ist morgen alles wieder in Ordnung.

Dein Brief war sehr lieb, wenn auch nicht von denen, die einen sofort wieder gesund machen.

Mit der gleichen Post erhielt ich den letzten, Dir nach F.[rankfurt] gesandten Brief zurück, sehr zu meiner Erleichterung. Ich überflog ihn, bekam einen roten Kopf und zerriß ihn in kleine Fetzen. Ein verrücktes Potpourri ziemlich schamloser Zärtlichkeiten, wie sie auch eine Frau, die sehr Sehnsucht nach ihrem Mann hat, nicht schreiben sollte. Ich bin der Post dankbar für die Rücksendung. Da ich Kopfweh hab und mich heut schwerer koncentrieren kann, will ich Deine Briefe der Reihe nach durchgehen, wo eine Antwort nötig sei.

Zu dem gestrigen: Warum ich nicht so bin, daß man mir schriebe, ist nicht leicht einzusehen, und auch Du bist nicht immer dieser Ansicht gewesen. Du mußt Deine Stimmungen nicht in anderen objektivieren. Zudem, wie kann ich denn schreiben, wie ichs möchte, wenn Du so stumm bist. Sieh mal, es ist doch eine höchst schäbige Liebe, die nur von der Gegenwart lebt. Ich bin ganz traurig, wenn ich so wenig bei Dir bin, daß es dann meiner gesprächigen Anwesenheit bedarf. Da Du die Autoritäten liebst: ich fand kürzlich bei Goethe, im Meister glaube ich, eine Stelle, die etwas besagte: die kleine Liebe wird noch gemindert durch die Trennung, die echte – – –

Was den Brief anlangt, den ich heute erhielt, so sehe ich daran, mein Lieber, daß Du am liebsten mit mir ohne mich fahren möchtest, was ja nicht wohl zu machen ist. So wählst Du das kleinere Übel und sagst: mit Dir, mit dem nicht ausgesprochenen, aber sehr deutlichen Zusatz: aber hüte Dich, mich zu stören. Nach allem, finde ich, hättest Du diese Angst für Dich behalten dürfen, wenngleich Du anerkennenswerter Weise eine halbe Seite darauf verwandt hast, sie mir freundlich beizubringen.

Denn erstens, scheint mir, hab ich Dich bisher nicht gestört, zum andern, wenn Du (was ich ja gar nicht wünsche) aber wenn Du wirklich auch einmal eine kleine Belastung durch mich hättest, wär dies so unerträglich, wär ich Dir damit schon überzahlt[?]? Und letztlich, in diesem Moment, mein Freund, hättst Du mir Deine Überlegungen schenken können, die unkommentierte Aufforderung wäre mir lieber gewesen.

Zu Deinem Troste: Goethe hat Rom auch nicht allein erfahren – wobei mir das Sakrileg ganz ferne liegt, sonst auch nur die mindesten Vergleiche zwischen Goethe, Tischbein und uns zu ziehen. Es handelt sich nur um die Ein-samkeit. – Übrigens hoffe ich trotz Deiner Briefe sehr, daß Du mit Deinen Wissensschätzen nicht knausern wirst, und mich, nachdem Du mich so weit geleitet hast, auf offener Straße und weit vom Ziel – wenn auch in – verwirrend – herrlicher Gegend, nicht ganz mir selbst überlassen wirst. Niemand wird Dir je für Belehrung so dankbar sein wie ich.

Mir mich in Rom vorstellen – ich kann es auch nicht. Du hast Dich jahrelang vorbereitet. Mir geht es wie der armen Frau, die plötzlich die Million gewinnt. Ich bin verwirrt und wage es nicht recht daran zu glauben. Gesteh ichs, ich hab sogar ein wenig Angst davor. Ich lese die Italienische Reise und finde es ganz verkehrt und ungerecht: Jetzt, wo ich hin darf, beginne ich, mich nach Italien zu sehnen, ich sollte lieber hier bleiben und etwas lernen und mich Jahre danach sehnen. Es ist zu plötzlich. Wie der Wunderteppich aus tausendun[d]-eine Nacht. – Liefe nicht die Mutter mit großem Kummer, blaß und mit großen Ringen unter den Augen hier herum, ich glaubte zu träumen.

Dabei hab ich die Zeit hier schlecht angewandt. Ich hab wenig Zeit und noch viel weniger die Ruhe, um zu arbeiten, wie es nötig wäre und habe schier gar nichts getan. –

Das Familiending war angesichts des großen Planes nicht zu vermeiden, und die erste Frage ist natürlich: Mit wem reist das Kind? »Peinlich« ist eine <u>sehr</u> bescheidene Bezeichnung all dieser Scenen.

Was schreibt Kati? Wieso ist alles schulmäßiger als hier? Ich muß mich wohl jeden Falls inscribieren, da mir mindestens 1 Sem.[ester] angerechnet werden muß (2 vom Dipl. zum Dr.) Ich hab große Angst, daß es mit der Oekonomie dort drunter und drüber geht.

Übrigens möchte ich gerne Kunstgeschichte hören. Über Technik möglichst, und Anatomie lernen. Ich hoffe, ich verstehe bis dahin genug ital. Zeichnen wollen wir, jedenfalls ich, unbedingt.

Was die Fahrt betrifft, so ernenne ich Euer Gnaden zu meinem Reisemarschall, da Ihr Euch unlängst in diesem Amt so wohl bewährt habt.

Ich bitt aber, es so einzurichten, daß ich nicht nachts nach Basel reise. Denn das ist mir von je zuwider gewesen.

Es sind etwa 24–26 Stunden (?). Wo wollen wir Station machen.

1. Basel..? Ich halte es für unratmäßig[?]. Ich bin dafür, die Koffer gleich mitzunehmen, da wir doch ein bestimmtes Reiseziel haben. Anders ist es wegen des Zolls und in jeder Hinsicht umständlicher. Man läßt sie in Rom am Bahnhof. Eventuell Aufgabe per Fracht. On verra. Einen Tag zum um- 1 packen in B.[asel] zu opfern, ist zu teuer.

Mir ist auch recht Dienstag morgen (vorher reise ich nicht) sehr früh ($^{1}/_{2}$ 7) zu fahren, 3 Uhr in Basel, gegen 12 Uhr in Mailand. Nur wegen der Koffer bedenklich. Ausserdem macht eine derartig lange Fahrt zu müde. Wenn Du geschickt bist, so werden wir im selben Zug fahren, denn die Wagen werden doch irgendwo (in Offenburg?) zusammengehängt. Also, stell einen Plan auf, mit der gewohnten Umsicht und Gründlichkeit.

Ich hoffe nur, das Fieber macht mir keinen Strich durch die Rechnung, und ich bin morgen wieder auf. Sollt ich morgen noch liegen müssen, so kann ich kaum vor Mittwoch weg. Es kann sich aber, da mir doch nichts Richtiges fehlt, höchstens um 1, 2 Tage Aufschub handeln.

Es wär wohl eine große Zumutung, wenn ich Dich bitte, schlimmstenfalls diese kurze Zeit auf mich zu warten? So, jetzt bin ich am Ende. Diese Schreiberei bäuchlings im Bett ist so unbequem.

Mais, quand je serais fatiguée d'avoir donné et pris nos plus 2 douces caresses, dann werd ich Dich an den Haaren zerren, und zerzausen, und Dir erzählen, wie abscheulich schlecht der Herr Professor seine kleine Frau behandelt haben.

Al rividerci 3

Hilde

16 *Aus Köln nach Frankfurt a. M.*

Köln, den 17. x. 32.

1 Mon bien aimé.

Die Post hat gewußt, wie sehr ich nach Deinen Briefen Verlangen habe, so sind alle beide schon heut nachmittag in meinen Händen.

Du machst mich ganz verwirrt, mein Bett scheint mir zu
schaukeln. Ich habe Sehnsucht nach Dir. Und zugleich bist
Du so nah, daß Deine Gegenwart mich elektrisiert. Es ist
ganz gut, daß Du nicht noch näher bist, daß wir noch ein paar
Tage warten müssen, denn ich bin noch ganz elend von der
verfluchten Grippe.

Weil ich zu müd bin, schreib ich Dir nur kurz. Ich war so
leichtsinnig, der Mutter zu erzählen, daß wir uns in Florenz
treffen wollen. Nun ist sie sehr böse, daß Du mich so weit allein fahren läßt – mir ist es halb so tragisch – und wirft mir
vor, ich liefe Dir nach, und wenn Dir an mir läge, würdest Du
warten u.s.w. Alle Motive, die ich für Dich ersinne, fruchten
nichts. Kannst Du nicht die Autofahrt machen (man muß
sparen, wo man kann) und die 2 Tage in Basel auf mich warten?

Wenn Du Mittwoch nacht reist, bist Du Donnerstag in
B[asel], dort vergeht Dir ein halber Tag mit den Koffern. Ich
reise Sonntag früh hier ab und kann am frühen Nachmittag
dort sein. Es handelt sich also um einen Aufenthalt von 2 Tagen und ich meine, Du solltest wirklich auf mich warten.
Nicht wegen der hiesigen Vorwürfe, sondern weil die Mutter
ganz recht hat, daß sie mich nach der recht veritablen Grippe
nicht gern so weit allein fahren läßt. Du weißt ja selbst, wie
lange einem diese Geschichten noch nachgehen, auch wenn
man wieder ganz gesund ist. – Auf die 2 Tage kommt es auch

2 nicht an. Mein Vorschlag: Du wartest in Basel, steigst in meinen Zug möglichst am B.[adischen] B.[ahnhof] / falls Du nur
mit Deinem Handköfferchen reist, geht das ja leich[t,] damit
Du eventuelle Hindernisse bei der Kontrolle beseitigen

hilfst, und wir nächtigen in Luzern aus alter Freundschaft
zum See. Es ist hübscher als das Flügelrad und unserem Ziel   3
2 St. näher. Der Zug, der hier um 6 ½ morgens abfährt, ist
zwischen 5–6 in Luzern. Dann können wir am nächsten
Morgen früh weiter, vielleicht in einem Tag bis Florenz. Aber
ich möcht mich möglichst nicht übernehmen. 10 Stunden
Fahrt ist Limit.

Acceptiert? Ich bitte darum. Kleiner Trost: wir sehen uns
auf diese Weise einige Tage früher.

Da ich gerade am bitten bin, werd nicht ungeduldig, wenn
ich mit noch einer Bitte komme, die mir sehr am Herzen liegt
und die Du mir ebensowenig abschlagen wirst: Könntest Du
nicht meiner Mutter einen sehr liebenswürdigen und vertrau-
enerweckenden Brief schreiben, tua sponte natürlich, schlicht   4
und herzlich, in dem Du versicherst, für mich väterlich oder
sonstwie sorgen zu wollen, aufzupassen, daß ich keinerlei
Dummheiten mache, Dich um mich wo nötig zu kümmern
und was dergleichen ein Mutterchen mehr beruhigen kann.
Wenn es Dir genehm wäre, ihr irgendwie beizubringen, daß
Du mich lieb hast und Dir an meinem Mitkommen gelegen
ist (damit es nicht so aussieht, als liefe ich Dir nach) so wäre
ich Dir herzlich dankbar. »Das Vertrauen, das Sie mir ...« Irgend so etwas. Dich kostets ein halbes Stündchen, die Mutti
wird es sehr beruhigen, mir weitere Auseinandersetzungen
sparen. Du wirst auch mit sehr lieben Küssen belohnt werden. Ach, Du wirst auch ohne das alle Zärtlichkeiten bekommen, die ich Dir nur geben kann, für besonderen Lohn bleibt
gar nichts mehr übrig, und Du mußt es nur tun, um mir eine
Freude zu machen. Die Mutter will Dir eine Kleinigkeit
mitschicken, ich hab dafür eine gute Idee, zwecks welcher ich
Deine Halsweite brauche. Vergiß also nicht, sie postwendend
anzugeben.

Zum Schluß noch ein Bulletin: Ich hab heut den ganzen
Tag kein Fieber mehr, der Bronchialkatarrh ist fast weg, der
Kehlkopfkatarrh noch vorhanden, und ich muß weiterhin

gurgeln, Pillen schlucken, inhalieren und dergleichen. Aber morgen mittag darf ich ein wenig aufstehen, und ab Mittwoch wieder ausgehen – falls nichts mehr dazwischen kommt.

Leider kann ich noch nicht wieder sprechen, nur tonlos flüstern. Das kann noch einige Zeit dauern, bis es mit der Sprache wieder ganz in Ordnung ist, es sei aber nicht schlimm. Ich könne Freitag reisen, sagt der Arzt. Also Sonntag, sagt die Mutter.

Aber ich weiß nicht, wieweit ich dann mit Gepäckträgern und solchen harthörigen Reisezubehörs schon gebührend schreien kann oder ob ich die Stimme noch schonen muß, wenn sie sich endlich freundlich in ihrer Herrin zurück findet. Schon aus diesem Grunde ist es allen Ernstes besser, wir reisen ab Basel zusammen.

Du brauchst Dir keine Sorgen zu machen, es ist nicht unvernünftig früh, wenn ich am Sonntag reise, und ich werde Dir keine Last machen. – Verzeih, daß ich Deinen Brief so nüchtern beantworte, er hat es wahrhaftig nicht verdient, aber ich bin jetzt so müde, daß ich Dir lieber meine süßesten caresses im Traume geben will. Ich bin ganz Dein.

Hilde

P. S. Anbei 1. Kofferschlüssel
            2. Liste mit Anfragen u.s.w.

Genau lesen!

1. Adresse einer Pension, die mir Pflaum empfahl. Eine Freundin von ihm war dort sehr zufrieden. Florenz, Pension Alboraia Via Palestro 4. Vielleicht kann man dort auch auf Tage ein Zimmer haben.(?) Sich beziehen auf Irene Barnek, Berlin

2. Hast Du einen Baedecker? Ich nicht. Schaff ihn unbedingt an.

3. Sieh, ob Du den »Cicerone« antiquarisch kriegst. E[s]

soll auch eine Ausgabe zu etwa 3 M geben (?). Nach Möglichkeit anschaffen. Die »Kultur d. Renaissance« bring ich mit.   7

4. Nimmst Du die ominöse Leibbinde mit? Und was sonst
anderes als üblich? Warme Pantoffel[n] (Kamelhaar!) wegen
der Steinfußböden!? Ich nähme aus alter Gewohnheit gern
die Steppdecke oder eine warme Wolldecke mit.?? Es ist soviel Ballast. Soll ich trotzdem?

5. Hast Du Dir noch ein Paar Schuhe gekauft? Du brauchst
es, und sie sind in Deutschland zur Zeit so billig.

Alles andere muß in 1a Zustand sein, Schuhe gut gesohlt,
Wäsche geflickt etc.

Fehlendes und Mangelhaftes ersetzt. Denn wir werden
dort wohl wenig einbringen. Eine Freundin meiner Tante, die
eben von jahrelangem Aufenthalt in Rom zurück ist, gibt die
Lebenskosten mit 8 Mark pro Tag an! – Hast Du den neuen
Mantel? Bedenke, es ist alles auf ein Jahr.

6. Wie reist man am besten, schnellsten, bequemsten (nicht
nachts)?

7. Mein Basler Koffer. Nimm ihn wie den Deinen + Kiste
gleich mit (Kiste per Fracht) Koffer als Passagiergut, es sei
denn, sie kämen per Fracht nicht nach Dienstag / Mittw.
nächster Woche an. Zu beachten 1. Preis 2. Zoll 3. Zeit. Es ist
ja alles auf Deinen Namen. Es wäre lieb, wenn Du es erledigen wolltest, so daß ich mich nicht darum zu kümmern brauche.

Der Spediteur kann Dich bestens beraten.

8. Wieviel Geld nimmst Du mit?

Wenns[?] geht, nimm die 200 M, die mir Dein Vater schik-
ken wollte, gleich für mich mit. Sonst bekommen wir sie später schwer nachgeschickt wegen der Bestimmungen.

9. Ich bekomme pro Monat 160 M (dabei 16 M Sonder-
spende von Mutter)

10. Geld ruhig in Basel lassen. Wir lassen es später nachkommen.

11. Beziehungen zu »Voss«, »Frankfurter« [Zeitung] ein-   8

geleitet. Ich brauche jetzt nur was Annehmbares zu schreiben.

12. Habe in Rom die Adresse eines Italieners von obiger Dame erhalten, der mir beim Zimmersuchen nützlich sein soll. On verra.

13. Hast Du den ital. Hotelführer?

14. Dies Papier stammt aus Heidelberg, leider kann ichs Dir daher nicht besorgen.

15. Hast Du in der F.[rankfurter] Z.[eitung] v. Sonntag, 1. M.-A.[?] Blatt, den Artikel von Kracauer gelesen. Lies, wenn Du noch irgend dazu Zeit findest. Er ist sehr aufschlußreich.

16. Vergiß auch nicht so Kleinigkeiten wie Haarwasser, Kola Dallmanns, Kopfwehpillen usw.

Zu 7. Mein Koffer ist leider halb leer, und hier hätt ich Zeug genug dafür.

Aber Umpacken ist doch fürchterlich unpraktisch. Glaubst Du es passiert den lose gepackten Sachen nichts.

Ich schicke Dir den Schlüssel, wegen der Revision.

17 *Aus Luzern nach Rom, 26. Oktober 1932*

Mittwochabend.

Lieber.

Nach guter Fahrt in Luzern gelandet. Ein Hoch den Eidgenossen. Mit einer komischen Spezies fuhr ich eben. An Rom Freitag 14[25].

Hier regen, trüb × trüb.

Al rivederci a Roma

Hilde.

Morgen früh sehe ich auf der Hauptpost nach, ob was von Dir da ist.

Sono felice

2. »Überhaupt komme ich mir vor
wie eine Italienerin.«
November 1932 bis Februar 1939.
Rom und Florenz

Als sich Palm und Domin im Sommer 1932 entschließen, Deutschland zu verlassen, spielen politische Motive für sie wahrscheinlich eine untergeordnete Rolle. Die Erfolge der Nationalsozialisten und der eskalierende Antisemitismus sind beunruhigend, aber noch kann niemand die zerstöreri-schen Folgen wirklich ermessen, die Hitler und seine Bewe-gung für Deutschland und die Welt haben werden. In erster Linie scheint das junge Paar etwas im Sinn zu haben, was für spätere Studentengenerationen selbstverständlich werden wird: Palm und Domin möchten eine Zeit lang im Ausland studieren.

Für ihn, den klassischen Archäologen, liegt dieser Wunsch auf der Hand, interessiert er sich doch besonders für Rom. Um in seinem Fach zu reüssieren, führt kein Weg daran vor-bei, die Ewige Stadt früher oder später genau zu erkunden. Die Reise über die Alpen ist eine wichtige Station in seinem Lebensplan – für seine Freundin hingegen ist sie durchaus riskant. 1932 ist es auch unter Studenten etwas Besonderes, unverheiratet zusammenzuleben. Noch ungewöhnlicher ist es für eine junge Frau allerdings, dem Geliebten ins Ausland zu folgen. Domins Aufbruch nach Italien kommt einer be-wussten Entscheidung gegen die Lebensweise ihrer Familie gleich – und für ihre erste große Liebe, die für sie auch wich-tiger ist als der eigene Beruf. Was soll eine Diplom-Volkswir-tin ausgerechnet in Italien?

Am 15. November 1932 immatrikuliert sich Palm an der *Facoltà di Lettere e Filosofia* der *Università di Roma.* Zehn Tage später notiert er: »Ich bemerke ein zunehmendes Beha-gen in dieser Stadt was sich zugleich in einer Steigerung der Leistungsfähigkeit ausdrückt: in der Tat erscheinen mir auch die Schöpfungen des Fascismus, die ich aus einer an sich

kindlichen Naivität, keineswegs anerkennen möchte von
maßvollem Geist und trotz des amerikanischen ›Betriebs‹
europäisch [...]«

In ihren ersten italienischen Jahren bemühen sich sowohl
Palm als auch Domin, der neuen Umgebung möglichst vor-
urteilsfrei zu begegnen, so sehr, dass sie sogar Mussolini
Positives abgewinnen und keine wirklichen Berührungs-
ängste mit wichtigen Protagonisten des italienischen Faschis-
mus wie dem Erziehungsminister Giuseppe Bottai oder dem
Dichter Gabriele D'Annunzio haben. Letzteren möchte
Palm im Juli 1933 in Gardone persönlich kennenlernen. Seine
Tagebuchaufzeichnung über den gescheiterten Versuch, den
weltberühmten Schriftsteller zu treffen, ist charakteristisch
für das gesteigerte Selbstbewusstsein des jungen Gelehrten.
Am Nachmittag des 8. Juli hält er fest: »Die Stadt fast leer: ²
Todmüde zum Schlafen ins Albergo. Billet an d[']Annunzio.
Der Bote kommt zurück die Carabinieri lassen nicht passie-
ren ohne Angabe des Absenders. 4 h noch immer ohne Ant-
wort. Telefon. Er empfängt nicht seit Tagen eingeschlossen.
Vielleicht in Vorbereitung auf die Auflösung in der Strato-
sphäre von der man erzählt er wünsche sie.«

Außer Domin findet sich bis dahin kaum jemand, der nicht
nur von Palms wissenschaftlicher, sondern auch von seiner
literarischen Begabung – die er selbst im pathetischen Sinne
als Berufung empfindet – rückhaltlos überzeugt ist. Abgesehen von ihren Vermietern, einigen Nachbarn und akademischen Bekannten lebt das Paar relativ isoliert, und durch
Hitlers Berufung zum Reichskanzler wird ihre Situation in
Italien erstmals prekär: Plötzlich ist die Rückkehr nach
Deutschland in weite Ferne gerückt. Der Studienaufenthalt
verwandelt sich in ein Exil.

Während sich die Ereignisse in Deutschland überstürzen,
liegen Domin und Palm mit Fieber im Bett. Palm sieht keinerlei Anlass, sich in seinen Tagebuchaufzeichnungen mit
politischen Ereignissen zu beschäftigen. Stattdessen hält er

fest, dass er D'Annunzio und eine »vorzügliche« Abhandlung über Paulus von Karl Ludwig Schmidt liest. Doch die
Nachrichten aus Deutschland wirken auch auf ihn beunruhigend, zumal sie in Rom stets mit einer gewissen Zeitverzöge-
rung eintreffen. Am 30. Januar 1933 bemerkt er, dass er endlich fieberfrei sei, es aber Domin noch nicht gutgehe. Nachts
hätten sie einen Arzt gerufen, der erstaunlicherweise »mit
einem Polizeisoldaten zur Bewachung« gekommen sei.

Am 31. Januar nimmt Palm seine Forschungen wieder auf.
Was in Deutschland geschehen ist, erfährt er erst einen Tag
später. Unter dem 1. Februar findet sich in seinem Tagebuch
eine geradezu prophetische Eintragung. »Thermenmuseum:
Lange vor einer Verhüllten des 2[.] Jahrhunderts«, heißt es da
zunächst, ganz auf die kunstgeschichtliche Arbeit bezogen.
Etwas später lassen sich die politischen Ereignisse allerdings
3 nicht mehr ignorieren: »nachmittag: Nachrichten aus
Deutschland über die Ernennung Hitlers zum Kanzler. Zum
ersten Mal wieder richtig gestört, doch fehlt hier das Klima
für die rechte Nervosität. Die Barbarei rückt uns auf den
Leib. Unsrem schönen Land steht das Ärgste bevor ... werde
ich es wiedersehen? – Den Abend: Zeitungen. Gedanken
einer Europaflucht: Erlebnis des braunen Körpers als der
ungeteilten Welt.«

Noch besteht kein Anlass, Italien zu verlassen. Im Gegenteil, die beiden versuchen sich zu konsolidieren. Palm bereist
Nord- und Süditalien, um seine archäologischen und kunst-
geschichtlichen Forschungen zu vertiefen, Domin sorgt
durch Sprachunterricht für den Lebensunterhalt, unterstützt
ihren Geliebten intensiv bei Forschungen und Recherchen
und arbeitet nebenher auch noch an ihrer eigenen Abschlussarbeit. Am 30. November 1934 schreibt sie sich am R. Istituto
Superiore di Scienze Sociali e Politiche »Cesare Alfieri« in
Florenz ein. Palm immatrikuliert sich am 30. März 1935 an
der Università degli Studi di Firenze. Die beiden wohnen in
der Via di Camporeggi zur Untermiete. Im Oktober schließt

Palm seine Examensarbeit über Ovids *Metamorphosen* ab. Gleichzeitig beendet Domin ihr Studium mit einer politikwissenschaftlichen Untersuchung über Pontanus als Vorläufer von Machiavelli, die sie bei Armando Sapori einreicht. Der Titel wird ihr am 6. November 1935 verliehen.

Aus der Zeit, die Palm und Domin gemeinsam in Florenz verbringen, sind keine Briefe überliefert. Die Korrespondenz setzt in den ersten Wochen des Jahres 1936 wieder ein, als Domin ihren Umzug nach Rom vorbereitet und sich auf eine äußerst mühsame Wohnungssuche begibt. Währenddessen widmet sich Palm weiterhin ganz seinen Forschungen, die eine Reihe von Aufenthalten in verschiedenen italienischen Städten nötig machen, vor allem in Neapel und Pompeji. Eine baldige Rückkehr nach Deutschland wird immer unwahrscheinlicher. Am 10. Februar 1936 bemerkt Palm in einem Brief: »Am 27. Juni 1936 500 Jahrfeier der Universität in Heidelberg. [...] Alle ehemaligen Heidelberger sind eingeladen. – Wir werden nicht dabei sein. Wer hätte das geahnt?« 4

Noch im Februar findet Domin eine relativ komfortable Wohnung in der Via Monte Tarpeo 61 (das Haus wird wenige Jahre später im Zuge einer städtebaulichen Maßnahme abgerissen). Die Zeit der Untermiet-Verhältnisse ist damit für beide endlich vorbei. »Es war unsere erste Wohnung überhaupt«, schreibt Domin 1973 in einem autobiographischen Rückblick, »etwas, was man leer mietet, wofür man einen 5 Vertrag unterschreibt, und was man dann mit Möbeln vom Flohmarkt, dem ›Campo dei Fiori‹, und von den umliegenden Althändlern bewohnbar macht. [...] Wir zogen ein in die Wohnung der Eleanora Duse. [...] Also in den obersten Stock des höchsten Hauses der Via Monte Tarpeo. [...] Die Duse hatte den ganzen Oberstock bewohnt, zur Straße hin hatte sie noch den Blick auf St. Peter gehabt. Wir bekamen die schönere Hälfte, dem Palatin gegenüber. Ein hundertjähriger Glyzinienbaum rankte sich hoch bis zu unserer schmalen Terrasse, auf der in einem Stück ausgedienten Ofenrohr

Damayanti, die Fledermaus, wohnte, die nachts mit kleinen Orangenstückchen gefüttert wurde. Nach Westen ging die turmartige kleine Vierzimmerwohnung, von der wir zwei Zimmer an einen tagsüber abwesenden Büromenschen vermieteten, auf Tiber und Aventin.«

Am 30. Oktober 1936 heiratet das Paar auf dem nahe gelegenen Kapitol. Zur Hochzeitsfeier im engsten Kreis reisen nicht nur Domins Eltern an, die seit Ende 1933 zunächst in London, dann in Brüssel, später in Paris und ab 1936 wieder in London leben. Auch Arthur und Anna Palm kommen nach Rom. Sie betreiben in Frankfurt a. M. unter immer schwierigeren Bedingungen nach wie vor einen Lederhandel. Für Palm und Domin folgen ökonomisch und politisch heikle, doch in persönlicher und intellektueller Hinsicht erfüllende Monate.

Im Mai 1938 kommt es beim Staatsbesuch Hitlers in Italien zu einer ersten großen Verhaftungsaktion gegenüber Ausländern. Von nun an sollen die Nürnberger Gesetze auch in Italien angewendet werden. Von Woche zu Woche steigern sich die Repressionen. Das Ehepaar Palm wird fortwährend polizeilich überwacht, mehrmals kommt es zu Haussuchungen. »In der Wohnung gab es einen kleinen schlauchartigen Abstellraum [...]«, erinnert sich Domin 1972. »Dort standen im Schrank die kleinen Handkoffer, gepackt und fertig, mehrere Wochen. Oder war es eine Woche. Endlose Tage. Wir verließen vor 5 das Haus, denn vor 6 kommen sie ja, wenn sie einen abholen, und fuhren mit der ›Circolare Rossa‹ oder der ›Nera‹ rund um Rom. Und trafen um 8 unseren Mieter in der Bar an der Piazza Venezia, wo wir alle drei frühstückten [...] Dann begannen wir den Tag, als sei alles normal.«

Am 2. August 1938 schreibt Palm einen Brief, der ein Ausdruck dafür ist, wie er angesichts des Todes seines Vaters Arthur und über der Lektüre von Rilkes *Duineser Elegien* in eine tiefe Krise geraten ist. In Italien scheint jetzt kein Bleiben mehr: »Ich bin nun einmal von den Perspectiven zurückgetreten in diesen Tagen. Alles was werden kann liegt in der Zukunft. Ich sehe verzweifelt auf meine Gedichte: das Zwingende soll erst werden. Ob es nicht an Rilke zu Grunde geht? Bin ich ein Dichter? Ich weiss nicht ob ich etwas wesentliches sagen kann. Also ein Philosoph? Oh es ist entsetzlich. Wenigstens so etwas wie ein Mensch. Aber was mich quält ist dass ich auf all diesen Bahnen zu irgendetwas hin muss und Angst habe es nicht zu erreichen. Ich bin sehr unglücklich. [...] Ich bin froh dass ich Dich weggeschickt habe, ich bin mir selbst unerträglich. Obwohl ich gestehe dass dies Alleinsein nicht ist wie sonst. Es bedeutet weder Sammlung noch Arbeit, sondern ganz einfach Leere, völlig farblose Leere. Und das ist schlimmer als wenn sie schwarz wäre. Der Rilke ist der einzige Trost [...]«

Die Rassengesetze verändern die Lage der jüdischen Emigranten von Grund auf. Ein Dekret vom 7. September 1938 entzieht allen seit 1919 nach Italien eingewanderten »ausländischen Juden« das Aufenthaltsrecht und bedroht sie mit Ausweisung, sofern sie das Land nicht binnen sechs Monaten verlassen. Zwar wird die erwartete Ausweisung kurz vor dem Stichtag zurückgenommen, aber rechtlich bleibt das Dekret in Kraft. Somit kann es bei jeder passenden Gelegenheit wieder angewendet werden. [8]

Aus den letzten italienischen Monaten der Palms sind fast keine Zeugnisse überliefert. Mit der Tschechienkrise verschärft sich die Lage im Oktober 1938 abermals. Die Ausreisepläne werden konkret. Ein mögliches Ziel könnte England sein. In ihrem deutlich autobiographisch geprägten Roman *Das zweite Paradies* berichtet Domin eindrucksvoll und wahrscheinlich kaum fiktionalisiert über eine panikartige Situation, in die ihr Alter Ego Ende September 1938 versetzt wird. Von Mailand aus will ihre Heldin zusammen mit ihrem Mann Constantin über die Schweizer Grenze: »Nächtliche [9, 10] Taxifahrt [...] zum Lago Maggiore. Lautsprecher auf allen Dorfplätzen, erschreckte Menschen, die jedesmal, wenn Hitler sein ›Herr Benesch‹ brüllte, ein kleines Kruzifix oder ein Muttergottesmedaillon an die Lippen führten. Der Fahrer war nicht ganz sicher gewesen, ob er sie bis an die Grenze bringen konnte, in der Nacht sollten alle Wagen requiriert werden. Aber er brachte sie an die Grenze und sogar wieder zurück, denn die Schweizer ließen niemand mehr herein, und deutsche Flüchtlinge am wenigsten. Sie bemühten sich um ein Fluchtvisum in Mailand, Schlangen standen vor den Konsulaten, in London wurden bereits Gräben in den geheiligten Rasenflächen von Regentspark ausgehoben, wie man ihnen am Telephon versicherte, denn einen Teil der Nächte verbrachten sie auf dem Fernsprechamt, sich mit der Mutter beratend.«

Verzweifelt brechen die Palms in die Hafenstadt Genua auf, um Italien per Schiff zu verlassen, doch auch das erweist

11 sich schnell als unmöglich.»Die Visasache lässt sich nicht so, wie Du willst, beschleunigen – es leiden zu viele am gleichen Leid & durch die furchtbare Situation & Spannung haben die Ämter keine allzu große Hilfsneigung«, schreibt Domins Vater am 27. September 1938.»Das Häschen [d. i. Domin] kann aber noch am 15. Oct. ein Schiff kriegen für ›Cuba‹ wohl das einzige Land wo man ohne Visa hereinkommt & die 100 £ könnten an die Landungsstelle geschickt werden – so all die anderen Stricke reißen.«

Auch Cuba wird nicht das rettende Ziel werden. Vorerst kehren Domin und Palm noch einmal nach Rom zurück. In-

12 des, die Flucht ist nur aufgeschoben, wie es im *Zweiten Paradies* heißt.

18 *Aus Andermatt (Schweiz) nach Verona (Italien)*

Andermatt, den 5. August 33.

Mein Kleines.

Die schöne Karte von Sirmion tröstet mich schlecht darüber, 1
daß der Narr Dich nicht empfing. Peccato! Hoffentlich hat 2
die Reise wenigstens sonst gelohnt. Jetzt sitzt Du rum oder
rennst umher im staubig heißen Verona, ich aber sitze in der
Barbarei, der der liebe Gott ein weniger liebliches Land aber
eine angenehme Luft und Kalbsbraten zuteil werden ließ.
Beim Anblick dieser riesigen ungeformten Berge packte
mich der graue Schrecken, und mit Sehnsucht dachte ich mir
die blauen weichen Albanerberge und die reiche Landschaft
Rocca Prioras, über die man dahinreitet wie über eine eigene
weite Welt, und den fürstlichen Blick von der Ter[r]asse der
Aldobrandinis, und den Zauber des Gebirges bei Palästrina.
Oder die Berge unseres südlichen Meers! – Diese Landschaft
aber hat nichts gemein mit Menschen und menschlichem
Fühlen und Formen. Man staunt sie an wie riesige Tiere, und
sie ist auch nur gemacht für derartige Wesen, als da sind
Bären, Murmeltiere oder Eidgenossen.

Diese Letzteren sind ein komischer Menschenschlag, zwischen Bären und Deutschen. Sie sind strohblond und zu-
rückhaltend, das ist ihre Freundlichkeit. In Italien wäre das
äußerste Gleichgültigkeit. Dann grinsen sie viel. Sie sind
dünn, rotbackig und grobknochig, und der Eidgenosse, der
als Hoteldiener fungiert, hat bereits meinen kleinen italienisch leichten Koffer zwischen seinen Pratzen zerdrückt. Er
ist reparaturbedürftig. Ihren Caffee trinkt man in großen
Tassen, aber es ist nur eine braune Flüssigkeit. Die Platten,
von denen sie ihren Hunger stillen, sind einen halben Meter
groß, und reich gefüllt mit Bratkartoffeln. Ihre Betten sind

weich und solide, ihr Leinen sauber aber hart. Dazu sind sie
ehrlich und geben auf dem Closett liegengelassene Perlenket-
ten beim Por-tier ab. Solche Leute also bewohnen dies Gebirge. – Meine Reise ab Como verlief warm und angenehm.
Bis Biasco unterhielt ich mich mit einem Tessiner über die
Schwerfälligkeit der Deutschen, die unser Coupé teilten, und
fühlte mich sehr italienisch. Dann mit diesen Deutschen,
Schweizern, davon der eine zufällig jener Mann, der vor 8
Monaten bei meiner Hinfahrt mich extra bis Chiasso begleitet hatte. Da ich trotz Deines schönen Fahrplans in Göschenen eine Stunde Aufenthalt hatte, (der nachgesehene Zug
fährt erst ab Sept.), stieg er mit aus und fuhr dann noch mit
hier herauf. Morgen kommt er um mit auf den Rhoneglet-
scher zu gehen, aber ich will ihm abschreiben. Was interessiert mich der dicke Esel? Er war nicht loszuwerden. – Ein
komischer Zufall. Mit ihm machte ich einen Spaziergang in
Göschenen, und am Wasserfall sagte er, auf die riesigen im
Bach liegenden Felsblöcke hinweisend, unablässig: »Sehen
Sie doch, wie romantisch.« Hätte ich nicht vor Zeiten in
Deutschland gelebt, so wäre mir dieser Ausruf völlig unverständlich geblieben, denn ich sah nur sehr mächtige Felsblöcke, die vom Bache bespült wurden, und mit dem Wasser
um ihren Platz kämpften und erwartete, daß gleich wilde Ge-
sellen auftauchen und sich an riesen Baumstämmen über das
Wasser schwingen würden. – In Andermatt traf ich nur die
Mutter, Vater ist aus späterhin mündlich zu berichtenden
Gründen nicht mitgekommen. Ich war sehr traurig darüber.
Er telephonierte gestern abend aus dem Schwarzwald, und
wird uns nächste Woche auf 3 Tage besuchen.

Dies alles leider mit gutem Grunde. Prinzipiell sind die Eltern ganz meiner Meinung, sie würden gerne, es handelt sich
nur um das »Wie«. Wir beratschlagen sehr, hoffentlich
kommt etwas Vernünftiges dabei herum. – Alles nähere dann,
auch diverse kleine illustrative Nachrichten aus Deutschland
mündlich. – Andermatt ist ganz nett & sehr sonnig. Ein

Hochtal, an der Matt. Erinnert an Engelberg in viel weniger
schön. Jetzt wollen wir morgen die Furka-Rhonegletscher-
tour machen (fahren bis Rehalp) übermorgen auf den Gott-
hardpaß. Dann Sonntag Ruhetag. Sonntag Montag das Maderanertal. Die Mutti ist noch nicht ganz entschlossen dazu.
Dann treffen wir Dienstag morgen in Gersau den Paps, der
bis Freitag morgen bleibt, dann die Basler Sache erledigt.
Mutt fährt am Samstag früh nach, ich gen Süden. So der Plan,
falls nicht Vater das Maderanertal mitmachen will. In diesem
Fall würden wir bis Dienstag früh hierbleiben. Wenn die
Mutt nicht für die Tour zieht, gehen wir Samstag oder Sonntag nach Gersau. – Schreibe also bis Samstag morgen hierher,
Hotel Schlüssel. Ab Samstag Gersau postlagernd. – Unser
Zimmer erinnert mich sehr an das Baumgartnersche, es ist   5
auch ganz mit Holz ausgelegt. Du kannst Dir nicht vorstellen, wie schweizerisch die Schweizer sind. Der Antisemitismus soll bereits wieder am Abflauen sein, in Luzern hat vor 3
Tagen eine zwecks solchen Zwecken berufene Versammlung
nicht stattfinden können, weil die 1000 Besucher eigens erschienen waren, um den Vortragenden aus kräftigen Schwei-
zerlungen auszupfeifen. In Alt[d]orf sind ganze 7 Personen
erschienen. – In Zürich natürlich etwas mehr. – F.[rankfurter]
Z.[eitung] hat die Mutt auch keine. Also ganz ohne, was ja
gemütlicher ist. Trotzdem will ich versuchen eine aufzutreiben. Aus dem heutigen Matin dies Codizill Napoleons. –   6
   Im übrigen gilt von der Schweiz nach wie vor der Kästner-   7
sche Satz: die Preise und die Berge sind das Höchste in den
Alpen. Es ist alles lächerlich teuer. Pension in einem mäßigen
Hotel 9 Fr. (!) Für mich das Bett 3,50, Essen ohne Dessert
3 Fr. Auch die italienischen Pfirsiche, die keineswegs an
meine Mantovaner Gaumenfreuden heranreichen, kosten das
Doppelte. Schlimm. Alles Sparen nützt hier nichts. – Schreib
mir doch mal, an was für einen südfranzösischen Ort die Eltern gehen könnten.? Marseille kommt wohl kaum in Betracht? Für Athen ziehen sie wohl nicht sehr. Eher für Brüs-

sel. – Wie erstaunlich, daß ich noch vor 3 Tagen mit Dir auf
8 der Piazza d'erbe saß. Sauf mir dort nicht zuviel. Ich habe hier
gestern süßen Asti spumante getrunken, und mich dabei sehr
weinkennerisch über die besseren Gardaweine ausgesprochen. Überhaupt komme ich mir vor wie eine Italienerin, die
in der Schweiz zu Besuch ist und dieses Heimweh nach dem
Süden hat. Ich freue mich über jedes italienische Wort und
über den abweisend wackelnden Zeigefinger des Postbeam-
9 ten, über die Aufschrift Latteria, und werde, wenn ich mal
glücklich wieder in Italien bin, nur noch italienisch reden.

Italienisch schreiben aber kann man nicht, wenn man dies
grobschlächtige Land beschreiben soll. – Hoffentlich hast Du
in Verona gut geschlafen, mein kleiner Panteraffe. Alleine
schlafen ist bei der Hitze sicher nur von Vorteil, und Du
kannst Dich wenigstens nicht beklagen, ich habe Dein Bett
gewärmt. – Die Mutti schick ich übrigens zurück über Frankfurt, besondere Aufträge bitte rechtzeitig mitteilen. Infor-
miere auch Liese B., ich habe ihre Adresse nicht. Sie soll mir
postlagernd nach Gersau schreiben. – Der Tiroler Baedecker
geht morgen nach Bolzano ab, ich sehe ihn erst noch durch. –
10 Dito morgen der Brief an Feriozzi. – Schick mir übrigens
gelegentlich mal die Größennummer Deiner Combination
sowie Deine sonstigen zarten Maße, vielleicht kann Dir die
11 Mutti späterhin mal etwas von »Bamberger & Herz« schik-
ken, er ist doch noch bedeutend billiger als der billigste
12 Schneider. Und in Deutschland haben wir jetzt Denaro genug. Der Mutti tut es sehr leid, daß Du nicht mitkommen
konntest & so alleine bist. Aber ich komme ja pünktlich zurück, und Du hast so viel zu sehen, daß Du nicht sehr einsam
sein kannst. Nun hab viele viele Küsse, mein süß kleiner Aff,
und sei sehr zärtlich umarmt aus nördlichen Gefilden

Dein Hase ∞

Hast Du die Karte aus Como erhalten? Ich gab sie einem Italiener in Chiasso zwecks Beförderung.

19 *Aus Mailand nach Selva Val Gardena (Italien), 20. und*
   21. August 1933

In der Nacht von Sonntag auf Montag,
gegen Mitternacht.

Mein Liebster.

Es ist nicht gut, solange von Dir fort zu sein. Heute nacht überkommt mich auf einmal derart das Heimweh, daß ich am liebsten meine gesamten Pläne über den Haufen würfe und morgen mit dem ersten Zug zu Dir käme. Aber das wäre eine echt weibliche Unvernunft, man läuft nicht weg, sondern studiert brav aus. Es ist auch gar keine süße Sehnsucht die ich nach Dir habe, es ist höchst wirr und unglücklich. Was ist nur mit Dir? Denkst Du an mich, träumst Du von mir? Du bist doch nicht krank? Wenn Dir auch nur das Geringste fehlt oder Du etwas entbehrst, will ich lieber gleich kommen. Oder bist Du mir böse? Oder betrügst Du mich? Mir ist ganz weinerlich, der Gedanke an Dich quält mich und läßt mich nicht einschlafen, so übermüdet ich auch bin. Dabei will ich um 5 ¹/₂ schon wieder aufstehen, und um 6 mit den Kirchen beginnen. – Eben habe ich eine unliebsame Gesellschaft bekommen, eine dicke Wespe, angelockt durch das helle Licht. Vielleicht gedenkt sie das leere Bett zu meiner Linken zu beziehen. Jedenfalls wünsche ich mit solchem Bettnachbar nichts zu tun zu haben. Hoffentlich reizt sie meine Bläße nicht, denn für Py[j]amas ists trotz des Viehs zu heiß. Welch abscheuliche Schwüle so ein Bett ausstrahlt!

Wenn Du mir doch einmal wieder richtig schriebest, nicht so unzufriedenes und verschrobenes Zeug. Du gefrierst wohl bald in der kühlen Luft dort oben!

Jetzt dauert es noch bis Freitag oder auch Samstag bis ich Dich wiederhabe.

Trotzdem ich diese Tage in beneidenswerten Strapazen verbringen werde, scheint es mir im Moment ganz unerträglich. Könnte ich Dir wenigstens telephonieren aber nicht einmal eine Telephonnummer hast Du angegeben. – Mich trö-

stet es heut gar nicht Dir zu schreiben. Ich möchte Dir viele
viele Zärtlichkeiten sagen bis Du mich ganz bei Dir fühlst.
Aber ich bin so verdreht heut nacht, daß ich gar nicht weiß ob
Du sie willst. Verzeih den übermüdeten Unsinn. Auf einmal
wird mir ganz schläfrig. Schick mir bittschön einen hübschen
Traum. Du kannst sicher, wenn Du nur willst – und morgen
schreib mir ein recht freundliches Scriptum.

Ich hab Dir heut auch einen schönen Sarg gezeichnet. Hoffentlich kannst Du ihn verwerten. Überhaupt wirst Du Dich
wundern, was ich hier alles lerne.

Wenn man selbst den ganzen Dreck zusammensucht, haf-
tets viel besser im Gedächtnis. Man soll sich in solchen
Sachen doch nie bedienen lassen.

Die Wespe summt, & die Glocke brummt. Fine.

Behalt mich lieb & küß mich ein wenig, wenn ich jetzt ein-
schlafe. Du bist doch auch sonst der drahtlosen Fernverbin-
dung Herr.

Dein kleiner und alleiniger Hase
(wenden)

21. VIII. 33.
Gemahl reitet hinter S.[an] Fedele.

2 Caro mio. Ich bin ernstlich beunruhigt. Heute schon wieder
keine Post von Dir. Und sofort ist das Unbehagen dieser
Nacht wieder wach. – Furchtbar übermüdet, in der ganzen
Nacht nur 2 – 3 St. geschlafen. Ich bin kaum mehr aufnahme-
fähig. Wie soll ich nur Verona noch schlucken?! An Pavia ist
leider gar nicht zu denken. Von den Mailänder Kirchen habe
ich schon die unwichtigeren von meinem Plan gestrichen. –
Heute früh S. Fedele, Dom, Palazzo Reale, Pal. Archivesco-
3 vile und Ambrosiana. Bis ich zur Beatrice kam, war ich halb
tot, umso mehr, als ich mich den Zeichnungen einigermaßen
ausführlich gewidmet habe, wenngleich auch das noch zu
oberflächlich war. Jetzt Corte d'Apollo mit den Tiepolofres-
ken, dann S. Sepolcro, S. Maria delle Grazie, S. Vittore,

S. Ambrogio, S. Vincenzo in Prato & wenn es klappt noch das Ospedale Maggiore. Morgen früh habe ich auch noch gut von 6 – 1 zu tun, zumal ich noch mal in die Brera & ins Castell[o] will. – Zudem macht mich noch Dein Schweigen nervös. Wenn ich auch morgen früh nichts von Dir höre, finde ich hoffentlich Mittwoch einige Zeilen in Verona. Wie soll ich sonst wissen wo Du bist. Ich bin ja nicht einmal sicher, ob Dich diese Zeilen noch in Selva treffen.?

Müde und in Eile.

Eben sehe ich Deine Karte noch einmal an, und sehe daß ich mich verlesen habe. Ich habe Dir Samstag & Sonntag postlagernd <u>Selva</u> geschrieben. Lasse es Dir nachkommen, die Karten waren so hübsch.

Und schreib mir bestimmt nach Verona. (Auch Freitag nach Selva geschrieben)

Sei sehr zärtlich geküßt

von Deiner Hilde.

20   *Aus Rom nach Viterbo (Italien)*

23.IV.34

Mein liebstes Affenköpfchen.

Als ich heute um 9 aufwachte, warst Du wirklich weg, und den blauen Himmel hast Du auch mitgenommen. Bei tristem Wetter blieb ein trister Hase den ganzen Tag fleissig zuhause. Auch die Katzen haben Dich vermißt, eine unkundige Hand verfehlte ihre Wohnung & ihr Mittagsmahl blieb unversehrt auf dem Dach des Hauses liegen. Alle loben meine Vernunft, die Casanova bes.[onders] deshalb, weil Abwesenheit die [1] Liebe auffrische! Ein schwacher Trost für alleinige Hasen, die dessen nicht sehr bedürftig zu sein glauben. – Das Zeug für die Viecher: <u>Zamponi</u>. Das Kraut war Mentuccia. – In der [2, 3] Zeitung war heute der Brunnen von Viterbo abgebildet. – Sei lieb & nimm Dich schön in acht und vergiß nicht Dein Hasino. Und zärtliche Küsse!

21   *Aus Nizza (Frankreich) nach Rom, 19. November 1934*
      (Poststempel)

1   Mon bien Chéri. Wie lieb, daß Du mir doch Montag geschrieben hast. Ich erwartete nur ein Telegramm, und freute
mich so unter all dem postlagernden Zeug Deine zierliche
Hand zu erkennen. Ich bin heut auch wieder ganz erholt von
dem zoologischen Nachmittag mit dem Nilpferd, und laufe
den ganzen Tag mit Mutt in der Stadt und am Meer umher.
2   Was würdest Du schimpfen, petit philosophe, wenn Du an so
viel Läden stehen bleiben müßtest. Ich hab mir schon einen
3   reizenden Py[jama] gekauft, a fiori[?] che[?] ti piacia. Unter-
hosen heißen hier »cache-sexe« und alles ist viel hübscher &
geschmackvoller als bei uns, & man kann schön darin wüh-
len. Ein schlechter Ersatz für das Museo delle Therme, aber
es macht auch mal Spaß. – Laß alle Correspondenz von zuhaus liegen, Liebster, und ärger Dich nicht. Ich hab schon
Heimweh nach Dir, mein Lieber. Nun bist Du 8 Tage allein.
4   Bien des caresses. Ta H.
      Mutti ist fertig, ich bin in Eile, morgen mehr!

22   *Aus Nizza (Frankreich) nach Rom*

21.XI.34.

Mein Liebster, Bester Süßer. Armer einsamer Aff auf dem
Kapitol!
Was für ein Durcheinander. Das Scheusal in Genua, der Ho-
teldirektor mit dem Spitzbubengesicht hat Dir meinen Brief
solang vorenthalten! Und die franz. Post ist nicht begabter
als unsere italienische. Erst heut hat man mir Dein bereits gestern eingetroffenes Telegramm ausgehändigt. Doch heut
bist Du gewiß vergnügter, mein Liebes, wie auch ich seit gestern nicht mehr so bedrückt bin. Mein Bestes, nimm es dem
Has nicht übel, wenn er wenig schreibt. Du bist den ganzen

Tag, die Nacht, bei mir. Aber zum Schreiben komm ich nicht. Die Mutti ist dauernd da, Du weißt, es schreibt sich so viel besser allein, und dann gibt es abends kein gutes Licht im Zimmer, & tags laufen wir herum. Es reicht nicht zu langen Briefen. Jetzt bin ich vor Mutt geflüchtet in das etwas hellere Speisezimmer, aber hier sitzt & quatscht in rasend schnellem Französisch die 5köpfige Familie des Padrons, das Radio speit dazu Couplés aus. Mein Süßer, ich hab so Sehnsucht nach Dir. Und ich mach mir fast Vorwürfe, daß ich den ganzen Tag an Dich denke, da ich nun seit so langer Zeit zum ersten Mal – und wer weiß, wann wieder? – die Mutti für mich hab. Zumindest meine Zeit muß ich ihr ganz schenken. Lieber, ich gehöre ja doch Dir. – Die Mutti hat sich sehr geändert. Ich bin ganz traurig darüber. Sie sieht aus wie ein Mensch, der viel geweint hat. Weinen verjüngt nicht, weinen verschönt nicht. Sie ist sehr gut zu mir, aber sie ist im ganzen, im positiven wie im negativen, viel apathischer geworden. Sie sagt selbst, daß sie die Continuität mit sich verloren hat. Aber es ginge ihr jetzt schon besser. Hätte sie nur Zeit, Ruhe, Frieden, sie würde wieder die Alte, oder doch fast die Alte. Mein Süßer, ich nehme es mir doch sehr zu Herzen, wenn ich sie sehe. Und der Paps muß ganz schreckliche Umstände durchgemacht haben. Aber jetzt geht es ihm besser als Mutti, wie wir ja auch aus seinen Briefen schon wissen.

Nizza ist sehr schön, aber nichts für uns. Zumal in der toten Zeit. Nizza muß wimmeln von eleganten Damen und gutaussehenden Herren. Es ist leer. Die großen Hotels ausgestorben, der Quai lang und nur von ein paar armen Krüppeln, Kindern & wenigen Gästen bevölkert, an denen das Eleganteste entschieden die Hunde sind, deren es hier ganz reizende gibt. Noch hübschere als auf Capri. Die Straßen elegant aber eintönig. Man findet sich zurecht nach Kleidergeschäften & Delicateßläden, anstatt nach Palästen. Schön ist der Blick auf Nizza, wenn man ein wenig hinausgeht: das Meer, die grünen Ufer, die Palmen, im Hintergrund die

Schneeberge. Trotz allem, meine Liebe gehört dem südliche-
ren Meer, ich bin fast zu sehr Patriot, ich mag es mir gar nicht
so gefallen lassen. Zudem sind wir meist in der Stadt, und tun
der Natur sehr Unrecht. Unser Tag verläuft so: Wir stehen
spät auf, so um 10 oder später: Ich bin es, die nicht aus dem
Bett kommt, denn die Meerluft macht so müd. Und wer
weckt mein Affchen? Ich bin nicht zufrieden, daß das Panter-
chen in meiner Abwesenheit so schlecht sorgt. Wer macht &
wie das »braungefleckte Kälbchen[«]? Jetzt präsentiert es
sich nicht mehr des Morgens am Bett. – Dann trinken wir in
einer Bar den schlechteren Caffee, & schlendern, wenn es
noch Zeit, durch die Straßen oder am Quai. Das Mittagessen
besteht aus vielen Gängen & ist Massenfraß. Zumindest in
bezahlbaren Lokals. Doch gibt es genug Leute, die 100 Frcs
für ein Repas ausgeben, & dort soll es auch besser sein. Die
Römer sind mir jedoch lieber, von florentinischen Genüssen
ganz zu schweigen. Die Bäckereien & Konditoreien sind verlockend, aber mehr auf deutsche Weise. Die Süßigkeiten sind
größer, däftiger & weniger intelligent für meine italienisch
verwöhnte Zunge. Sie, wie die Menus, erfreuen mehr das
Auge als den Gaumen. – Nach Tisch Spaziergang bis gegen 5,
dann Geschäftebummel. Und hier kann ich den Franzosen
mein Lob nicht vorenthalten. Ich komme aus dem Staunen
nicht heraus. Welcher Geschmack, welcher Chick! Wir haben über den Schönheiten Italiens ganz vergessen, welche
Annehmlichkeiten das Leben bieten kann. Ich bin wie ein
Kind vom Land, und die Mutti amüsiert sich über mich. Ich
will Dir gar nicht erzählen, wieviel Pelzmäntel es mir schon
angetan haben, & Jäckchen, & Krägelchen, & Schuhchen, &
Taschen. Die selben Dinge wie bei uns, mit unendlich mehr
Geschmack für viel weniger Geld. Welche Grazie. Die Fran-
zösinnen haben es leicht sich nett zu machen. Du würdest
Dir die letzten Haare ausraufen, mein Affenkopf – pfleg sie
gut, ich bitte Dich sehr, damit ich Dich nicht mit Glatze wie-
derfinde! – wenn Du so mit mir von Geschäft zu Geschäft

rennen müßtes[t], um die Vitrinen zu bewundern. Aber
wenn Du die Delicateßläden sehest. Ich sage immer wieder:
welcher Jammer, welcher Jammer, wenn das der Erwin sehen
– und essen könnte. Unser Geschäft auf der Nazionale, unser
gutes Geschäft für unsere elegantesten und gepflegtesten
Abendschmause, ist ein Dreckslädchen gegen das, und dies
hier, sagt die Mutti, sei ein Dreck gegen die in Paris. Hier gibt
es alles, was uns an heißen Sommertagen fehlt, hier ist das Paradies für Wöchnerinnenlaunen. Ich möchte einen Maler bestellen, um Dir die Auslage oder gar das Interieur eines solchen Zungenedens zu malen. Unser Freund, wie heißt er
doch noch, aus dem Spada, … olli??? wäre viel zu grob für so
viel finesse. Und lauter tote Häschen liegen auf den Bänken,
mit kleinen Rüben zwischen den kalten Pfoten!

Von allem aber bringe ich Dir eine Kostprobe mit: von den
Kleidern (arme Angelina!) von den Schuhen, (apropos, hast
Du an meine blauen Stelzchen gedacht?) und von dem Freß-
zeug, Scharfem wie Süßem. Ein wenig von allem, wie es Geld
& Zoll erlauben, aber es wird Dir gewiß eine Vorstellung geben. Das Kleidrige, die neuen Hasenfelle finden hoffentlich
Deinen Beifall, cher maître, ich bin nur schön, wenn ich Euch
gefalle, das Eßbare mundet gewiß dem Affchen & dem Pan-
terchen, für die beide gesorgt wird. Auch Trinkbares wird
mitgebracht, jedoch, mein Guter, nur für Affchen, die sich
nicht besoffen haben in der Alleinsamkeit.

Diese ganze Kauferei wirkt animierend auf mich, zumal
wenn jemand sich Gewissensbisse macht, es diesmal an Mutti
sein wird. Was für ein Vergnügen für eine Frau, ein Bißchen
eitel sein zu dürfen ohne Furcht vor den Consequenzen für
das Budget. Und das Ansehen von all dem Zeug macht
ebenso Spaß wie das Betrachten einer Epicerie, die man ja
auch nicht ganz aussesen kann. – Die französ. Frauen sind
niedlicher & graziöser als die ital. ohne Schönheiten zu sein,
und die Männer gefallen mir nur, soweit es ital. Typen sind.
Die Zimmer haben Parquet, sind geheizt (!) (erkälte Dich

nicht, mein Guter) und das der Eltern ist mit Teppich ausgelegt. Es gibt fl. <u>warm</u> & kaltes Wasser. Frankreich kommt mir
vor wie eine Erinnerung an bessere Zeiten. Alles solid wie
einst zu hause, sogar von Mutti, obwohl es ihnen doch nicht
gut geht, geht noch ein Hauch von Wohlhabenheit & Bürger-
lichkeit aus, zumindest wirkt es so auf mich. Jeder kümmert
sich hier um sich selbst, das Leben ist bequem, was man
kauft, taugt noch etwas, alles ist grundverschieden. Nur ist es
eben modern. Die Häuser gut eingerichtet, aber ohne Aussicht aufs Forum. Ich habe gewählt! –

Mon chéri, ich muß schließen, nun hab ich die Mutti schon
eine Stunde allein gelassen. Ich bring den Brief rasch zur
Bahn. – Die Mutti bedauert sehr, daß sie Dich nicht auch hier
hat und Dich auch versorgen kann. Sie ist Dir sehr wohlge-
1 sinnt & schimpft auf Deine Eltern, d'ailleurs, avec raison.

Für heute sei zufrieden, mein Süßer, und morgen nur eine
Karte vermutlich. Samstag reis ich, übernachte in Genua und
am Sonntag bin ich bei Dir.
2 Je t'aime de tout mon cœur.

Toujours ta Hilde
tant de caresses

Ich hab ganz unwiderstehliche Lust, Dich zu umarmen, Dich
3 zu küssen, zu kosen, ich küsse Deinen Brief. C'est peu.

Mit Muttis dickem Füllhalter geschrieben

23 *Aus Rom nach Florenz, vermutlich 9. Februar 1936*
Rom, Sonntag.
Mein Liebster.
1 Heute habe ich, ohne Erfolg, den ganzen Tiber abgelaufen. –
Das Einzige, was ich Neues sah, sehr schöne Zimmer in dem
Palazzo, dessen großes Tor auf die 3 Tartarughe geht. (Du
weißt schon, welcher) Aber die Signora ist sehr moralisch, ich

glaube nicht daß es was wird. Wenn Du jetzt nicht telepho-
nierst, nehme ich also wohl das Velabro an. Morgen früh will   2
der Lustino[?] mir was am Colosseum zeigen, aber ich habe
wenig Vertrauen dazu. Das sind die Notizen für heute.

Ehe ich es vergesse, sage Cicala ruhig, daß Du mit Battara,   3, 4
mit dem Du befreundet seist, Deine Situation besprochen
hättest, und daß Battara gemeint habe, er könne Dir da helfen. Setz ihm auch auseinander, warum der Vatican das Beste   5
für Dich ist und falls Du Gelegenheit findest, bring auch die
Idee vom Papst als letzter Hort der Geistigkeit an. Du kannst
ruhig hervorheben, das sei zwar paradox, aber … Rede von
den »Uomini di buona volontà.«   6

Ich habe den versprochenen Brief gestern nicht mehr geschrieben, mein Liebster, ich war gar zu müde. Ich glaube, es
muß das römische Klima sein, ich bin halb tot vor Müdigkeit.
Du wirst es schon noch merken. Heute bin ich ein Bißchen
kläglich von all der Lauferei, der Tiber ist so lang und hat so
viele Windungen. Zum Trost habe ich die ganze Zeit Deinen
Brief in der Hand gehalten, damit Du mich ein Bißchen be-
gleitetest bei all dem Getrappel. Ich habe mir auch ein kleines
Bouquet Veilchen gekauft, weil es gar so schönes Wetter ist,
bei aller Kälte gar nicht winterlich, und alle Männer sagen,
wenn sie den Brief und die Veilchen sehen: certamente una   7
lettera del fidanzato. Überhaupt sind die Römer, trotz der
Kälte (!), sehr liebenswürdig und freigiebig mit Complimen-
ten. Daß ich abends, nach dem Essen, immer so gut davonkomme, ohne erst einen giovane davonzujagen, verdanke ich   8
einer cosa assai buffa: Wählend zwischen der Eitelkeit und   9
der Gesundheit, habe ich der Eitelkeit einen kleinen Tritt gegeben – intanto, wozu sollte ich eitel sein, wenn Du nicht da   10
bist – und trage unter dem Mantel das wollene Bettjäckchen.
Das sieht nun, wenn ich im Restaurant erst das Jäckchen, das
so schlottert, dann den Mantel anziehe, enorm kaffrig und
lachhaft aus. Aber meine Stimme fordert gebieterisch: Mehr
Wollenes (soweit die arme Stimme noch gebieterisch fordern

11, 12 kann, sie trötet piut[t]osto. Quoi faire. (Sollte die brave Ida
[Casanova] ein warmes Kleid mitgeschickt haben, so will ich
alles zurücknehmen, was ich je gegen ihre Intelligenz gesagt
habe.)

Dieser Tage z. B. wollte ein Turiner Ingenieur absolut
mein Abendessen bezahlen und mich begleiten. Er machte
mir die schönsten Complimente, als ich aß. Als ich davon
ging – diesem hatte ich den Korb schon vorher gegeben – und
das Jäckchen antat, hörte ich den Freund des freundlichen
13 jungen Mannes ganz entsetzt sagen: ma vedi, ché corredo! –
14 Der andere antwortete: ma ché, ti dico, é un tipo fantastico, la
piccola. – Nun, das Jäckchen ist eine Art Keuschheitsgürtel,
15 aus weicher Wolle – se mai ne avessi bisogno! Dies kannst Du
unserer argusäugigen und löwenkralligen Hüterin Ida mit-
16 teilen. A proposito, die scappata. Moi, ich hab Dir einen Ki-
nogenuß gegeben und soviel »freien Ausgang« Du nur magst,
und habe Deine Gefangenschaft in Idas Obhut bedauert.
17 Aber einen »nicht ernstgemeinten Permeß zur Scappata«.
18 Nemmeno per sogno, Signore mio. Ich, Euer Hase, bin ein
19 eifersüchtiger Hase, und treibe nicht Scherz mit der gelosia.

Es ist vier vorbei, Du hast nicht telephoniert. Sicher warst
Du zu faul auszugehen, armes Häschen, umsonst hast Du gewartet auf die Stimme Deines Herrn, – wo es doch am Sonntag nur die Hälfte kostet. Aber ein Telephon ist doch nur ein
schwacher Trost. Bis zum 15. dauert es, bis Du kommst, das
ist noch eine ganze Woche. Einfach abscheulich. Ich bin garnicht mehr zum Alleinsein gemacht. Und wenn ich nicht
mehr auf dem Lauf sein werde, sondern wieder ein bißchen
Zeit für mich habe, wird es noch viel schlimmer werden. –

Wie kannst Du glauben, mein Peterlein, ich habe einen
20 ganzen Tag lang wilde Flüche gegen Dich ausgestoßen! Non
21 è vero, ti assicuro. Ich fluche magari manchmal, wenn Du da
bist, aber wenn Du weg bist, habe ich viel zu viel Heimweh
nach Dir.

Nach dem Konzert, beim Mancino.
Mein Peterlein. Ich mußte schnell fortrennen, um noch rechtzeitig ins Augusteum zu kommen.

Ich kam gerade gleichzeitig an mit dem stets präzisen Calò. 22
Der »große« Meister Sabata hatte ein colossales Publikum 23
angezogen, Du kannst Dir gar nicht vorstellen, wie viel Leute
so im Augusteum sitzen, im Vergleich zu Florenz. Trotz aller
architektonischen Unreinheiten, als Ganzes ist es doch ein
wunderbarer und festlicher Konzertsaal, dieses Jahr zum
letzten Mal. Dann wird der arme Imperator Augustus keine
Musik mehr hören. – Zuerst gab es die Unvollendete, die mir, 24
zumindest der zweite Teil, keinen sehr großen Eindruck gemacht hat. Ich war etwas enttäuscht. Aber vielleicht liegt es
hauptsächlich daran, daß es mir zunächst ganz ungewohnt
war, allein ins Konzert zu gehen, die fremden Leute ringsum
störten mich (was nicht nur an ihrem Husten lag). Mir
scheint, ich bemerke sie viel weniger, wenn wir zusammen
sind, man ist dann viel abgeschlossener und mehr allein mit
der Musik. So muß ich mich mehr konzentrieren. – Du findest das sicher sehr töricht von mir, aber in musicis lasse ich
mir das Privileg der Torheit nicht nehmen.

Dann gab es den Eulenspiegel von Strauß. Wenn Du mei- 25
nem schwachen Urteil glauben willst, so war die Interpretation sehr spiritös und ganz ausgezeichnet, viel besser, als wir
es vor 2 Jahren hörten. Ich, c'est nous, kam mir sehr als Eulenspiegel vor. Es war tragikomisch, sehr leicht und machte
großen Spaß. Dann kam was Ungarisches und was Italieni-
sches, was ganz im starken Glockengeläute unterging, besonders das Italienische, das viele pianos hatte, dann Paganini,
eine Transcrizion auf viele, statt einer, Geigen, es war aber
nichts Sonderliches, mit einer Geige wäre es sicher ganz anders gewesen. Das Verhältnis zum Gesamtorchester war so
ganz sinnlos. Es hatte aber kolossalen Beifall, enorme Ova-
tionen für den Maestro. Dann Preludio und Morte di Isotta. 26
Ein schwacher Abglanz von dem, was es hätte sein können.

Sogar Calò, der erst recht davon angetan war, mußte zuge-
27 ben, daß es mißlungen war. Ricercato (zum Beispiel über-
28 lange Pausen, in denen keine Erwartung vibriert) e senza passione. Ich weiß, mit den ziehenden Grundtönen war es
nichts. Du würdest sicher genau wissen, warum. Jedenfalls
war es oberflächlich, es mangelte jegliche Art von »Seele«
(nimm das Wort nicht so genau, wenn Du es nicht magst) und
Leidenschaft und Leiden. Nun, es mangelte so ziemlich alles.
Aber trotzdem ist die Musik natürlich nicht tot zu kriegen,
jedenfalls hat es mir den dringenden Wunsch eingeflößt, den
Tristan wieder zu hören, aber ganz. Ich hätte jetzt viel mehr
davon als das erste Mal. – Im Programm war der Inhalt wie-
29 dergegeben, es sah aus, als sei der Tristan adirittura von
d'Annunzio, und handelte in so zwischen Bordell und höch-
ster Phrase schwankenden Tönen, daß ich an manche Über-
setzungsschwierigkeiten Deiner Arbeit dachte. – Was sagst
Du zu meiner Musikkritik? Jedenfalls zeigte sich, daß ich
mehr Urteil hatte als der Calò, wo doch so ein eifriger Kon-
zertliebhaber ist, und ein Mädchen aus seinem Laborato-
rium, das auch dabei war. Unter Blinden ist eben der Einäu-
gige König. – Sehr tadellos, was zu beurteilen meine Torheit
30 gewiß nicht hindert, war das eben verzehrte petto di tacchino
con funghi e tartuffi. Ich habe es mir zu Ehren des Sonntags
geleistet, und weil ich heut mittag nur 2.50 ausgegeben habe.
Ich spare gräßlich. Der Konzertplatz hat leider, [h]orribile
dictu, 10 L. gekostet, ich habe nämlich darauf insistiert, es
Calò zurückzugeben, er hat nichts anderes mehr bekommen.
– Mittwoch gibt es die 7. von Beethoven. Auch von Sabata.
Welche haben wir kürzlich mit ihm gehört? –

Im ganzen habe ich mich eigentlich sehr gut wieder in
Rom eingewöhnt. Die ersten beiden Tagen war es ein Bißchen greulich, nicht so sehr Roms wegen, als weil ich so jäh
aus unserer privaten und geschlossenen Welt in die allgemeine versetzt war. Man fühlte so recht hörbar einen Knack
und die Zeit setzte wieder ein. Es war ganz schrecklich Fe-

bruar 1936, ein Krieg hing in der Luft, die Welt war schlecht, störend und machte nervös. Ich kam mir vor – ich finde keinen richtigen Vergleich – ich kam mir vor als ob ich eine schützende Haut verloren hätte. (Die schlechten Wörter liegen nahe, aber es kam mir wirklich so vor.) Weniger verfänglich: einer Schnecke müßte es ähnlich zumute sein, wenn sie auf einmal ihr Haus verlöre. – Inzwischen ist es mir gelungen, die Wirklichkeit wieder zum Verschwinden zu bringen, der Ausschnitt Wirklichkeit, der mich allein beschäftigt, ist die Wohnungsfrage. Du glaubst gar nicht, wie schnell man sich wieder daran gewöhnt, mit Freude und Muße zu schauen. Zwar im Museum war ich noch nicht, doch was so herumsteht in dieser wunderbaren Stadt, die Pinien, die Dioskuren, Castello S. Angelo und der Cupolone (vielleicht der eher weniger) ist mir so vertraut wie je zuvor. Die Sonne und der blaue Himmel, die römischen Formen, das alles versetzt in eine ganz unflorentinische Stimmung. Viel klarer, und gar nicht melancholisch. Mach also den Klages gut in 31 Florenz ab. Hier wird es wenig damit sein. Es tut mir leid, daß ich Dir nicht gezeigt habe, wo der große logische Knacks ist. Aber Du hast es sicher selbst gemerkt.

(Die Stelle mit dem Augenblick, der dann aber in der Vergangenheit gesehen wird, ohne daß dieses ausgesprochen wird. Es steht auf einer rechten Seite in einem Abschnitt, der in der Mitte der Seite etwa beginnt) Die »Seele«, mein Herz, lasciamola stare. Dafür bin ich zu müde heut abend. Doch 32 sehe ich nicht, was mich hindern sollte (es prejudiziert meine endgültige Stellungnahme auch in keiner Weise) sofort und bereitwilligst zu adorieren der These: Wir sind Wir. (Zwar wäre damit sozusagen aller Weisheit Schluß = die Lieblingssentenz meiner Mutter, in den Pluralis erhoben!) Im Grunde, oder sagen wir vorsichtshalber: grundsätzlich, bin ich bereit, was uns verbindet, mit jedem Namen zu nennen, der Dir nur gefallen mag. (Und sollten mir Deine Definitionen eines Tages nicht reichen, so werde ich von selbst in meine platonischen Categorien zurückgleiten, oder am liebsten auch in τά τοῦ Ἀριστοφάνου) Qu'importe, wie man es nennt? Je t'aime, tu m'aimes, nous nous aimons. Est-ce que nous somme une seule personne réunie, ou une unité de deux personnes réunies d'une puissance soit interne, soit externe? Ce que je sais bien sur: moi, je suis à toi, & toi, tu es à moi. – et tes idées. – et tes idées seront les miennes. – Eine Affenschande, aber warum soll es sich eine intelligente Frau nicht auch einmal leisten dürfen, auf die geistige Einordnung zu pfeifen. Wenn man verliebt ist, ist man nicht immer vernünftig. Und wenn man so alleine ist, und so Sehnsucht hat nach Dir, welche Definition wäre nicht käuflich – schon für einen zärtlichen Blick aus schwarzen Affenaugen. Voilà la femme! Und sehr modeste, wie Du siehst. Es ist noch so lang bis zum 15! Povero Hasino! Je t'aime, mon »philosophe«

petit

P.S.

1. Du schreibst nicht, ob Du Platonum pflegst und wie es ihm geht?

2. Dank für den Nietzsche. Wieweit ich ihn verwende, wird sich erst zeigen. Vermutlich ja.

3. Der Sommernachtstraum läuft hier auch. Original- & ital. Fassung. Leider wirst Du nicht recht kommen, daß wir die Originalfassung zusammen sehen können.

Grüße an Ida & Giovanni [Casanova]. Ich schreibe ihr in den nächsten Tagen.

24 *Aus Rom nach Florenz*

Rom, den 10. 11. 36.

Mein lieber Pfau.

Du wunderst Dich. Aber Du schreibst ja selbst, daß Du eine Metamorphose durchmachest: vom wildherumkletternden

Affchen zum wohlgepflegten und eitelen Tier. Mon cher, wie
ists mit dem Narziß? Redivivo? Hoffentlich verliebst Du   1
Dich derweil nicht gar zu sehr in Dein eigenes Spiegelbild.   2
    Moi, ich bin mir nie schön genug, wenn Du da bist, ich bin
eitel und schmücke mich, um Dir zu gefallen.
    Toi, Du bist nur eitel für Dich selbst, um <u>Dir</u> ein liebens-
werter compagno zu sein.
    Ich pfeife auf das schönste petto di pollo con tartuffi, wenn
ich alleine essen muß, Dir schmeckt allein ein Schweine-
schnitzel, das Du in meiner Gesellschaft nicht genug schmä-
hen konntest. Voilà la différence. – Somit hat der vielver-   3
lachte Mannheim doch recht behalten, Du liebst am meisten   4
– Dich, Dich, Dich! On ne te peut pas changer. Aber ich will   5
etwas ändern: was dem Spiegel recht ist, ist dem Hasen billig.
Ich will hinfürder mißbilligend zurückweisen, was jeder
Spiegel mißbilligend zurückweist: Komm mir also nicht
mehr zu Tisch mit capelli alla Abissin[i]a und offenem Halse,   6
sondern so hübsch und geschniegelt, als solltest Du mit Deinem Spiegelbilde zu mittag essen. Ich will den Part des Spie-
gels schon recht übernehmen. – Den Passus mit den Schwei-
necotteletten aber will ich mir ausziehen wie Battara jene be-
deutenden Sätze seines Briefes aus Abessinien. Und sie Dir
ein bißchen servieren, wenn Du den ewig mäkelnden Fein-
schmecker spielst. –
    Inzwischen will ich die Schmeicheleien in meinen Briefen
ein wenig einstellen, Du hast sie gar nicht nötig, die 2 Tage, in
denen ich Dir gefehlt habe, sont bien passés. –   7
    Veramente, wenn Du heute wilde Flüche gehört hättest, so   8
würdest Du Dich nicht geirrt haben. Ich bin völlig verzweifelt. Dazu regnet es, es ist feuchtkalt, das Paket ist leider nicht
ausgehändigt worden, nun werde ich es morgen an der Bahn
holen müssen. Die Casanova hat mir das abscheuliche Gestell
von Schirm der verstorbenen Mama geliehen. Es ist sehr kalt
und abscheulich. Was schlimmer ist, alle Wohnungen werden
zu Wasser. Die Casanova meint, daß die Leute im Velabro (sie   9

waren gestern wegen Erkundigungen da) nicht richtig heizen würden. Sie haben so schüchterne Andeutungen gemacht. Daß es dagegen im Sommer dort unerträglich heiß wird, noch ganz anders als bei Casanovas, ist schwer wahrschein-
10 lich. Aria bassa! – Wenn es wenigstens gut geheizt ist, combiniere ich morgen. Auch ich kann nicht vor dem 15. einziehen, denn in dem 2. Zimmer ist jetzt eine Nichte Grazianis zu Gast, die können sie natürlich nicht herausschmeißen. Schlimm, das wird teuer mit dem Albergo. – Bronzi hat eine fabelhafte Sache gehabt, gerade vor 3 Tagen vermietet. Überhaupt hätte man im Januar fahren müssen; wo ich höre, ist al-
11 les eben jetzt vermietet. Es ist zum verrückt werden adirittura. – Eben telephonierte ich mit Marchesani[?], er ist nicht
12 sehr für das Velabro. Troppo basso. Morgen mittag gehe ich ihm guten Tag sagen.

Jetzt werde ich also trotz des Regens das Ludovisiviertel ablaufen, vielleicht auch erst Via Cavour. – Das im Palazzo an den 3 Tartarughe ist auch nichts. Der Aventin, Via S. Domenico, geht nicht auf 400 L. Sonst hätte ich doch das genommen. So kommt es etwa 80 L. Autobus. 500 L. Miete. Gas, Licht, Heizung, Bedienung alles unsere Kosten, und einen Ofen müßten wir auch setzen lassen. Ich weiß gar nicht, was ich tun soll. Ich habe den ganzen Tag Mühe mich zusammenzunehmen, damit ich nicht auf offener Straße heule. Wenn ich in 2 – 3 Tagen nichts finde, weiß ich nicht mehr, was ich tun soll. Vielleicht anonciere ich nochmal? Mir ist schrecklich weinerlich zumute, am liebsten möchte ich mich zu Bett legen und heulen. Wenn es wenigstens wieder schönes Wetter wäre. Nicht mal zu Bett komme ich zeitig, weil ich Dir jeden Abend solang schreibe und dann erst an die Via della Vite muß. Jetzt schreibe ich um 5, weil es so regnet, im Albergo. Angefangen habe ich im Greco. – Daß ich nicht zum Arbei-
13 ten komme und auch nicht zum Lesen, ça va sans dire. –
14 Quant à toi, so nehme ich an, daß Du den Klages jetzt fertig hast und daß Du es absolut nicht als Tagesaufgabe be-

trachtest, ein oder 2 Stunden in die Capella Medicea zu gehen. Was das Paskovsky betrifft, so fände ich es erheblich 15
besser, Du läsest den Usener und den Wilamovitz. Nimm 16
mir das nicht übel, aber Du hast versprochen, diese 14 Tage
oder wie lange es sein muß, absolut dem labor improbus zu 17
weihen. Wenn Du Dir den Tag richtig einteilst, wirst Du das
mit dem Michelangiolo sehr wohl vereinen können. – Ich lese
ohne jede Begeisterung von einem »heiteren Dasein ohne
Bücher«. Ich bin weit davon entfernt, irgendwelche Rechenschaft von Dir zu verlangen, was Du im Einzelnen in dieser
Zeit gearbeitet hast, aber ich würde es Dir gründlich übel-
nehmen, wenn Du geschlampt statt angestrengt gearbeitet
hättest. Du weißt so gut wie ich, daß Dich weder der Klages
noch der Michelangiolo noch irgend sonst etwas hindert, die
öde Fachliteratur durchzusehen, die Dir zum Ovid noch
fehlt. Ich verlange gar nicht den mindesten Dank für diese
abscheuliche Strapaze, ich verlange ganz einfach, daß Du
Dich an unsere Abmachungen häl[t]st und arbeitest. Scheint
Dir das ungerecht? Ich sehe schon Dein wütendes und ent-
täuschtes Gesicht, wenn Du diesen Brief liest. Sachlich habe
ich recht. Im übrigen halte mir zu Gute, daß ich sehr verzweifelt bin und einen völligen Tiefpunkt habe. Morgen wird es
wieder besser gehen, hoffe ich. Wenn die Sonne scheint, ist
alles halb so schlimm. Jetzt wieder hinaus. Pfui Teufel, ist das
kläglich.

Sei so lieb und antworte nicht auf diesen Brief, ich mag
jetzt absolut keine Grobheiten lesen. Es ist alles nicht bös gemeint, das weißt Du ja ganz genau.

Tröste und streichle ein wenig

Dein armes Häschen.

Abends
Eben die ganze Via Cavour rauf & runter, S. Martino di
Monti etc. Nix. Denk mal, in das Apartement auf der Monte
Tarpeo ist ein Obsthändler gezogen. Er soll wenig Geld

haben. Hätte ich daran gedacht, den hätte man sicher mit 100–200 Li. zum Rücktritt bewegen können! Idiotisch, so allein zu suchen. Man ist gleich so deprimiert, daß einem nichts einfällt!

25 *Aus Rom nach Florenz, vermutlich Februar 1936*

1   Im Bett. Giovedi.
Mein Süßer. Ich liege, müde, müde, müde.
Mein einziges Gefühl: Zärtlichkeit gegen Dich, mischt sich auf eine süße Weise mit meiner Müdigkeit. Ich habe Deinen Brief mit ins Bett genommen, damit Du wenigstens ein klein Bißchen bei mir bist. Mir ist gar nicht sehr nach schreiben, die Feder ist mir zu schwer, und ich muß den Kopf ein wenig heben, mir ist zu schläfrig. Aber, wie ich so Deinen Brief wieder lese, kommt mirs so vor, als habe ich Dir nicht richtig geschrieben, ich werde nachträglich mit meinem Brief erst recht unzufrieden. (War ichs doch vorher schon wegen all dem trockenen Krempel) Du schreibst mir so lieb, es ist mir, als ob Du mich streicheltest, wenn ich ihn lese – und ich werde immer gleich irritiert, wenn ich von »dem schrecklichen Problem« höre. Ich verliere die Unbefangenheit. Und ich weiß nicht, mir scheint, als ob es mir gegen den Schluß mit meinem Brief so gegangen wäre, als ob der Contakt mit Dir an einer Stelle des Briefes knak gemacht hätte, und ich von diesem Punkte an gehindert gewesen wäre, so zärtlich zu schreiben wie mir zu Mute war. Es handelt sich übrigens gar nicht um

das Problem, das macht mich nicht kopfscheu, es ist auch nicht so, daß ich damit nichts zu tun haben wollte, im Gegenteil, wo Dir eine erkenntnistheoretische Debatte oder dergleichen nützlich scheint, laufe ich nicht davon, wenn Du auch letztlich alleine damit fertig werden mußt und fertig werden wirst – es handelt sich um etwas ganz und gar nicht Geistiges. Jener verkrachte Abend, Du weißt, hat mir einen profunden Eindruck gemacht. Nicht, als ob ich auch nur im geringsten nachtragend wäre, aber ich vergesse nicht leicht. Ich bin darin ganz anders als Du. Sowie Du von den tormenti 2 dieses Problems schreibst, höre ich wieder Deine fremde Stimme, die mich an jenem Abend so entsetzt hat, und husch, ist aller Geist und alle Vernunft davon. Laissons, laissons, 3 laissons!

Das alles wollt ich gar nicht schreiben. Ich wollte Dich nur ein Bißchen kosen, mein Liebes, weil Du über all dem Gehetze und Gelaufe zu kurz kommst. Wenn Du da wärst, so würde ich mich an Dich schmiegen und Dir sehr schmeichelnde Worte sagen. Aber schreiben. Cela ne va plus. Mein 4 Körper ist ganz weich und schwer, vor Schlaf und vor Sehnsucht nach Dir. Meine Lippen fühlen sich so küßlich an, als ob Du Dich über mich beugtest, als ob Du mir ganz nahe wärst, immer näher fühle ich Deinen Mund, Du nimmst mich in Deine Arme ganz eng, mein Ich löst sich in Kreisen auf, ich überlasse mich Dir ganz, ich gehöre nur noch Dir, o, mein Süßer, wie liebe ich Dich, ich weine vor Sehnsucht und Verlangen.

Ça ce n'est pas de la letteratura. Wie töricht, sich so in seine 5 Sehnsucht zu steigern. Aber wenn ich jetzt schlafe ist es fast so schön als ob Du wirklich bei mir wärest. Gute Nacht, mein Süßer. Es ist fast 1 Uhr, beinah 2 Stunden hab ich mit Dir gekost.

Hast Du nichts davon gefühlt?

Du sollst in meiner Umarmung einschlafen

H.

26 *Aus Rom nach Neapel*

Roma 27.X. 37. abends um 8.

Mein liebster Süßer.

1 Das war eine giornataccia. Ich hatte es so friedlich und aus-
ruhend gedacht, aber dies Telephon ist doch eine gräuliche
2 Sache. Morgens um 8, precise, der erste Anruf. Wieder eingeschlafen. Um 9 der nächste. – Und dabei bin ich spät zu Bett,
bis 11 ¹/₂ mich bei Casanovas eingeschwätzt. Sie empfingen
3 mich al solito. Cecilia allen voran hüpft mir stürmisch entgegen und umhalst mich. Ihr nach die ganze Familie mit offenen Armen, Beauty laut bellend dazwischen. Die Herzlich-
4 keit ein Gipfel. – Cecilia immer noch wie eine donna
languida des vorigen Jahrhunderts, Frisur der Greta Garbo in
Margarita Gautier. Marina mit Scheitel & angesetzten Wim-
5 pern. Der Kampf um den Mann in pieno fervore. Die Casanova erzählt mir die diversen Anträge und Romane, na, Du
weißt ja, wie so etwas zugeht. Man kommt sich dann schrecklich erfahren und weise vor und kargt nicht mit Ratschlägen.
Wenn man selbst verliebt ist, ist man ja nie so weise. Ein
schrecklicher Jüngling war auch da. – Heute also Groß-
kampftag. Ergebnis: 3 Schüler, davon 2 mit wechselndem
6 orario. Einer hat gleich eine Stunde genommen & 100 L. ge-
zahlt. 2 wollen noch in diesen Tagen kommen. Ferner 4 Anrufe für Kinder verschiedenen Alters, in den verschiedenen
Peripherien der Stadt. Wenn ich gute Bedingungen kriege
nehme ich sie für den Anfang, bis ich genug Schüler habe.
Freitag gehe ich herum, resp. verbringe den Tag in Trams. –
7, 8 Ferner der solito Tassi mit einer verzweifelten lettera einer
zweifelhaften Ursula in Berlin. Hat mich eine Stunde gekostet. Alle kamen natürlich auf einmal, der Korridor war wie
das Wartezimmer beim Zahnarzt. – Ferner eine Sache am
Horizont, die wirklich gut wäre: ein Redakteur einer künftigen Zeitschrift sucht Übersetzerin, vom It.[alienischen] ins
9 Deutsche. Zeitschrift von Bottai etc. etc. soll deutsch erschei-
10 nen. Der Mann hat mein indirizzo genommen, wann die

Zeitschrift rauskommt, ist noch nicht sicher. Ich werde alles versuchen, diesen Posten auch wirklich zu kriegen. Ich müßte pro Tag 3–4 St. arbeiten, teils in der Redaktion vormittags, teils zuhause. La Ganga meint, man könne dafür 1000 L. kriegen, wenn die Zeitung gut dotiert ist. Das wäre etwas Großartiges für mich. Mal sehen, wie man an jemand herankommt, der einem diese Stelle verschafft. Na, keine Luftschlösser. – Gabi & Palumbo nehmen keine Stunde vorläufig, die andern habe ich noch nicht erreichen können. Meocci hat trotz Anruf bei den Tanten nichts hören lassen, sicher hat er von unserem Vergleich mit dem unglücklichen Opfertier geträumt! Der Wassersportgraf wird wieder Übersetzungen bringen, hat es versprochen. Dies über die Annonce und was dazugehört.

Ferner ist Deine Tessera gekommen, bis 30. Dez. gültig. 11 Morgen oder übermorgen schicke ich sie Dir. Ferner das Paket von Weigert. Ein <u>sehr</u> hübscher blumiger Py[jama] ohne Ärmel für den Hasen, ein ganz entzückend gestrickter Pull[over] für Dich, reizendes Muster, wunderhübsch gearbeitet, weichste Wolle, aber dunkelgrau. Mal sehen, vielleicht zum blauen Anzug. Sonst kann man ihn wohl blau färben. – Hast Du Deine Mutter wegen des Ofens angefragt. – Wozu 12 hast Du mir den kaiserlichen Brief geschickt, er läßt mich kühl. Sollen wir auch mit denen noch so eine Corrispondenz beginnen. Gott behüte! – Eine Karte von Ida [Casanova], das Weib macht das Zeug erst Anfang Nov. fertig, wegen der kranken Nichte. So ist der Koffer dort geblieben. Ich werde dem Weib mal schreiben und ihr etwas Feuer machen. – Auch waren bei ihnen viele questorini und haben nach uns ge- 13 fragt.? Na, von mir aus. Dem armen Arani[?] geht es besser, doch ist er vorläufig noch für einige Zeit im Spital. – Der Tag ist heute nur so dahingelaufen. Morgens im Bett ein wenig geschmökert, zwischen einem Telephon und dem andern. Gegen 12 kam das Erste. Dann ein Monstrum von Brief an die Eltern geschrieben, in den ruhigen Momenten des Tages.

14 Zwischendurch die solite triglie. Sie glotzten mich dumm an und sahen nach röm. Mosaik aus wie immer, und ich dachte, während ich sie verspeiste, wie Du sie mit sicherlich gleicher Gleichgültigkeit verspeist hast. Ich hab sie ein Bißchen satt, besonders wenn ich so alleine esse und sie die Hauptperson spielen. Dann abwechselnd Brief, Leute, Telephon, der idiotische Tassi, die Casanova, der Schüler für die Lektion, Brief beendet etc. etc. Leider macht mir das Schreiben arge Be-
15 schwerden, a basso Montecatini! Das habe ich seit einem Jahr nicht mehr gehabt. Ich kann kaum mehr sitzen. Daher verschiebe ich den archäolog. Part wieder, aber morgen kommt er bestimmt. Jetzt will ich ein kärgliches Abendessen verschlingen, um kurz nach 9 gehe ich an die Luft und mache mit der Casanova einen kleinen Spaziergang. Die Photos kann ich erst Freitag endgültig ordnen, denn dann erst kriege ich die Negativs, die noch im Geschäft sind, sie hatten einige Abzüge vergessen. –

Zu Deinem Aufsatz werde ich noch einen kleinen Artikel schreiben, und beides tippen, sowie ich Ruhe finde. – Ich sitze hier mitten im Herbst, der Wind hat die ersten gelben Blätter der Glyzinen ins Zimmer gewirbelt, es ist melancholisch wie in einem Park, all diese toten Blätter auf den roten Fliesen und dem blauen Teppich.

16 Mein Liebster, ich bin sfinita, und damit auch der Brief. Ich habe nur den einen Wunsch, zu Bett, und mich ein Bißchen zu ringeln. Aber der Ringelaff ist fern.

Überarbeite Dich nicht, mein Liebling, und komm hübsch bunt zurück, nicht wieder so blaß. Iß die Trauben nicht all auf einmal, so hast Du jeden Tag einen süßen Gruß, eine Art Vielliebchen auf Distanz. Es ist $^1/_4$ 9, Du sitzt jetzt sicher an den ersten Zeilen der Malerei. Und ich fühle mich stupid, wie man es nur ist bei großer Erschöpfung. Vielleicht waren die ersten beiden Tage etwas arg. Morgen wird es besser. Aber Freitag und Samstag, pfui Teufel.

17 Ehe ichs vergesse, unser Spezialist in Malocchio (tocchia-

mo ferro) meint, falls M. in der Lage ist, eine <u>wirksame</u> Empfehlung zu geben, soll man sie unbedingt nehmen. Es hängt von M's Beziehungen zu ihm ab. Ferner ist mir eingefallen: Laß Dir von ihm auch eine Empfehlung an Bottai geben, wegen einer Jahrestessera. Zu dem hat er doch bestimmt Beziehungen, und selbst wenn sie nicht persönlich sind, erwirken sie Dir bestimmt bei Bottai einen Empfang.

Mein Süßer, ich gebe Dir einen zärtlichen Kuß und streiche Dir über die Haare, à la Indiana. Laß Dir nicht zuviel weiße wachsen inzwischen, denn sonst komme ich nachher mit dem Ausziehen nicht nach.
    Dein

Mimi? Non so.
    In ogni maniera niente tisi, per favore.
    Noch verbrannte Gedichte!

27 Aus Rom nach Neapel

30. X. 1937.
Mon bien aimé.
Sieh das Datum. Zwar ist es für uns nur ein Halbfeiertag, aber an sich feiern wir uns doch einmal gerne. Obwohl die Zeit der Gänsepasteten und des Weines in antiken Schalen und der unvergeßlichen anatre arrosto einen besseren Fundus zum Feiern abgab als unser jetziges Mal von Milch und Tee, Schinken und Toast. Nichtsdestoweniger, Du weißt, wie gerne ich Dich reden höre, ich hätte gewiß gerne die Gelegenheit ausgenutzt, und es wäre auch ein netter Tag gewesen, um das pompöse Hauskleid mit den Silberschuhchen einzuweihen.

So aber – nichts von alle dem. Grauer Alltag, allergrauester.
3 Mit der Lektüre der Positanesen bin ich auch wieder einmal
zu Ende, obwohl ich ganz langsam an ihnen genubbelt habe.
Und nur in den Abendstunden komme ich so recht zu mir,
und damit zu Dir. –

Erinnerst Du Dich noch, wie unbehaglich uns bei dem
Heiraten war. Und wie wir uns die ersten Tage danach ängstlich prüfend ansahen, ob etwa bereits eine wahrnehmbare
Veränderung eingetreten sei. Die carta ist carta geblieben –
und wir wir selbst. Das Institut hat uns nicht verschlungen
4 und wird uns nicht verschlingen. Und die albergatori haben
so Unrecht nicht wenn sie uns als Leute behandeln, die Kraft
eines aktuellen Consenses als Zweiheit auftreten – wenn sie
auch andrerseits sehr Unrecht haben.

Wenn wir uns einmal in die Haare geraten, so findest Du
immer gleich, es sei eine typische »Ehescene«. Als ob Romeo
und Julia sich nicht nur deshalb niemals gezankt hätten, weil
sie nur eine einzige Nacht zusammen waren! –

Daher gibt uns der morgige Tag keinerlei Grund zur Reue,
scheint mir, aber streng genommen auch keinen zum Feiern,
denn er hat eigentlich unserem Wesen nichts Neues hinzugefügt; und um ihm doch einige Ehre anzutun, könnte man ihn
immerhin als einen Tag einer gemeinsamen Manifestation
5 unserer Zweisamkeit ehren. Que penses-tu? Tu ne penses
rien – Du hast es sicher vergessen, oder wirst Du mich mit
einem zärtlichen Brief über meine Einsamkeit und die versäumte Feier trösten.

Mein Liebling, Du wirst entsetzt sein: der Winter wird
6 meine Überwartungen noch übertreffen. Mein Stundenplan
hat den Teufel im Leib – jedenfalls wie er sich zunächst pro-
spiziert. Nichts mehr Hasenköchin, das muß das »abgelaufene Jahr« besorgen, Dein Hase muß meist schon um 2 am
Ende der Welt sein. Armes Häschen, wie wird es werden
ohne Mittagsschlummer. Und wann willst Du dann je mein
7, 8 Podagraslager[?] teilen? Mein Stundenplan, kurz, bisogna sa-

crificarsi, ich sagte ja, daß das die Parole für den Winter wird. Ich hab nur Angst, daß ich dem nicht gewachsen sein werde, sonst werde ich – falls die Sachen wirklich etwas werden, ich hab mich heute 4 Damen vorgestellt aber ziemliche Preise verlangt – unsere miesen 1600 mit Hilfe einer zweiten An[n]once wohl zusammenscharren. Na, warten wir es ab, was daraus wird, und versparen wir uns Tränen und Milchfrauenrechnungen auf nächste Woche. Tante Marie hat uns 9 10 £ geschenkt, d. h. den Eltern für uns als nächsten Monatszuschuß. Das ist wirklich nett von ihr. – Was mich betrifft, so nehme ich alle Schüler die gut zahlen, zu welcher Zeit auch immer ich Stunden geben muß. Es ist immer leichter die unbequemen dann abzustoßen als neue bequeme zu finden. – Pause, lezione. – 10

Am schlimmsten ist, daß ich am Abend solcher Tage sicher nicht mehr sehr viel für Dich sein kann, mein Liebster, die Ergebnisse Deiner Arbeit wirst Du einem müden Geist (cioè 11 Ungeist) vorsetzen, und ob der schöne Schlafrock mir nach solchen Strapazen jenes angenehme und wohlige Gefühl des Körpers zurückgibt, um eine gute Geliebte zu sein? Nun, Du wirst ein franziskanisches Leben führen und viel arbeiten und es ist dafür gesorgt, daß ich Dich nicht stören kann. Arg, mein Herz, arg! Ich will Dir heute —— Da fiel mir ein, daß nun endlich der Brief angekommen sein könnte, und da ist er denn auch. Mein Lieber, ich hab Dir gleich Dienstag alles geschickt, ich hab Dich bestimmt nicht so sitzen lassen wollen. Diese miserable napolitanische Post. Amüsant ist die Geschichte von dem Raritätenfreund. Das wäre der richtige Abnehmer für das Khamasutram gewesen! Ich bin sehr gespannt, wie es beim gesegneten Kreuz war, und erwarte ausführlichen Bericht. Die Photos konnte ich heut nicht abholen, aber über Sonntag werde ich genau feststellen, was da ist und was etwa fehlt. – Gestern abend wollte ich den Jäger anfangen, war aber zu müde. Den Rat Gedichte zu lesen, werde ich befolgen. Aber ob mir nicht Deine Stimme zu sehr fehlen

wird? – Meinst Du, ich sei kein objektiver Leser mehr für die Positanesen? Ich glaube doch, – obwohl ich sie in honorem autoris gelesen habe. Das eine braucht das andere nicht aus-
13 zuschließen. – Und es spiegelt sich noch kein neuer Reflex?
Mein Peterlein, in wenigen Minuten kommt schon wieder so ein neuer Idiot. Dabei sind es dies Jahr nicht einmal so ausgesprochene Esel. Doch immer wieder der, die, das. Wie machst Du es nur, in so einer Stunde noch an anderes & vernünftiges zu denken? Heute den ganzen Morgen an allen Ecken der Stadt bei den Müttern, nicht den faustischen, sondern höchst borghesischen. Sie telephonieren alle noch. Alles war mal wieder abgesperrt! Ich habe über eine Stunde verloren, sodaß es eine Hetze par excellence wurde, um 2 war ich zuhause. Stunde von 3 $^{1}/_{2}$–4 $^{1}/_{2}$, 5 $^{1}/_{2}$–6 $^{1}/_{2}$, 7 $^{1}/_{2}$–8 $^{1}/_{2}$. Schön, nicht? Verzeih, verzeih, das Lamentieren werd ich heut nicht recht los, aber ich werd mirs auf die Dauer schon besser einteilen, mach Dir keine Sorgen darum. –
Ich hätte große Lust, morgen abend bei Dir aufzutauchen. Aber vielleicht komme ich gerade in die beste Arbeitslaune[,]
14 cioè Deine, und es ist auch zu teuer. Schrecklicherweise fange ich wieder an in Stunden zu rechnen.
Ich werde also bleiben wo ich bin, mein Einziger, und werde mich mit Deinem Bild trösten müssen, daß auf diese Weise für mich wieder etwas von seinem alten Reiz zurück bekommen hat. Oder meinst Du, ich komme doch auf einmal?
Sei sehr zärtlich umarmt mein Süßer
und denk an mich wenn Du einschläfst und wenn
Du aufwachst – und auch ein Bißchen zwischendurch.

Du siehst ich habe das Froschstudium im Gebirge zu sehr vernachlässigt
15 Die Tessera morgen!

28 *Aus Rom nach Neapel*

Roma il 7. XI. 37

Liebster Affenpoet.

Es ist Sonntag nachmittag. Eine laue Sonne von unerhörter Leuchtkraft gibt den römischen Mauern einen leuchtenden Glanz, die Dioskuren strahlten in marmorner Weiße vor dem Blau des Himmels, was am Marc Aurel von Gold geblieben ist, funkelt nur so, und durch meine Glyzinenlaube wirft die Sonne kleine goldene Flecken. Welch ein Wetter, um in die Campagna zu gehen, oder noch lieber in die Albanerberge. Ein Tag, dessen Zauber man sich schwer entziehen kann. Sogar die Anna, das abgelaufene Jahr, trällerte vor sich hin. Armer Hase, Du aber sitzest alleine zuhause, kein Aff, der mit Dir spazieren ginge! La Ganga sagte heute morgen: »ma oggi era giornata di Napoli, Signora!« Aber obgleich ich sooo gerne zu Dir gekommen wäre, und welch ein unvergleichlicher Tag für die Gräberstraße in Pozzuoli, so habe ich dem doch nicht nachgegeben. Und nicht nur aus Geldgründen. Ich glaube, so eine Stippvisite tut uns beiden nicht gut, man verliert alles Gleichgewicht und hinterher ist es nur um so schlimmer: für Dich, den ein so plötzlicher so kurz bemessener Besuch aus der Continuität der Arbeit reißt ohne eine neue Continuität zu stabili[si]eren wie es ein ständiges Miteinander tut, für mich, die ich solche Sehnsucht nach Dir habe, daß es nach dem einen kurzen Tag nur noch schlimmer ist. Povero hasino! Du aber, mein Aff, wanderst jetzt sicher, es ist ¼ Uhr nachmittags, über die via Capuana, kriechst in all das leuchtende alte Gemäuer, bahnst Dir Wege durch das schon trockene Gras dass die Heuhüpfer nur so nach allen Seiten davonspringen und die Eidechsen aus der Siesta gescheucht werden, und riechst den wunderbaren Asphodelenduft und die ganzen schönduftenden Kräuter, die ich so liebe. Povero hasino! Und mit Dir gehen die freundlichen Musen und die Frau Phantasia Spiritella Marina, und sie alle zerreißen sich die Strümpfe nicht, denn sie tragen ja keine, und ihre göttliche Haut ist über Dornenkratzer erhaben, und zudem können sie kommen und gehen, ohne ein Bahnbillet für Lire 46 zu erwerben und ohne daß dringende Verpflichtungen schon im Hintergrund ihres Tages lauern. Povero hasino! Da dies der einzige ruhige Tag der Woche für mich ist, wachte ich mit abscheulichem Kopfweh auf. Das Kopfweh sprach: »Mein Häschen, Du bist alleine, das geht nicht für den schönen Sonntag. Da Du keine bessere Compagnie gefunden hast, habe ich mich entschlossen, Dir heute Gesell-

3 schaft zu leisten. J'y suis, j'y reste«. Und trotz aller guten Worte, trotz Attacken mittels Kopfmassage & Antineuralgica, trotz der frischen Luft auf der Ter[r]asse ist es dageblieben, denn ich bin ein wenig erkältet. – So richte ich heute wenig aus, das Gefühl endlich einen langen Tag lang nichts zu müssen, führt leider zu einer solchen Gemächlichkeit, daß der lange Tag sich in Windeseile verträdelt. Heute früh zeitig wach (leider schlafe ich eben wieder ganz miserabel, erst kann ich kaum einschlafen, dann wache ich mehrfach auf), blieb ich liegen, las erst die Zeitungen von gestern, dann Dei-

4 nen Brief (ist der Reflex schön geworden?) dann frühstückte ich und machte ausgiebig Toilette sodaß es auf einmal 12 war. Vor Tisch kramte ich dann noch in den Photos (Bericht anbei) verbesserte die beiden Stellen in dem Artikel der morgen

5 losgeht. Dann aß ich zum letzten Mal auf Wochen Triglien, ich kann die dummen Tiere nicht mehr sehen noch riechen noch schmecken, und einen schönen Cachi (wie schreibt sich das Ding?) der ästhetisch umso schöner als im übrigen umso säuerlicher war. Seine noch allzu unbefleckt goldene Farbe erinnert mich an den Giardino del Cavaliere. Danach las ich eine Polemik in der F.[rankfurter] Z.[eitung] ob [Ibsens] Peer Gynt ein verstaubtes oder ein ewig menschliches Drama sei –

6 ich kenne es ja leider nicht – und stöberte in der Strong. Dar-

7 auf ein Sprung ins Museum zwecks Besichtigung der Ara. Ich hätte auch gerne ein paar Bekannte begrüßt aber ein Wärter lief so aufdringlich mit, daß ich gleich davonging. Zudem ge-

hört viel Zeit dazu, sich zunächst alleine einzusehen. Die Affen machten ernste Gesichter, schwer von Weisheit und Sorgen, und trugen mir freundliche Grüße auf. Das Krokodil war guter Laune und räkelte sich in der Sonne. Die schöne Athene war wie stets von erhabener Nachdenklichkeit, und die Venus stand in einem abscheulich bläulichen Licht und hatte ihren frigiden Tag, ihr war nach Gips zumute und nicht nach lebendigem Marmor. Der Wärter beleuchtete sie unter fortwährendem Geschwätz mit ein bißchen gelblich elektrischem Schimmer, aber sie blieb kalt und gleichgültig und schien zu sagen: was könnt Ihr eigentlich von mir noch erwarten, eine Liebesgöttin, die man in so einsamer Abgeschlossenheit hält, und sei ihr Gefängnis auch aus buntem Marmor, die versteinert, die entgöttlicht, die verliert die Macht der Liebe. Sollte ich der Liebesgöttin wegen ihrer Indifferenz Vorwürfe machen, ich die ich es nicht einmal 2 Wochen gut alleine aushalte? Und um freundliche und bittende Worte hätte sie sich gewiß in ihrer Kälte nicht gekümmert. Die Ärmste, sie empfängt nicht einmal allmorgentlich einen Brief von Dyonysos oder wer sonst der Geliebte ihres Herzens sei. Und die bewundernden Augen des Wärters stören sie sicher mehr als mich, sie, die eine Göttin ist, die noch dazu nackt ist und die nicht davongehen kann wie ich, ein armer, vergänglicher, einsamer aber wenigstens mobiler Hase, der viele Briefe bekommt, der viele Briefe schreibt, und der sich aufs Warten verlegt, denn schließlich gehen die letzten 14 Tage auch vorbei, und dann wird er sehr gestreichelt und gekost und bekommt viele schöne Gedichte vorgelesen. Was hat sie von ihrer ewigen Schönheit, da sie zur Einsamkeit verdammt ist, die Bedauernswerte! – So stieg ich also die vielen Treppen wieder hinauf, und setzte mich wieder auf die schöne Ter[r]asse. Schade, wenn man sitzt, so kann man die Aussicht gar nicht genießen, man habe denn einen Giraffenhals.

Seit wenigen Minuten bringt mir die Constantinsbasilica

eine recht angenehme Musik da[r], in der wenige Pianostellen sind, daher höre ich sie fast ganz. Das Augusteum beginnt nächsten Sonntag mit miserablem Programm. Im Argentina wird ein Drama »Napoleone Unico« von Raynal gegeben obwohl die ital. Übersetzung sehr schlecht sein soll im Vergleich zum Original gehe ich vielleicht mal hin.

Jetzt will ich sehen, wie es mit der Übersetzung Deiner Arbeit geht. Dann will ich heute endgültig den Packen Zeitungen ordnen & durchsehen, und will heute sehr früh zu Bett, wegen des Kopfwehs, der letzten schlechten Nächte und des guten Rates von »Votre Beauté«.

Leb wohl, mein Herz, und sei mir zärtlich gesinnt.

29 *Aus Rom nach Neapel*

12. XI. 37.

Mein Peterlein.

Es wird kalt. Wir sind schon bei 12° angelangt. Heute ist der Ofen gereinigt worden (es war nötig [L. 25]) und am Montag kommen die Kohlen. Wenn es nicht wieder wärmer wird, beginne ich Anfang der Woche zu heizen. Ich erwarte mir schon den Zustrom der erfreuten Ameisen, denn wir beginnen sicher zuerst. Bis jetzt sind sie nicht zu sehen. Aber sie werden in Scharen Deinen Hasen im warmen Ställchen besuchen, die armen Tiere. – Und Du, mein Lieb? Sei hübsch vorsichtig, eine Influenza ist was Zeitraubendes & Schwächendes. Wenn es gar zu kalt wird, ade Neapel. Warm einwickeln, in Bettdecken! Viel Tee. Panflavin! – Jetzt hätte ich also 3 Briefe zu beantworten, und ich beginne bei dem letzten, denn von hier gibt es wenig Neues zu berichten. Heute war ein dies irae, ein dies niger. Ich ging also früh zu Bett, d. h. nach dem Bad stellte ich mir das ganze Nachtessen ans Bett, & schmökerte dabei Jean Paul. Es war endlich eine Minute der Ruhe. Während ich im Bad saß, hatte es natürlich telephoniert, wie auch nicht. Es war die Krewer. Sie hat schon 3 Weiber für Deine Kurse, ich habe eines, hallelujah. Vielleicht kann man sogar 5 kriegen, z. B. noch den front terassé. Obwohl die jetzigen 4 alle kultiviert sind, und der front terassé das einzige Tier darunter wäre. Du wirst also übernächste Woche, zur Pause von Deiner Arbeit, die Schar dieser ältlichen Damen zu einer Probekonferenz versammeln. Dies also ließ ich mir erzählen und tröpfelte auf den Flur. Dann schlief ich endlich gut, nach so langen Wochen des schlechten Schlafens – bis um 12 ein enormer Colpo mich hochfahren ließ. Ich dachte zunächst an Erdbeben. Wer weiß was es war. Dann konnte ich bis 5 nicht mehr schlafen. Meine diversen Schüler, teils als Stundenzahl, teils in Gestalt von ebensoviel biglietti di 90 L., tanzten in meinem Gehirn herum, das Telephon störte mich in der Einbildung, nun, es war trotz einem Dutzend Baldrianpillen einfach greulich. Dafür überschlief ich heute früh um 8 den Wecker, den ich als einstürzendes Haus vage transformierte, und hätte la Ganga nicht um 8 $^1/_2$ geklopft so – hätten mich die Ofenarbeiter eben um viertel nach 9 geweckt. Gerade wollte ich davonrennen, eccoli. Und keine Anna. Ich in Unruhe, schließlich in Wut, um $^1/_2$ 11 kam sie, zugleich mit Marisa, der ich telephoniert hatte. So hetzte ich davon, machte noch eine halbe Stunde in der via Morgagni, holte bei der Krewer 100 L (ich hatte nur noch 3 in der Tasche) den Vaglia (er ließ sich nicht nach Neapel übertragen, daher nahm ich ihn wieder aus dem Brief) konnte ich nicht mehr einlösen, und fand zu hause die kleine Cila schon mit dem »Kalif Storch« beschäftigt, den wir gerade zusammen lesen. Nach Tisch war ich so erledigt, daß ich zum ersten Mal in 3 Wochen eingeschlafen bin nach Tisch. Natürlich Telephon. Ein Idiot teilte mir die frohe Neuigkeit mit, er habe sich die Grammatik also inzwischen gekauft & komme am Dienstag. Ich war

11 so wütend, daß ich sagte: Bene, ma come le dicevo, non ricevo telefonate fra le 2 – 4. Vielleicht kommt er nun nicht, ich
kanns nicht ändern. – Nachher bis gegen 5 geschlafen, dann
eine Stunde, und nachher will ich mit Cecilia ins Kino. Ein
Bißchen Abwechslung ist nötig, bei dem Betrieb. Die Wei-
gel[,] sie telephonierte[,] gab mir auch die Adresse einer
Dame, die wir zu der 1. Konferenz einladen sollen, sie hält sie
12 für eine mögliche Reflektantin. Benone! – Donnerstag abend
13 war ich mit der Krewer in der Argentina: »Napoleone
Unico« von Raynal. Eine miserable Übersetzung, eine kläg-
liche Aufführung durch die Compagnia Ricci und ein recht
geistreiches aber nur auf Dialogen beruhendes Stück, das keineswegs reizlos ist. –

Deine Synthese von Gefühl & Geist hat etwas sehr Über-
zeugendes. Sie ist beinah zu klar. Aber das Gefühl im Geist
14 cioè innerhalb des Geistes ist ein Postulat – und wie selten
Realität. Als Interpretation des Wunders der Romantik ist
das sehr gut gesagt. Und doch, und doch bleibt eine gewisse
Polarität bestehen (z. B. im Barock, heute, prinzipiell)?

Mein Lieb, wir werden die Diskussion in einer Woche
mündlich fortsetzen. Denn ich rechne doch damit, daß Du
heute in einer Woche wieder in Rom einziehst.???

Daß Deine Arbeit so gute Fortschritte macht, beruhigt
mich sehr, ich fing schon an mir schwarze Gedanken zu machen. Aber überarbeite Dich in keiner Weise, sonst wirst Du
es nicht weit bringen. Langstreckenlauftempo, eiliger Panter!
Bis wielange arbeitest Du des abends? –

Bei der Geschichte von Lucrez dachte ich natürlich sofort
an den sog. Seneca. Dagegen läßt sich nichts mehr sagen. Sehr
15 anerkennenswert von Aguilla.

Jetzt will ich mich an die Beantwortung all der Zettel begeben. Werd ich nicht damit fertig, schick ich es Dir morgen.

Mein Lieb, so ein Betrieb ist doch kein Vergnügen. Im Gegensatz zur Anspannung einer vernünftigen geistigen Tätig-

keit wird das Ich nicht conzentriert, sondern hin- & herge-
rissen und jedes Gefühl vom eigenen Ich wird gemindert, ja
geht zugrunde, man findet es nur an wenigen Augenblicken
des Tages wieder: Beim Aufstehen, wenn man den ersten
Blick über das im Morgendunst feucht glänzende forum
wirft. Wenn man gerade um 4 über den Kapitolsplatz geht
und die Dioskuren ihre hohe Wache halten zur Zeit der ver-
gehenden Sonne – oder wenn man in den Spiegel sieht (!)
(ohne gerade einen Grund zum Ärger zu finden, weil die Ab-
gespanntheit unkleidsam ist). Von Atmosphäre ist zunächst
wenig zu spüren, und nicht wie sonst in besinnlicheren Tagen
hüllt mich die Trauer um Dich ein wie ein sanftes dunkles
Tuch. – Du fehlst mir sehr, weil so alles für mich keinen Sinn
hat, aber ich liege nicht wie sonst nach Tisch da und träume
von Dir. Oft habe ich »un colpo di nostalgia«, oder den 16
Wunsch mit Dir zu reden, Dich vorlesen zu hören, von Dir
mich streicheln zu lassen. Aber es ist kein continuierlich be-
herrschendes Gefühl, es ist so etwas Zerrissenes, Gehetztes,
Unnützes in meinem augenblicklichen Zustand. Nicht wie
sonst wird Deine Abwesenheit zu einer endlosen Spanne
Zeit, eine Atmosphäre wachsender Sehnsucht, die sich am
Tage Deiner Rückkunft erfüllt. – Sondern eines Tages bist Du
wieder da, plötzlich, und dann wird mit einem Schlage wieder alles anders werden und das Leben wird wenigstens etwas
von seinem alten Glanz wiederbekommen. Aber der »Genuß« des Trennungsschmerzes, denn eine so limitierte und
bald beendete Trennung läßt sich als Steigerung genießen,
um den werde ich diesmal betrogen wie um das Bewußtsein
von mir und von dem Tag. – Geht es Dir in Deiner Arbeit
besser? Ich wünsche es so sehr. Mein Liebster, die Arbeit in
solcher Form ist eben doch eine Sklaverei, und nur dann verzeihlich, wenn wie bei Dir etwas Schöpferisches geleistet
wird, während man die mieseren 1000 Lire einfach bespeien
sollte, die das Ergebnis der meinen sind. Es lebe das Stipendium, ev[v]iva! A noi!

Es ist $^1/_4$ vor 8. Ich will rasch essen. Der Fragebogen morgen.

Für morgen verspreche ich dir auch eine schöne und ausführliche Beschreibung meines Schülerheeres, und zwar sowohl sotto un aspetto umano, wie was sie in Liren wert sind und an Stunden kosten. Ferner eine Art Stundenplanübersicht, damit Du etwa weißt, was Du zu erwarten hast.

Für Montag verspreche ich Dir, soweit irgend möglich, neues Geld. Chi lo sa?

Jetzt ißt Du sicher gerade zu nacht. Hast Du auch so abscheulich kalte Füße.

Arbeite nicht zulang! Und sei sehr umarmt mein Liebster
von Deiner Hilde

Von Hans ein langer Brief (d. h. die Eltern schicken ihn, er ist an sie) den ich Dir aufhebe. Wenn man so etwas liest, der arme Junge, wie würden wir uns da erst fühlen! Wenn es mit dem Stipendium geht und sich hier ein Weg öffnet, so gibt es für mich doch keine Wahl!

30   *Aus Rom nach Neapel*

16.XI.37.

Mein Peterlein. Ich bin so müde nach 7 Stunden. Ich will keine Dir mißfälligen Briefe schreiben, und zu andern reicht es nicht mehr, fürcht ich! So schicke ich Dir die Dioskuren als römischen Gruß. Immer wenn ich an Ihnen vorbeigehe, bitte ich sie um ihre Gunst, und ich habe das Gefühl, sie hätten mich dies Jahr unter ihren besonderen Schutz genommen, sicher tut es ihnen leid, wie das arme Häschen dauernd so allein und so geschäftig dahinhoppelt. – Wann wirst Du sie wieder begrüßen. – Wenn es so weiter geht, sehe ich wie ich Dir telephonieren werde, schon heute abend kann ich die Lust dazu schwer bezwingen. Ich möchte so gerne wieder

Deine Stimme hören. Aber es scheint ja gar keine Aussicht zu sein, daß Du zu uns, den Dioskuren, dem Marc Aurel & mir, zurückkehrst. Derweil sammle ich denaro für Dich wie ein Hamster. Da aber das Kind krank ist, hab ich noch nicht genug beisammen. Ich schicke spätestens Do– neues.

Roma - Il Campidoglio

31 *Aus Rom nach Neapel*

18. 19. XI. 37
nach ein Uhr nachts.

Mein Liebster.
Eben bin ich erst nachhause gekommen, kläglich müde. Aber ich will Dir noch ein paar Zeilen schreiben, ganz wenige nur. – Mir ist heute abend, vor einer halben Stunde, eben jetzt etwas ganz Wunderbares widerfahren. Und wie ich in mein Zimmer trete, fällt mein erster Blick auf den Apoll neben meinem Bett, den klaren Gott, den glücklichen Gott, den Gott der Grenzen. Ich glaube, er hat Dich lieb, denn er hat die Wünsche erfüllt, mit denen Du mir sein Bild geschickt

hast. Es ist unbegreiflich wie einfache ja banale Tatsachen in einem fruchtbaren Moment die Seele erschüttern können. Vielleicht wirst Du es gar nicht so wunderbar finden und wirst staunen was an allem mich so betroffen hat. Es war etwas ganz Alltägliches: ich unterhielt mich lang und ernsthaft mit dieser Paula Krewer, die doch wenn man sie besser kennt, ein durchaus vernünftiger und geradezu liebenswerter Mensch ist und ganz grundverschieden unserem allerersten Eindruck (jedenfalls scheint es mir jetzt so). Sie erzählte mir wie es Frauen so gern untereinander tun, ihr Leben oder doch das Wesentliche, was sie erlebt hat, und es bildete sich bei mir eine sehr genaue Vorstellung wie sie jetzt lebt. – Den ganzen Abend über hatte ich so ein seltsames Gefühl, es war so natürlich, es war so menschlich, es war so sehr das alte Lied vom Leiden, dass es dieses allgemein Menschliche bekam ganz über das Individuelle hinaus – und doch hatte ich den ganzen Abend die Empfindung von strengen ja unerbittlichen Gesetzen, denen sie und eigentlich die Menschen schlechthin unterliegen, – und ich nicht. Wie unbegreiflich, ich fühlte mich ganz außerhalb, und merkwürdig bewahrt und unter geheimnisvollem Schutz. Es war etwas ganz Rätselhaftes, das mich diesen Sorgen der Menschen zuhören ließ wie – ja ich weiß gar nicht wie. Vielleicht wie eine schon Ausgeschiedene, eine schon Seelige – ich weiß nicht, es war ein gutes & glückliches aber geheimnisvolles Gefühl und voller Trost und Beruhigung, voll einer so einzigartigen, so herausgenommenen und einmaligen Andersheit. Ich kann es Dir gar nicht recht beschreiben. – Aber kaum hatte ich das Haus verlassen, da wurde es mir auf einmal ganz klar und es kam über mich wie ein großes und ruhiges Glück, wie das Lächeln des Apoll & ich war den ganzen Abend wie eine Märchenprinzessin gewesen, die sich aus ihrer Märchenwelt in die sogenannte Reale Welt begibt und das Leben der Menschen sieht, deren Glück so klein, so arm so fragwürdig und deren Verzicht so lang und hart ist. Diesen Menschen gegenüber

war ich wie eine Fee, die das alles weiß, (es liegt auf dem
Grunde der Seele), und die mit bunten Kugeln ein leichtes
und glückliches Spiel spielt: verstehend, und doch ein glückliches Kind. Es war ein Ausflug in eine Welt, deren Schwere
mich nicht mehr beschwert, deren Gesetze für mich nicht
mehr gelten. Es war ein solches Gefühl einer Gnade, eines
Glücks, das geschenkt wird – wer weiß, woher, von wem, wer
weiß wielange – und das größer ist als man es je verdienen
kann: eben eine göttliche Gnade. Und zugleich gesellte sich
diesem höchsten Bewußtsein der Begnadung, der Einmalig-
keit eines einzigen Geschenks der Götter, die Polykra-
tes[-]Angst vor dem Neide des Schicksals bei, als dunkle Fo-
lie eines unwahrscheinlich strahlenden Traums. Kein Liebling der Götter kann es je klarer empfunden haben, daß das
ein Geschenk ist – und nur ein Geschenk, – und daß wir dabei nur eines tun können: es zart behüten und dankbar sein,
und uns bewußt, daß wir einer besonderen Gnade teilhaftig
sind, die jederzeit von uns genommen werden kann. – Wie
klein, wie unwichtig, wie schmählich erscheinen mir meine
Klagen der letzten Wochen, wie war ich nur auf einmal un-
dankbar und töricht, und in falschen Werten verfangen.
Peccavi, peccavi – peccavissimus ambo. Mein Lieb, wir müs- 2
sen das Geschenk der Aphrodite mit zarteren Händen pfle-
gen, zu oft nehmen wir es hin als ein Alltägliches – wir müssen es noch viel ehrfürchtiger behandeln als wir oft tun, und
es viel besser schützen vor der Berührung mit den schlechten
Dingen des täglichen Daseins, als wir es taten dies letzte Jahr.
Das Stipendium, die Stunden, die Kriegsangst, beinah wag
ich zu sagen die Wissenschaft (zumindest ihr labor impro- 3
bus) es ist alles nicht wesentlich. – Mitleidig sehe ich müde
auf den kläglichen Nihilismus, den mir meine von Deiner
Krankheit erschöpften Nerven eingaben, und der mich
manchmal beinah zu weit getrieben hätte, der mir ein Glück
farblos zu machen drohte, das ich doch genoß. Alles liegt
weit zurück wie noch der gestrige unglückliche Tag meines

ephemeren Kummers: das alte Glück ist zurückgekommen und leuchtet wie je, und ich weine vor Rührung und Dankbarkeit – bei Dir, mein Lieb, würde es ein Gedicht.

So hat mich also der Gott der Grenzen beschenkt, indem er mir die Unterschiede wies, die schon ganz meinem Gedächtnis entschwunden waren. Und vielleicht hat auch die Aphrodite ein wenig dazu gelächelt, weil ich so sehr mich gehütet ihr Unrecht anzutun letztlich (Du erinnerst Dich gewiß). Ich habe das Bild des Apoll geküßt, und Dein Bild. Zwischen Dir und dem Icarus lächelt der Apoll: so stürzt aus dem Himmel, wer mich und die Grenzen vergißt: das alte griechische Erkenne Dich selbst. Und sei nicht so hart mit den Menschen, denn sie haben es so schwer. Geliebter, ich umarme Dich mit aller Zärtlichkeit meiner Liebe – und ich danke Dir sehr für den Apoll und Deine guten Gedanken, die zu mir gekommen sind. ∞

H.

32 *Aus Rom nach Neapel*

Rom, den 19. XI. 37.

Mein Kleiner.

Hab vielen vielen Dank für Deinen lieben Brief. Und tröste die schwarze Panthera. Du siehst, ich habe ihr schon verziehen. Sie soll ein anderes Mal freundlicher sein, denn Häschen sind zartere Tiere als so ein Panter und wollen schonsam behandelt sein.

Heute hab ich nur wenig zu schreiben. Den Vormittag bin ich signora, den Nachmittag hab ich Stunden. Gestern, ein fast ganz freier Tag. Es war ein wunderbares Gefühl: die Stunden räkelten sich behaglich vor mir hin wie Katzen in der Sonne. Nur wenn es telephonierte zuckten sie nervös mit dem Schwanz, bereit mit einem Satz davonzuspringen. – Ein Morgen ist nie so schön, er rennt so dahin, man sieht die

Stunden nicht so vor sich. Und heut blieb ich länger liegen, des Mondwechsels wegen, da ist es dann gleich Mittag. – Von Deiner Mutter ein Paketchen, die erbetenen Strumpfschoner, in einer süßen Packung von Frankfurter Prenten. Ich werde täglich eine halbe essen, so wirst Du noch viele finden, bis Du kommst. Denn die Höxterschokolade habe ich inzwischen ganz vertilgt, sie war aber nichts so Besonderes und Du hast keinen Grund ihr nachzutrauern. Es sind sicher 25 Prenten (Vorsicht! Nicht gezählt, es wird keine Haftung übernommen) Und 9 Tage bleibst Du noch weg. Denn es wäre doch töricht, sicher, wenn Du die Arbeit unterbrechen würdest. 2 der Damen sind z. Z. in Mailand, Du siehst, es hat keine Eile. So kannst Du noch Bronzen und Mosaike in Ruhe studieren. –

Die Photos sind ganz miserabel. Mir scheint da fehlt der Hasenphotograph.

1. Wenn die Formen für Dein Auge schon nicht klar sind[,] so vernebelt, so ist jeder Versuch ganz unnütz. Denn die Linse kann ja kein Wunder tun, das ein Auge nicht vermag.

2. Sie sind erbärmlich unterbelichtet, der Apoll besonders, die Venus ein wenig, doch stand sie überhaupt in schlechtem Licht.

Bei solchem Licht hat Photographieren keinen Sinn. Es geht, schlimmstenfalls, auch ohne Sonne, wenn es ein klarer, heller Tag ist. Aber so nicht. Man hat gar nichts von den Aufnahmen, und um sie wegzuwerfen sind sie zu teuer. Wenn die Statuen so sind, das[s] sie das Auge erfreuen, dann kannst Du sie knipsen, auch ohne Sonne. – Mit etwas längerer Posa. 8 / 1 sec. hätte ich an sich für ausreichend gehalten. Welches ist 8 / 1 sec. die Venus?

(Eben sehe ich in dem Brief, daß Du die Venus als gute Aufnahme bezeichnest. Ich finde sie taugt wenig, im Vergleich zu unseren letzten Künsten, die das Objekt nicht schlecht & recht aufs Papier brachten sondern es so brachten wie es das Auge sieht)

3. Dein Photo ist nur schlecht abgezogen. Wenn Du mir das Negativ schicken willst, lasse ich hier mal den Kopf vergrößern, ich glaube, es wird sehr nett.

4. Sulzer läßt grüßen, er empfing mich sehr herzlich. Der Plinius kostet – 62. M, <u>also etwa</u> 370 Lire, o Schreck! Kann man ihn nicht antiquarisch kriegen?

3   Daß der Münchhausen von Lichtenberg ist, wußte ich gar nicht. – Ich rate Dir, die letzten 2 Tage nach P.[alermo] zu gehen. – Nein, ich widerrufe den Rat sofort. Fahre täglich hinüber, räume nicht noch einmal um, es könnte Deine Arbeit stören. – Ich pumpe Magnelli an, nicht einmal er wird mir

4   ganze 1000 L. geben können. Fin di mese! Wieviel brauchst Du noch, und bis wann? Die Miete zahle ich erst nächsten Monat, aber da muß ich dann auch gleich in den ersten Tagen zahlen, versteht sich. Hoffentlich hab ich dann das Geld. – Hier regnet es furchtbar, und ich bin ziemlich zerschlagen,

5   nachdem ich gestern abend bis nach 2 Dir geschrieben habe. Und ich wache immer früh auf morgens. – Ich lege das Blatt von gestern abend bei ohne es auch nur anzusehen. Ich habe morgens immer so eine Scheu vor dem, was ich abends schreibe: es ist immer so viel unmittelbarer als man morgens ist. Aber ich glaube nicht, daß ich dann noch etwas hinzuzufügen habe. – Verzeih, daß es ein so abgeschnittenes und schon etwas fleckiges Stück Papier war, ich hatte gerade kein anderes in Reichweite und war zu faul mir ein anderes zu holen. – Möge die letzte Woche eine gute und fruchtbare Arbeitswoche für Dich werden.

Ein zärtlicher Kuß für den Aff, und streichle auch den schwarzen Panter.

H.

33 *Aus Rom nach Neapel*

Montag il 22.XI.37.

Mein liebster kleiner Affenpanter

Ich schreibe Dir in einer »Freistunde«. Eben hat mich der Vater der kleinen Jungen für die ersten 5 Stunden bezahlt. Er versuchte dabei so um den Lire zu handeln, daß mich der große Ekel ankam. Am liebsten hätte ich das Geld liegen gelassen und wäre davon gegangen. Aber da ist die noblesse fehl am Platz: affari sono affari. – Heute sind die beiden enormen Bücherpakete eingetroffen, gerade als ich wegmußte. Ich habe sie daher in Eile um den Löwen herum aufgebaut, aber noch nicht sehr im Einzelnen angesehen. Der Friedrich sieht sehr schön aus. Wo werden sie wohl Platz finden? Kämen auch unsre anderen Bücher so lohnte sich ein neues Gestell. Aber so? – Maiceri scheinst Du nicht mehr zu Gesicht zu kriegen? Was ist mit Ciaceri? Was wird mit der Publikation der Aufsätze?

Der Vater meiner kleinen Schülerin ist Lektor von Bompiani, ob der uns vielleicht mal helfen kann die Novellen unterzubringen. Mit der Empfehlung von Bontempelli ist es endgültig nichts? Der neue Reflex steht hinter dem Photo des Apoll über meinem Bett und wartet auf den Abend. – Gestern vergaß ich Dir ganz zu erzählen, daß wir am neuen Obelisken vorbeigegangen sind, und heute frägst Du danach. Er ist gar nicht schön, nicht imponierend, nicht geheimnisvoll, mich wenigstens ließ er so gleichgültig wie ein Laternenpfahl, ich könnte an ihm vorbeigehen und ihn nie wieder ansehen, nachdem ich ihn einmal zur Kenntnis genommen habe.

Im untersten Block ist eine Tür skulpiert, oben als Abschluß so etwas ℧, was sicher für eine phallische Herkunft spricht aber ästhetisch nicht sonderlich erfreulich ist. –

Ehe ich es vergesse, es kam ein Brief von Käte, den ich an Dich umadressierte. Ich bin neugierig ob sie unsere Photos erwidert hat. Ferner einer von meinen Eltern, ich halte es für

besser zu schreiben, Du kämst heute abend, schreib ihnen
also von dort nicht mehr, sie danken wieder für Deinen Brief
und lassen schön grüßen. Sie werden frühestens im Februar,
vermutlich erst im März kommen, da sie ja den Februar mit
L[ilienfeld]'s in San Remo verabredet sind. –
    Gestern abend mit la Ganga war ich bei Ranini, ich fand es
doch zu verlockend. Ergebnis: Essen sehr mäßig – d. h. im
Vergleich zu den Preisen, gegen die Alfredo billig ist. Ein sehr
merkwürdiges Lokal und ganz unitalienisch. Sehr vorherig,
irgendwo vielleicht in Österreich. Besteht 97 Jahre, früher
viel von der hohen Politik frequentiert, bes. Russen & Öster-
reicher, heute recht still. Zwei kleine Räume, Polsterbänke
die Wände lang, Kristallkronleuchter. Distinguierte aber
dumme Kellner und sehr mäßiges Hors d'œuvre. Ein paar
9 stranieri waren da. Musik natürlich nicht, im Gegenteil eine
Stille gemischt aus Distinktion, Intimität und Verlassenheit.
Zu tête à tête im Abendkleid geeignet, wenn man nicht dran
denken wollte, daß man in Rom ist – aber dazu jetzt eine zu
große Leere. Kurz, eine Sache, die man einmal besucht, & ba-
sta. Du hast nichts versäumt. Im Hors d'œuvre ein Haar, die
10 petti di pollo kalt und sehr hart, nur die Orangen von wunderbarer Qualität. Dafür bezahlten wir so etwas wie 53 Lire.
Fürstlich die Gastbücher. Leider erst ab 1911, das alte ist ge-
klaut worden. Lauter principi, Politiker, auch Künstler &
Gelehrte, kurz viele Namen. Während des Krieges lauter
Polemiken, es hagelt nur so von »Boches«, Schweizer schreiben, nun gerade (!), deutsch, Franzosen entrüsten sich quer
11 darüber. Es ist ganz hübsch zu sehen. Kurz, mi sono tolta una
curiosità. Laß Dir an der Erzählung genügen, es lohnte unsere große Neugier nicht, la Ganga sehr höflich und liebenswürdig, ganz gentleman. Nur zum Schluß machte er einen
Formfehler, wie er es auch fast jedes Mal tat als ich mit ihm aß
zur Zeit Deiner Krankheit. Er sagte beim Rausgehen zum
12 Kellner: »e mi saluti tutti i principi!« Der Kellner grüßte höflich. Da ich das Lokal doch nicht wieder besuchen werde, ist

es mir egal, aber so was kann ich an sich nicht ausstehen. C'est impossible. Ich mache Schluß, gleich kommen die 3 Studentlein. Überarbeite Dich nicht, mein Lieb, gehe zwischendurch ein Mal früh zu Bett. – Ich bin heut furchtbar müde. So bist Du heut & gestern ein wenig zu kurz gekommen und morgen ist der abscheuliche Dienstag, da gibt es wohl nur eine Postkarte. Vertrösten wir uns auf Mittwoch. – Warum hast Du mir das Negativ von Deinem Photo nicht geschickt? – Heut früh sandte ich 300 L. per vaglia, jetzt werde ich wohl doch noch Pfunde wechseln müssen, denn ich kann unmöglich noch 3–400 L. die Woche bekommen. – Eben habe ich an die Mutter der kleinen Lilla telephoniert, daß sie morgen das Geld mitschickt, die 3 bezahlen hoffentlich heut abend wieder 100 L, so kann ich morgen noch 300 schicken. – Wenn Du keine Eile hast, kannst Du ja 1 × auf die Post gehen am Mittwoch.

Damit aber verließen sie ihn völlig. Vielleicht kann ich die Woche noch ein paar … zig Lire bekommen, wenn die Mailänder kämen, was ja unsicher ist. Bis dahin ist es auch zu spät. – 70 L. für Photos ist schrecklich. Wenn sie gut werden, kann man sich trösten, werden sie wie der letzte Film so ist es ein Disaster. Fago ist der einzige, den ich noch anpumpen kann. Ich werde es versuchen. Weigels Magnelli Krewer alles angepumpt. – C'est tout. – In dem Raccommandata war sonst nichts, ich wollte sie nicht gern dem Zufall anheim geben. Del resto, Deine Antwort darauf hätte nicht knapper sein können. –

Für heute, mein Lieb, viel zärtliche Küßchen

Dein Hase

34 *Aus Livigno (Italien) nach Rom*

3. VIII. 1938   8 Uhr abends

Mein Äfflein.

Ich glaubte als ich heut abend von dem Spaziergang kam ein Telegramm von Dir zu finden. Aber ich habe mich getäuscht – leider oder Gott sei Dank. Ich hoffe Du gibst mir sofort Bescheid wenn sich auch nur etwas einer Entscheidung Ähnliches ereignet – und wann du kommen kannst. Vielleicht kommt das Telegramm morgen.?

Ob Du diesen Brief wohl noch erhältst am Sonntag? Mein Kleiner, c'est bien solitaire sans toi. – Heute morgen, nach der beschriebenen schlechten Nacht (der Chauffeur bringt mir morgen eine neue Wärmflasche aus Bormio mit. Leider gibt es keine pompetta für den Füllhalter, man muss die Tinte schütten, eine schöne Schweinerei. Du bringst ja unsere mit?) stellte ich die Wäscheliste auf, und sagte der freundlichen etwas blöden Enrichetta wie sie alles machen sollte. Dann die Reise ins Dorf, wo ich beim Metzger auch gekochten Schinken entdeckte. Nach Tisch legte ich mich hin & las die Zeitungen (apropos die Basler habe ich heute bestellt, es wird aber dauern bis sie kommt)[.] Es sind die Zeitungen von gestern. Die neuen kommen abends um 6, aber noch einmal der weite Weg! Wenn Du da bist gehen wir vielleicht abends statt morgens hinunter. – Dein Brief ist sicher schon in L.[ivigno], ich werde ihn erst morgen früh kriegen, die Seite des Dorfes rechts von der Post besucht der Briefträger erst am nächsten Morgen. Wenn uns der ferne Osten ferne bleibt! – Eine drollige Sache fand ich in der Gazzetta: fluctuat nec mergitur: ist – der Wappenspruch von Paris. Hast Du das gewusst? –

Dann schrieb ich einige Karten (auch an Deine Mutter, ich schreibe ihr dieser Tage einen Brief) & machte dann einen längeren Spaziergang nach der anderen Seite von Livigno. Das Tal hat ja bei aller Schönheit etwas Monotones. Es ist als wäre man auf einer grossen Alp. Durch die heu.[tige] lange Bebauung ist man nie recht mit der Natur allein. – Wenn man auf die

Berge will (sonst gibt es nur die gerade Strasse) so muss man das allein tun, so aufs Geradewohl, Wege gibt es nicht. Damit warte ich auf Dich – & auf die genagelten Schuhe. Auf dem Rückweg gab es etwas Reizendes zu sehen: ein Hermellin. Im Sommerkleid, braun mit gräulichweissem Bauch. Es huschte so zwischen einem Haufen Baumstämmen hin & her wie letztes Jahr die Kaninchen, & liess sich ganz aus der Nähe besehen. Man kann es aber nicht fangen. Wie schade dass Du nicht da warst, es war ein entzückendes Tier. Ich weiss aber wo es wohnt. Hoffentlich zieht es nicht um bis Euer Gnaden endlich mal kommen. – Kaninchen gibt es nicht. Evtl. könnte man eine kleine Katze auftreiben. – Morgen weiter, mein Lieb, ich bin so müd. Ich hab so schrecklich eingeheizt. Um ein Rührei zu machen brauche ich eine halbe Kiste Holz: erst wird es nie recht warm & nachher ist es eine wahre Hölle. Die Fliegen (μυριοι) haben daran mehr Spass als ich. 5

Ich umarme Dich, mein Affenköpfchen, wie gerne legte ich mich ins Eckchen.

Morgen schreib ich vernünftiger. Gute Nacht, Affolus Pantera Grüss mir die Tiere.

Oder sitzt Du schon im Zug. Welch verrückte Idee!

Dein

Hase unter den Decken, von wegen der Fliegen.

Guten Morgen, mein Einziger.
Heute früh kam Dein Brief, einer von den Eltern & eine deutsche Karte von Aurora. Also Mandadori[?] kommt nicht. Und Herr Gutzeit? Mein Armer, hoffentlich schriebest[?] Du nicht ganz umsonst. Aus London eine Nachricht, die mich obwohl sie mich gar nichts angeht, sehr gefreut hat. Mein Vetter Charly hat sich mit Hilde Lilienfeld verlobt, der

6   Tochter der netten Frankfurter L's. Meine Tante Liese ist natürlich unglücklich, denn die arme Hilde ist arm wie eine
Kirchenmaus. Aber sicher ist sie nett, nach den Eltern zu
schliessen. Und der brave Goldsohn hat Courage gehabt.
Mutti bat mich um »gedämpfte« Gratulation. Ich habe mich
sehr amüsiert. – Heute nacht gut geschlafen, fühle mich heut
schon etwas frischer, obwohl immer noch sehr schlafsüchtig.
– Vielen Dank für die Nachrichten & andere Beilagen. Hier
zunächst nur Gazzetta del Popolo & Corriere.
    Nimm keine 2. Bäder, mein Aff, bei der Hitze. Es
schwächt zu sehr. –
    Da siehst Du wie betrüblich es ist alleine zu hause zu sein.
7   In Neapel zu sitzen ist viel angenehmer. – Dass Deine Mutter
so vernünftig ist sehr erfreulich. Hoffentlich gelingt es ihr das
Geschäft zu erhalten, das ja wohl klein genug ist. Wer in solchen Zeiten Client geblieben ist, tut wohl auch ein übriges
um die Frau des alten Geschäftsfreundes zu unterstützen. –
8   Sei nicht traurig, Lieber, um die versäumte μετεξις, es wäre
vielleicht im Augenblick etwas viel für Dich gewesen. Es
wird bestimmt ein Augenblick in Deinem Leben kommen –
vielleicht nicht einmal sehr bald – wo Du sie nachholen wirst.
– Jetzt muss der Brief hinunter zur Post. Mal sehen ob ich die
Enrichetta schicken kann.

Ich umarme Dich sehr zärtlich
Dein Hase

P. S. Schuhe kann man sich hier für 90 L. machen lassen.
    Verpflegt Dich die Ameisenkönigin gut?

3. »Das Leben ist kein Spass.«
Sommer 1939 bis Juli 1940.
London und Minehead

1 Die »Visasache«, von der Domins Vater 1938 gesprochen hat, regelt sich schließlich doch. Domins Eltern sind 1933 nach Belgien ausgewandert und von dort nach Paris umgezogen. Mehrere Besuche bei englischen Verwandten – zwei Schwestern von Paula Löwenstein sind mit Engländern verheira-
2 tet – bereiten die 1936 erfolgte Ausreise nach London vor. Obwohl 1939 offiziell nur alte Menschen und Kinder als Emigranten aufgenommen werden, erhalten die Eheleute aufgrund der verwandtschaftlichen Beziehungen nach England eine Einreisegenehmigung. »Kaum hatten wir das Vi-
3 sum«, so erinnert sich Domin später, »schickten uns meine Eltern Bücher der Dichter Keats und Shelley. Wir haben uns immer Gedichte lesend in die neuen Sprachen eingearbeitet.«
Domin und Palm verlassen Rom im Februar 1939. Die Reise führt über Paris, wohin durch die Eltern Löwenstein
4 vermutlich noch Kontakte bestehen. Palm datiert den Aufenthalt in der französischen Hauptstadt später auf Ostern 1939, also auf den 9. und 10. April. Die Erwähnung des Einmarschs deutscher Truppen in der Tschechoslowakei legt nahe, dass das Ehepaar einige Wochen in Paris zubringt. Palm besucht Galerien und Museen und entdeckt die Impressionisten für sich. Von Domin fehlen für diese Zeit Nachrichten.
Nach der Einreise in England lebt das Paar zunächst bei Domins Eltern in der Lyndhurst Road 11 in Hampstead, einem nordwestlich gelegenen Stadtteil Londons. Wie es später in der Dominikanischen Republik sein wird, so ist es bereits in London: Domin regelt das Praktische, während Palm sich schwer mit den neuen Verhältnissen zurechtfindet. In
5 seinen Erinnerungen schreibt er: »Es war kurz nach Ende des spanischen Bürgerkriegs in dem schrecklichen Sommer, der dem Krieg vorherging. Wir waren gerade in London ange-

kommen, völlig mittellos, rührend unterstützt von meinen keineswegs reichen Schwiegereltern, die das Letzte mit uns teilten. Ich verbrachte den Tag, weil man noch gar nicht wußte, was aus uns werden würde, im Großen und Ganzen in der Library des British Museum, bzw. im Museum. Und wenn die Zeit da zu Ende war, gegen fünf Uhr, verließ ich das Museum und ging die paar Schritte, nicht sehr weit, zur National Gallery, die länger aufhatte. Das war sozusagen eine Art von Rückkehr in den Süden, und es war ein ungeheures Heimweh, was auf diese Weise befriedigt wurde. Ich sah mir also die italienischen Bilder an – und es dauerte nicht sehr lange, weil die Zeit bis Galerie-Schluß nur sehr kurz war – und schlenderte dann eine Straße hinunter in der Nähe von Charing Cross. Und in Charing Cross gab es eine kleine Seitenstraße, in der ein Buchladen war.«

Durch ein Foto in der Schaufensterauslage angezogen, betritt Palm das Geschäft und kommt mit dem Besitzer ins Gespräch. Es handelt sich, wie sich später herausstellt, um Joan Gili (1906–1998), einen Katalanen, der 1934 nach England übergesiedelt ist. Sein Dolphin Bookshop vertreibt spanische und lateinamerikanische Bücher und Handschriften. 1938 hat er außerdem damit begonnen, selbst spanische Literatur zu verlegen. 1939 entsteht gemeinsam mit Stephen Spender die Übersetzung ausgewählter Gedichte Federico García Lorcas. Lorca ist es denn auch, der Palm aus dem Schaufenster entgegenblickt. Gili überlässt ihm die zweisprachige Gedichtausgabe unentgeltlich zur Lektüre.

»Ich stieg also mit dem Buch selig in den Autobus, der 6 mich zurückbrachte, stieg an der üblichen Station ›Swiss Cottage‹ aus mit dem Buch unter dem Arm, kam nach Hause und sagte Hilde, ich habe etwas Neues, einen neuen Menschen gefunden, ich habe einen neuen Dichter gefunden, einen Dichter, wie es ihn überhaupt sonst nicht gibt. Ich nahm das Buch und fing an zu lesen. Natürlich mit völlig verkehrter Betonung, aber so begeistert, daß sich mir diese

Dinge tief – noch in der verkehrten Betonung – tief einge-
prägt haben. Und am nächsten Tag habe ich Hilde gesagt:
›So, ich breche alle anderen Arbeiten‹ – das waren archäolo-
gische oder, besser gesagt, religionshistorische Arbeiten –,
›ich breche alle anderen Arbeiten ab, ich gehe ins Britische
Museum, ich lerne Spanisch.‹ Ich ließ mir eine spanische
Grammatik, ein Lexikon geben und diesen Text.«

Palms Lorca-Übersetzungen, die sich in seinem Nachlass
erhalten haben und später im Druck erscheinen, werden damals unterbrochen. Die beiden Wissenschaftler unternehmen Reisen nach Cambridge und Oxford, um an den be-
rühmtesten Universitäten des Landes vorzusprechen und
sich um eine Anstellung zu bemühen. Die entsprechenden
Einträge in Palms Notizheft werden durch eine stattliche
Sammlung einschlägiger Visitenkarten in seinem Nachlass
bestätigt. In Oxford, der zweiten Station der Stellensuche,
empfängt das Paar »die ersten Nachrichten über Konzentra-
7   tionslager«, mitgeteilt von »Insassen, die es nicht wahrhaben
wollten«.

Die Suche nach einem Universitätsposten bleibt erfolglos,
doch kurz vor Kriegsausbruch erhält Domin eine Stelle als
Sprachlehrerin an einer Mädchenschule im Westen Englands.
Das Paar zieht in die Pension der Familie Webber, 9 Hemp
Garden, in dem kleinen Seebad Minehead am Bristol Chan-
nel. Dort erhält Palm von einer ungarischen Haushaltshilfe,
die in Spanien gelebt hat, Nachhilfeunterricht in der Sprache
Lorcas. Wie schon in Italien verfasst er auch in England Novellen und Erzählungen.

Die spärliche Korrespondenz aus der englischen Zeit –
lediglich drei Postkarten von Domin und ein paar Briefe von
Palm – verrät genug über die Situation der Emigranten. Bereits im Schuldienst, nutzt Domin die Weihnachtsferien
1939/1940 für eine Reise nach London. Während sie bei ihrem Vater in der Lyndhurst Road wohnt, hält sich die Mutter
bei Palm in Minehead auf. Hier wird nach geeigneten Woh-

nungen und Häusern Ausschau gehalten, für die in London die nötigen Mittel aufgetrieben werden sollen. Offenbar verhandelt man mit verschiedenen Banken.

»Ich habe heute [2. Januar 1940] das Haus in Hill View 8 Road angesehen. [...] Es ist alles identisch wie in dem durchgegangen[en] Hillview Road Haus. Nur grössere Entrance. Art Hall. Vielleicht sind die Zimmer eine Kleinigkeit grösser. Ich konnte nicht messen, da mir der Eigentümer die Sache in Abwesenheit des Besitzers nur sehr eilig zeigte. Unten 2, oben 3 Zimmer. Es ist 3 Häuser weiter als das vorige Haus. Macht einen <u>ruhigeren</u> Eindruck. Kein Kraftstrom sondern Gas. Kosten £ 52 p. A. d. h. alles zusammen etwa 25 s' pro Woche. (ohne Licht natürlich) Rendell hat das Haus auch schon angeboten und kann es nicht reservieren. Ich habe natürlich mein Interesse erklärt. Ein in Somerland Av. angebotenes Haus habe ich nicht besichtigt.«

Es ist bezeichnend, dass dieser für die Lebensplanung der Familie zentrale Abschnitt das Ende eines langen Briefs bildet, in dem Palm auf drei Seiten zunächst auf die Probleme seiner literarischen Übersetzungen eingeht, bevor er dann tief ergriffen über Nachrichten aus Italien berichtet. In Rom, so hat er über das Radio erfahren, hat die Cancelleria, ein bedeutender Renaissancepalast aus dem 15. Jahrhundert, gebrannt. Die eigene Arbeit und die Sorge um das geliebte Italien drängen die existentiellen Fragen, die auf der letzten Seite des Briefs gestreift werden, in den Hintergrund.

Schließlich kann die Familie im Frühjahr 1940 ein Haus beziehen. In Roseleigh, The Parks, bewohnen Paula und Eugen Löwenstein die beiden unteren, Domin und Palm die beiden oberen Zimmer. »Auspacken Möbel bei Kriegsanfang«, liest 9 man in Palms Notizen, und kurz darauf: »Einpacken der Bücher«. Gleich danach folgt der Eintrag: »Guatemala – Ecuador – Sto. Domingo.« Damit sind die Botschaften bezeichnet, auf denen sich Domin und Palm seit Mai 1940 um Visa bemühen. Zunächst geschieht dies vergeblich, da die 10

meisten Länder Geld oder andere Sicherheiten verlangen. In einem Gespräch erinnert sich Domin 1994: »Ich ging von Konsulat zu Konsulat, um ein Visum zu bekommen. Im Konsulat von Guatemala sagte man mir z. B., die Einwanderung von Ingenieuren, Technikern usw. sei erwünscht, Geisteswissenschaftler seien nicht gefragt. Nach Chile, Brasilien oder Argentinien, oder auch nach Kanada, konnte man ge-
11 hen, wenn man soundsoviel tausend Dollar hatte, aber die hatten wir nicht.«

Die Lage ist verzweifelt – nicht zufällig findet sich in Palms Notizheft hinter den drei Ländernamen der Zusatz »Erwerb von Gift«. Man befürchtet eine Besetzung Englands durch die Deutschen und stellt sich aufs Schlimmste ein. Nachdem Churchill im Mai 1940 als Reaktion auf die ersten deutschen U-Boot-Angriffe seine Blut-, Schweiß- und Tränen-Rede gehalten hat und die Besetzung Frankreichs durch den Frieden vom 22. Juni besiegelt worden ist, scheint die Invasion unmittelbar bevorzustehen. Endlich erhält das Paar ein Visum für
12 Santo Domingo, dessen Diktator Trujillo – »ein furchterregender Menschenretter« – durch den erwünschten Zustrom europäischer Flüchtlinge die »Rasse« seines Landes aufhellen möchte. Palm hält den Abschied von England und damit von Europa am Sonntag, den 7. November 1940, in seinem Tagebuch ebenso fest wie den Verlauf der wochenlangen Reise:
13 »Eingeschifft. Liverpool am 25. VI. 1940 auf dem 24 000 Tonnen Liner Scythia der Cunard White Star. In der Nacht vom 24 auf den 25 der erste Fliegeralarm im Zug. Ein Kranz von Lichtfliegern wie von einer untergegangenen Sonne am Himmel. 2 Tage im Hafen. Die tollsten Gerüchte über Beschlagnahme des Schiffs etc. / Am 27. morgens auf See – die Reise ruhig. Zu übermüdet um irgendwelcher Eindrücke fähig zu sein. Keinerlei entscheidendes Gefühl beim Verlassen von Europa. / Auf der Höhe von Belfast valiert uns unsere Escorte. Rauhe See. Für einen Tag seekrank. Sehr nördlicher Kurs[,] ungewöhnlich kalt. / Noch ein Tag die See flach wie

eine Scheibe und ein runder Horizont. Ein beruhigend medi-
terranisches Gefühl. / Unamuno: del sentimiento tragico de   14
la vida. Abgebrochen: zu bigott. El llorar noch zentraler als
bei Lorca. Alle Positionen richtig, aber ihre Verteidigung unerträglich. Das ganze wie eine Übersetzung europäischer Erfahrungen. / Am 4. VII. Halifax. Zu neblig für eine Landung.
Kreuzen vor der Küste. Am 5. Morgens 8 h im Hafen. Aus-
geschifft gegen Mittag. / Es tut leid die Engländer zu verlassen. Ein Soldat (miles im Sinn einer Type), ein ›sailor‹ und der   15
2te Offizier breit offen und ohne Vorurteile. Es sind Kiplings   16
Lieblinge. Schliesslich haben sie das Empire gemacht und
nicht die Shopkeeper. – Wie bei jeder Abfahrt trifft man zum
Schluss Menschen. Abfahrten öffnen. Da ist eine Liebe zu
Menschen – wenn sie nur einmal aller Conditionen entkleidet
sind ausser der menschlichen – wie zu Geliebten. Ist das nicht
das gute America Whitmans? Von 1840? Man ist so gut zu al-   17
len wie sie selbst sind. Wie beruhigend sind diese Liebenden,
Soldat, Matrose und Soigneur. / Die Ankunft in Canada
wohltuend individuell. Der Agent der Reisegesellschaft telephoniert wie mit einem alten Bekannten, nicht mit Herrn X
sondern mit Mr. Palm. / Der Immigrationsbeamte erledigt
Telephone. Und der Reiseagent kommt zu dem Zug sich erkundigen dass alles in Ordnung ist. / Der Zug hat schon seit 2
Tagen gewartet und wartet nun bis ein Admiral, ein Canadier
und ich verlorenes Gepäck auf dem Schiff ausfindig gemacht
haben. / Um 4 h starten wir. 5 Stunden später als europäische
Zeit. Ich weiss nicht wie andere sich gewöhnen. Mein Körper
ist extrem dankbar dass ich nach hiesiger Zeit vor 11 vor 3 zu
Bett gehe und um 12 nach alter europäischer Zeit aufstehe. /
Das Land durch das wir fahren weiträumig und unbewohnt.
Seen und Wälder neben der Eisenbahnlinie in einem Urzu-
stand. Viel Sumpf. Die Seen klar wie Augen (Es gibt Canadier die dieselben völlig emotionslosen nur wahrnehmenden
Augen haben.) Rote Steine liegen im Wasser und spiegeln
sich bis auf den Grund. Die Himmelskugel grösser als in Ita-

lien. Kaum Häuser. Wenn[,] sehr kolonial und selbstgezimmert. Nur Anfänge von Strassen. Die Freiheit des Siedlers noch durch keine Americanismen beschränkt. Man glaubt hier noch untertauchen zu können, ohne die Identität zu verlieren wie in Paris oder Berlin. / Die Flüsse weich in den Lehm geschnitten und die Waldung flach bis in den Hafen reichend, so dass am Morgen der Landung man eher vornehme Irokesen statt Immigrationsbeamten erwartet. Das Land ist noch immer eine Colonie. Und das Ankommen eines Schiffes (zumindest in dieser Zeit) so sensationell wie vor 100 Jahren als Cunard nach Liverpool fuhr. / Gegen Abend wird die Weiträumigkeit ermüdend. Der Sonnenuntergang ohne Erbarmen wie die Seen und die Augen. / Am Morgen im Gebiet des St. Lorenz. Die Laurentischen Berge in schön gelagerten Ketten. Bei Ste. Anne die ersten barocken Türme[,] dann der St. Lorenz selbst und Quebec. / Wir halten in Lévis (11 h localer Zeit). Die Kupferdächer des Chateau Frontenac sind himmlisch[?]. Ein kleines Hotel wie in SW-Deutschland oder Frankreich. Der Kellner spricht ein wunderbar höfliches Französisch. Sonst wiederholt sich die Pariser Erfahrung. Eine praeintellectuelle Zuneigung zum Französischen, die bei der tatsächlichen Berührung sofort erkaltet. / Mit der Fähre über den Fluss. Sehr feuchtwarm. Von der Dufferinterasse zum ersten mal wieder ein Stromgefühl (wenn ich Pavia auslasse) nach den italienischen fiumi. Grossartiger als die Themse bei Richmond. Am ehesten dem Rhein vergleichbar. Aber natürlicher. Die Forts rechts und links noch immer wie um sich gegen Indianer zu verteidigen. Man wird wenn man die Treppe zum Fort hinaufsteigt sehr deutlich an die coloniale Vergangenheit erinnert. Bildergallerie unbedeutend, voller Schulbilder. Sehr elegante Frauen. Eben französisch.« Die Entschädigungsakte Domins belegt, dass der Überfahrt die Bahnfahrt von Halifax nach Montreal folgt und die Reise von dort per Ladyboat (wohl ein Kombinationsticket für Zug und Schiff) nach Kingston auf Jamaica

führt. Palm setzt sein Tagebuch erst dort fort: »Kingston Ja-   20
maica 24. VII. 40 / Der erste Morgen dass ich wieder wie ich
fühle. Trotzdem ist Tagebuchschreiben eine verzweifelte Arbeit.«

Die letzte Etappe der langen Reise von England in die
Neue Welt wird im Flugzeug zurückgelegt, das am 6. August
1940 in der Dominikanischen Republik landet. »Die Ma-   21
schine zog, von Jamaica kommend, eine sportliche Schleife
über dem Ostende von Cuba, die imposanten Befestigungen
von Santiago kamen uns schräg entgegen, dann wieder Meer,
eine trostlose See. Bald darauf, zwischen Palmen, eine kleine
Stadt – das konnte es nicht sein! –, eine neue Schleife, und ein
paar Minuten später gingen wir auf dem Wasser nieder.
Nichts als ein Landesteg wie für eine Ruderpartie. Ein
Schild: San Pedro de Macoris. Wir buchstabierten unsere
Flugscheine. Wir waren angekommen. Die einzigen, die aus-
stiegen. Und standen auf einer Holzplanke, die auf ein paar
Teerfässern auf- und niederstieg. Hier wurde es uns bis in
den Magen klar, wir hatten den Schutz des British Empire
verlassen. Wir waren so allein wie nie zuvor.«

35 *Aus London nach Minehead, 1. Januar 1940*
(Poststempel)

Paddington.

1 Carissimo, piccolo Affan! Ho avuto un viaggio eccellente, ho trovato papa in una condizione di esasperante nervosismo. Come andremo avanti se si composta così, chi lo sà! Londra grigia. Tutti i campi coperti di neve. Non si passa Salisbury. Tante tante cose, ed un tenero bacio

Tua H.

11 Lyndhurst Road. N. W. 3
Kindest regards Father

36 *Aus London nach Minehead, 2. Januar 1940*
(Poststempel)

Postoffice, Tuesday

My dear Aff. Vielleicht komme ich heut abend dazu Dir richtig zu schreiben. Aber es ist nicht sicher. Sei nicht bös deswegen. Ich bin gut untergebracht, das Bett winzig, aber sonst
1 erträglich, Coniux with Coalite fire. Alles andere sehr nett.
2 Gli affari oscuri più che mai. Marx era gentilissimo, ero nel suo ufficio. In molte case aveva una opinione differente, e alla fine raccommandava due cose, che ritiene ottime, ma che paresse[?] hanno dei »ma«. Il povero papa è molto infelice, è una tragicom[m]edia. Si deve giudicare dal successo se più comica o tragica. – Caro mio, es ist z. K..!! Peró finiremo entro oggi e domani e poi manderó papa a casa – e cerchero di finire il resto il più presto possibile. Cosa fà lo spagnolo? Der Neffe will seine Grammatik auch behalten. Ich werde aber eine auftreiben, evtl. neu. Viele viele Küsse ∞

Kindest regards, all is very difficult in spite of the clever 3
Hilde. Father

37 *Aus London nach Minehead, 3. Januar 1940*
(Poststempel)

Mein lieber kleiner Aff. Da steht der Hase schon wieder in einer Post schnaufend + mit gefrorenen Fingern: das Leben ist kein Spass in London: Von tube zu tube verliert man den halben Tag. Viele Interviews, jeder genau entgegengesetzter Meinung wie der vorhergehende: es ähnelt ein Bisschen der Situation in Mailand: jeder vernünftige Ausweg scheint manchmal mit enormen Gegengründen versperrt. Ich bitte heut abend Seeley um eine Empfehlung an einen engl. Bankier, um seine Meinung mit der der Emigrées Banken à la 1
Marx zu vergleichen. – Ich denke, wenn wir morgen früh 2
noch 2–3 Interviews haben, so werden wir so oder so uns entschliessen. Hillview Road kommt nur der obere Teil nach der Biegung in Frage. Ob wir wenn die Eltern ein Haus nehmen nicht doch hineinziehen müssen? Samstag abend gehe ich mit in den Circus, als Erholung nach diesem triste affari. 3
Sei nicht böse mein Lieb wenn ich nicht mehr schreibe: tags auf dem run abends alle. Scheusslich. Willst Du Pantoffel schicken oder soll ich andere hier kaufen oder Du dort? Viel zärtliche Gedanken – soweit überhaupt noch Gedanken vorhanden. Dein Armer

Kindest regards F.[ather]

4. »Die Inselkäfigexistenz –
ich wünsche ihr die Pestilenz.«
August 1940 bis August 1953.
Dominikanische Republik

Als Domin und Palm im August 1940 die Dominikanische Republik betreten, liegt eine völlig ungewisse Zukunft vor ihnen. Ihre erste Sorge gilt der Wohnungssuche, bei der sie ein Amerikaner, der sich ihrer seit der Landung angenommen hat, unterstützt. Durch ihn finden sie nach nur einer Hotelnacht eine erste Bleibe. »Der Amerikaner brachte uns also in sein früheres Quartier zu einer gutmütig aussehenden Witwe, die zwei Zimmer vermietete. Das einstöckige Häuschen lag an einer Seitenstraße hinter dem ›Park‹ genannten Platz, der die alte Stadt von der neuen trennt, unmittelbar vor der halbverfallenen Stadtmauer. Der Platz war eingerahmt von zweifelhaften chinesischen Etablissements auf der einen Seite. Gegenüber, nur durch ein paar verlegen blühende Bäume getrennt, das Kulturinstitut der Amerikaner. An der Schmalseite ein Kino wie aus einer Goldgräberstadt. [...] Wir bekamen ein Zimmer, wie wir es schon von der Nacht im Hotel her kannten, nur kleiner. Nackte Wände, zwei Bettroste und zwei Stühle. Als Schrank diente ein Strick, den wir schräg durch das Zimmer spannten, um wenigstens die naßgeschwitzten Kleider trocknen zu können. Alles andere blieb im Koffer.«

Der Beginn ist nicht eben vielversprechend. In Ciudad Trujillo begegnet man noch allerorten den Spuren des verheerenden Zyklons von 1930. Immerhin kann das Ehepaar bald schon in die Avenida Independencia umziehen. Domin, künftig stets für das Praktische verantwortlich, mietet ein kleines Haus mit vier Zimmern, von denen zwei an einen US-amerikanischen Studenten und seine Frau untervermietet werden. Palm indes fügt sich nur schwer in die neuen Lebensumstände – der Verlust Europas, Roms und der Antike hat ihn zu tief getroffen. Erst allmählich öffnen sich neue

Horizonte: »Zwar hatte er zuerst zu nichts Lust, weil es dort 2 nichts Römisches gab. Doch eines Tages stellte er fest, daß die frühen kolonialen Häuser denselben Atrium-Hausplan wie die Häuser in Pompeji haben. Dann ging er von Haus zu Haus und untersuchte, ob und wieviele Bauten nach dem alten römischen Hausplan, der über Spanien in die Neue Welt eingewandert ist, errichtet wurden. Daraus resultierte seine erste Veröffentlichung [...].« Palm erarbeitet sich rasch einen Ruf als Spezialist für Kolonialarchitektur und erhält ab Februar 1941 Lehraufträge an der Universität von Santo Domingo.

Palms Berufung zum Dozenten ist einer der Gründe für den erneut einsetzenden Briefwechsel zwischen den Ehepartnern. Während er an den Semesterturnus gebunden ist, verbringt seine Frau viel Zeit in den Bergen im Norden der Insel. Die Gegend um Jarabacoa und Constanza lernen die beiden dadurch kennen, dass sie, von einer Tropenkrankheit befallen, dem ungesunden Klima der Hauptstadt entfliehen. Der Weg in die Berge hat etwas von einer Expedition: Bahn, 3 Bus und Maultierkarawane kommen zum Einsatz. Die Wohnsituation schildert Domin 1949 folgendermaßen: »As 4 to me, I have just moved from the tiny ›hotel‹ (you have to apostrophize it) which uses to be my first foothold up here and from which I always hasten to escape, to a ›house‹ which – as far as comfort goes – is on a level with any shack in the country. But it has nice cool terraces overlooking the valley, and is fairly quiet. [...] The melancholic mail tariffs plastered to the walls – the place served formerly as the village postoffice and the floors are tigered with inkspots, as a durable testimony of violent – and one may be afraid, uneven – battles with the devil of ignorance – I had rubbed off with water and soap, though the names of faraway countries really gave the place a mondaine flavor of a sort.«

Bis 1945 sind es vor allem die Aufenthalte in Jarabacoa und im benachbarten, auf 1400 Meter Höhe gelegenen

Constanza, die Anlass zur Korrespondenz geben. Manchmal bricht in Domins Natur- und Landschaftsbeschreibun-
gen das Heimweh nach Europa durch, etwa wenn sie über
einen Ritt nach Constanza berichtet: »Man hat Ausblick auf
3 Täler mit 3 verschiedenen Gebirgszügen, die mit ihrer starken Abwechslung von Licht und Schatten bei aller Grüne so
schöne Formen zeigen dass man sich an die italienischen
monti erinnert fühlt. Auf der Höhe geht es nun eine gute
Weile. Die weite Sicht macht frei und glücklich (selbst ohne
den armen Affenkopf!); die Leute haben wasserhelle Augen
in ihren dunklen Gesichtern wie alle Gebirgsbewohner, die
Luft ist leicht, der Wind kühl und die ~~Tannen~~ Kiefern (pardon) scheinen Ozon auszuatmen. Wie es, im auf und ab,
durch den Wald geht, wird die Landschaft immer vertrauter,
europäischer: es könnte bei Baden-Baden sein, oder in
Bayern, oder wo immer am Fuss der Alpen. Farne, Brombeeren, kleine Blüten und Kräuter von lebhaften Farben wie
in den Alpen. Das gross Geformte, Fette, Satte hat aufgehört, und in mir erwachte eine Dürersche Liebe zum Zarten,
Feingezeichneten, Kleinen, Harten, Trockenen. Es gibt dort
reizende rosa Blüten, und eine winzige corallenrote Blume,
wie ein coralliger Enzian. Und kleine weisse und gelbe
Sterne. Und der vertraute Löwenzahn mit seinem Puste-
haupt. Diese Zärtlichkeit zum Kleinen, Unbedeutenden,
Zeichnerischen hatte etwas so Heimatliches, und machte
mich so glücklich.«

Nur sporadisch gelangen Nachrichten aus Europa in den
»Inselkäfig«. Palms Eltern leben nicht mehr, seine Stiefmutter und andere Familienmitglieder werden, wie er nach dem
Kriegsende erfährt, deportiert. Domin korrespondiert mit
ihren Eltern, die England 1941 verlassen und nach New York
umsiedeln. Dort lebt seit 1936 ihr Bruder Hans, der im Exil
den Namen John Lorden annimmt. 1942 stirbt ihr Vater.
Paula Löwenstein schreibt ihrer Tochter am 10. August:
»Dearest little one, I trust that your dear husband has

brought the terribly sad news to you as gently as possible and
he certainly is able to do it that way. Yes, my dear child, we
have lost something most precious and most dear out of our
lives. I still feel as in a bad dream. It all went so quick and it all
was so unexpected and it all is so tragic.«

Über die politischen Vorgänge in Europa informiert sich
das Paar durch die Tagespresse. In den Emigrantenkreisen
Santo Domingos kursieren Nummern der Exilzeitschrift *Der
Aufbau*. Besonders an den Vorgängen in Italien ist das Ehepaar interessiert. So heißt es einmal: »Mittags las ich eine (Ju- 8
li)nummer des Aufbaus: Interessant dass die ital. Regierung
ein extra Departm. eingerichtet hat zw[ecks] Rückgängig-
machung der Judengesetze. Als Ratgeber der röm. Rabbiner
etc. (Röm. Juden haben wieder ihre Telephone zurückbe-
kommen!) Synagogen geöffnet. (Seit September geschlossen
gewesen) Von 11 000 röm. Juden 5000 deportiert. Von den anderen viele in wirtschaftl. schlechter Lage da ohne Verdienst-
möglichkeit seit Einzug der Deutschen. Die geretteten meist
in kirchl. Anstalten untergebracht! Auch sonst einiges Interessante.« Besuche aus Europa – wie sie etwa von André Bre- 9
ton und Emil Ludwig verbürgt sind – werden in den Briefen
nicht erwähnt.

Fast schlagartig wird der »Inselkäfig« durchlässig: 1945,
nach Kriegsende, kann Palm seine erste Auslandsreise unternehmen – nach vier Jahren »Eingesperrtsein auf einer Insel«. 10
Eine Vortragsreise nach Cuba eröffnet die lange Reihe von
Einladungen, die Palm bis 1952 in fast alle Länder Mittel-
und Südamerikas sowie in die Vereinigten Staaten führen und
die an seiner Universität Anlass zu Neid und Intrigen geben.
Auch Domin unternimmt 1945 ihre erste große Reise: In
New York besucht sie ihre Mutter und andere Verwandte und
Freunde. Ihre Hauptaufgabe besteht jedoch darin, Verleger
für die literarischen und wissenschaftlichen Werke ihres
Mannes zu kontaktieren, in den großen Bibliotheken für ihn
zu recherchieren und in Museums- und Kunsthistorikerkrei-

sen, zumal unter deutschen Emigranten, für ihn zu werben.
So trifft sie den Verleger Gottfried Bermann Fischer, den
Theaterregisseur Erwin Piscator und den Kunsthistoriker
Richard Krautheimer. Die Philanthropin Frieda Schiff-Warburg (1876–1958), weitläufig mit Palm verwandt, wird für
Domin zu einer wichtigen Bezugsperson. Mehr als einmal
erweist sie sich als Retterin in der Not, wenn sie Hilferufe
Domins umgehend mit der Übersendung eines Schecks be-
antwortet. Palms Hauptwerk über *Los monumentos arqui-
tectónicos de la Española* kann 1955 nur dank ihrer Unter-
11 stützung erscheinen. Proben der dichterischen Arbeiten ihres
Mannes sendet Domin mit der Bitte um wohlwollende Be-
gutachtung an Thomas Mann, Yvan Goll, Paul Hindemith,
Charlie Chaplin und andere.

Amerika ist für Domin vor allem in kultureller Hinsicht
eine unglaubliche Erfahrung. Die Millionenstadt selbst aber
12 analysiert sie durchaus nicht unkritisch. »[…] hinauf aufs
Empire Building. Da lag nun ganz New York im Arm seiner
Flüsse, in leichtem Nebelschleier, Türme und Türme – die
sich eigentlich nur in dem ältesten Teil, in der bekannten
Wallstreetgruppe, zu einer inspirierenden Ansicht zusam-
mentun. Die Wallstreet and lower Broadwaytürme, vor dem
Meer und den seicht daliegenden Inseln aus dem leichten Nebel aufsteigen zu sehen, ist wirklich ganz schön, wenn auch
kein unvergesslich starker Eindruck. Der Rest der Stadt,
mein Aff, ist umso enttäuschender: ungegliedert, aufeinan-
dergetürmt, ohne alle Poesie der Höhe. Der Ausblick von jedem Pariser Dach ist schöner, von italienischen Dächern zu
schweigen. Und es wird Dir schrecklich klar dass Du über
einem Wald von Geschäftshäusern stehst, weiter nichts. Unten lauter Läden (mit meist sehr hübschen Schaufenstern),
darüber offices und offices. Das Ganze mit dem Zirkel auf-
geteilt, und abzählbar. Dieser Wille zur Gliederung quantita-
tiver Art ist die einzige Spur menschlichen Wunsches zur
Stadtplanung. Soweit das Auge reicht kein Punkt der die

Phantasie reizt – ausser den Flüssen die recht schön, und recht prosaisch in der Nachmittagssonne liegen. Und nach den ersten Tagen des Entzückens über gewisse Positiva des Comforts, siehst Du mit unbehaglicher Ernüchterung auf die Stadt hinunter und beschliesst hier nicht zu suchen was hier nicht gefunden werden kann. Unten, in den Schluchten zwischen den hohen Wänden, fahren in Reihen die bunten Autos: gelb, grün, rot und dunkel, wie in einem Kinderspielkasten mit bemaltem Blech. – Dabei ist die Aussicht sicher bisher der beste Eindruck von New York. – In der Ferne der Centralpark, ein genaues Rechteck und von weitem unwahrscheinlich langweilig.«

Sie genießt das Warenangebot der Stadt, geht zum Friseur, lernt Automatenlokale und Restaurants kennen, geht in Konzerte, besucht die Oper und die Ballets Russes und berichtet ihrem Mann ausführlich über aktuelle Ausstellungen und die Antiken- und Gemäldesammlungen. »Gestern war ich im Metropolitan Museum, von 2 – 5; das Gebäude von der bekannten Scheusslichkeit eines wilhelminischen Pracht-bahnhofs, war sehr besucht. Die römisch-griechische Abteilung, die gerade neu aufgestellt ist und den Südflügel des 1. Stocks einnimmt, zog aber offensichtlich weniger an als die Bilder. Ich erwarb mir einen general guide (10 cents) und ging durch die römisch-griechische Abteilung, wozu die Zeit gerade ausreichte. [...] Wie Du Dir denken kannst, ging ich mit klopfendem Herzen in die ersten Säle. Nach so langer Zeit ist man scheu vor dem ersten Contact. Dann tritt, zumindest bei mir, an Stelle des lebendigen Austauschs eine Art wissenschaftlicher Reminiszenz, etwa so: die Venus genetrix, welch liebe alte Bekannte, und welch miserable Copie. Die Deudalsassche – oh Museo delle Terme, oh Aff, oh gemeinsame Jahre glücklichen Studiums – eine leichte und ganz unbedeutende Copie.«

Domin besucht die Vereinigten Staaten danach mehrfach: 1947 unterzieht sie sich in New York einer medizinischen Behandlung, 1950 und 1953 reist sie als Begleiterin ihres Mannes, der auf Vortragsreise geht, erneut dorthin. Dennoch verbringt sie nicht annähernd so viel Zeit im Ausland wie er. Die langen Phasen des Alleinseins werden bestimmt durch die Sekretärinnendienste für ihn, aber auch durch ausführliche Lektüre der unterschiedlichsten Autoren. Sie spricht in ihren Briefen über Werke von Jean Paul, Rilke, Valéry, Sartre und vielen anderen. Einen Ersatz für Konzert- und Opernbesuche bieten das Radio – das während des Krieges neben den Zeitungen zur wichtigsten Nachrichtenquelle wird – und der Plattenspieler. Weniger angenehme Unterbrechungen bieten die für die Region typischen Stürme und Erdbeben.

Im Jahr 1946 entdeckt Domin das Schreiben als eine Form des Zeitvertreibs. Während ihr Mann, der doch eigentlich am liebsten nur Schriftsteller wäre und kontinuierlich an Gedichten, Novellen und Dramen arbeitet, sich durch zahlreiche Fachartikel und Bücher einen Namen als Lateinamerika-Kenner macht, beginnt sie damit, alltägliche Begebenheiten festzuhalten. Unter den erhaltenen Manuskripten finden sich Kurzgeschichten und Novellen, in denen die Namen realer Personen erscheinen, mit denen das Ehepaar in Ciudad Trujillo, Jarabacoa und Constanza verkehrt. Kaum ein Brief, in dem nicht Anekdoten über diese Nachbarn, Freunde, Untermieter und das dominikanische Personal auftauchen.

Finanziell bleiben Domin und Palm zunächst von Geldsendungen amerikanischer Verwandter und der stets hilfsbereiten Frieda Schiff-Warburg abhängig. Palms Arbeit an der Universität, die sie beide als »brega«, d. h. Schufterei, bezeichnen, wird zunächst nur nach Anzahl der Seminarteilnehmer vergolten, erst später gibt es ein reguläres Gehalt. Seit 1948 gibt Domin an der Universität Deutsch- und Kunstkurse, um die Haushaltskasse aufzubessern. Daneben steht sie nach wie vor im Dienst ihres Mannes, tippt und übersetzt dessen Aufsätze und Vorlesungen, recherchiert in Bibliotheken und Archiven und entwickelt, nachdem sie bei

einem Passbildfotografen die dafür notwendigen Grundla-
gen erlernt hat, die ihr von den Reisen zugesandten Filme. In
der Rückschau nennt sie sich »die Bodenmannschaft seines
Flugzeugs«, in den Briefen tauchen Bezeichnungen wie »Hasenmanager« oder »Fidelio« auf – Palm indes nennt die uner-
müdliche, oft bis zur völligen körperlichen Erschöpfung für
ihn tätige Partnerin lapidar »eine großartige Sekretärin«.

Mehrfach ist in der Korrespondenz von Ausreiseplänen
die Rede. Schon von Palms Vortragsreise 1948 erhofft sich
das Paar eine Anstellung an einer amerikanischen Hoch-
schule. Zunächst scheint es, als ob sich in Nebraska tatsächlich eine Möglichkeit eröffne: »This will be a start, anyway, 16
life in the prairie will be a new experience, and I trust something better, be it the University of California or whatsoever,
may come forward for the year thereafter.« Die Arbeit an
Palms Buch rückt jedoch allmählich in den Vordergrund: »I 17
have, therefore, made up my mind not now to leave this chry-
salid of our island existence, pack our impressive library, sell
our less impressive furniture, etc. etc., but to concentrate on
our first worry: to get the book ready.« Auch Mexico wird als
neue Heimat erwogen und verworfen. Die Aussicht Palms
auf einen Posten in der Kunstabteilung der UNESCO zer-
schlägt sich. Er gibt zusätzlich zum regulären Universitäts-
unterricht Sommerkurse. Sein wahres Interesse verlagert sich
jedoch Anfang der fünfziger Jahre von der Architekturge-
schichte und Lyrik zum Schauspiel. Tatsächlich wird ein
Stück Palms durch die Vermittlung John Lordens, der in
Oberammergau arbeitet, in München aufgeführt. Palms
Wunsch, ganz als freier Schriftsteller zu leben, hat Konsequenzen. »This has overcome him with such an impetus as to 18
overthrow our whole life, in every respect. We have been
close to divorce as twice he succumbed to the temptation to
run away with a millionaire holding out to him the chance to
dedicate himself to literary creation, instead of earning his
living as a scholar. Fear of frustration of this creative urge (at

40 one is particularly vulnerable to the time factor) made him panicky. I should add that he spared no effort to uproot his feelings for me and talk himself into love with her, so as to keep up his selfrespect in that venture. However, his love for me proved stronger and those attempts were short-lived. But life has not been good since. All that was a blessing has turned into something precarious. Up and on I have been on the brink of suicide. Love, main comfort in our many plights, has almost become a burden, since it was weighed in the scales of ambition, hunger for fame and expediency of artistic creation – and found expensive.«

Domins Durchbruch zur eigenen künstlerischen Existenz, zum lyrischen Schreiben, erfolgt unter dem Eindruck dieser Ehekrise. Dass der Tod der Mutter, die Ende 1946 ihrem nach Deutschland zurückgekehrten Sohn Hans nachgereist ist, ebenfalls eine zentrale Rolle bei der Geburt der Dichterin spielt, ist bekannt. Später entstandene, in ihrer Offenheit kaum zu überbietende Briefe belegen indes aus dem Abstand einiger Jahre, dass die zunehmende Entfremdung von Palm mindestens ebenso verantwortlich ist für den Beginn des dichterischen Schaffens. Palm ist seiner Frau nach dem Tod ihrer Mutter keine wirkliche Stütze, außerdem entdeckt sie seine Affären. Die Tatsache, dass er sich gegen Kinder ausspricht – Domin hat 1940 abtreiben lassen und erleidet 1952 eine Fehlgeburt –, verstärkt die emotionale Distanz zwischen den Ehepartnern. Domin selbst hat nachträglich den Blick auf den Tod der Mutter gelenkt, doch was sie 1994 in einem Interview sagt, lässt sich genauso gut auf die schwierige Ehesituation seit 1951 übertragen: »Wenn der Mensch sehr bedrückt ist, kann ihm Lyrik helfen. Lyrik ist eine größere Entlastung als etwa Prosa. Lyrik kommt mit Blaulicht. Lyrik entsteht mehr aus Leid als aus Freude. Der Mensch kann sich durch das Schreiben von Gedichten befreien.«

Die Korrespondenz aus dem Jahr 1952 zeigt, dass sowohl die Bewältigung des Todes der Mutter als auch die Ehekrise

initial für die Geburt der Dichterin Domin sind. Sie legt den
Briefen an ihren Mann immer häufiger Gedichte wie das folgende bei:

»Die Leuk[a]emie der Enttäuschung   21
macht mich so müde.
Jedes Achselzucken von Dir
jeder halbe Blick
verdünnt mir das Herzblut.

Das graue Netz schliesst sich um mich
wie um den Falter im Spinnweb,
der schon zu matt ist
zum Flug. – Dich verdriesst
die Agonie seines Flatterns.

Ich, zu fraglos Dein
wie der Finger an Deiner Hand
oder Dein eigenes Auge,
ich sickre weg im Traum
wie Regen im Geröll.«

In einem Brief an Palms Studienfreund Ernst Walter Caspari,
den 1938 in die USA emigrierten Zoologen und Genetiker,
spricht Domin sehr offen über ihre private Situation, den Tod
der Mutter, Palms Affäre, ihren Aufenthalt in Haiti. Als »das
dominikanische Aschenbrödel« bereut sie »die in dieser Hinsicht gebrachten Opfer, die mich in eine schiefe Lage gebracht haben. Zu viel Selbstlosigkeit ist direct eine Sünde an
beiden.« In einem Postskriptum schreibt sie: »Ein merkwür-   22
diges Beiproduct des ganzen aufgeregten Jahrs: in mir sind
allerlei Riegel gesprungen, wenn ich gut davonkomme – was
noch mehr wie fraglich ist – so habe ich Wesentliches gewonnen (abgesehen vom unwi[e]derbringlichen Verlust an Gesundheit and prettiness), unter anderm habe ich begonnen zu
dichten. Erwin so entsetzt als ob die Katze auf einmal Eier
legte, dann ärgerlich wegen des ›Musenabfangs‹. Man kann

nur hoffen dass der Tag fern ist wo mir ein Gedicht gelingt, das ihm besser gefällt als die eignen. Er findet manche Gedichte bereits bedenklich gut. Ein Glück dass er Theater schreibt.«

38 *Aus Jarabacoa nach Ciudad Trujillo, Oktober 1941*

Montag

Mein Affenkopf.

Eben bin ich dabei Dir ein Telegramm zu schicken. Beunru- 1
hige Dich nicht, es wird wohl ein paar Tage dauern bis ich
nachkomme. Ich telegraphiere wenn ich fahre ...

Gestern ging es mir den ganzen Tag recht gut, am späten
Nachmittag machte ich eine Viertelstunde Spaziergang mit
Sascha, und nach dem Abendessen ging es mir nicht mehr so 2
besonders: leichtes Fieber, Durchfall, Schwindel etc. Der
Doctor gab mir ein Abführsalz von fürchterlicher Wirkung,
mit dem ich die halbe Nacht & gleich am frühesten Morgen zu
tun hatte. Heute morgen viel besser, bleibe aber im Bett, & bekomme eine neue Medizin. Ich werde nichts essen & mich ruhig halten. In 2–3 Tagen ist es erledigt. Soweit das Bulletin –

Doña Nelia ist rührend und versorgt mich aufs Beste &
Freundlichste. Der Doctor ist auch sehr nett. Gestern haben
wir den halben Morgen verschwatzt, & gestern abend gerade
als ich ihn rufen lassen wollte, kam er schon von selbst. Auch
Herr Miravalle machte mir einen langen Besuch nach dem
Abendessen. Nachmittags war Sascha da, & morgens eine
Schwester von Doña Nelia, die mir den restlichen Teil des
Morgens von ihrem Ehedisaster erzählte. So kam ich gar
nicht recht zum Lesen. – Heute nacht als ich nicht schlief
sondern dem Glaubersalz fröhnte, hörte ich ein schreckliches
Toben. Das arme Kind, das immer ruft: ›Que dolores‹ ist eine 3
Verrückte, genannt »la loquecita«. Sie schrie mit einer ent-
setzlichen Stimme, die mehr vom Hund als von einem Men-
schen hatte. Und dazu schlug sie an die Wand, dass es durch
die Nacht hallte. – Das sind so die letzten Neuigkeiten aus
Jarabacoa.

Schreib mir, denn ich glaube kaum dass ich vor Donners-
tag reise. Es tut mir so leid dass ich Deine erste Stunde als
Professor Aff versäume. Und das herrliche Conzert von
Chapi, & den Film von Hausdorff. Etc. etc., was die Capital
sonst aufzuweisen hat. – Aber es ist sicher netter in Deinen
Briefen als in Wirklichkeit. –

Mittags. Ich liege in der Hängematte, auf der kühlen Seite
des Hauses, wo leider der Odore ist. Aber es ist schönes Wetter & er verhält sich anständig. – Die Beine gehen in den Himmel. So sind nun mal die Hängematten. Ich tue meiner Ab-
bitte. – Seit gestern ist das Wetter den ganzen Tag herrlich, &
geeignet für Nachmittagspaseos. Schade, Du unten an der Arbeit & ich so. – Nach Tisch hockt man in seinem Bett wie üblich: die Hängematte ab 2 $^1/_2$ ist eine grossartige Einrichtung. –

Wie war die Reise? Hast Du gleich einen Wagen gefunden.
War zuhaus alles in Ordnung? (Sag Ophelia, dass ich ihr das
versprochene dulce bestimmt mitbringe). Hast Du was zu essen gefunden? Wie war die Hitze? Ist die Ernennungsurkunde da? Hat sich Hector gemeldet? Vergiss nicht dem
Obersten die Separata etc. zu schicken (falls Du ihm nicht in
diesen Tagen vorgestellt wirst). – Und arbeite nicht zuviel.
Lass das Auspacken der Bücher bis ich zurückkomme. Nimm
nur die 2 Bücher die Du brauchst. Iss leicht, pflege Dich gut.

Wenn ich es fertig bringe schicke ich Dir [einen] Brief an
[die] Eltern mit, den Du dann per Luft weiterbeförderst. Wie
Du siehst bin ich nicht sehr schreiblustig, sondern unendlich
faul. Sei nicht böse deswegen. –

Weisst Du dass Du Dich nicht einmal umgedreht hast nach
mir als der Autobus abfuhr? Du Scheusal!

Lass es Dir alleine gut gehen, sei zärtlich geküsst & vergiss nicht Deinen etwas jam-
mervollen

Schönen Dank für Cuba. Mir geht es besser. Kaum mehr
Fieber. Nur ein Bisschen Temperatur. ($37.^6$, $37.^2$ unter Arm).
Ein Bisschen Übelkeit. Kein Blut weder gestern noch heut!
Beunruh[ig]e Dich <u>nicht</u>! Ich nehme eine flüssige Medizin.
Der Doctor war 2x da & ist sehr eifrig.

Dienstagabend 8 Uhr

Liebster Affenprofessor.
Hier schaukele ich noch in der Hängematte. Die Luft ist
frisch, ich hab den rosa Mantel an & soweit ist alles behaglich. Eben war Doña Sascha da, & der Doctor. Ich kriege eine
neue Medizin. Gegen Abend leichte Temperatur, eher etwas
mehr. Den ganzen Morgen gar keine. Von Zeit zu Zeit Unbehagen im Bauch, & heut mittag wieder unliebsame Eile. Da
hast Du es ganz genau, auf dem herrlichen Papier, was man
hier oben erwirbt. Ich war sehr brav und ultravorsichtig. Den
ganzen Tag gelegen, kaum gegessen, Gemüsesuppe, etwas
Toast, & Griesbrei. Traubensaft. Da hast Du mein Tages-
menü.
   Die grosse Enttäuschung des Tages war das Fehlen eines
Briefes von Dir. Gleich heute beim Aufwachen dachte ich
dass heute mittag ein Brief kommt. Que va! Nichts! Ich war
ganz betrübt. Ich hoffe, ich komme Donnerstag. Sicher ist es
nicht. Ich telegraphiere wenn ich reise. Heute nacht als ich
aufwachte lag das Kätzchen in meinem Bett. Es geht ihm wieder complett gut. Ich habe lieber nicht nachgeprüft, ob es
noch ein Stinkkopf ist. – Das Wetter ist, bis auf die Hitze
nach Tisch, herrlich, & etwas frischer. Die Umsiedlung in die
Hängematte um 2 Uhr erspart das Kopfweh.
   Heut morgen las ich die Zeitungen von Sonntag & Montag. Heut kam keine. Den Dia Social lasse ich Dir. Die Gedichte waren eine Sammlung von Grauslichkeiten, incluso
Juan Tomas, dem Guten. – In der »Rueda Iberica« mache ich
gute Fortschritte, trotz fehlenden Lexikons, & obwohl sie
die bekannten Schwierigkeiten hat. Es ist admirabel gemacht,

15 aber nicht mein gusto. Ich ziehe Unamo bei weitem vor. Ein leichtfüssigerer Geist!

Im übrigen schwätze ich viel mit Doña Nelia, ihrer Schwester, und Sascha, und bestreite 90 % der Conversation erzählend. Dabei vergesse ich den brummenden Magen & die rebellischen Gedärme. – Die Rosenranke auf dem Balkon hat 2 entzückende neue Rosen, die reizend aussehen vor dem hellblauen Himmel. Diese Woche ist so viel netter als die vorige, dass es schade ist, dass wir nicht jetzt erst kamen & zusammen spazieren gehen können. – Wie Du siehst, ist mein Leben sehr eintönig, und die allzu wohlverdiente Faulheit dank erneuter Diät etc. etc. macht es nicht interessanter, aber man wird anspruchslos dabei: wenn mir nicht übel ist, & weder Magen noch sonst was sich bemerkbar machen, bin ich, bei herabgesetzten Lebensgeistern, ganz guter Laune. (Bis wenn der Briefträger keinen Brief bringt, Du wahres Ungeheuer) Aber sicher hast Du mit dem Colleg zu viel zu tun gehabt, & hast erst abends schreiben können. Ich als vernünftiger Hase sehe das wohl ein. Sei daher nicht betrübt.

Absatz (a gusto del Señor Profesor). Weisst Du dass auf der Telegrammquittung die mir das Mädchen zurückbrachte
16 steht: Expedidor: HAS?

Damit sind die événements von heut schon mehr als erschöpft, mein Lieber. Was Du wohl machst? Ob Du bei den zahllosen Nachbarn schwätzen gehst wie einst in besseren
17 Zeiten bei der Casanova? Oder ob Du die ruhige die hasenlose Zeit benützt um etwas von der aufgestapelten Arbeit los-
18 zuwerden. – Hat Antonio Dir übrigens ein Reconstituente gegeben? Erinnere ihn daran!

Morgen erwarte ich einen langen Brief, und ich komme hoffentlich gleich hinter diesem angefahren, wackelig aber immerhin.

Es ist schon kurz vor 9. Bald gehe ich schlafen. Jetzt wirst Du Dich gerade auf dem Balcon einrichten & den Abend beginnen. Sicher vermisst Du mich kaum, wo Du hinter soviel

Leuten herrennst, & soviel zu tun hast, & die Hitze einen sowieso herunterstimmt.

Sei sehr zärtlich umarmt, mein Aff

von Deinem

∞

39 *Aus Jarabacoa nach Ciudad Trujillo*

1. Epistel   17.X.42.

Mein Peterlein.

Eben war der bereits erwähnte Dr. Wirz hier, ein richtiger   1
Schweizer, und wenn er sich zum Reden entschliesst, ganz
freundlich. Zweifellos eine Bekanntschaft die Dich interessieren wird. Hat auch religionswissenschaftliche Interessen.
Sie wollen hier heraufziehen, in dies Häuschen, aber erst
nach unseren Weihnachtsferien.

Was diese betrifft, so habe ich gerade einen Kalender aufgestellt:

Am 20.XII. Sonntags, kommt der Has um das Häuschen
              wieder herzurichten, Pferde zu mieten etc.

Am 21. Montag, hat ein Aff noch Colleg.

Am 22. Dienstag kommt der Aff.

1. Woche   22.–29.

2.   "   29.– 5.1. Dienstag   !!!Ferien!!! Procul ab
                        bregis!!   2

             6.   Reyes   3

             7.   Donnerstag ⎫
                             ⎬ kein Colleg
             8.   Freitag   ⎭

             9.   Samstag 1 Archäologiest., wird
                  geschwänzt!

            10.   Son[n]tag Heimfahrt Samstag 9. oder
                  Son[n]tag 10.

Sodass Du 2 volle Wochen & 3 oder 4 Tage hast. Acceptiert? Ich werde das Häuschen für dann fest mieten. Die Wirz
für ab 10.1.43. –

Ich habe sündhafte Gedanken, etwa dieses Stiles: Für
4 50–60 $ könnten wir hier besser leben als für 110 unten! Mit
dem Gelde von America, falls es weiter geschickt wird, kommen wir doch nie aus, ohne Erhöhung Deines Verdienstes
oder Verdienst meinerseits. Hier könnte ich leicht 20 $ durch
Englisch verdienen (?), Du könntest schreiben, und keine
brega, und keine Welt, wo man doch praktisch nur Ärger hat,
und doch nicht sein Leben verdient.

Zwar bezweifle ich, mein Liebster, dass Du es einen accep-
tablen Ausweg finden wirst, zumal das Geld von den Staaten
eine so hypothetische Einnahmequelle ist. Und man immer
hofft sich doch selbstständig zu machen. Ob es aber nicht ein
falscher Wahn ist, und die Retraite, die Dir Zeit zur litterarischen Arbeit geben würde, der einzige Ausweg.????

Solche Gedanken ziehen durchs Hasengemüt, das sich der
Sündhaftigkeit der Versuchung wohl bewusst ist. –

5 Sollte der »Dr. Guillotin« gehen, und die anderen Novellen in Argentinien, so ist dies jedenfalls ein definitiver Hasen-
rückzugsplan. Sic! Ich habe es satt dass Maro[?] meinen
besten und einzigen Affen in immer weitere Arbeiten ködert,
ohne und ohne Einlösung der ködernden Versprechen. Hier
oben könnten wir glücklich 2 Jahre leben, und Du könntest
Dir die Seele freischreiben. Auch die Gesundheit würde sich,
trotz Tropen, dabei bewahren lassen. – Wozu der Rummel?
Doch nicht um des Rummels willen? – Und wir könnten ein
sehr bescheidenes HasenAffenidyll établieren. – Oh Aff, wie
idiotisch dass wir nicht gleich herkamen. Wir hätten von den
2000 $ sicher beinah 4 Jahre leben können, ohne Sorgen und
6 brega! Es lebe der Leichtsinn.

So sprach der Hasenverführer.

Eben reitet ein Mädchen vorbei, freundlich grüssend. Täglich 4× reitet sie vorbei. Ich halte sie an, sie ist Maestra de una
escuela de Emergencia in Sabaneta, verdient 15 $ monatlich.
7 Wieviel Schüler? »Pocos, solamente 60! Necesito per lo menos 70 para que no bavren el curso.« Sie hofft 65 wenigstens

zusammenzukriegen! Sabaneta ist so winzig. – Ich empfahl
ihr eine allsamstägliche Verteilung winziger Dulces an die   8
Kinder, damit die Schule genug Zulauf bekommt. Wie wärs,
oh Aff! Allmonatlicher Bierausschank in der Archäologie?
Der Esel nebenan wälzt sich vor Vergnügen im Gras. Er hat
sein Kommen soeben zugesagt!

Du siehst dem Hasen ist heut unheilig und vergnügt zumute.

Heute nacht grosser Rattenball, mit Höllenkrach. Es wird
immer ärger. Ich will heut mittag Gift kaufen, nachdem die
Falle nicht zuschnappt. Daher früh im Morgengrauen aufge-
weckt, dann wieder eingeschlafen, leichter und unruhiger
Morgenschlaf, und voller Träume. Zuerst träumte ich von
uns. Wir hatten uns, nach einer Reise oder was für eine Trennung es war, wieder getroffen, und liebten uns heftig und
zärtlich wie in Italien, wo der Körper noch nicht so geschwächt und die Seele so abwesend war. Von dem Zimmer
hatte ich eine sehr ungenaue Vorstellung. Aber auf einmal
stand ich auf unserem heimatlichen Corridor in unserer alten
Cölner Wohnung, eigentlich wohl kam ich, und Du hinter
mir, aus dem Schlafzimmer der Eltern. Die danebenliegende
Tür (des Schrankzimmers, das gleichzeitig das Schlafzimmer
von meinem Bruder war) ging auf und Mutti kam heraus,
sehr ähnlich der Mineheader Photographie, eher etwas älter.
Im ersten Moment fühlte ich eine gewisse Störung und Verlegenheit, unsretwegen, dann fast gleichzeitig erstaunte mich
dass sie alleine war. Aber beinah gleichzeitig mit einem
Hauch von Unwillen und mit dem Erstaunen wurde mir die
Lage klar und warum sie alleine war. – Sie ging mit mir ins
nächste Zimmer (die nächste Tür am Corridor), das mein al-
tes Zimmer ist, und es hatte auch noch die rosa Tapete und
ging auf eine Hofmauer – (Merkwürdigerweise suchte ich
gestern oder dieser Tage in einem Traum sehr intensiv nach
einem leichten geblumten Vorhang vom Fenster dieses Zim-
mers, der vergessen worden oder abhanden gekommen war.

Aber das hat mit diesem Traum nichts zu tun) – Dort packte
sie, aus einem länglichen flachen Körbchen, Photos, Bilder
und Erinnerungen aus ihrer Kindheit und Jugend aus. Alle
waren in weisses Seidenpapier gewickelt, einzeln, und von
verschiedenem Format. Auf den 2–3 Bildern als kleines
Kind, die sie mir zeigte, meinte ich im ersten Anschauen
mich selbst zu sehen, sah aber als ich genauer zuschaute, die
etwas rundere Formation der Wange, wie auf dem Kinder-
bild das ich von ihr habe. – Merkwürdig war, dass mir die
Umgebung in der sie photographiert war, dunkel bekannt
schien, und wie der Hintergrund eigener Kinderbilder
schien, etwa denen aus dem Schwarzwald. Obwohl keinerlei
Schweizer Scenerie da war, sagte ich: »Merkwürdig, nahmen
sie Dich denn als Kind auch in die Schweiz mit«, das Vertraute der Umgebung ganz grundlos als Schweiz identifizie-
rend. – Danach Bilder aus ihrer Jungmädchenzeit: zu Ross,
in einer Umgebung wie auf alten bunten Panoramas von
Frankfurt. Merkwürdigerweise hatte sie rötliche Haare, daher war jede Verwechslung mit mir ausgeschlossen. Aber sie
selber hat ja eigentlich auch keine rötlichen Haare, schien
aber diesen Irrtum des kleinen Bildes (es war eine Miniatur-
malerei) nicht weiter zu bemerken. Dann rasch, sodass ich
mich gar nicht erinnere, sie, wieder mit rötlichem Haar, an
einem Tisch in einem Caffee wie auf einem Bild von Manet
etwa, so flüchtig. Sehr heiter und lachend. Dann ein rundes
graues Relief, Halbbüste, wenn ich mich recht entsinne, in
griechischem Chiton, mit ganz griechisch geschnittenem Gesicht, in allem und durchaus einer griechischen Tänzerin der
späten Archaik ähnlich. Von persönlicher Ähnlichkeit war
keine Rede mehr. Es war die Schönheit selbst gemeint, und
sie wurde ihr von unserer Bewunderung irgendwie zuge-
schrieben. Ich fand es alles bezaubernd, unerwartet bezaubernd, und hinter uns sagte jemand, in Englisch: »Now I
know you.« Oder: if I had known you better. oder »before?«
Aber die Anerkennung des ersten Ausspruchs scheint mir

überwogen zu haben. Ob Du es warst oder wer kann ich
nicht sagen. Das you war auf die Mutti bezüglich, und
manchmal kommt mir vor als sei es Vater gewesen, aber ich
kann es nicht mit Sicherheit sagen. – Danach packte Mutti
Tässchen aus Silberfiligran aus, die gemalte Emaillemedail-
lons hatten, auf denen wieder, in sanften beinah kitschig hellen Farben, Bilder, aber ganz allgemein aus ihrer Kindheit
und Jugend gemalt waren. Ich weiss nicht, ob sie mehr als 2
oder höchstens drei ausgepackt hat. Es blieben noch verschiedene Päckchen, länglich, und von anderem Format, alle
nicht sehr gross, in dem Körbchen, das aber doch $^3/_4$ ausgepackt war. – Sie zögerte diese auszupacken, die ich auch sehen wollte. Und während sie noch zögerte, wachte ich auf.
Als ich aufstand, erinnerte ich mich an den Traum und an
Muttis Besuch sehr deutlich, und es war ein tiefes Glücksge-
fühl in mir, wie schon lange nicht. Und den ganzen Tag
schon bin ich von unerklärlicher Zufriedenheit. Was sagst Du
zu so einem confusen Traum? Alter Traum- und Seelendeu-
ter, deute!

Erst schrieb ich Mutti über den unverhofften Besuch den
sie mir abgestattet. Dann bosselte ich noch etwas an einem
jungen Pferdchen herum, das ich gestern abend zustande   10
brachte, als erstes wirklich nettes Tier. Es ist verhängnisvoll,
es am Morgen zu verbessern, neu angepappter Lehm hält
doch nicht, und der alte wird durch Manipulieren gefährdet
und leidet an den kritischen Stellen. Trotzdem lebt das Pferdchen noch einigermassen. Ob es, ungebrannt, die Reise aus-
hält? –

Dann unterhielt ich mich mit Wirz, danach schrieb ich Dir,   11
ordnete zwischendurch neue Blumen, und so geht der Morgen erschreckend schnell vorbei, wenn man bis 9 Uhr schläft.

Heut mittag will ich mich wegen einer Töpferscheibe beim
Schreiner erkundigen, und Rattengift besorgen, und zum
Autobus Constance abzuholen (falls sie wirklich heute   12
kommt).

Und auf der Post ist dann, zwecks erfreulicher Verwertung des letzten Tageslichts, ein neuer Affenbrief fällig.

Morgen mehr. Hab einen Kuss, mein Liebster, von Deinem

PS. Ich bin eisern entschlossen, den Guillotin ins Englische zu bringen, und wenn ich 10 Stunden am Tag arbeiten müsste.

13 Al honorable Señor Catedratico de la Universidad Nacional, Dr. E. W. P., Alto Empleado de la Nacion,
alias Märchenprinz in Wolkenkukuksheim,
aus eigenen und des Hasen Gnaden.
Aufs Couvert kann man hier sowas nicht schreiben.

11. Epistel.   Sonntag, 18. x. 42.

Mein Aff.

Gestern wieder keine Post. Immer wenn ich mich eigens selbst anstelle, gehe ich mit leeren Händen davon! Dafür morgen sicher zwei Briefe. Es hätte mir beinah die schönste Laune verdorben. Aber sicher hast Du Deinem Häschen geschrieben, und die böse Post hat die Schuld. –

Morgen wird auch Constance hier erwartet, sehr zu
14 Ephraims und der weissen vieja Vergnügen. Auch der Has freut sich, und ganz besonders der Übersetzung wegen. Immer fester setzt sich in meinem Kopf der absonderliche
15 Gedanke der Welt-Menschen-Brega-Flucht hierher zu Tannen, Papageien und Zaunkönigen, und wenn der Dr. Guillotin nur etwas Bares bringt, so erhielte der Gedanke eine Art moralischer Rechtfertigung (falls er sowas braucht) und finanzielle Basis, was schon wichtiger wäre.

Oh Aff, seit kurzem, nachdem ich einen ganz schwarzen Moment der Trostlosigkeit hatte, und ganz besonders nach dem oben erzählten Traum fange ich an mich zu erholen, und mit Has und Welt wieder auf einen harmonischen Fuss zu kommen. In einem halben Jahr hier wären wir beide (mit ein paar Runzeln und Altersringen mehr) doch sicher wieder ganz die Alten i. e. Jungen! Die völlige Absenz von zweck-verflochtener Mensch- und Sachbetrachtung reinigt die Seele noch mehr als die leichtere Luft den corpus. Ich fange sogar wieder an mit wirklichem Interesse und zunehmender Con-zentrationsmöglichkeit zu lesen, was mir in C.[iudad] T.[rujillo] recht abhanden gekommen war, und einige Monate hier zusammen und ich würde wieder so discutierfreudig wie es des Hasen wahre Natur ist.

Die Pforten der Seele öffnen sich allmählich wieder, in die-ser Stille und Ferne vom täglichen struggle »and all that it stands for«. Wenn wir hier von Deinen litterarischen Arbei-ten leben könnten, simpliciter, und ohne die redoutablen Ge-nüsse der Capital, so liesse es sich hier den Krieg überwin-tern, ohne Schaden an Leib und Seele zu nehmen, und genug Kraft behaltend für das neue Leben im alten Europa. Und die Natur ist doch ein gültigerer Ersatz für die fehlende geistige und künstlerische Anregung, als der Ariete + Hollywood, + Academie, Ateneo und sogar, Enrique möge das Sacrileg ver-zeihen, die Orquesta Simfonica alle miteinander. Wie, woher die 60 monatlichen Dollar, das ist die grosse Frage (und zwar 60 $ die am 1. friedlich wie eine reife Frucht vom Baum fallen, ohne allzu aufregendes Beschwören desselben in Vollmond-nächten und ähnlich ungesundem Zauber.) Kurz, hätt ich nur dies, so wollte ich Dich prinzlich afflich hier installieren, und alle Idee an Veränderungen für die nächsten 2 Jahre drange-ben.

Du könntest hier, schnellstens, in den Dir geziemenden und allein seligmachenden Status des Märchenprinzen Dich zurückverpuppen (etwas rustik ist der Tronsaal, aber das macht nichts), und der Has könnte petite déesse, Hasenfee und andere von Urzeiten angemessene Hasenrollen als sein rechtmässiges Fell wieder anziehen. – So aber sündigt ein durch viel behagliche Ruhe verführter Hasenkopf immer weiter, und nennt es noch dazu: »wieder Distanz gewinnen zu dem Trubel des Scheins«.

Heute nacht grosses Rattenvergiften, am Morgen trotzdem grösster Rattentanz, sodass ihnen anscheinend das unscheinbare graue Pulver gut bekommen ist. Danach, in der neuen Ära der Faulheit, Morgenschlummer bis 9. – Heut
20 morgen das Capitel über die Eitelkeit im Kassner mit grösstem Interesse gelesen, während kühle Winde die Hängematte fächelten. Ist Dir damals aufgefallen dass auch Kassner die
21 »Symbiose von Deutschem & Jude von der Natur vorherbestimmt scheint«, wegen ihrer vielen Gemeinsamkeiten. – Darüber haben wir auf der Mineheader Heide viel geredet, aber ich habe unsere Beweisführung im Einzelnen vergessen. – Überhaupt ist Kassner wie ein fortlaufendes Selbstgespräch oder eine intime Diskussion. – Schade, dass wir trotz guter Vorsätze unsere nie aufgeschrieben haben. – Aber mir scheint, das bezieht sich auf sehr vergangene Zeiten, Menschen und Connectionen und dergleichen erfüllen jetzt gewöhnlich das Interesse so zwangsmässig, das wenig daneben frei bleibt.

22 Die Kassnersche Forderung der »Mitte, die die Mitte einer Welt« sei zu sein, pflegtest Du im einstigen Märchenprinzoder Wolkenkukuksdasein aufs Treulichste zu erfüllen. Nur jetzt ist alles so verschoben, und man ist ein Rädchen in einem sinnlosen und nicht beglückenden Sonnensystem. »Das Geld oder der Moloch, das gilt ihm gleich.« (Wo kommt das Zitat her: »– ᴗ ᴗ – ᴗ – ᴗ – (der Phantasie?) das gilt ihm gleich«?) Oh Aff, hier sitzt Dein Has, ausserhalb des Getriebes, an der Strasse auf der beladene Eselchen und Pferdchen vorbeigetrieben werden (nur die glücklichen Fohlen laufen unschuldig und frei hinter der beladenen Mutter her und halten die Reise für ein vergnügliches Spiel), quiekende Schweine lassen sich widerwillig zu Markte treiben, vom fer-

nen Negerpässchen leises rythmisches Urwaldtrommeln,
ganz wie wir es uns auf dem Schiff noch vorgestellt – und,
weit weniger überzeugend, über die Wiese vom Pueblo her
die zivilisierteren aber grauslichen Töne eines emsig aber mit
wenig Erfolg übenden Flötisten, wohl Anstrengungen zu
Gunsten des nächsten Concerts des Symphonica Jaraba-
coeña, hier also sitzt Dein Hase, resp. schwebt in dem ver-
schossenen Geflecht seiner Hängematte, liest nachdenklich
seinen Kassner, und sieht von Zeit zu Zeit zum Gebälk um
zu sehen wie weit die 2 grossen Wespen sind die seit gestern
(zunächst noch mit Hilfe einer dritten) eine Wabe zu bauen
begonnen haben. Heute sind es schon 9 Häuschen, alle noch
leer. Ich möchte zu gerne sehen wie sie die Eier legen und die
Zellen verschliessen, und ob sie dann befriedigt davonfliegen,
oder sich zum Sterben legen. Und wie das böse Schicksal
oder ein unheiliger Demiurg denkt der neugierige Betrach- 23
ter: »und dann hab ich immer noch Zeit, das Geburtshaus
der künftigen Wespen mit allen Eiern zu vernichten« – und
lässt es so zu, dass das Wespengesponst seine schönsten Anstrengungen und Hoffnungen, vielleicht die letzten seines
Daseins, in einen so gefährdeten Punkt investiert, statt durch
einen barmherzigen Eingriff sie zu einer günstigeren Auswahl ihrer Kinderstube zu veranlassen. So grausam ist das
Hasenschicksal, und kommt sich nicht einmal böse dabei vor.
Was sollen wir da von den Göttern erwarten! – Dies also ist
die vita contemplativa Jarabacoana. Teilte ich Dir mit, dass
morgens neuerdings ein Kukuk ruft, apropos Wolkenkukuksheim. Das neue Häuschen droben hat eine noch hübschere Aussicht, weiter von der Strasse weg, und eine grosse
Mansarde mit Zimmern nach allen Himmelsrichtungen, ein
wahres Dichterlogis. Auch ist der solar gross genug für alle 24
Dichterpferde. –
　　Du siehst, der Has, eine Wespe ohne Stachel (& ohne Wes-
pentaille), ist auch versessen aufs unberatene Häuserbauen,
zwecks Legung von Poesie-, Glücklichkeits- und sonstigen

Mysterieneiern. Oh Aff, schlimm ist es um einen Hasen bestellt, wenn ihm das Hasige und der Leichtsinn und die Le-
bensfreude zurückkommen!

Irgend ein Schreckensbericht aus der Capital wird wie ein
Blitz in meinen Hasenhimmel fahren, ich bin schon drauf gefasst. Derweil fange ich an das Desequilibrium zwischen
Deinem harten Professorendasein und meiner ländlich-
blauen Existenz auf meinem Gewissen zu verspüren. – Wenn
Constance nur Luftpostpapier bringt, so schreib ich gewiss
die gelbe Novelle fertig.

Falls ich kein Telegramm bekomme, so stelle ich die Woche
ganz in den Dienst des Guillotin. Ich hoffe ihn bis Samstag
fertig zu haben (eigentlich wollte ich Donnerstag 22. fahren),
werde aber Dein Einverständnis vorausgesetzt, ihn auf jeden
Fall fertigmachen, sollte es auch 2–3 Tage länger dauern.
Eine so gute Gelegenheit wie mit Constance hier bietet sich
nicht so schnell wieder. – Aber falls Du meinen Urlaub
schlimmstenfalls ein paar Tage verlängerst und mich nicht gar
zu dringend brauchst, so will ich die ganze Woche eifrig in
Deinem Dienste tätig sein. – Falls nicht, sende Telegramm,
dann fahr ich Donnerstag. (Für den Guillotin hab ich dieses
Papier, auf dem ich Dir mangels besserem schreibe. Es würde
auch für die Programme reichen).

Hab zärtliche Küsse, verkappter Affenprinz
von Deiner wirklichen aber alleinigen und daher
untauglichen Hasengöttin. ∞

Heut mittag Besuch des runden und strahlenden Don Feio
25 fällig. Die Fea (cocola y enana) hat heut morgen eine Maus
erjagd!

40 *Aus Jarabacoa nach Ciudad Trujillo*

9. XI. 42.

Mein Lieber, Süsser.

Hab vielen Dank für das <u>schöne</u> Gedicht, den freundlichen 1
Brief und die guten Nachrichten. Ganz besonders für das
Gedicht, es ist sehr mythisch, wirklich, und sehr zärtlich.
Mein alter Aff! Die Musen kommen also doch schon vor dem
Häschen zurück? Aber das Häschen ist jetzt wirklich fällig,
und kann ab Donnerstag jeden Moment erwartet werden. Es
hofft auf eine »tote Kuh«, bis jetzt ist aber noch keine sichtbar, die letzte fuhr heute, und ich habe mich, da noch nicht
fertig, nicht darum bemüht. Falls ich die 4 $ sparen kann, will
ich es tun, selbst sollte es Freitag statt Donnerstag sein. Ich
beauftrage Adam, Lulu Jimenez, Don Feio und Amion[?] für
mich auszulugen. Etwas wird schon kommen.

Gestern abend im Bett wurde es mir ganz klar was mich so
zögernd macht mit der Heimkehr, während ich sonst meinem Affen ungeduldig entgegeneile: weisst Du, ich habe irgendwie das Gefühl als ob Vati's Tod da unten wieder auf 2
mich warte. Ich bin ihm, und der ganzen Realität, sozusagen
davongelaufen und habe mich ins Bukolisch-Unreale geflüchtet. Und nun ist es mir als werde alles sein wie gestern
und gerade so neu und wehtuend wie ich es da zurück gelassen habe. Und da taucht auch schon wieder die Idiosyncrasie
gegen die Hüte, besonders den neuen eleganten Hut mit der
roten Blume auf, und das sich in den Spiegel sehen und alles. –

Gestehe es, ich bin ein törichter Has, und wenn ich herunter komme, wird sich zeigen, dass mein einziger liebster Aff
da ist, und keine Schrecken und Gespenster.

Tu mir eine Liebe, Liebster. Geh an meinen Schreibtisch,
und nimm an Dich (aus Schublade und Schreibmappe), was
von der sinistren Correspondenz dort liegt. Dito das was
etwa in dem roten Schränkchen, mittleres Fach, links, in einer
Mappe unter Deinen Gedichten liegt. – Ich weiss nicht genau, ob es in der Mappe oder alles im Schreibtisch ist.

All dies tue in ein Couvert, klebe es zu und verwahre es irgendwo, wo Du willst. Auch die neuen Photos kannst Du
fürs erste friedlich in Deinem Schreibtisch lassen. Und wenn
3 die New York Times ohne Couvert wären, tant mieux. Du
siehst das Hasentier macht seinem Namen Ehre und versucht
Haken zu schlagen. Findest Du's sehr töricht?

Jedenfalls muss es überwunden werden, Feigheit nützt
nichts. Aber es ist erlaubt sich den Weg ein Bisschen sanfter
zu machen, nicht wahr? Und in wenig mehr als 4 Wochen gehen wir zusammen wieder davon, und ich habe den wahren,
einzigen und authentischen Aff für 3 Wochen ganz für mich.
Das ist eine freundliche Aussicht, am Horizont der Tipp-
wüste! –

Heute von 8–2 und von 4–6 gearbeitet. Es ist genau
3 Wochen seit wir die Übersetzungen begannen. Mehr Arbeit
als man vorher gedacht hat. – Ich hoffe dass im neuen Jahr die
4 restlichen 15 ital. Novellen zwecks Veröffentlichung ins Spanische übertragen werden müssen. Nun, der Has ist versorgt
und aufgehoben – und wenn es nur einmal einen sichtbaren
Erfolg hat, tu ichs mit Wonne.

5 Heut beendet die Reinschrift des Tao, beide Manuskripte
corrigiert, und das 2. Manuskript des »Christmas Eve« abge-
tippt und durchgeackert. Dann mit Constance die 1. Hälfte
besprochen. Morgen früh bringen wir es durch, und dann
tippe ich es im Lauf des Tages noch ab. Und dann hallelujah!!!

6 Inzwischen hast Du wohl den verzögerten Samstagbrief +
dem Manuscript heut erhalten. – Ich vergass ganz, a propos
siglo XVII, Dir zu schreiben, dass Du doch schreibst wie ein
7 Römer im Ausland, in maiorem gloriam urbis. Wo Du auch
bist, Du verdienst Dir die Ehrenbürgerschaft zu Rechten.

Dies ist nun wieder einmal alles. Ich bin, trotz einer Ruhe-
8 und Lesestunde in der Hängematte (die Palme Valeries gefiel
mir doch wieder ausgezeichnet; »ces jours qui te semblent vi-
des – Et perdus pour l'univers – ont des racines avides – Qui
travaillent le désert«) trotz dieser optimistischen Bemerkung

zu den specimen days heut abend sanft erledigt. – Denk Dir, das Kätzchen hat sich, bei einem kühnen Ausflug auf den cielo raso, aus Gier auf den Köder in der Falle gestürzt und sich die Falle auf den Rücken gezogen. Als energisches kleines Tier hat es sich durch verzweifelte Sprünge glücklich freigekriegt.

Hiermit, mein Liebster, begibt sich Dein Hasenkopf ins frühzeitige Lager. Hab einen besonders zärtlichen Kuss, als Dank für die schönen Verse, und behalte lieb

Deinen kleinen Hasenkopf.

PS. Verzeih dass ich Dir die Arbeit mit den Briefen mache.

Dienstagmorgen um 7.

Mein Lieb. Schon seit 6 Krach, und wach. Müde, mü – ü – üde! – Eben fällt mir ein, dass Quintards Ferien dieses Wochenende um sein müssen (14 Tage!) Eine Dame aus seinem Auto ist schon vorher abgefahren, daher wird er mich wohl mitnehmen können. Ich weiss nicht ob er Samstag oder Sonntag fährt. Falls vorher keine »tote Kuh« aufzutreiben, erwäge ich es, diese bei den Hörnern zu ergreifen. Qu'en penses tu? 4 $ sind 4 $, abgesehen von der Commodität. – Aber ich werde versuchen eine frühere »Kuh« zu bekommen. Jedenfalls, sei versichert, der Hasenausreisser kehrt diese Woche zahm und freundlich ins Ställchen zurück, um sein Affenköpfchen sanft einzuwiegen. ∞ H.

41 *Aus Jarabacoa nach Ciudad Trujillo*

18.X.44.

Mein Liebster.

Dein Dienstagbrief pünktlich gelandet.

Ich habe einen sehr schönen Tag verbracht. Nachdem ich heute morgen, bester Laune und mit viel Glück, meine Abreise geregelt hatte (s. Rattenschwanz N° 7), ritt ich, in umgekehrter Richtung, den Weg von Efraimshaus herunter, am Fluss vorbei, zur Confluencia. Keine Lilien mehr, aber der Weg bezaubernd wie das erste Mal. Dann, durch Zufall, einen reizenden Pfad, zuerst durch ein Quittenwäldchen (Pilar (die bestia) frass vom Boden [)] – der Boden gelb von überreifen Quitten – Dein Hase sein Bauer[n]frühstück. Die warmen reifen Früchte fielen beim Berühren eilig in die ausgestreckte Hand. – Dann durch ein Pomowäldchen, kühl wie das am 2 Bayguate, den Jimenoa entlang, zu einer sehr netten neuen Badestelle. Sie wäre vielleicht nichts für Dich, der Fluss hat es dort so eilig, und reisst einen beinah mit. (Auf dem Wege zur Confluencia traf ich D. Eduardo mit Weib und Kindern. Sie recht nett. Sie drahtseilten Bretter über den Fluss.) Danach ritt ich, mit einem entsetzlich herzhaften Appetit, nach Hause. –

Nach Tisch ein wenig in der Hängematte gefaulenzt, ein wenig Correspondenz erledigt und auf einmal, meine Uhr 3 zeigte 4!, das Horn der Guagua. Tee beim Diablo versäumt, stell Dir vor. Ich will in Eile hin, dort war 4 natürlich schon nach 5 (!) und der Diablo zur Post. Ich dachte nun werde es sehr compliziert, aber im Gegenteil: Diablo freundlich, ja 4 heiter (gab einem dreckigen kleinen Buben der Ciruelas brachte ein Stück Kuchen!) und wir haben ganz vergnüglich geschwätzt. Sehr gute Biscuittorte. Den Rest gaben sie mir mit (für meine Ratten, da doch die Seife bald alle ist).

Habe ich Dir eigentlich erzählt, dass man mir ein Ständchen bringen wollte. Erfreulicherweise zeigte man es mir vorher an, und ich lehnte dankend ab, und schob es auf »für wenn Du da bist«. So der Verkäufer des Caffees. –

Ich beginne, endlich, in Ferienlaune zu kommen. Wie ich heute mittag so in der Hängematte im freundlichen Wind lag und nur so die Wolken und die Berge ansah, war ich zutiefst zufrieden. Eigentlich ist »zutiefst« nicht richtig, sondern im Wesentlichen unwahr: die Jarabacoaner Zufriedenheit besteht ganz eigentlich im Vergessen, im Ignorieren von vielem.

Man tut als ob hinter den Bergen nichts käme als Wolken – während man doch nur ein Auto besteigen braucht, und dann liegt gleich hinter den Bergen die Realität von Ciudad Trujillo, reich an Ärger arm an Freuden. – Und, noch ein Bisschen weiter, das europäische Chaos. – Aber da liegt man, sieht die Berge an, die feinen weissen Wolken, und freut sich weil eine Libelle so unbeweglich so gewichtlos in der blauen Luft steht. Beinah ein Vergnügen wie Mozart, die ätherische Libelle. Und man ertappt sich bei dem Wunsch (dem man schon im Keime abschwört) die Welt möge wirklich an der Berglinie zu Ende sein, und alles so einfach. Eine solche Flucht in den grünen Winkel – kein Wunder dass man zum fernen Bergheiligen wird. – Das eigentlich Schade an diesen Freuden ist dass sie sich so in der Flucht begeben, und dabei bleibt ein gut Teil Ich zurück das nicht mitfliehen kann noch mag. Daher so viel Vergessen, daher so wenig Vibrieren in dieser Freude, etwas so Statisches, Schales (und von Jahr zu Jahr mehr so). Was ist das für eine Freude zu der man sagen muss: vibriere nicht, sonst ist es aus mit Dir. Verzicht, keine Tiefe! – Trotz allem, trotz dieser Bedingungen, dieser engen Umgrenzungen, ist es sozusagen ein nettes Gefühl, und vielleicht, ganz animalisch, das Behagen des sich von der Hitze erholenden Körpers, der, kraft erneuter Vitalität, das Negative in den Hintergrund schieben möchte (siehe dazu das sofortige Auftauchen neuer Rettungspläne, als geradezu mechanische Begleitung.)

So kommt es also dass ich, trotz allem, bester Laune bin, und alles (ausgenommen die Ratten die inzwischen auch fürchterliche Conzerte geben, schlimmer als der Grillengoethe) mit täglich liebevolleren Augen betrachte. Dies schliesst ein den Hasenkopf (im kleinen Spiegel gesehen, im grossen – wer weiss – vielleicht noch dicker geworden) von dem ich vielleicht F. ein Photo machen lassen werde. Für Mutter, zu Weihnachten. – Ich fange sogar, wie an der Schrift zu sehen, schon wieder an gerne zu schreiben. Kurz, inner-

halb der engen Grenzen des Zuvergessenden, eine Rückent-
wicklung zum Humanen (Das Pferd geht nicht mehr kreis!)
Oder meinst Du, es ist nur eine Ausstrahlung Deiner
transportierten Stimmung?

Wie dem auch sei, es tröstet mich, Liebster, dass Du so liebes über den Tristan schreibst. Denn gerade in diesen Tagen
denke ich manchmal dass meine verfluchte Nervosität in
practicis, die weibliche Gabe für das (leider meist hassens-
werte) Reale, vielleicht manchmal mehr Gewichte an Deine
leicht beschwingten Poetenfüsse gehängt hat als unumgäng-
lich nötig. Sorgen zu zweit: sind es halbe Sorgen? Und das
Ernst nehmen des Praktischen: bringt es soviel weiter? Oder
anders gefragt: liessen sich nicht mehr Stunden, mehr Tage,
retten – wenn man das Praktische so begrenzen könnte (oder
abkühlen) wie ich es eben von der unfreiwilligen Begrenzung
der Freude schrieb. –

Ach, all diese Fragen sind Selbstbetrug, das Praktische und
das Eigentliche unentwirrbar verwoben. Und trotzdem: im
Isolierprozess zur Befreiung der Seele, des erdrückten Ich.
Ich fürchte die zu einer solchen Abkühlung eingesetzte Wil-
lenskraft müsste so gross sein dass andere Disharmonien, an-
dere Vacua die Folge wären. Dies alles mehr für mich gedacht:
Du hast Dein Flügelross, (weit besser als irdische Vettern und
Cousinen, selbst Seppi und Pilar) und bist stets bereit zur
Reise, trotz allem. Recht eigentlich: »trotz« (siehe auch die
Wagnerbriefe die Du abschriebst. Tante grazie)

Was für ein herrliches Tier. Nur dass ich es mir jetzt immer
in Disney'schen Farben dahinschwebend denke, zu den
Klängen der VI. Und ohne (!) Reiter. Y nunca trotea, verdad?
Ach Äfflein, Du solltest – trotz allem – dem Schicksal dankbar sein. Lieber ein Äfflein bei Mutter Babecau[?] als »keine
fühlende Seele« (in den termini des vorigen Jahrh. zu sprechen) in Paris. – (Woraus Du Dir selbst, mühelos, ableiten
kannst dass mein Glaube an Deine Wundertätigkeit im
Besten Blühen ist.)

(Obiges schliesst nicht aus, dass es noch besser ist, ein Äfflein zu sein, und in Paris!)

Sowenig, für heute. Du siehst ich bin geschwätzig. – Hier lässt alles grüssen incl. des dünnen Finnen (der gestern abend eine Visite machte, und von seinen Bau- und Heiratsplänen sprach.) Constance und den roten Kindern geht es gut. Bei Bandler soll es wilde, graue geben; leider schon halberwachsen. Fr. würde sonst gerne dem Erwählten ein Ohr abschneiden. – An jungen Eselchen grosser Überfluss, eins netter als das Andere. So mollig, mit dicken Beinen. Auch ein laut Mama-rufendes Fohlen rannte heute hier vorbei. Unser neuster Colibri ist grün, mit metallischem Schimmer. Und (beinah hätte ich die Hauptsache vergessen!) Dein Falke ist gestern angekommen, und hat sich irgendwo in der nächsten Nachbarschaft ansässig gemacht. Ich hoffe er lässt seine Frau bald nachkommen, im Interesse unserer Vögelchen. Sehr beredt war er nicht, und hat sich nur gezeigt, ohne besondere Grüsse auszurichten. Meinst Du die Falkin ist ein getreuerer Bote?

Aus begreiflichen Gründen trage ich dem Falken nichts auf und schicke ihn Dir nicht zurück.

Ansonsten aber das Zärtlichste Deines Hasenherzens.

∞ H.

42 *Aus dem Zug in Richtung New York nach Ciudad Trujillo, 4. Oktober 1945*

> Donnerstag morgen
> 7 Uhr
> im wackelnden Zug!

Liebster!

Ich hoffe Du hast meine Karte schon gestern bekommen. Ich bin gut gereist, der Zug ist um 12 (28 St!) in New York. Eben fahren wir über einen enormen See (oder eine Bucht (?)) der in der Morgensonne glitzert. Er sieht ebenso unbekannt und unberührt aus wie die kanadischen. Laubwald im Morgenlicht. Der Atlantic. –

Für Stunden kein Haus, nur die Telephonpfähle bezeugen eine Art historisches Gefühl.

Eben kommen wir aus dem Wald. Das erste angelegte Feld in fast 24 St. Fahrt!

(Im übrigen ist unser Wagen jetzt geheizt, seit ich um 2 Uhr morgens die gute Idee hatte es dem Conducteur zu sagen. Der Rest der airconditioned wagons fährt noch mit der Kühlluft des Südens in die nordische Frische! Der Pelzmantel war mir ganz unentbehrlich, ehe »auf Norden« umgeschaltet wurde.)

In Miami hatte ich eine furchtbare Nacht, in dem luftlosesten Loch meines Lebens. (Die Reservation funktionierte nicht, alle Hotels sehr besetzt). Miami, von der Luft aus ein grosser Weihnachtsbaum mit weissen, roten, grünen Lichtern, ist ein schmokig warmer Ort (Ciudad Trujillo's Nächte sind St. Moritz dagegen) mit viel weissen einstöckigen Gebäuden und einigen Wolkenkratzern in den Hauptstrassen. – In dem Zimmer, das fl. Wasser hatte + Telephon, aber kein Bad, vergitterte Fenster, kein einziger Moskito (!), hatte ich die ganze Nacht einen elefantesken Ventilator an ($^{1}/_{2}$ m. Diameter) und etwa um 3 Uhr morgens hatte ich die richtige Mitte zwischen Wegfliegen und Ersticken um noch ein Bisschen schlafen zu können, trotz des enormen elektrischen Getobes.

Was die Ankunft betrifft, so fand ich jedermann sehr liebenswürdig und hilfsbereit, auch die berüchtigten Immigrationsbehörden. (Headtax 8 $, als entrance fee). Man händigte mir einen Zettel mit Restrictionen für »Enemy Aliens« aus (von Feuerwaffen zu Photoapparaten, etc., auch überland fliegen ist verboten), mit dem Bedauern dass es noch nicht aufgehoben sei. – Im übrigen sind die Restrictionen, da ich nicht herumreisen will, ganz unerheblich. – [*am Rand neben einem Fingerabdruck:*] unfreiwilliger Fingerprint!

Morgens fuhr ich kurz nach 6 an die Bahn, um meinen bis 7 reservierten Platz abzuholen. (Für die 2. Sektion des Zuges, wie Du siehst). Dann trank ich einen fürchterlichen Milch-caffee und ass etwas Toast und nahm mir 5 Sandwiches am Bahnhofrestaurant mit. (A propos, das Essen im Flugzeug war ausgezeichnet, die Bedienung sehr zuvorkommend, Lec-türe war vorhanden, kurz die Panamerican darf sich eins raufsetzen. Auch der Passagierservice am Airport war tadel-los.) –

(Das rötliche Mädchen à la Margarita Ibarra war übrigens 2
wirklich eine Cubanerin. Die muchachos des Airports in Ca- 3
maguey, mit gezwirbelten Schnurrbärten, wenig erfreulich!)

Dann also wollte ich Lectüre erwerben. Pocketbooks? Nur mystery stories, die letzten 4 oder 5 Nummern. Zeitun- 4
gen? Ausverkauft! Zeitschriften? Nur »Cow Crow«, Tune Stories, Good Housekeeping etc. Ich kaufte »Time«, Readers 5
Digest etc., und habe noch etwas zu lesen übrig, samt einem Sandwhich. U. a. las ich eine sehr mässige Geschichte von E. M. Remarque. –

An Mutti sandte ich 2 Telegramme, abends & morgens, wie ausgemacht.

Wir müssen in der Nähe von Washington sein, eben fuhren wir an den ersten Reihen roter Ziegelhäuser vorbei, eher noch etwas trostloser als in England. So wie die Hinterstrasse in Hampstead. Über die nächste Brücke (wir fahren wieder über einen glitzernden Meerarm (oder Fluss?) ein grosser Auto und Lastwagenstrom. Und auf dieser Seite das erste an-gelegte Ufer, ein enormer Park: tröstlich nach all der Wild-nis. Eine Trauerweide. –

Enttäuschung: jetzt kommen hinter dem guten Anfang winzige Holzhäuschen, mit Zinkdächern, soweit ich sah. – Nun wird es besser. Die erste Stadt!

Endlich kann ich ruhiger schreiben, wir haben keine Ein-fahrt. Links sieht man die falsche Peterskuppel des White Houses mit überspitzer Laterne, unter uns fahren viele (aber

nicht gedrängt viele) Autos durch eine mit hohen Bäumen
bestandene Strasse die am ehesten an Montreal erinnert
(outskirts). Nach den Meilen und Meilen unhistorischer
Landschaft – vertrocknete niedere Palmen, Aloe, dünnnade-
lige Kiefern auf weiten Strecken Sandbodens der von Sümp-
fen durchzogen ist ohne deswegen auch nur ein Bisschen
6 fruchtbarer zu werden, und wieder Aloe (soviel cabulla
wächst in der ganzen dom. Republik nicht) und selbst die
Aloen unterernährt, so ist der Süden. Ein einsamer weisser
Reiher mit feinem langen Hals steht am Ufer einer enormen
Bucht und sieht aufs Meer hinaus ohne sich um den vorbei-
fahrenden Zug zu kümmern. Sonst nichts. Nach einer halben
Stunde ein zweiter Reiher, auch in den Anblick des Meers
versunken. Es ist eine Art Erlösung wenn man, nach der
nächsten halben Stunde, an einer sociableren Gruppe Reiher
vorbeikommt, die sich an einem versumpften Flüsschen Gesellschaft leisten. Die ersten Reihereremiten haben also doch
Aussicht auf Gesellschaft. – Viel erstaunlicher, die gelegent-
lichen menschlichen Ansiedlungen in dieser unwirtlichen
Landschaft, nur begreiflich als Anlehnung an das Meer, als
Randsiedlungen – aber von der Sand-Sumpfhinterlandschaft
aus ein trostlos-hoffnungsloser Versuch. Das ist Florida, die
blühende. Es gibt auch ein paar kleine Hibiscussträucher an
den Stationen. –
    Weiter im Norden noch weniger menschliche Versuche,
statt der Reiher bisweilen eine eremitische Kuh, keine Palmen, immer noch Aloe, mehr Kiefern. Dazwischen tropisch
verschlungenes Gebüsch. Sand und Sumpf. Einige Flüsse
oder Seen oder Meerarme. – Noch weiter im Norden keine
Aloe mehr, die Kiefern von heitererem Grün, etwas kräftiger.
Kleine Baumschulen netter Weihnachtsbäume. Die Häuser,
wie bisher aus Holz, zinkgedeckt, weiss gemalt, haben keine
7 screens mehr, dafür Backsteinschornsteine. Danach Dunkel-
heit. – Ich schlief nicht schlecht, in Etappen. Einer der porto-
riqueñischen Passagiere (der ganze Wagen voll Portorique-

ñer!) ist laut und machte an jedem Statiönchen das Licht an. Sonst ist der Wagen recht bequem. Der Waschraum ist über- füllt, da viele der Portoriqueñerinnen ihn zum Daueraufent- halt, Rauch- und Gesellschaftsraum gewählt haben, wozu er nicht eingerichtet ist. An menschlichen Erfahrungen ist die Reise daher = zero. Als ich das erste Mal aufwachte, kamen wir gerade nach »Florence«.

Nach all diesem der Anblick der Kuppel des Capitols ein merkwürdig historischer Eindruck. – Endlich fange ich an zu fühlen dass ich wirklich auf Reise bin. Die Landschaft hatte bisher wenig dazu getan mich aus der unwirklichen Stim- mung zu bringen. – Wir haben eine Stunde Verspätung. Hof- fentlich wartet Mam.   8

Sobald wir abfahren werde ich Frühstücken gehen. Trotz der Taxe habe ich noch keine 25 $ ausgegeben, incl. Überge- päck. – Ich sehe nicht sehr verwüstet aus, die Bluse umso schlimmer.

Noch einiges Praktische: ich würde an Kern ziemlich aus- führlich über Dich selbst schreiben, auch dass Du ein neues Buch drucken willst etc. (die alten Sachen erwähnen) und vielleicht die Übersetz[un]g des Lorca erwähnen (?)?) Warte bis ich Dir über die Kritiken berichte.

Den grossen Artikel könnte vielleicht Galindes abschrei-   9 ben, sobald Du ihn verbessert und Enrique zum Lesen ge- geben hast. Ich werde an der Conference etc. genug zu tun haben, und es dauert zu lange.

Wir fahren. Mein Liebster, warst Du sehr alleine?

Ich küsse Dich sehr lang auf Deinen weichen Mund (wie traurig dass Du so erkältet warst, mein Aff, wir konnten uns nicht richtig verabschieden) Dein

43 *Aus New York nach Ciudad Trujillo, 6. Oktober 1945*
New York, Samstag morgen
Mein Liebster!

Zunächst und vor allem: Jaspers lebt und ist tatsächlich Rector von Heidelberg. Die Rede ist im »Aufbau« abgedruckt und ich werde sie sofort besorgen. Willst Du ihm nicht gleich schreiben. Und vielleicht kann man, auf gleichem Wege, ihm auch ein Requiem schicken.

2. Nachricht: Die neue Rundschau erscheint wieder. Ich denke an den Cyclon dafür, oder den Falken. Was meinst Du. Vielleicht erst der Falke. Ich werde ab Montag meine Tätigkeit für Dich aufnehmen.

Beiliegend Ausschnitt aus dem »Aufbau«. Lies besonders den Schluss der Mannschen Antwort an Molo. Sic!

Die anoncierenden deutschen Buchhändler werde ich alle besuchen. –

Den Aufbau (obwohl er widerlich sein soll) muss man wegen solcher Nachrichten unbedingt abonnieren. Wir werden das Abonnement mit Freymuths teilen. –

Dies vorneweg.

Und nun der Reihe nach: ich kam, mit 1 St. Verspätung, nach 29 St. Fahrt besser an als erwartet. Als wir uns New York näherten wurde mir ganz seekrank vor Aufregung, Muttis wegen. Ja ich will es nur gleich gestehen, ich hielt Philadelphia für New York und wenig fehlte ich wäre in meiner Aufregung dort ausgestiegen. Ich war schon an der Tür! –

Mutti holte mich also ab obwohl ich sie nicht gleich sah, die 2 coaches waren zu weit vorne. Wir waren beide fürchterlich erregt. Dann kam die Gepäckfrage: ich hatte eines der Köfferchen aufgegeben um nicht zu viel an Hand zu haben. Die Bedienung war trostlos, viel zu wenig Beamte, wir warteten fast 3 Stunden (die schwarzen Gepäckträger wahre Ekel) und fuhren dann per Taxi nach Hause.

Die Wohnung wirklich reizend, ich war verblüfft. Alle Reminiszenzen an »Tomorrow we sing« völlig fehl am Platz. Es

ist tadellos ruhig, die so gefürchteten tönenden Lautsprecher
nicht vorhanden. Die Möbel bei weitem netter als unsere
(z. T. imitierte italienische, bolognesische etc., einige französische), der Ausblick nur auf herbstliche Bäume (Enrique hat
ganz recht, man hat vergessen wie grosse Bäume aussehen),
nun, Du würdest sehr zufrieden damit sein. Zwei grosse helle
Zimmer; Küche, Bad, klein und extrem bequem, dazwischen. Die freundlicheren Ergebnisse menschlicher Erfin-
dungsgabe, laufendes heisses Wasser, ein sauberer Gasherd
etc., sieht man mit Vergnügen wieder. An Bequemlichkeit
solcher Art dürfte eine hiesige Wohnung den entsprechenden
europäischen überlegen sein (wie vorauszusehen). Das entsprechende Dominikanische existiert daneben nicht. (Obwohl Josefa mir lieber ist und bleibt als alle Maschinerie.) Die
geforderte Erklärung: 4 ist der Stock. J ist das Apartment (es   7
dürften über ein Dutzend kleine Apartments auf jedem
Stock sein) 83 ist der Block, und 19 das Haus, 116 die Strasse.
    Wo wir genau liegen habe ich noch nicht auf dem Plan fest-
gestellt. Jedenfalls sind es per Subway 20 Minuten zum Zentrum (5 cents), per Zug 12 Minuten (cents 20). Leider ist es
von der Subwaystation etwa so weit zu Fuss wie in Hamp-   8
stead, eher etwas weiter. Es gibt einen Bus, aber er fährt nicht
oft. Dafür laufen über die Strassen lebendige graue Eich-
hörnchen, mit buschigen Schwänzen wie der potro gris, und   9
schiessen pfeilartig am nächsten Baum hinauf. Auch Häschen
soll es geben, aber ich habe noch keine gesehen. Die Strassen
sind ähnlich wie in Hampstead Heath (wo Vera wohnte), der
waldartige Park gleich gegenüber. –
    Die nötigen Geschäfte sind in 3 Minuten zu erreichen. –
Obwohl viele junge amerikan. Familien mit zahllosen Kindern hier leben, hört man sie überhaupt nicht.
    Die erste grössere Sensation hier war der Orangensaft. (ich
frühstückte im Speisewagen.) Wir haben wirklich völlig vergessen was Orangen sind. Ich hielt es für einen künstlichen
Wundertrank, und roch sofort an Muttis Orangen. Alle

Hilde Domin zu Beginn ihres Studiums im Jahr 1930.

Wahrscheinlich das erste Foto, das Hilde Domin von Erwin
Walter Palm bekommen hat und das sie in ihrem Brief vom
24. August 1931 (Nr. 3) erwähnt.

15. VII. 32.

Faksimile des Briefs, den Domin am 15. Juli 1932 (Nr. 11) in
Heidelberg geschrieben hat. Unter Palms Einfluss veränderte sich
ihre Handschrift in den folgenden Monaten beträchtlich.

Erwin Walter Palm und Hilde Domin, 1937 in Curon, Südtir

Erwin Walter Palm und Hilde Domin im Juni 1941 auf der
Terrasse ihrer Hauses in Ciudad Trujillo, Santo Domingo.

Außen- und Innenansicht des Wohnhauses von Hilde Domin und Erwin Walter Palm in Ciudad Trujillo, Santo Domingo.

as Ehepaar Palm-Domin 1942 vor ihrem Ferienhaus in Jarabacoa, Santo Domingo.

Erwin Walter Palm bei Forschungen in Santo Domingo, 1944.

Hilde Domin 1942 in der Nähe des oft genutzten Ferienhauses in Jarabacoa, Santo Domingo.

Hinter Zaragoza. 1.2.56

Mein Herz,

die Mandelbäume blühen schon, in der
Gegend von Zaragoza, die Felder sind schon
unordentlich grün, und die Sonne sieht so
warm aus, dass man das Fenster aufreissen
möchte um zu riechen ob es schon nach
Frühling riecht. — So viele Schafherden:
schwarze und weisse Schafe, panisch, und ein
armer Hirte so pan und verloren, gegen
einen Telegraphenmast oder einen Stein gelehnt,
oder, bei Nacht, unter einer kleinen Brücke.
Und all die lehmfarbenen Dörfer die äussersten
menschlichen Genügsamkeit (wo wir, alle beide,
so unbescheiden sind).

Mein Herz, lese mir ein wenig nach
Freiheit: so dass Pflicht bleibt für die — und
sei es nur eine Fiktion — freiwillige Mitarbeit.
Der totale Druck, die totale Pflicht, das macht
nur widerwillig. Man bekommt ein und nur
Davonlaufen — so nicht zu beschreiben.
Dabei liebe ich Dich doch.
Bitte Bitte Bitte.

Die Schrift: ein Zufallsprodukt
aus ductus und ructus (das tö?)   Wenders

Faksimile des am 1. Februar 1956 auf Reisen in Spanien
geschriebenen Briefs (Nr. 73).

Hilde Domin in München, auf der Reise nach Astano, wo sie das Manuskript ihres ersten Lyrikbandes überarbeitete. Die Aufnahme wurde von ihrem Bruder John Lorden gemacht.

gleich wunderbar. Und Mutti sagt es sei jetzt eine schlechte
Orangenzeit. – Nächste Sensation: die Milch! Die beste seit
Rom. (Der Caffee umso schlechter.) Weitere Sensation: das
Delicatessengeschäft, mit Käsen (eine Art Schweizer, Gor-
gonzola, Creme cheese etc), mit zehnerlei herrlichen Arten
Brot (Pumpernickel!!), Würsten etc. Salzbretzel. Dabei ein
winziger Laden. –

Ferner, wie erwartet, ausgezeichnete Birnen, weich wie
Butter, gute Pfirsiche und Pflaumen. Heute kaufen wir Trauben. Marmeladen gibt es von einer besseren Firma als die die
10 wir dort kaufen. Und es gibt Cakes die nichts mit »Nabisco«
zu tun haben. Und in der Stadt gab es Pralinégeschäfte, verlockend wie nur je in Europa. (Ich habe sie noch nicht aus-
probiert, sie sehen europäisch aber sehr teuer aus.)

Obwohl also mein Urteil über Milch und Obst schon feststeht, so kann ich sonst noch gar nichts sagen. Die Himmels-
kratzer machten mir weniger Eindruck als erwartet, auch der
grosse Verkehr ist nicht so rasend wie ich es mir vorgestellt
hatte.

Mein leichtes Unbehagen vor der grossen Stadt war nicht
gerechtfertigt: ich fühle mich nicht nach Provinz und bin
kein Bisschen eingeschüchtert. Die Untergrundbahnen haben für mich, merkwürdigerweise, eine Art Geruch nach
London und Krieg. –

Am Donnerstag packte ich noch aus (alles ziemlich ver-
knautscht, Mutti bügelt es auf – nicht so gut wie Josefa! Ich
denke ich würde es auch nicht schlechter tun aber sie lässt
mich nicht), gestern lange im Bett (Problem: Mam wünscht
halt zu schlafen, für mich ist es nicht so das Richtige. Wir machen ein für beide Teile nicht ganz befriedigendes Compro-
miss) dann in einem sehr netten Kleid von Mutti (meine noch
nicht in Ordnung) zum Lunch mit den Cousinen. Es waren
11 dort Carry & Bee, zwei alte Damen von über 70, recht lebhaft, und von Freundlichkeit und Herzlichkeit überfliessend.
Gar nicht von oben herab, sehr familiär. Ich war völlig über-

rascht. Wir holten sie am Sherry Netherland Hotel ab (wo
die paralysierte Stella wohnt) und gingen in einen sehr teuren
jüdischen Club lunchen. (Ich bekam gleich 2 sehr nette kleine
schwarze Hüte von Stella geschenkt, sowie eine schwarze Tasche, die ich dringend brauchte.) Die alten Damen waren sehr
entzückt über mein Englisch, mein Aussehen etc. und scheinen sehr freundlicher Gesinnung. Es ist kein Zweifel dass ich
die junge Generation nächste Woche zu Gesicht kriege. – Mit
Schener heute telephoniert, war sehr freundlich (ist das Geld   12
da? es soll infolge des Aufzugsstreiks verzögert sein), werde
ihn nächste Woche sehen. Er machte compliments über mein
Englisch und sagte es sei besser als Mam's. (Ich habe es ihr
nicht wiederholt!)

Nach dem Lunch (Clamsuppe, eine Art Muschel, rosa,
recht gut, uninteressantem Hühnerfricassée und dem besten
Eis das ich seit Jahr und Tag gegessen habe) in dem im übrigen nicht sehr interessanten Club (viele alte elegante Damen,
mit freundlich leichtem Gesellschaftston, soweit man hörte),
fuhren wir nach Washington Square, 5th Avenue hinunter,
oben auf dem Bus. Ich war etwas enttäuscht, seit Morand   13
sind sicher noch viele Änderungen eingetreten. Im ganzen
aber doch sehr ähnlich einem Bloomsbury Square, Russel's   14
oder so. Dann fuhren wir auf dem gleichen Bus zurück & an
den Hudson, und dann per Subway nach Hause. –

Was die Leute betrifft so gibt es alle Sorten, sozusagen.
Man hat das Gefühl dass man endlich wieder in einem grossen Teich schwimmt, statt im Waschbecken, und dass einem
alles begegnen kann, völlig unvorhersehbar. Das ist ebenso
angenehm wie die frische Luft (die man ebenso vergessen hat
wie anständige Orangen). Frische Luft (obwohl doch Stadt-
luft, und nicht sehr rein) ist vielleicht die aufregendste Wie-
derentdeckung von allem (obwohl Mam sagt das Klima hier
sei völlig unerträglich.) –

Von Bekannten rief ich nur bei Krewer an, Lieber, sie
kommt erst im Nov. zurück. Ihre Schwägerin war sehr nett

am Telephon, und lud mich gleich ein. Ab morgen & Montag werde ich aber meine Liste in Angriff nehmen. – Gestern ein herrlicher Tag, heute vormittag viel Regen. Heut mittag gehen wir vielleicht noch aus, wenn es besser bleibt. –

Am Mittwoch sind wir bei Bee eingeladen (diese alte Cousine erinnert in vieler Hinsicht an Gretl Oppenheim) die ihre Geburtstagsfeier gibt. Sie wohnt im Ambassador, wo sie eine tolle Wohnung haben soll. – Rosenbaums sollen gar kein Geld haben und wohnen in <u>einem</u> Zimmer (allerdings in fashionabler Gegend).

Nun bleibt mir nur noch über Mam zu schreiben. Wenn es mir nicht ein Bisschen unbehaglich wäre hätte ich es gleich am Anfang getan. Erinnerst Du Dich dass sie vor einiger Zeit von »Schlafmitteln« schrieb. Ich habe sehr den Eindruck (dies aber nur für Dich, nicht zum Erzählen) dass sie irgendwelche Drogen nimmt. Die Arme, sie ist so grässlich alleine. Jedenfalls nimmt sie höchstens ganz leichte Sachen, nichts Richtiges. Luminal-derivate, soweit ich sehe. Ich habe es noch nicht feststellen können. Ausserdem hat sie den Arzt gewechselt. Der neue scheint in dieser Hinsicht besser zu funktionieren. Ich werde Gelegenheit finden mit beiden Ärzten alleine zu reden. Da die Einsamkeit doch nur noch von kurzer Dauer ist, glaube ich nicht dass man zur Zeit etwas dagegen tun soll.

Sie ist natürlich gealtert, sieht aber immer noch nett aus, und ist genau so live wie immer. Dagegen sind ihre Nerven in unbeschreiblichem Zustand, sie ist sehr zerstreut und vergisst oft mitten im Satz was sie sagen wollte, sie ist bei den kleinsten Dingen übererregt (nicht gegen mich, missversteh mich nicht) aber z. B. wenn sie etwas nicht gleich findet so ist sie so unglücklich dass man erwartet sie breche gleich in Tränen aus. Sie ist völlig, aber völlig, aus der Balance, die Arme. Dann hat sie natürlich so lange ganz alleine gelebt, dass es ihr zunächst beinah schwerfällt mit jemand zusammenzuleben. Sie hat den Eindruck es müsse zuviel getan werden, es sei eine

Art Lawine gekommen. Das wird sich aber in wenigen Tagen beruhigen. Es ist sehr schwer wenn man sich so abgeschlossen hat aus dem Schneckenhaus heraus zu sein. – Jedenfalls bin ich froh dass wir die Reise so herum gemacht haben. – Schade ist dass wir nur 1 Zimmer haben. Zunächst ist es schlimmer für sie als für mich, bei weitem.

Trotz diesem bin ich eigentlich, dank der Luft, des grossen Teiches, und des Wiedersehens in grosser Euphorie. Nur die Idee mit den Drogen ist meiner Laune abträglich. Was häl[t]st Du davon? Es sind nur Schlafdrogen, scheinen aber einen allgemein beruhigenden Effect zu haben. –

Deine Puderdose war ein grosser Erfolg. – Mam hatte keine nette. –

Heute war noch keine Post von Dir da, Liebster, und bis Montag kommt nun keine! Das ist sehr schade. (Post 2 × täglich, Samstag mittag & Sonntag keine!) Ich hoffe Du hattest es nicht zu arg. Am Montag schicken wir wohl die 150. Mutti sagt Marie wird 100 £ = 420 $ geben. In diesem Fall wäre wohl Reise & Aufenthalt gedeckt, und die 100 v. Schener könnten für Anschaffungen bleiben.

Ein Brief von Constance war hier. Schicke mir bitte die Adresse von Dr. Arlt. An die Geographical Society habe ich heute abgeschickt. – Ich habe schon 3 sehr nette Hemden + 2 Crawatten von Hans für Dich (hoffentlich vermisst er sie nicht.)

Jetzt will ich Mutti beim Kochen helfen.

Wie merkwürdig auf einmal nicht mit Dir zusammen zu sein. Wenn ich meine eigene Stimme höre, so höre ich wie sie auf eine Antwort von Dir wartet.

Für heute, mein Winziger, Kleiner, Alleiniger,
viel Zärtliches ∞ Dein

Für Enrique Music Press Inc. 113 W 57th N. Y. City.

44   *Aus New York nach Ciudad Trujillo*

Brief 9.
18.x.45.

Mein Liebster.

In Eile. Eben habe ich Dir telegraphiert mir die Lorca Übersetzung zu schicken. Hoffentlich insistierst Du auf sofortiges Abschicken, damit das MS Anfang der Woche hier ist.

1   Schicke mir auch [*eingefügt:* sofort!] das MS der »Vergeblichen«. Und dazu »Ofelia & Esteban«. Dies kann ja per Brief kommen. Wie töricht all das zurückzulassen.

2   Fischer hat, wie ich höre, schon 3 Lorca-Übersetzungen angeboten, ist aber interessiert Deine zu sehen. Unglücklicherweise reist er demnächst (vielleicht schon in der kommenden Woche) nach Stockholm. Ich will versuchen ob ich

3   die an Weissberger gesandten Proben bekommen & ihm geben kann – falls das MS zu spät kommt.

4   Ich hatte wie gesagt eine Verabredung mit Landshoff (Ex-Kiepenheuer) der aber nur die engl. Seite des Verlags bearbei-

5   tet. (Seaver ist übrigens ein Amerikaner, ich erkundigte mich). Landshoff (sehr nett und sympathisch) führte mich daher sogleich zu Fischer (sie haben das gleiche Büro). Fischer, ein grosser rotgesichtiger Herr mit lebhaften Augen, ziemlich ausgestopfte Figur, ein Mann von Haltung. Etwa deutscher Universitätstyp. Ganz das Gegenteil von jüdischem Literat. Würde Dir bestimmt sehr gut gefallen.

Ich liess bei ihm   1) Lebenslauf, Copie des für die
»Deutschen Blätter«.

2) Requiem

3) Divertissements

5) »Tao« & »Guillotin« deutsch

6) Einzel-Orchidee. deutsch

6   Was die Neue Deutsche Rundschau betrifft (vierteljährlich) so hat sie zunächst noch keine Buchbesprech[un]gen. Ich sug[g]erierte Besprechung des Requiems, aber das kommt zunächst nicht in Frage.

Dagegen, ja, Abdruck von Beiträgen: ich sagte: Tao oder einzelne der Divertissements. Landshoff meinte einzelne Gedichte wären gut gewesen. Ich sagte F. auch Du würdest einzelne Gedichte aus dem neuen Gedichtband gern abdrucken.

Ich glaube er hätte gerne mehr MSS gesehen & fragte ob dies alles sei was ich dabei habe. Nun wird sich ja zeigen ob er anbeisst. (Er hat meine Adresse)

Ich denke <u>falls</u> er sich für Lorca interessiert wäre es mindestens so gut wie Schweiz.??

Sein erstes Wort war natürlich: »H. Z.« als er das Requiem 7 aufschlug. Da ich Duschnitz noch immer nicht gesehen habe zog ich nicht darauf. Als wir nachher uns im Aufzug trafen erkundigte ich mich ob Frau Z. in der Stadt ist. Sie ist. Soll ich 8 sie aufsuchen??

Ich sagte dann F. sehr vorsichtig Deine Freundschaft mit Z. stamme aus Heidelberg wo Du als junger Student ihn kennen gelernt habest, und murmelte etwas von grosser Herzlichkeit trotz des Altersunterschieds. Ich hoffe Du findest das richtig. Man weiss ja nicht was Frau Z. sagt, daher habe ich in keiner Weise viel aus der Beziehung gemacht.

F. erkundigte sich sehr angelegentlich ob Du nicht hier seist, resp. hierher kämest. Ich sagte, vielleicht nächstes Jahr.

Ehe ich es vergesse, ich erwähnte dass H. Steiner die Lor- 9 caübersetzung z. T. kennt und dass sie ihm sehr gut gefallen hat.

Soweit Fischer. Obwohl er weniger umgänglich ist als der sehr freundliche Landshoff, gefiele er Dir sicher eher besser. Im übrigen war die Begegnung zu kurz um viel zu sagen.

Frage: ich werde wie gesagt eine Beziehung zu Kurt Wolff 10 bekommen. Warte ich bis ich was von F. höre – oder breche ich sie sobald ich kann an???

Ferner bekomme ich eine Beziehung zu Simon & Schuster 11 durch die Familie. Ferner zu Knopf durch Duschnitz. Alles 12 zusammen???

Schluss des Literarischen. Eine der Cousinen, oder besser nur Schener, hatte die Idee ich solle mich an Nelson Rockefeller persönlich wenden. Sein Interesse für Lateinamerika etc. Er soll sehr liebenswürdig sein, und <u>sehr</u> zugänglich.

13   Die Idee von ihr war ihn um Geld für die Isabela zu fragen. Das ist Unsinn natürlich. Wie wäre es ihn für den Druck des Buches zu interessieren??? Es soll besser sein sich an ihn direct als an die Foundation zu wenden.

Eine spätere scholarship für Studien z. B. in Guatemala kann man wohl jetzt nicht aushandeln???

Also nie? Soll ich überhaupt? Und wenn, auf welcher Ba-
14   sis? Morgen abend kommt Chilin, dann werde ich wegen
15   Huntingtons fragen. Ferner bekomme ich eine Introduction
16   zu dem Curator der »Cloisters«. Ich brauchte daher sicher mehr reprints als ich habe. Muttis sind leider nicht in sehr gutem Zustand, z. B. für Rockefeller? Wir haben mich in jeder Hinsicht noch immer nicht genug mit Papier beladen.

Oh Aff was für ein Job! Hochdesselben untertänige Dienerin ist verzweifelt entschlossen etwas für Dich zu erreichen. –

Sonst wenig Neues seit gestern. Kein Brief von Dir heut.

Gestern kam ein Paket von Hans. Du hättest Augen gemacht. Trophäen! Eine deutsche Fliegerjacke, Hakenkreuz im Fliegerabzeichen, ein deutsches Regencape, und ein paar herrlich pelzgefütterte Schuhe, leider wahre Mühlheimer Bötchen. Unsere Gefühle beim Auspacken dieser Herrlichkeiten (besser, meine Gefühle) waren etwas wirr. Der komische Eindruck war überwiegend und wir mussten beide schrecklich lachen. Hans schrieb dass wir die schwarze Fliegerjacke haben können. Aber willst Du sie?? Für die Tropen zu schwer, auf jeden Fall. Ein weiteres Paket mit faltbarem Gummiboot, dito der Luftwaffe, ist schon angezeigt. Sic!!!

Ferner wird Dich interessieren, das[s] die Amerikaner uns hier als staatenlos betrachten, und – vorläufig wenigstens – offensichtlich die Ausbürgerung für effectiv halten. Dies hat mich in der Meinung bestärkt dass jeder Pass – mit dem man frei reisen kann, versteht sich – besser ist als keiner. – Was sagst Du zur Lage in Argentinien!!

Der Beamte in dem Registrationsbüro erklärte die »Rasse«eintragung als ungesetzlich und redete mir sehr zu ans Statedepartment zu schreiben. Sowie ich etwas mehr Zeit habe, will ich es tun. (Eine Dame aus Cuba kam mit der gleichen Eintragung wie Inge Robitschek).

Ich habe noch vergessen dass ich bei F. so obenhin erwähnte seit Jahren habest Du einen Roman im Kopf aber keine Zeit zum Schreiben. Was Du schreibest sei »trotzdem« etc.

Ich hoffe, oh Aff, dass ich Deine Interessen gut vertrete – so gut wie es irgendjemand möglich ist – aber nicht so gut wie Du selbst es tun könntest, natürlich.

Morgen früh rufe ich Otto Stein an, zum Mittagessen mit einer anderen Cousine von Mutti, der Schwester von Schener (der sich »complimentary« über mich geäussert haben soll! Ist alles Geld da???), abends Chilin. Jetzt zum Haarewaschen – neue Frisur ein ander Mal.

Falls ich nicht gar zu müde bin heute abend Konzert.

Sei sehr innig geküsst, oh Kleiner, von Deinem eifrigen Hasenmanager.

Als Muttis Geburtstagsgeschenk erwarb ich Dir:

Auden gesammelte Gedichte

Joyce   "   "

Ich denke es hat Zeit bis zu meiner Rückkehr? Falls Du nicht jetzt nach Cuba gehst kann ich es auch schicken. Besser wäre Du gingest.

45 *Aus Ciudad Trujillo nach Tegucigalpa, Honduras,*
    9. August 1946

Freitag.

Liebster.

Leider kam ich gestern nicht zum Schreiben. Jetzt will ich es ein Bisschen nachholen, obwohl ich sehr müde und gar nicht in Schreibstimmung bin. Ich entschuldige mich daher gleich von vornherein wenn es kein herzlicher Brief wird.

1   Von Dir erhielt ich die beiden Briefe aus Miami. Es war sehr reizend von Dir Mam anzurufen, sie war schon ganz nervös unsretwegen und wollte telegraphieren. Sie war auch sehr aufgeregt über Deinen plötzlichen Anruf. Mittlerweile zittern wir hier weiter, und es fängt an etwas störend zu werden. Gestern morgen (ich war bei Mañón in der Dunkelkammer von 7 Uhr morgens an) 2 Stösse, die übelsten seit Son[n]tag, aber lange <u>nicht</u> so stark und lang. Beide Male verliessen wir die Dunkelkammer, und verloren die Photos an denen wir arbeiteten. Stelle Dir die Calle Allagracia in Panik vor! Dann geschah etwas Scheussliches. Um 9 war eine Dankmesse am Obelisk. Bei dem kleinen Stoss erschreckte sich eine Frau, stiess hysterische Schreie aus: »das Meer kommt«. Eine furchtbare Panik brach aus. Unter Schreien das Meer sei schon im Parque Ramfis, stürzte was Beine hat in wilder Flucht die Allagracia herauf. Die Leute sollen bis las Alearios gerannt sein. Dabei war das Meer sanft wie eine Taube. Es passierten ein paar Unglücksfälle, Überfahrene etc., wegen der haltlosen Panik. Mit Mühe fand ich ein Taxi das mich nach Hause fuhr. Dort sass Talica die von nichts wusste, und Josefa kam mit zerrissenen Strümpfen von der Messe zurück. Sie bewahrt die Vernunft. Ein Glück. – Es ist gut dass die Regierung das Gerüchteverbreiten verboten hat, die Verrücktheit der Leute ist das Schlimmste an der Sache. – Hier ist absolut <u>nichts</u> passiert seit Du weg bist. Im Norden der Insel ist es schlimmer. Ich hab die Reise auf Montag verschoben, habe aber auch die Kiste noch hier (gepackt), da ich nicht fahren

will bevor alles vorbei ist: 1. wegen des Hauses, für den Fall dass Josefa doch noch hysterisch wird. 2. Für den Fall dass der Weg nach Constanza leidet. Lieber warte ich bis es vorbei ist. Dabei ist die Hitze schlimmer als je. Und oben warten Deine Briefe! (Ich habe gekabelt sie aufzuheben) So weiss ich gar nicht wann ich nun fahre. Matilla denkt ich solle ruhig reisen. Aber die Idee des Hauses hält mich. Ich denke es wird wohl Mitte der Woche werden.

Heute erledige ich, par fin, die restlichen Sachen für Dich. Es war viel mehr als man dachte. Gerade eile ich ins Instituto Geografico Militar und warte auf eine Zeichnung des Plans (der zu schlecht für Cliché war), um ihn zu Moulakro zu bringen. Die Vergrösserungen sind heute zwischen 7 und 9 ohne Unterbrechung fertig geworden. –

(Floren nimmt den Silberartikel mit)

Im übrigen schlafe ich unten, und ganz gut. Sorg Dich nicht meinetwegen. Das Traurigste ist dass Deine Briefe sicher alle in Constanza sein werden.

Wie gut dass Du gefahren bist. Gearbeitet hättest Du jetzt doch nicht gut. Wie es Dir nur geht? Ob Du nach Copán gekommen bist? Ich hoffe so dass heut ein 1. Brief noch herkommt.

Man fängt an ein Bisschen müd zu werden. Die Aufregung wegen Deiner Reise – und diese ganze Woche ging das Herumlaufen so weiter. Dabei schläft man doch nur so halb. – Oft denkt man man sei auf einem Schiff. Dabei ist alles ruhig, es ist nur eine leichte nervöse Gleichgewichtsstörung. Jedenfalls sollen es nur die Nachbeben sein, sagt Matilla, der Information aus den Staaten hat. Man erwartet dass es immer schwächer wird. Ich wundere mich wie wenig es mich aufregt.

Ab 11. schreib ich nach Guatemala, wenn keine andere Angabe von Dir kommt. Ich küsse Dich sehr zärtlich, Liebster, und streiche Dir sanft über den Affenkopf

Dein

Josefa lässt grüssen. Sie ist alles Lobes wert.

Freitag 9. VIII. 46
abends

Mein Herz,

ich schrieb Dir heute im Instituto Geografico. Seither alles ruhig. 3 Karten mit netten Photos aus Tegucigalpa gelandet, leider <u>für</u> Dich – nicht <u>von</u> Dir. Alles, <u>sehr</u> herzlich, von 2 Emile B.

Bin ein Bisschen am Ordnung machen. Es hält alles sehr auf. Du glaubst gar nicht was alles zu tun war. Heut ist der erste Tag an dem ich nicht den ganzen Tag aus war, sondern den Nachmittag daheim bin. Sehr angenehm, obwohl noch viel zu viel zu tun ist. Ab morgen Ende der Lauferei, und Giulia[?]. Nur morgen früh noch.

Denk Dir die Kirche der Sta. Clara ist schwer beschädigt, wird wahrscheinlich demoliert. Am Saina soll sich am Sonntag 4., ein Schlund von $^1/_2$ km Länge geöffnet und blauen Sand ausgespien haben, mit Schwefelgestank. Ähnliches erzählte man von Moca, nur dass der Sand dort herrlich grün war.

Im übrigen soll es vorbei sein. Hier unten im Süden sind wir <u>ausserhalb</u> der Gefahrenzone. Das Epizentrum ist Nordöstlich der Insel.

Vorsichtshalber sind alle Colonialkirchen geschlossen 3 worden, incl. Cathedrale, um die grietas zu reparieren. Es scheinen aber ganz unbedeutende Schäden zu sein.

Die Parole: Keine Gerüchte, beginnt sich günstig auszuwirken. Es herrscht Ruhe und keine solche Nervosität mehr. Was mich betrifft, so bin ich ganz guter Dinge, seit dem Brief 4 mit der Nachricht von Frau Warburg. – <u>Hab keine Angst um Dein Häslein</u>. <u>Geniesse</u> die Reise. Bleib so lang Dir gut scheint. Ändere meinetwegen nichts, ich bitte Dich.

Eben Telegramm von Mutti. Die Zeitungen dort scheinen zu übertreiben. Die Arme. Sei Du vernünftiger. Wir alle, incl. Hasenfamilie, Katze, Josefa, Talica und die gesamte Nachbarschaft sind alle o. k. Wie gut dass man so einsam wohnt, wer weiss ob sonst alle so vernünftig wären!

Die Photos fertig. – Ich bekomme einen Apparat von Hans! Gebe daher Morgen[?] zurück.

Mein Liebster Liebster Liebster, ich hoffe die Reise bringt Dir alles was wir erwarten, den Eindruck voran. – Wie schade zu denken dass die Briefe in Constanza sind. Schreib wenigstens eine Karte an Josefa damit ich Nachricht krieg falls ich noch hier bin. Am Montag fahr ich kaum. Ich hoffe auf Mitte der Woche.

Viel Zärtliches, Liebster, sei sehr umarmt

Dein

46   *Aus Jarabacoa nach Ciudad Trujillo*

19.IX.46
morgens.

Liebster, liebster Affenkopf!
Endlich hab ich begonnen zu schreiben. Ich weiss noch nicht ob es sehr gut wird, aber ich bin zufrieden dass wenigstens ein Anfang da ist. Der fürchterliche Monat Juli hatte mich so herausgebracht dass ich sogar den Namen unserer Freundin Dionise vergessen hatte. ¡Imaginate!

Nun will ich alle Tage hübsch früh aufstehen, denn was hier nicht morgens geschieht, oder höchstens noch in den frühen Nachmittagsstunden, bleibt ungeschehen. Gestern nacht hatten wir einen netten kleinen Stoss – er näherte sich, in Intensität, beinah dem nachdem ich Dir das »unverständliche« Beruhigungstelegramm schickte. Der eine der Experten der so bedauerte noch nie ein Erdbeben gefühlt zu haben, wird befriedigt von hier abfahren: ein kleiner, sanfter, harmloser Stoss, genug um aufzuwachen (falls er unten noch zur Schlafenszeit landete) nicht genug um sehr zu erschrecken. Ich frage mich was nun geschehen wird in dem Dilemma: soll man stolz anzeigen was der nagelneue Seismograph registriert – oder soll man es weiterhin verschweigen. Etwa wie

2 meine alte Freundin Da. Isabel: »¿Y Ud. sintiò el choque de anoche?« »No gracias a Diós, yo nó. Yo le prometí a la Virgen ir en traje alistado y con un ahigo de algodón el dia de la Mercedes, y que ibe a pedirlimosna en la puerta de la iglesia. Y desde que le hice esta promisa, más numea sentí nada, a Diós gracias. No veo palos que se menéan, ni viga la casa dando golpes. La Virgen me protege, y a numea siento nada.«

Viel einfacher als ein Seismograph – oder als die idioti-

3 schen Observationen des Sr. Laudacta »puer ni fué un terremoto, ni un vulcán, ni nada de estas cosas terribles – un sencillo silien ilogico movimiento de una falla al NE. de la Isla«. (Sic!) –

Heut ist wieder Posttag. Ich hoffe auf mindestens 2 Briefe. Auch von Mutti könnte man bald Nachricht haben. – Alles weitere heute nachmittag.

Ich will nicht vergessen, noch rasch die neusten kleinen Comödien zu berichten: Vitalia wusch gestern im Fluss wozu sie, gegen meinen Wunsch, stets die kleine Isabel mitnimmt, das nette arbeitsame Kind das stiehlt wie ein Rabe,

4 und das Dorfpornithion[?] ist (von 25 cents aufwärts,

5 Höchstpreis 1 $, unter den pomos am Flüsschen). Als nachmittags die getrocknete Wäsche von den Rosen und sonstigen Sträuchern abgenommen wurde, fehlte ein Paar Wollsöckchen (besser sag ich, das andere Paar, ich hab nur noch 2). Ich erklärte energisch die Söckchen hätten zu erscheinen »so oder so«. Vitalia, es ist so bequem für sie, warf allen Verdacht auf Isabelita. (Vor 2 Tagen fehlte das kleine Küchen-

6 messer, erschien auf rätselhafte Weise wieder im Comedor de[l] Verano wo Vitalia es am nächsten Morgen »fand«.) Vitalia erzählte, höchst entrüstet, allen Nachbarn vom Fehlen der Söckchen: Ich eile dann ans Brotholen. Abends, nach dem Essen, ergreift sie auf einmal meine Taschenlampe und hat die Idee unter dem Haus zu leuchten wo sie, nach 5 minütigem Suchen, prompt die Söckchen entdeckt. Die kleine Isa-

bel war die ganze Zeit nicht zurückgekommen, angeblich hat
sie sie, zwecks künftigen Raubs, dort verborgen. – Heut hab
ich mir, daraufhin, jeden Besuch der kleinen Isabel verbeten –
denn zwei solche Elstern zusammen, da nützt kein rollcall. 7
(Bis jetzt fehlt heut nur ein Glas! Vitalia ist doch wohl
schlimmer geworden, die Arme, das Leben hat sie zu schlecht
behandelt, und sie verteidigt sich »de mala manera«. Was sie 8
an Zucker klaut, geht selbst über meine Geduld.) Jedenfalls
hab ich Vitalias Compagnie doch bald satt: so eng zusammen
zu leben mit einem »villain« (wir schlafen doch diesmal unter 9
einem Dach) wird auf die Dauer doch lästig. Das Menschliche und das Allzumenschliche sind gar zu verquickt. –
    Der Hühnerjunge gut und zuverlässig. Man wacht so ge-
gen 7 auf, das ist auszuhalten. Ich schlafe diesmal gut und
sanft hier. Beim letzten Aufenthalt war es sicher nur das Fehlen einer warmen Matraze. Dabei trinke ich morgens und
nachmittags Caffee. Toi toi mein Herz ist gut. Seit einer
Woche gar keine Schmerzen mehr (vorher auch nur sporadisch.) Überhaupt beginne ich mich erholt und kräftiger zu
fühlen. Nur dick bin ich leider sehr. Und ohne Spiegel lässt
sich nicht controllieren wie sehr. – Und verstochen! Wie je
und je! Ach mein Äfflein, nun ist es schon ganz sicher dass
Du nicht mehr kommst! Denn in 11 Tagen sind die Ferien
um. Ich strecke die Arme nach Dir aus – bald komme ich zurück.

                                                    Dein Has.

47   *Aus New York nach Ciudad Trujillo*

1   28, 29 erhalten

22.

21.X.47

Mein liebstes kleines Äfflein.

Heute kamen 2 Briefe und <u>die</u> Photos. Ich war direct entrüstet. Wie kannst Du die Photos auf solch grobkörnigem Papier annehmen dass [es] jeden Ausdruck zerstört. Weiner soll
sich schämen. Überhaupt ist seine Kunst minimal. Warum hat
er nicht darauf aufgepasst dass der Anzug in solchen Falten
verkrumpelt ist (rechte Schulter!). [*links am Rand:* Hast Du
keine Probe gesehen? Hat er nur 1 × geknipst?] Ferner ist
auch die Beleuchtung nicht günstig. Das ist das Wenigste.
Schick mir postwendend 12 Photos auf anständigem matten
Papier, nicht auf dieser Schweinerei. Da glaub ich gern dass er
nicht retouchieren braucht. Das Papier zerstört eh alles persönliche. Geistloser hätte es wirklich kaum ausfallen können.
Ein Wunder wie er das gemacht hat. (Ich denke besseres Papier wird das vielleicht corrigieren, das Gesicht wird Ausdruck bekommen.) Kurz, das Hasenurteil: in Abwesenheit
des Hasen ist nicht einmal ein brauchbares Photo möglich.
Haslicher <u>Ärger</u>. Oh Äfflein, warum so unselbstständig.

Im übrigen etwas kleinlaut heut abend. Seit einigen Tagen
mal wieder ständiger Rückgang. Dr. R. gab es erst nicht zu, ist
aber jetzt auch ganz bedröpst. Erst wieder leichte Leib-
schmerzen (angeblich »Muskeln«), dann leichte Rückenbe-
schwerden, ab und zu winzige Temperatursteigerungen. Es ist
immer noch kein Vergleich zum Anfang, aber eben noch gar
nicht gut. Vor etwa 10 Tagen war es so gut wie vorbei, ich sah
blühend aus. Nun ist es nicht mehr so herrlich. – Heut früh
war ich auf der Panamerican, um für den 30. zu belegen. Aber
es ist doch <u>sehr</u> zweifelhaft. Dabei wird es höchste Zeit nach
hause zu fahren. Wann soll ich die ganze Arbeit erledigen?!

2   Stell Dir vor nun soll also doch eine neue Pielographie (in-
travenös wie in C. Trujillo) gemacht werden. Ich bin leicht

wütend auf Riesenfeld. Frau Dr. Senger ist dagegen den Arzt zu wechseln. Ich ziehe es in Betracht. Meiner Meinung nach hat das Bisschen Anstrengung beim Umzug von einem Zimmer ins andere letzte Woche die Sache wieder activiert. Dies, zusammen mit einigen schlaflosen Nächten, wegen der Reise.

Kurz, folgende Möglichkeiten
a) Ich bleibe länger hier
b) ich fahre am 30. oder jedenfalls in dieser Zeit ab, und lasse mich dort weiter ausspülen. Fragt sich: wer ist sauber genug? Und einigermassen pünktlich dass man nicht den Tag verliert.

An sich bin ich, im Gegensatz zu meinem Zustand zur Zeit der Abreise, fast immer fieberfrei, und durchaus arbeitsfähig (wenn auch nicht im Besitz aller normalen Kräfte.) Wenn es nicht die Frage der Sauberkeit wäre. Was häl[t]st Du von Damirón. Oder, mir das Liebste, Cohen. Zur Zeit werde ich mit 10 % Silbernitratlösung ausgespült. Mir sieht es aus als könnte das, etwa jeden 2. Tag, für einen Monat fortgesetzt werden. Willst Du es mit Cohen besprechen? D.h., warte auf das Resultat der Xrays. Bis zum 30. bin ich hier wohl mehr oder weniger fertig mit allen Interviews, und dem Meisten sonst zu Erledigenden.

Deine Probleme kann ich sicher nicht alle lösen, zu keiner Zeit. Aber dass Du wegen des Löwen beinah weinst, ist nur ein trauriger Gradmesser Deiner Überarbeitung. Nimm Calforayol, und schlaf 2–3 Nächte lang genug.

Im übrigen sah ich heute Krautheimer. Ein hässlicher Mann, aber ganz entzückend. Als ich Rom erwähnte, strahlte er. Da fiel mir sein: »besser spazzino a Roma« ein. Er sagte von ihm sei es nicht, allerdings sei er im Anfang sehr unglücklich gewesen. (Er war dito in Rom gewesen.) Krautheimer ist sicher einer der hilfsbereitesten Leute hier, auch die Frau soll so reizend sein. Direct jemand mit dem es sich sehr gut verkehren liesse. (Spricht gut Englisch.)

Er lässt Dir sagen: Du sollest unbedingt ein paper in dem

meeting lesen. Gib, postwendend, Thema an, dann werde ich Dr[.] Knabel schreiben. Es soll ein sehr spezialistisches Thema sein, nicht wie die lectures. Kann ruhig über Sto. Domingo (oder was Dir das Liebste ist) sein. Etwa 20 Minuten. Für die span. Section, oder Barock etc. Wo es dann hin passt.

6 Ferner sollst Du auf jeden Fall Stechow wegen der lecture schreiben. Soll ich, von hier? Perhaps.

Dann gab er Empfehlungen für die Uni. von Louisville, für Bâton Rouge, für Atlanta. Will sich weiteres überlegen. Er sagt er hat Zeit zum Publizieren, arbeitet jetzt an 2 Büchern. Von neu getroffenen wohl am sympathischsten. – Schönberger lässt grüssen, der Arme, in seinem Catalogarbeitsverlies. Für Deine Heiligen hat er nichts tun können.

Schick mal ruhig Deine Briefe ab, schreib zum Datum ein 7 ca. hinzu. On verra.

Sonst heut wenig Neues erlebt. Bei Lew zum Mittagessen, wo ich ein Bisschen mit Deinen Erfolgen protzte, Hondurasreise etc.

Ich hab Dein so befremdliches Bild neben mir liegen. Mein Haupteindruck: ein gefährlicher Gegner. Voll Misstrauen. Etwas freundlicher hätte nichts geschadet.

Ach Äfflein, ich bin ungeduldig und will zu Dir zurück. Vielleicht komme ich doch nächste Woche.

Ich schmiege mich sehr zärtlich an Dich – ach wär ich nur dort.

H.

48 *In Ciudad Trujillo, 27. August 1949*

Ich armer Hasenkopf
trotz vielem Hüpf und Hopf
komm heut mit leerer Pfote ich
zu Deinem Nicht-Geburtstagstisch.

Die Inselkäfigexistenz
– ich wünsche ihr die Pestilenz,
vergönne mir, was mir gefällt,
mir zahmem Hasen Hof und Welt –
die Enge hat die Schuld daran
dass ich Dir heut nichts bringen kann
als den papiernen Schein:
noch mehr Papier wird Dein;
des Alqandre spanische Gedicht,
des Castro spanische Geschicht,
vom Avion herabgespielt
und übers Meer herangewühlt
Vielleicht schon nah, vielleicht noch weit
Ein Sumpf kein Acker ist die Zeit.
Drum hole Dir den nötgen Muck
in einem europä'schen Schluck:
der braune Trank, die Schokolade
und Deines Hasen Accolade!

Darf ich mit einem Rat beschliessen:
lass Dich den Goethe nicht verdriessen.
In weitren 61 Jahren
wird man Dich selber zentenaren.
                              27. VIII. 1949
    Chrysosthomos zu des grossen Affenkopf bescheidenem   1
Geburtstag.

49 *Aus Jarabacoa nach Quito*
                              Jarabacoa 25. XII. 1949   1
                              abends, im alten Häuschen.
Mein Liebster, Kleiner!
In gegenfüsslerischer Ferne feiern wir Weihnachten – wenn
ich Neujahr 3 × mit dem Fuss aufstampfe, hörst Dus?
    Hier sitze ich beim Aladin mit dem nördlichen Tannen-

lampenschirm, vor mir ein kümmerliches Röschen vom einzig überlebenden Rosenbusch des einstigen Gartens, (die
Granate, und die vom Come m. gepflanzten Hybis-
cu[s]sträucher sind umso glänzender gediehen, der kleine
Baum mit den gelben Blüten ist ein wahrer Riese geworden,
und der Préferé aller Colibris), zur Linken auf dem kleinen
Büchergestell ein bunter Strauss mit kleinen Chrysanthemen, Dahlien und Margariten, aus dem zwei dicke Sonnen-
2 blumen mich freundlich anblicken, zur Rechten ein von Joven irgendwo abgehackter Weihnachtsbaum, im kärglichen
Schmuck von etwas Engelshaar. Die 6 Honigwachskerzchen
(es waren nur noch 6 Halter da) sind heute alle zu Ende gebrannt. Vom ehemaligen Come[?] m.-Haus, weiter oben, das
3 aufgeregte Stimmengetön der muchachos des Salesianerseminars die Weihnachten feiern und Frösche abschiessen (aber
sonst die alte freundliche Stille). Heut mittag, auf der Weide
des Curas – er hat den Holzverkauf geschmackvoll betrieben,
der Ausblick hat ungemein gewonnen, die Wiese gegenüber
ist nun wie ein sanft verblichener Gobelin, mit ihren paar
Bäumen die grosse Schatten werfen, und den Kühen in der
Nachmittagssonne oben auf der Lehne (ich weiss nicht ob
unsere alte Freundin mit den Nylonstrümpfen dabei ist). Die
Froschmusik – die Frösche resp. Kröten haben jetzt 2 Tanks
zur Verfügung, den alten aus Zink und einen grossen aus Be-
ton auf dem Dach. Das Wasser ist manchmal so gelb dass
selbst Ramona es (im Ernst, Witz ist nicht ihre starke Seite)
4 als urina de malos bezeichnet. (Der 2. Krötentank speist Du-
sche, Waschbecken, WC. mit laufendem H_2O. Unglaublich.
Ich ziehe so selten wie möglich um das Wunder zu schonen.)
– Die Froschmusik, wollte ich sagen, nimmt es gut und gern
mit dem Getöse bei den Salesianern auf. – Zu all dem habe ich
5 das erwähnte »Dolce del Paraiso Molta«, etwas trocken aber
gut, und Chianti. Aber so herrlich dies klingt, es war kein
Weihnachten. (Trotz der vom vorigen Aufenthalt ererbten
Spargelspitzen.) Ich war ganz alleine. Sogar Ramona war

nicht da, da sie ihre Bälger vom Sichbesaufen abzuhalten hatte. Ich zündete also die 6 Kerzen an, gestern abend, und ass dann so langsam wie möglich zu abend. Aber trotzdem ich es nett hergerichtet hatte, war es eben etwas trübsinnig. Bei Paul hast Dus gewiss besser getroffen. Ich dachte an letztes Jahr und unser Plattenkonzert. Zwar hatte ich mir etwas Tröstlicheres zugedacht: einen Radio. Aber obwohl ich den Radio geliehen bekommen hätte, und Joven schon, wie ein Affe kletternd, eine Antenne zwischen Haus und Fichte gespannt hatte, bekam ich im letzten Moment die vom unzuverlässigen Mella versprochene Batterie nicht. Ich lieh mir eine Bibel von einem der Padres, leider auf Spanisch. Las den Anfang aller 4 Testamente. Das von San Marco klang doch wie von einem Wundertäter der gestern hier durch Cibao gewandert wäre. Die eigentliche Stimmung fehlte (und Deine Stimme!). Betrübt war ich als ich so alleine die Kerzen anzündete – und als ich sie ausblies. Selbst der Wein (Wasser zum Verdünnen gab es nicht) war nur ein schwacher Trost. Dies ist kein Fest zum Alleinesein. Trotzdem bin ich lieber hier als unten in der Stadt.

Am 23. zog ich in dies Häuschen, inzwischen ein Haus (4 Schlafzimmer, wodurch das lange Mittelzimmer ein dunkler Schlauch geworden ist, Bad, Vorratszimmer, anständige Küche), mit Hilfe eines Rolionschen Camions, von Mella – ¡milagro! – pünktlich geschickt. So war ich rasch eingerichtet. Auch die Hängematte hängt wieder. Und die eiligen Pferdchen traben mit ihren kleinen Trommelhufen vorbei. Abgesehen davon dass nicht richtig Weihnachten ist – z.B. niemand hat dem armen Hasen etwas geschenkt, zum ersten Mal, und die Aussicht auf das Kränzchen ist beinah ein Frühjahrstrost zu Ostern – ist es hier gemütlich und reizend. (Ramona hatte zwar 50 cents für ein Geschenk für mich aufgehoben, aber ich bat mir 5 cents Blumen aus – und es kamen keine vorbei) Panchito hat bisher wieder keine Post nachgeschickt. – Zum Trost las ich Deine beiden letzten Briefe nochmals. Es scheint doch, nach allem, der grösste Eindruck seit wir Europa, ja seit wir Italien verlassen haben. Ich hoffe so, Du hast auch Landschaft in Buntaufnahmen. (alles bunte, Plus × oder Panchromatic × für den Rollei, dito auch besser das Silber, obwohl das weniger wichtig.) Was wohl der »filius aut Romae aut Silvae« (ich habe wieder laut gelacht) zu Deinem Brief gesagt hat. Die erneute Lektüre der Briefe hat mich mehr gefreut, da ich inzwischen das Entsetzen über den schlimmen Anfang verwunden habe und von der grotesken und pintoresken Seite sehe. Trotzdem mach lieber ein Kreuz über das nächste Gesöff und halte keine Trinkgelage aus einem Becher ab!

Eben besucht mich eine grüne Esperanza. Ich habe mir auch von Ramona heute die Tasse lesen lassen, wo sie nur Erfreuliches sah, in Hinsicht auf Geld, Reisen, wohlbezahlte Stellungen etc. Kurz, en hora buena! –

Als ich nochmals den Lageplan von Sucre sah, fiel mir auf dass es jenseits der Anden liegt. WIE kommt man hin? Ist die Fahrt nicht zu gefährlich. Ich lese lieber von Zügen als von Avionen, obwohl die Flieger die Berge kennen müssen wie ein Schweizer Chauffeur die seinen. Salta scheint mir, trotz allem, zu weit ab. Meinst Du nicht? Wenn nächstes Jahr der Congress in Lima ist, kommst Du vielleicht hin (falls Du hinfährst). Solâ ist ohnedies nicht mehr da, nicht wahr? Wer sollte also was dort einrichten, und die Fahrt bezahlen?

Ich las heute – aber sehr sprungweise – Stifters »Nachsommer«. Viel schlechter als die »Studien«. Die alten Rezepte breitgetreten, die alten Wunschträume gesteigert und wiederholt, die sozialen Ideale noch mehr verhimmelt, die Figuren noch blasser, der Stil, und das Ganze, unerträglich pedester und rosa zugleich, viel schlechter. Jetzt habe ich die 2 Bände Sartre hier, von Panchito, plus die Mémoiren François Ponçets, von Ransohof. Plus vielem andern. Der Tag scheint mir länger hier in dieser Ruhe, und die letzten 14 Tage hier sind mir so viel Wert wie 4 Wochen im Dorf. Schad dass ich

nicht bleiben kann – aber es geht wirklich schwer. Man <u>muss</u>   17
die Stunden geben.

Ich gehe jetzt (8 15) zu Bett, hebe den Brief auf um zu sehen
ob morgen nachmittag etwas von Dir kommt. Früher kann
ich ihn ohnedies nicht aufgeben. – Eben hebt ein grosses
Froschduo wieder an, ein bewundernswertes Schlaflied.
Gute Nacht, Affenköpflein – und nächste Weihnachten nicht
allein! Vielleicht im eigenen Haus! (Ein solches ist auch unter Ramonas Herrlichkeiten, aus der Kaffeetasse!)

Sehr zärtlich, aus ferner Ferne

∞ H.

PS. Auch Rattenbesuch, auf dem cielo raso und im Zim-   18
mer, wie eh und je.

50 *Aus Ciudad Trujillo nach Quito*

4 + 3 + 1 Copie + 1 Ausschnitt
25.1.1950

Liebster, Einziger!

Hier sitze ich am Meer, das gleichmässige Rauschen ist mir
lieb nach dem lästigen Gehämmere und Gesäge mit dem
heute der neue Fussboden gelegt wurde. (Ich werde jetzt aufstehen können ohne dass es für Euer Gnaden ein kleines Erdbeben bedeutet.) Die letzten Tage waren recht eigentlich triste: als ich so in dem ausgeräumten Zimmer stand, und es in
all seiner hässlichen Leere übersah, mit seinen grossen grünen Schwären in der abblätternden gelben Haut, mit seinen
von einem grauen Aussatz befallenen weissen Türen, mit den
Erdbeben und Sonnenwunden, -rissen und -blasen, und es so
gar nichts Persönliches mehr enthielt, da kamen mir die Zimmer hoch in deren leeren Ecken ich trostlos stand: mein Zimmer in Rom, mit den gleichen gelben Wänden, so kahl, so
pover, so gar nicht schutzgewährend. Das kleine Zimmer in
Minehead. – Und ich antizipierte den Auszug von hier, in all

1 seiner halbherzigen Traurigkeit. »El Dr. Palm regresa a su patria«. Nada de eso es cierto. Nicht nur kommt er nicht gleich
zurück, in was für ein Vaterland? Dann kam mir die Erinnerung hoch, als das Zimmer aufgerissen war und man nur über
die Balken balancieren konnte, an das nie bewohnte Zimmer
das bei den Eltern 3 Jahre auf mich wartete, mit den stets frischen Blumen der Hoffnung. – Kurz, all dies, dazu der trostlose campo dei fiori Anblick des Esszimmers, stimmte mich
direct schwermütig. Nun wird es also wirklich, im Rahmen
dessen was so ein alter Kasten erlaubt, anständig hergerich-
2 tet, mit guten Farben (keine »cabeza de gata«), die Möbel,
Decken etc. werden gestrichen, gewaschen, die Türen bekommen Klinken (mein Kampf sie in den Hof schleppen und
bis aufs Holz säubern zu lassen, ist siegreich ausgegangen, sie
sind nackt und so faserig dass sie Meter von Schmirgelpapier
verschlingen werden), die Katze wird anklopfen müssen,
statt sich einfach einzuschleichen. (Die Katze ist recht nett,
hat ein reiches Vocabular.)
3   Morgen kommen die Anstreicher (heute, dia de Duarte,
wollten sie nicht arbeiten, aber die Schreiner scheinen San-
4, 5 chisten, menos mal). Gestern kam (no. 40) die bezaubernde
Ansicht von Arequipa, mit dem reizenden italienischen Text.
Die Ansicht habe ich bei Bäuchleins herumgezeigt, aber jeweils die Karte aus der Hand gerissen die sie umdrehen
wollte. Dort ergab man sich gerade einem ethymologischen
Kreuzworträtsel. Selbst für den Nichtphilologen ärgerlich
anzuhören. Mit Hilfe des George habe ich den Streit ge-
schlichtet. Nichts desto weniger gehe ich dort, seit meiner
Rückkehr, häufig hin, und fühle mich, meistens, recht behaglich und zuhause dort. Denke Dir Ramona behauptet Bäuch-
6 lein habe ein besseres Herz als Tongo (hab ich das schon geschrieben?). Jedenfalls ist alle Welt reizend zu mir – und seit
ich mich zuhause so unbehaglich fühle, hab ich es geradezu
nötig.
    Das neue Mädchen ist eine wahre Perle (mit der einzigen

Ausnahme dass ihr das Aufstehen schwer fällt, und dass sie – wie unser Mieter sogleich feststellte – zuviel Barthaare im Gesicht hat, eher mehr als die Katze. (Vergleich: meiner.) Beides, besonders Letzteres, ist aber nicht tragisch zu nehmen.

Im übrigen gibt es kaum etwas zu berichten. Heute morgen habe ich, noch etwas schüchtern, die Bibliographie in Angriff genommen. Mir scheint damit kann ich mich ausreichend beschäftigen. Als ich abreiste, dachte ich an 30 Stunden, inzwischen erschreckt es mich als wärens 100. Vielleicht schrumpft es bei einem energischen Angriff schnell zusammen. Ojalá. Sollte aus dem Kunstkurs nichts werden, so habe ich gut Zeit, obwohl der fürchterliche Krach den Arbeitsr[h]ythmus herabsetzt, und pro Woche 2 Tage auf den Umzug von Zimmer zu Zimmer gehen. Ich möchte es rasch erledigen um das MS dem Vater Tiefenthal zu geben. Das andere hat der Vogelkopf der schon recht weit gediehen ist, aber z. Z. unterbrochen hat, seines Hostosprologs wegen. Das 3. wie gesagt unter Schloss und Riegel. – Eben unterbricht mich der lengua autoctónamann, der etwas weiter hinten mit einer Schönen sitzt gegen die die Seine immerhin noch grosse Vorteile hat. Er kam, erkundigte sich nach Dir – ob ich nicht eifersüchtig sei, der schönen Mädchen wegen? Ich sagte Du widmest Dich hauptsächlich den bellezas antiguas, Kirchen etc. I am right, am I? – er schlug dann einen schlauen Bogen und landete wieder bei dem Mädchen. Ich dachte natürlich er sei weg, drehte unvorsichtig den Kopf zur Seite, einem Taubenflug nach – und da sass er und seine ganze Odysseuslist war zunichte geworden. Apropos Guilia, Bäuchlein meint er sei wirklich ein Neffe des Vesuvs gewesen, mein heiterer Besoffener.

27. I.

Äfflein.

Endlich, endlich Dein 1. Brief aus Quito. Ich war schon ganz nervös. – Inzwischen ist das Hasenzimmer fast fertig angestrichen, morgen die letzten Fenster und Türen, am Montag der grosse Umzug, vom Corridor ins Hasenzimmer. Grässlichkeiten.

Der Boden Deines Gemachs mit Balken und leibhaftigen Baumstämmen abgestützt. Aber er kommt als letztes dran, in der 3. Woche. Ich rechne dass er bis Ende Februar wird ehe das Haus richtig fertig ist. –

Gestern draussen im Hospital bei Ramona. Die Arme wurde heute von Goico operiert (Gallenblase). Morgen früh werde ich anrufen und mich erkundigen. Danach in die Facultät: 14 Einschreibungen für Deutsch. Ich nehme an am Montag kann ich anfangen, selbst wenn nicht alle 14 zur gleichen Zeit können. Danach nachhause mich umziehen, und zurück in die Uni wo es die spanischen Volkstänze gab. Sehr hübsch. Leider konnte ich nicht alle ansehen da ich bei Boyries zum Abendessen war. So voll war die Uni noch nie, höchstens bei Ludwig. Ich kam spät und ergatterte einen Stuhl auf dem ich stehend die Vorstellung mit ansah. Der Empfang war extrem herzlich, die Begeisterung gross. – Danach bei B! zum Essen. Dort wurde wenig von Deiner Reise, viel von ihrem Haus (Palast!) geredet, Pläne und Details beraten, alles in grösster Herzlichkeit. Es wird ein Haus in dem stilgerecht zu leben direct eine Aufgabe sein wird. Armes Meerwunder! Soviel neue Kunstwerke sind in Auftrag gegeben dass die bisherige Bildersammlung – sehr gut ausgewählt wie Du weisst – in einem Gang à la Doria untergebracht werden muss. Dieser Tage fahre ich mit ihnen hinaus es besichtigen. Für Einrichtungsfragen habe ich auf Deine californischen Erfahrungen verwiesen. Wenn ich hinausfahre, wird man mir auch gleich das Cavosche Haus zeigen. – Heute morgen getippt – d. h. mit Unterbrechungen, der Anstreicher wegen. Nachmittags Tongo zum Essen, damit doch irgend jemand Dir erzählen kann wie es hier ausgeschaut hat. Dann in die Stadt den Brief abholen, etc.

Bei Bäuchleins Dr. Nuñez der grüssen lässt. C'est tout.

Weiteres im grossen gemischten Salat. Wie wohl Quito ist,
und ob auch dort die Pfirsichfarbenen Keiler einhergehen.
Sehr zärtlich

Der Deine.

51 *Aus Ciudad Trujillo nach Puerto Rico, März 1950*
Copie nach P. Rico
Kleiner, Liebster!
Seit Tagen nervös über das Fehlen von Post. Ein Brief aus Ca- 1
racas, plus ein Telegramm. Ich gehe oder schicke zweimal
täglich auf die Post um zu sehen ob nichts da ist, geradezu
wie in Jarabacoa.

Hier wenig Neues. Die soc. filosofica, in den letzten Zü- 2
gen, hat sich letzten Sonntag etwas erholt, aber stirbt doch
demnächst. Immerhin war es weniger asquerös. Alle Welt 3
kam hin mit der Absicht zu schweigen. Obwohl niemand
dies durchführte, war die Stimmung conzilianter.

Bemerkenswert: bei der Sitzung (bei Cundos, mit Bier
etc.) erschien ein junger rumänischer jüdischer Arzt, der vorübergehend hier ist, ein wahres Genie in medizinischer Hinsicht, ganz evident (und der wahre Abschaum in andrer). Die
oft gelesenen Urteile über die europäische Jugend die so verwahrlost ist und alle Standards über Bord geworfen hat, hat
in ihm das erste greifbare Exempel hierhergebracht. Immerhin ist es wahrscheinlich wenn auch nicht sicher dass seine
Anwesenheit hier mit meinen Beschwerden und Ängsten
aufräumt, und mir die – auch mir ganz unvermeidlich schei-
nende – Reise nach New York erspart, die ja unter den gegebenen Umständen höchst problematisch war. Er wird mir ein
tratmento geben das angeblich in 3 Monaten die seiner Meinung nach seit der Spülung nicht verheilte Erosion schliessen
wird. (Im Gegensatz zu hiesigen Meinungen vertritt er die
Ansicht dass ein cancer oder welcher Tumor auch immer sich

nicht so rasch gebildet hätte, gibt aber zu dass Gefahr für Tumor (nicht notwendig cancer) durchaus gegeben ist wenn
man die Verletzung nicht richtig zum Heilen bringt. Er ist
auch der erste Arzt der sofort sah dass ein sehr möglicher
4, 5 Effekt der brasilianischen Vacuna eine Hemarroghie sein
musste (diese Art vacuna kann man seiner Meinung nach nur
nach sorgfältigen Blutproben anwenden). Insofern ist er also
mit Dir einer Meinung dass die ganze Schweinerei nur und
6 ausschliesslich Juves zu verdanken ist. Der junge Mann ist
wie gesagt von einer lucidez in medizinischer Hinsicht die
extraordinär ist, und von einer Berufsethik wie sie mir noch
nicht vorgekommen ist. Zum Erschiessen. Jedenfalls lässt er
auch für Dich weitgehende Instruktionen in vieler Hinsicht
hier die auf den ersten Blick höchst nützlich scheinen. In
Hinsicht auf die intuitive rapidez seiner medizinischen Fol-
gerungen hat er etwas von der traumwandlerischen Sicherheit
von Ramona. Jedenfalls ist es mir zum ersten Mal im Leben
passiert dass ich bei einem Menschen wie bei einer halbtoten
Cucaracha empfunden habe dass, trotz aller Intelligenz die
im gegebenen Fall uns zu statten kommt, es doch besser gewesen wäre so jemand wäre denn doch ratzekahl umgebracht
worden. Dagegen steht der Fall von Horia der ein moralischer Heroe ist. Aber Europa scheint, bei allen intellectuel-
len Finessen, doch noch ein ganz andrer Dschungel zu sein,
7 inzwischen, als dieser Continent. C'est ça. Man zweifelt beinah Medizinen von sowas sich verschreiben zu lassen. Na wir
haben ja in Freymuth ein erstes Exemplar gesehen, nur dies
eben ganz unter dem Tisch. Sprachen spricht er alle und
keine, mit Ausnahme von jiddisch was ich nicht controllieren
kann was er aber wohl wirklich als einziges richtig spricht.

Donnerstag morgen
Gestern musste ich in die Klasse und schrieb ni[c]ht fertig.
8 Tata kam aus der Stadt, wieder ohne Brief! Morgen telegra-
phier ich. Tongo ass mit mir zu abend, danach gingen wir in

die Ausstellung die gestern geschlossen wurde (die Bilder bleiben aber noch etwa eine Woche hier, vielleicht siehst Du sie noch, obwohl ich nicht glaube dass Du viel verlierst wenn sie Dir entgehen) wo ein französischer Film über Chartre[s] gezeigt wurde: obwohl viel zu kurz war es doch wie ein Besuch dort: die Skulptur[en] so erstklassig wie nur das Griechische. Direct, noch im Film, bestürzend wie eben nichts in ganz Amerika, von Feuerland bis Alaska. Hinterher waren die Bilder noch drittklassiger als zuvor. Was ich für eine Sehnsucht hatte hinzufahren. Manuela und Gatte (sie fehlen nie wo auch nur das Kleinste geboten wird) dort und sehr freundlich. Er sehr erfreut dass Du ihm gratuliert hast, dankt sehr für Deine diversen Karten die er mangels Adresse nicht beantwortet habe. Der kurze Film ein wahrer Trost. Ob die Alliance Francaise ihn uns wohl für Dich nochmals leihen   9 kann damit man ihn z. B. bei Boyries vorführt.

Wie wohl Coro war? Tongo meint dort sei wenig übrig ge-   10 blieben. Heut geh ich mal wieder auf den Zoll ein Paket von Argen[t]inien holen. Wohl das berühmte Bild?   11

Peerless haben die 10 dollars Kosten übernommen, sagen aber nichts hinsichtlich des Preises den sie für die Praktiflex in Anrechnung bringen würden. Im Höchstfall kann es sich um 60 dollars handeln, den bezahlten Preis. Ob Du dort, bei der Preislage, nicht mehr bekämst. Ich ziehe in Betracht dass   12 Du sie dort zu verkaufen versuchst, für möglichst 120 oder 150–200. Ich will dagegen eine second hand Leica bekommen. Was P.[uerto] Rico betrifft so machst Du eben keine slides dort, es ist weder so wichtig noch so abgelegen. Falls Dir der Brief zeitig komm[t], versuchs. Ausgabe, incl. disparador, 64 plus 10 dollars postage. Auf jeden Fall will ich hier feststellen wie die Verkaufschance, den[n] falls nach New York muss es von P.[uerto] Rico direct geschickt werden. Ich bat Peerless postwendend zu antworten ob sie falls Du sie von P.[uerto] R.[ico] schickst bereit sind sie zum gleichen Preis in Anrechnung zu bringen. Unterdess werde ich hier

die Verkaufschancen festzustellen suchen, dito die Einkaufs-
chancen für alte Leica (evtl. günstiger als in N[ew] Y[ork])?
Eigentlich gehört dies in Salat.

In Eile, der Brief soll vor 10 weg. Nun sind es wirklich
(wirklich?) nur noch Tage (Mam hat Dir schon herzliche
Willkommensgrüsse geschickt, und dankt für den Geburts-
tagsbrief)

13   Viele kleine zärtliche Küsschen, übern cielo[?]
                     dem Wind aufgetragen
                             ∞
                     Dein Has

52 *Aus Ciudad Trujillo nach Mexico City,*
       15. Oktober 1951

                          2 von C.T.   8 incl. erhalten.
Du meines Äffleins liebstes Haupt;
Du kannst Dir gar nicht vorstellen wie tröstlich mir Deine
Briefe sind, und wie nah ich Dich fühle. Lass uns nicht mit
dem Geschick hadern: wir haben immer noch sehr viel. Wir
sind allein, aber wir haben uns. Und für mich gibt es nun einmal auf der Welt nichts Netteres, Lieberes, dauernd Über-
raschenderes und doch intimer Mein Eigenes als Dich. Ach
könnten wir uns nur aus dem Trubel zurückziehen, und das
Geschirr, in dem man uns anspannt, ablegen. Weisst Du dass
ich immer noch intensiv ans Kindermachen denke (und das
wird dann ein Mexicaner, mit Pistole im Maul geboren, in
einer der unmöglichen Wohnungen). Maispilze, gespickte
1   Würmer und verfaulter Magueysaft werden an seiner Wiege
getrunken: eine furchtbare Idee. (Ich glaube ich hab dort ein
Auto & wohne draussen! Wir kaufen es in den U. S. & fahren
es hinauf?? Einen alten Rappelkasten). Ich bin überzeugt
dass ein Haus mit Aussicht auf die Berge, dort, plus Deinem
Hasen drin genau so gut für Dich der Nabel der Welt sein

wird wie jedes andre Hasennest, solang Dein Kleiner es etwas polstert, zupft, und für Dich herrichtet. Da siehst Du, die
Leute fragen Dich warum Du so jung bleibst: ich bin ganz
einfach überzeugt das ist das Resultat, das letzte und bescheidene, der wenigen Wunder der armen Ex-Hasengöttin. Oder
einfacher: es ist die Abwesenheit von Tücke im eigenen
Heim.

Was die Verschiebung der Schwerpunkte betrifft: wenn Du
Ende des Monats kommst, fahr ich sicher nicht vorher (ich
hab Conie immer noch nicht angeschnorrt, bin auch immer
noch unsicher, und muss mich erst völlig auskurieren. Was
Hans betrifft, so ist da nichts hinzuzufügen. Es ist einfach so
wie wir es immer erwartet haben, eher noch weniger Mensch
als mehr. Horia, mit dem ich doch sehr nach Deiner Abreise
discutierte, und der Hans' Advocaten machte, sagte: »Sie reden von einer Mission nach Africa!«, seit ich ihm einige Kostproben gegeben habe. Das was ich die »christliche Aufgabe«
nannte. Es ist traurig, aber so ist es. Bis nach seinem nächsten
Brief weiss ichs aber. Was ihn so empört hat, waren nicht die
Nachher geschriebenen Briefe sondern der letzte vorher, natürlich, in dem ich, wie er schreibt, sein Gewissen angreife.
Nachdem die anderen nun kein süsser Schmuss der Bewunderung waren wie die »fremder Menschen«, und er doch mir
gegenüber ein schlechtes Gewissen hat, schmeisst er Schmutz   2
& Steine.) Vielleicht hast Du recht, ich sollte die Reise um der
Reise willen machen. Jedenfalls nicht, ehe ich das letzte décimo Temperatur los bin. (Im übrigen finden fast alle, mit
Ausnahme von Tante Gretel, Willi Alsberg, meine Aufregung übertrieben). Grete Kolmar schreibt die Frauen unserer
Familie (europäischer Zweig!) sterben meist um die 70. Die
Leute mögen von »Wenns« und Auflehnung nichts hören.
(Sacha erzählt mir dass Vela ein gleiches Problem mit seinem   3
Bruder hinsichtlich seines Vaters hat, und ist deswegen
schlicht dagegen. Vela hat er in 12 Jahren nicht verziehen).
Im übrigen frage ich mich was es mehr kostet wenn Du

selbst nach N[ew] Y[ork] fährst, auf dem Weg in Wash.[ing-
ton] bleibst & siehst wen Du für Unesco noch mobilisieren
kannst, & dann mit Picón, Tannenbaum etc. sprichst.? Du
kannst bei Vela wohnen, er bietet es an. Wer weiss es? Ich
4 finde ein Jahr dort vielleicht doch einen Gewinn?? On sautera, wie die Frösche, von Stein zu Stein.

Kannst Du nicht dort Ballets etc. aufgeführt oder verfilmt
bekommen & daran verdienen? Es ist immerhin eine Möglichkeit.

Eben war Horia wieder da, dem ich die Formulare nochmals durchsah. Obwohl ich ihn gleich rausschmiss, bin ich
nun müde. Es ist 11, also erst 9 für Dich. Ob Du wohl die Divertissements vorgelesen hast?

Die Hasenaugen sind mir zum zufallen (seit ich so krank
war, verteidigt sich mein Körper besser, und schiebt die Tatsache zunächst weg ins Beinah Ungewusste).

Ach mein Lieber, lass uns doch Kinder haben. Schlimmstenfalls stopfen wir ihnen nachts Watte in den Mund wenn
sie zu sehr schreien. Ach Gott, ich weiss es nicht. Grad jetzt,
wo wir ins Rollen kommen.

Oh Du meine reisenden Augen, ich küsse Dich sehr und
bin ganz bei Dir, und Du ganz bei mir

H.

15.X.51

53 *Aus Ciudad Trujillo nach Mexico City*
Erhalten: 11, vom 18.   23.X.51
Mein Allereinzigster.

Hier sitze ich auf der Terasse – endlich ist es ein Bisschen
kühler – die Parade ist vorbei gerasselt, und es ist sehr einsam.
Immer bin ich in Versuchung die komischen und abenteuer-
lichen Stellen Deiner Briefe an Mutti weiterzureichen, die
sich sicher über diese so pintoresk klingende Reise sehr ge-

freut hätte. Mir scheint es beinah unvermeidlich dass dies weglose Mitteilungsbedürfnis sich nun doch noch ins Schriftstellerische umsetzt, wenn auch erst später. Zur Zeit macht es mich hauptsächlich müde. Die Anstrengung es fern zu halten, ist in dieser Hinsicht kaum kleiner als der Kräfteverlust des die Tatsache Ansehens (wozu ich so ganz ausserstande bin). Das in die Stadt gehen, wie immer, kein Trost, wegen ihrer Nichtexistenz, von der Uni zu schweigen, und dem Schülerfang.

Das einzig Gute einer Reise für mich wäre der Wechsel der Eindrücke. Ich komme aber, so allein, zu keinerlei Entschluss, ja meine Lust zu John zu fahren, wird immer blasser. Auch wird es ja immer später. Und ohne Dich erst zu sehen, will ich schon gar nicht abfahren. Wenn ich nur wüsste was Du davon häl[t]st (und was für einen Sinn soll es schon haben?)

Cundo heute sehr nett. Tongo, nachdem ich ihn dieser Tage so gern sah, doch wieder mit Misstrauen betrachtet. Mir kommt doch México dagegen sehr lebendig vor, wenn auch die Theateranzeige traurig ist.

Was aber Dich betrifft, so ist es wie stets: Du schreibst im gleichen Atem alle Welt sei reizend – und beklagst Dich (mit Ausnahme von Argentinien & Ecuador war es stets so, selbst im geliebten Habana). Von allem, was Du erzählst, sehe ich nicht recht über was & wen Du Dich beklagst. Du bist noch keinen Monat da, und kennst eine Unmenge Leute (Sollten wir zusammen hinkommen, so wollen wir im Autobus hokken und das Land gründlicher ansehen). Nimm es leichter – leichter – leichter! Lass Dich in Gedanken ein wenig von mir kraulen. Ich hab Dich sehr lieb. Dein kleiner Hasenkopf.

P. S. Musst Du dort alles sofort festmachen – oder können wirs hier erst besprechen? Kannst Du Reyes nicht nochmals sehen?

54   *Aus Ciudad Trujillo nach Mexico City,*
     28. Oktober 1951

1   erhalten 14, 15 & 17   8 (gestern ohne Nummer)   (16?)
                                                                            28.x.

Mein Liebster.

Heut tut mir der gestrige Brief leid. Die letzten Tage war ich
gar zu niedergeschlagen. Ich werde schon darüber wegkom-
men. Es ist gewiss nur sehr zum Teil Deine Schuld. Auf jeden
Fall hätte es nichts geschadet wenn Du zunächst mich, und
dann die Uni um weiteren Urlaub gebeten hättest (von mir
hattest Du an sich 3 Wochen Lizenz! Ich will sie Dir aber,
unaufgefordert, bis Mitte Nov. verlängern).

Ich glaube nicht dass ich nach Europa reise. Ich bin beinah
fest entschlossen. Es ist daher meine Meinung dass Du nach
N[ew] Y[ork] fährst. Hast Du die nötigen Adressen? Soweit
ich sehe, solltest Du spätestens am 10. oder 11. Nov. dort sein
um die Woche vor Dir zu haben. Ich schicke Dir $ 100 c/o Vela.
(!Oder nach dort?) – Fahr die Feiertage ruhig nach Puebla.

Sei nicht betrübt wegen des gestrigen Briefs. Ich habe diese
Woche eben ein »Tief«. Ich will unbedingt wieder Schlafmittel nehmen, sonst komme ich über die Erschöpfung nicht
weg.

Ich glaube es ist viel vernünftiger nicht zu fahren. Es steht
nicht dafür. Der materielle Vorteil wäre sehr gering. Und da
John schon jetzt das Reisegeld reut, bin ich unbedingt dagegen.

Ich lese mit Erregung Churchill's Memoiren. Ich glaube
doch Deine Einschätzung der Wahlen ist ungerecht. Er ist ein
Mann mit genialem Blick, niemand der nur mit der Faust auf
den Tisch haut. Dass England 1940 nicht collabierte, einzig
sein Verdienst. Ich sehe keine immediate Kriegsgefahr, au
contraire.

Ich wäre nicht zufrieden wenn Du, des gestrigen Aus-
bruchs wegen, die Reise abbrächest. Es ist zwar nicht zu
leugnen dass die Alleinsamkeit – so gut ich es mit mir allein

aushalte, wenn ich zufrieden bin – im Augenblick nicht das Rechte für mich ist. Es ist aber <u>wichtiger</u> dass unsere Umzugspläne gefördert werden, im Ernst.

Ich bin der Meinung dass wir die Fahrt nach N[ew] Y[ork] hier <u>nicht</u> an die grosse Glocke hängen, sondern als Transit behandeln. –

Ab morgen gehe ich morgens nach Guilia, um mich etwas aufzurappeln. Ich nehme dito, ohne viel Erfolg, Vitamine. Es geht mir gesundheitlich gut, nur bin ich eben sehr herunter. Und zu viel allein. Apropos, Anna ist auf einmal vom Kind zum Mensch erwachsen, ein grosser Vorteil. Die Arme.

C'est tout. Schreib täglich, seien es auch nur ein paar 2 Linien. Und verzeih dem armen kleinen Hasen. (Und komm unter keinen Umständen hier verschwoft an, wie 1947 in New York, nach der Tour durch die Staaten. Sondern aussehend wie mein Aff, nicht vom Whisky entstellt).

Behalt mich lieb
H.

Einen intimen Freund von TH hast Du nicht aufgetrieben?

28. X. 51

55 *Aus Kenscoff, Haiti, nach Ciudad Trujillo*

Kenscoff 30. VI. 52

Mon cher Affenkopf.

Nach einer ruhigen Fahrt – not bumpy at all – gut gelandet. 1 Vorläufig noch ein wenig benommen von der plötzlichen Veränderung, weder zufrieden noch unzufrieden, hauptsächlich müde.

Report: Das Hotel reizend, ein wirkliches kleines Hotel. Aussicht auf Berge & Meer von einer netten Terasse, im Augenblick wegen Wolken & Nebel nicht erregend, aber sehr versprechend. Ich habe das Zimmer von Mrs. Lee, sehr nett

und comfortable, incl. Leselampe über dem Bett (Hotel besetzt. Ich kann zunächst so wohnen bleiben). Terassen ad
libitum. Essen gut. Herrliches Gemüse. Deutsche Housekee-
per sehr nett und freundlich, anti-Nazi. Ein grosser Setter namens Vicki hat mich bereits auf dem Spaziergang begleitet
und liegt jetzt auf dem Mäuerchen der Terasse. (Connie's
Hunde bei Philip!) In meinem Zimmer ein Katzennest mit
alten & jungen Katzen (im closet), freundlich miauend und
nach Katze riechend. (Katzenmutter: »petit choux«). Ich vergass: ein grosser Kamin mit grossen Holzscheiten drin. Das
Hotel könnte irgendwo in der Schweiz sein. Luft: eher frischer als Constanza, sehr windig. Leute wie die Kinder. Bett-
ler abominable (jeder der vorbeikommt, ein virtueller Bett-
ler!)

Vom Hasenstandpunkt: entzückendes Panorama von gel-
ben Rüben, Erbsen, Schnittlauch, Artischocken, Rettichen,
Salaten, Kohlen, Radieschen, – angeblich auch Spargel, Erd-
beeren, Brombeeren, Pflaumen, wilde Aepfel, abgesehen von
Mangos, Wassermelons[?] und dem Üblichen! Dazu Astern,
Chrysanthemen, Gladiolen, Hasenmäulchen, Delphinium,
Zinnias, Margariten und Nelken in allen Farben (täglicher
Transport nach Cuba, P.[uerto] Rico, Curazao etc.)

Con mit den Blumengeschäften busy. Etwas gealtert aber
energisch wie stets. Stimme noch hysterischer, ziemlich nervös. Steht um 5 ^{30} auf (leise, hoffe ich). Sonnenaufgänge sollen herrlich sein – ich plane nicht sie oft zu sehen. Sonnenun-
tergänge über dem Meer!

Aussicht auf meubliertes Haus für 35 $ monatlich. So oder
so scheint es wahrscheinlich dass man unterkommt. On
verra.

Der Ort langgestreckt an der Strasse, steigend oder fallend.
Die Häuser bis jetzt wohl meist leer. Die Idee eines Kaffees
belustigend. Läden: der beste so gut wie der in der Calle de
los Sentados in Jarabacoa. Fahrt nach Port-au-Prince im Sta-
tionwagon 0.20 (mit Blumentransport: gratis). Man kann

dort einkaufen. Wasser gut. Licht von Port-au-Prince all day
& night. Wie man hier haushält sehe ich noch nicht, abgesehen von direktem Hasenfutter: keine Bäder, keine Post etc.
(alles in P.[ort] a.[u] P.[rince]) Hühner wie die dort an den
Beinen gebündelt.

Soweit auf der Terasse.

Es wurde kalt. Hier wird es erheblich kälter als in Constanza.

Wenden.

Im Bett, 9 ^{30}.

Katzenfamilie ausquartiert zu Con.

Con sagte ich sehe bereits besser aus. Man hat hier grossen
Appetit. Ich werde sehr vorsichtig sein müssen um die Linie
zu halten. Das Einzige was mir zweifelhaft ist ist der Schlaf
morgens. On verra. Con lässt übrigens sehr grüssen, admiring you as much as ever.

Mein Herz, ich bin ein Bisschen kleinlaut wegen der hin-
terlassenen Hasenpapiere. Ob Du wohl schon an der Helena
bist?

Je t'aime

H.

Immernoch im Bett. 7 ^{30} a.m.

Trotz mässiger Nacht – die Sonne, nicht Con weckte mich
früh – beim Aufwachen entzückt: eine Bergkette hinter der
anderen (unvergleichlich schöner als am besten Punkt von
Paso Bajito), dazu der Golf. Auf der Kommode ein Topf gel-
ber & weisser Hasenmäulchen, vor der Tür ein kleiner Balcon mit Steinwand, Strohdach in der Morgensonne. Auf dem
Mäuerchen ein geflochtener Korb (den das Mädchen vergessen hat. Die Körbe sind hier so nett und zierlich plumb.)
Darüber ein Bisschen Berglinien, und viel hellblauer Himmel
mit florentinischen Wolkenstreifen. (und richtige Luft) Der
Wind wie eine Turbine.

Dabei bin ich mit einem Angsttraum von Dir aufgewacht, von dem mir vorkommt ich hätte ihn schon öfter geträumt. Vielleicht hab ich ihn heute nacht mehrfach geträumt. In dem Traum wurde Dir übel mitgespielt, auf eine groteske Weise, und ich konnte es nicht ändern. Sicher war es ein Reflex der Buchaffaire.

Ich bin im übrigen immer noch wie im Kästchen, und wundere mich wie ich hierhergekommen bin, so weit weg von Dir. Ob Du jetzt schon mitten in der ersten Scene bist? Ich bin sehr gespannt wie es wird. (Aber zunächst musst Du Dich ausschlafen um den nötigen Druck zu haben).

5   Je baise tes yeux

Der Federhalter ein Kampf. Verzeih die Schrift.

6   Grüsse an Tata, Cundo etc. – et, avant tout, à Helène

Ist es besser seit ich Dir die Muse nicht mehr »abfange.« Ich armer winziger Hase, ohne alle solche Schmetterlingsnetze – Betttücher, sagst Du.

56   *Aus Kenscoff nach Ciudad Trujillo*

1, 2   24   23
                                         9. VIII. 52

Mein Lieb,

was für eine Nachricht. Ich war garnicht auf sie gefasst, und so betrübt und unglücklich dass ich zunächst nicht weiterlesen konnte. (Als ob immer meine Sommerferien für die Verluste bestimmt wären). Dabei hing sein Leben an einem so dünnen Faden – doch wir hofften, ja wir gewöhnten uns beinah daran zu glauben das gehe so weiter (hätten sie ihn nur nicht so eingeschlossen wie in einem Hypertreibhaus!).

3   D. Américo war für mich, so merkwürdig das klingt, beinah meine beste Freundin. Was mir sein Lächeln fehlen wird – es ist nicht zu sagen. »Wir werden ausgezogen«, mein Herz. –

Ich danke Dir sehr dass Du meine Veilchen mit ihm geteilt hast, und ihm einen letzten Gruss von mir gebracht hast. (Hätten sie Dich nicht eher rufen können!) Grade dies letzte halbe Jahr waren wir so in uns eingewickelt, und haben ihn oft lange auf uns warten lassen. Das ist nicht mehr gutzumachen. (Ich schrieb ihm von hier, noch im Juli, und entschuldigte Dich, falls Du wenig kämest, der Helena wegen) Als ich mich verabschiedete, sass er vorn neben dem Radio und sah so gut aus. (Und Telma sagte sie sei gekommen um ihm die letzten Liebesdienste zu erweisen. Ich glaubte Telma irre sich. Nun hat er nur das Buch abgewartet). Ciudad Trujillo wird mir sehr leer vorkommen. Immer hatte es mir leid für ihn getan, wenn wir, d. h. Du, eines Tages gehen würden – nun ist er gegangen. Ich habe das Gefühl dass damit unsere Zeit, die 12 Jahre dort, voll ist. Du wirst es sehen, wir werden bald wegziehen, aus dieser Stadt der leeren Häuser, davon keins so leer wie das Seine (apropos, vom Seefahrer keine Nachricht?). Aber nirgends können wir bessere und verlässlichere Freunde haben als ihn. Er hat uns, im Persönlichen, zwischen uns, nie enttäuscht.

Was Du schreibst, Liebster, über die Freundschaft, ist doch ganz natürlich: ja, sie ist mit den Vorbehalten und der Kenntnis der gegenseitigen Schwächen. Bei der Liebe, weisst Du, liebt man die kleinen Unvollkommenheiten mit, ja sie machen uns manchmal zärtlich (wie sie uns manchmal aufbringen). Bei der Freundschaft, da »acceptiert« man sie nur, da bleibt man ein wenig distanzierter und identifiziert sich nicht so sehr, dass man vergisst wo die wunden Stellen sind, da ist man manchmal recht kritisch. Und das alles – soweit es die wesentliche Achtung nicht beeinträchtigt, aber das wäre selbst bei der innigsten Liebesbeziehung fatal – mindert das Wesentliche der Freundschaft, die gegenseitige Bereitschaft der Gefühle, doch garnicht. Was D. Américo betrifft, mein Lieb, so liebte er Dich mehr als umgekehrt, Du warst für ihn alles was er hätte sein wollen – oder mindestens in seinem

Sohne sehen wollen. Die Freundschaft mit Dir war die grösste Freude seiner letzten Jahre – es wäre ungemäss zu verlangen dass er Dir ein gleiches bedeutet hätte (und es gibt keine griechischen Rezepte dafür). Dazu kommt, wirklich, dass Du, mein Lieb (ja wir beide) sehr in uns leben. Ich bin überzeugt Deine Freundschaften mit Männern, so wie sie sind (und Du hast verschiedene sehr gute, von Enrique angefangen) sind so wie sie Dir entsprechen: mehr zu geben und mehr zu empfangen würde Dich vermutlich so belästigen wie (ja wie soll ichs erklären) wie wenn Deine Katzen plötzlich anfingen zu sprechen. Ich glaube nicht dass Dir da was fehlt (oder was abgeht) was Du nicht auf andre Weise hast. Und wer wiegt die Herzen der andern, derer die so viele Freunde ans Herz schliessen – zeigt sich nicht bei jeder Krise der kleine Rest, das Freundsein. (Dass Du so ungern für einen andern ein wenig aus Deinem Weg gehst, das ist ein andres Thema, das lässt sich Dir in der Tat vorwerfen. Aber davon reden wir hier nicht.)

Im Ganzen finde ich, Liebster, dass es eine sehr schöne Beziehung war: mög[e]st Du – innerhalb des <u>Dir</u> Gemässen – eine Aehnliche finden wenn Du 70 bist (Ein so theoretischer Wunsch, ich kann mirs nicht vorstellen, und doch, wer hätte gesagt dass wir so rasch, so im Handumdrehen in den Vierzigern wären). Mein Wunsch ist dass das Buch, wenn es endlich erscheint, ihm gewidmet werden könnte, ihm und der Stadt. Er hat es so verdient.

4   Mein Lieb, ich hab den Morgen verbracht wie in einer Oficina, mit all dem Geschreibsel. Dabei bin ich ganz müd von der traurig verbrachten Nacht. –

Grad les ich Deinen Brief nochmal: was nennst Du einen
5   Trost »Breughelscher Art«. Ich komme nicht hin.?

Bei alledem freut mich dass Dich mein Brief so gefreut hat, Du sagst: glücklich gemacht – und das ist ein grosses Lob für
6   einen Brief. Mon chéri, je suis heureuse s'il y a chose mieux qui te puisse plaire.

Umarme Da. Lola von mir, grüsse Telma – und schreibe.
Schreibst Du?

Mes petits baisers 7
H.

57 *Aus Kenscoff, Haiti, nach Ciudad Trujillo,*
   11. August 1952

26 1

Liebster,
Ich ass heute im Chatelêt, wo ich mit Con eine definitive Unterredung über die Übersetzung hatte: sie hat, sagt sie, keine Zeit. Es handle sich nicht um Geld. Was ihr in die Glieder gefahren ist, weiss ich nicht. Well, so ist es. (Sie ist übrigens wirklich sehr beschäftigt) Dann ass ich dort – und wartete auf Deinen Brief – und nahm denn meinen frankierten wieder mit – nicht so sehr um Deinen zu beantworten, als um die heute früh unter Tränen geschriebene Jeremiade zu zerreissen: den trübsinnigen Bericht der verweinten Nacht, die Beschreibung eines Angsttraums. 2

Mon cher, wozu quäle ich mich – und Dich. Denke Dir, heute nacht als ich aufwachte, fiel eine Margerite aus der Vase, und von der Blume fiel ein Tropfen auf Muttis Photographie, genau aufs Auge & wie ich hinsah, weinte sie mit mir. Es war schrecklich, all die Tränen.

Du hast aber völlig recht: Du kannst nicht vor den Feiern abfahren. Immerhin, dass überhaupt wieder vom Kommen die Rede ist, klingt sehr tröstlich.

Mein Lieb, wie gerne hätte ich Deinen gelockten Kopf schon auf den Knien, schwarze Locken und graue, es ist mir gleich. Und könnte Dich ansehen. Ich – ich seh wieder ein klein wenig präsentabler aus, und wenn Du wirklich kommst, so versprech ich diese Woche nicht mehr zu weinen. Kommst Du wirklich? Ich kanns kaum glauben. Der Traum,

ach war er schrecklich, einer immer trauriger als der andre.
Was kannst Du dafür? – Sei nicht betrübt, mein Herz; die
3 Helena wird schon werden, und alles weitere auch. Über-
nimm Dich nicht, verzage nicht.
4   Je baise tes yeux – et la bouche. Ach wie lang dass ichs nicht
mehr getan hab.
      H.

                                                    11. abends.

[Anlage:]

5 Friedhöfe in der Landschaft
wie Felder bestellt mit Blumen aus Stein
endgültige Saat.

Spielzeugstädte von Toten
erkennbar am klaren Dessein,
Muster geordneten Bleibens,
hell den Reisenden ladend
am Fenster des Flugzeugs,
der betroffen den Fallschirm befingert
als scheid er den Vogel vom Stein
beim Fall ohne Aufschub.

Mutter, Du zärtlich im Sarg
mit dem roten Halstuch
als lägst Du in einem Boot
und könntest nicht ausfahrn
aus meinem Herzen.

Vater – und Vaterersatz,

Ach, ihr verlasst uns
mit hilfloser Geste.
Eure Linie bricht.
Ihr die Ihr unsere

Beweise annahmt,
Phalanx von Liebe
vor unsrer Angst.

Wer sind wir
um in der ersten Reihe zu stehn
und standzuhalten?
Und welche Zeichen halten wir hoch
für welches Gefolge?
Wir, die Samen in Flugsand
so fremd und verweht,
welches Ding trägt unser Gesicht?

Liebster, lass meine Hand
nicht los.
Wir wollen lächeln
und uns ansehn
und eine Mauer aus Veilchen bauen
(statt Gefahrsignalen)
auf den Dünen.

6 / 9. VIII. 52

Ich weiss es ist zu lang und hat viele schwachen Stellen. Ich werde aber nicht besser damit fertig. Es taugt nichts. Vielleicht sollte ich Dirs gar nicht schicken – und jetzt, nach den Auszügen in Deinem Brief, traue ich mich immer weniger.

58   *Aus Kenscoff, Haiti, nach Ciudad Trujillo,*
     16. August 1952

Nachmittag ohne Dich.

Leuchtende Rose
aus Wasser und Sonne,
grosse weisse Wolke,
Du treibst
ins Dunkle.

Wir sind so flüchtig
vor jedem Wind.
Das Schneckenhaus bleibt,
wir werden aufgelöst
wie Du.

Unsere Stimmen so hart
und voll Widerstand
wenn der Tag fällt
und Du so sanft
auf den Glanz
verzichtest.

                16. VIII. 52

1   with the $\heartsuit$'s apologies for »pfusching in Dein Handwerk«.

59   *Aus Kenscoff, Haiti, nach Ciudad Trujillo,*
     16. August 1952

Heute vier Tage ohne eine Zeile.
Falls es Zweifel über Dein Kommen sind die Dein Schweigen

veranlassen – aus welchem Grund auch immer Du vorziehen magst nicht zu kommen, tu Dir keinen Zwang an, mach meinetwegen keine Reise zu der Du keine Lust hast. I am getting along.

Freundliche Wünsche für Dich und das Deine

H.

16. VIII. 52 1

60 *In Ciudad Trujillo, 11. September 1952*

Sei gut zu Dir, mein Herze.
Du bist infam zu Dir: Ruinier Dich nicht, mon petit, zerstör 1
nicht das Wunder in Dir.

Bei der heiligen Liebe, die ich zu Dir gehabt habe, Du Innerstes meines Herzens, fleh ich Dich an: Schone das Heilige in Dir. Wir sind alle nur menschlich, Kleiner. Hab Mitleid mit Dir.

Dein Hasenschatten.

11. 9. 52

61 *In Ciudad Trujillo, 28. September 1952* 1

Mon petit, Affenkopf atque Pantera atque Fray Affone da 2
Camporeggi Visciola Sumpfkraut,
atque ... mon chéri,
Nun will ich einmal auf die Weise vernünftig sein, die Du
mir nicht zutraust – at least that is what you say. 3
Unsere guten Unterhaltungen mit dem Rückschlag, mon
petit, warum? Nur weil <u>ich</u> eine Reaction auf die Objectivierung des Vitalen habe? Gewiss, zum Teil daher. Aber glaubst

Du nicht dass wir auf eine fatale unterirdische Weise collaborieren, da wo es schon ganz im Dunkeln ist, glaubst Du nicht dass der üble Ausgang unserer beinah glücklichen, so tröstlichen Momente von Isokephalie auch von Dir mit herbeigeführt wird: ein Pfeil zuviel wird abgeschossen – so als ob der Zahnarzt nun auf jeden Fall auf den Nerv hinunterbohren müsste damit er stärker als der Patient ist – und sofort ist alle zärtliche Distanz zum Teufel, etwas Horribles, und doch so Reizvolles ist statt dessen da. Dann ist man wütend auf den Andern – und selbst diese negative Reaction ist beinah beabsichtigt oder wird doch, als ein Sich-Zurücknehmen zu können, begrüsst, und gleichzeitig bedauert.

Mon petit, wir alle beide könnten oft die Rosse der Gefühle am Zügel halten statt aufzusteigen wie zum Turnier. Wir machen auch Ansätze dazu. Wollen wir es ernstlich genug? (Davon am Ende). Nur ein Beispiel: Heute nacht, wie mehrfach, hatte ich eine tolle Lust die Nacht auf den Fliessen vor Deinem Zimmer zu verbringen – ich konnte aber auch vernünftig sein, mir das Ungesunde einer solchen Nacht, Dir den Schock eines solchen Aufstehns ersparen. Ich bin also im Bett geblieben, ganz gegen mich. Es ging auch, und wir hatten ein friedliches Frühstück statt eines erregten. –

Zum Beispiel liesse sich, mit etwas gutem Willen, der ganze Complex Maria Luisa anders ansehen, und anders behandeln. Soweit ich verstehe, zerfällt er in zwei, natürlich ineinander überlaufende, Complexe, und Du tust Dein Möglichstes Deine eigenen Gefühle zu verunklären.

Bien: was die Gefühle, sentiments, im engeren Sinne betrifft, so stellt sie für Dich ganz einfach die »Versuchung« da[r] (ursprünglich als das Sich-entlaufen, sich im Fremden verlieren, etc.) Als solches betrachtest Du sie als literarisch anspornend, einen Stachel für Dein Pferdchen.

Ob sie nun zu Deinem Schaffen, qua Versuchung, so indispensabel ist wie Du glaubst, traue ich mich nicht zu entscheiden, ich möchte es sogar in Zweifel stellen – aber ich habe mehr Verständnis als Du annimmst für die Motive warum Du sie nicht aus Deinem Herzen abschaffen willst (was viel leichter wäre als Dir lieb ist, wenn Du wolltest. Aber ganz im Gegenteil. Du düngst die Pflanze sorgfältig). Bien. So schwer mir das fällt, ich kann mich damit für eine Zeitlang abfinden, wenn Du nicht wie ein wildgewordenes Biest auf mir herumtrampelst (ce que tu fais). 6

Zur Natur der Versuchung lässt sich im übrigen Folgendes sagen: so wie sie Realität wird und aufhört Versuchung zu sein, werden auch alle die shortcomings Realität die, qua Versuchung, so überraschend leicht ins Gefühl fallen, dass man sich über sich selbst wundert. –

Frage: was für eine Inspiration könntest Du aus mir beziehen, über die gegenwärtige hinaus – denn meine jetzige Situation ist ausserordentlich fruchtbar für Dich – wenn Du Dein Leben auf ihr aufbautest und mich, one way or the other, zerstörtest? Aller schöpferische Impuls könnte da nur aus einem Gefühlsstratum kommen, das Deinem Temperament entgegengesetzt ist: dem der Schuld (womit ich nicht so sehr Schuld meinetwegen als Deiner selbst wegen meine, die Schuld dessen der sein Bestes und Eigentliches zerstört). Da Dir aber dieses Stratum verhasst ist, würdest Du es zuscharren, und das würde vielleicht das Ende allen Schaffens für Dich sein. (Ich, persönlich, halte Schuld und Erniedrigung ja für durchaus inspirativ).

Dies also, ist der eine wesentliche Teil des Complexes.

Der andere ist banal: ist sie eine gute Waffe um Dich durchzusetzen? Ich kann da nur an meine Scrupel in meinen eigenen Gefühlen resp. F. Warburg denken. Ich habe schlaflose Nächte verbracht mir diese verrückte Sympathie zu erklären, und mich in der Tat auch beruhigt als ich ein halbes Dutzend Gründe fand, die sie ausserordentlich machen. Trotzdem war ich kaum überrascht als ich sah wie leicht ich mich tröstete sie nicht zu sehen, als die Unesco uns for good 7 aus dem Loch zu ziehen schien. Mit Missbehagen sah ich meine Gefühle blass werden wie den Mond bei Tagesanbruch. (Denn ich, wie Du, erlauben uns keine merzenären Gefühle). Dieser Teil Deiner Gefühle würde, abblassen sowie der »Kuku« der Erfolglosigkeit verschwände – obwohl man selber es sich kaum erlaubt, und das Seil so langsam wie möglich über die Rolle laufen lässt.

Was diese banale Frage betrifft, ist es nicht ein viel kleineres Unrecht sie als »banal« in Scharfeinstellung zu sehen, statt ihretwegen den kleinen Hasen zu Tode zu quälen? Qua banal und praktisch, nicht qua gefühlsbeladen, bin ich nämlich in der Lage sie kalt abzuwägen.

Habe ich nicht, trotz des Geschreis hin und wieder bei Stundengeben oder Tippen, mein Lebenlang alles Meine Dir untergeordnet? Glaubst Du ich bin nicht fähig Dich aufzugeben, Dir selbst noch die Wahl zu ersparen, wenn es sich um Dein Durchkommen handelt? Aber solange ich, wie jetzt noch, überzeugt bin dass ein solches Opfer, das Dir viel nehmen wird – wir wissen beide, wieviel – nicht indispensabel ist, würde ich es für ein Unrecht halten.

Ich bin der Meinung dass dieser Aspect nicht kühl und businesslike genug besprochen werden kann, und dass es viel tapferer ist da alle Ideologie abzuräumen. Du tust das Gegenteil.

Soviel über sie.

Was uns betrifft, so ist die Lage extrem compliziert, und wir beide tragen zur Complication weiter bei. Die crux besteht darin, zum Teil, dass wir aus dem Quälen und Gequältwerden Gefühle beziehen, die zwar terribel aber erotisch ergiebig sind. Die Angst, die wir voreinander haben, ist eine wahre Plage, aber irgendwo deliziös. Wir wären sie gerne los – oder manchmal auch nicht (denn unter ihr liegen Gebiete, in denen wir uns so intim einig sind wie nur je). Ich bin überzeugt dass diese Art Krise und Wundmachung unserer Beziehung im Wesentlichen etwas Glückbringendes und

Fruchtbares ist. (Nur müssen wir etwas vorsichtiger sein, alles Kostbare ist so zerbrechlich).

Was Deine Ticks mir gegenüber betrifft, so ist ein Teil artifiziell, ein Teil erfreulich. Der von mir gesäte Zweifel war ein verfehltes Mittel Dich zum Attachieren zu reizen. (Wolltest Du mich nicht coquett? Bist Du aber einer, der, im Ernstfall, auf Coquetterie gut reagiert!) Nimm es als einen Beweis: nur weil Deine Liebe zu mir so lebendig und stark ist, weil Vorräte Deiner Liebe in mir sind wie Minen in einem Berg, kann ich all dies überstehen ohne zu hassen, und ohne den Glauben an unser Glück zu verlieren.

Was aber die Demut betrifft, so weisst Du so gut wie ich wie erschreckend tief sie mir geht, und wie sehr sie mich verändert hat (obwohl ich, selbst wenn es Dich lächeln macht, immer bescheiden vor Dir war, und den Stolz stets für die andern aufgehoben habe.)

Was mich selbst verstört: woher dieser continuierliche Wunsch mich Dir zu Füssen zu werfen, Dich um Verzeihung zu bitten, ja auf dem Boden vor Deiner Tür zu schlafen? Will ich Dich rühren damit? Nein, es ist kein geeignetes Mittel. Ich die Gekränkte, warum bitte ich Dich um Verzeihung? Nach vielem Analysieren – im Winter fand ich mir wenigstens noch eine Schuld in den grauen Jahren – glaube ich, es ist wie Du es im »Theseus« sagst: um Dir die Schuld abzunehmen, um alles auf mich zu nehmen was Dich drükken könnte. (Jedenfalls finde ich keine andere Erklärung für diese abstrusen Velleitäten, die entsetzlich stark in mir sind und mich jede Nacht entsetzen. In dieses Kapitel gehört, zum grösseren Teil, auch die redoutable Vorstellung dass Du mich prügeln solltest – wozu gewiss auch die Totemvorstellungen incl. Freudlektüre sowie der Wunsch Object primitiven Eigentumsbeweises zu sein – wie z. B. an einem Kind – das Ihre beitragen. Dabei ist der Wunsch umso redoutabler als der eine Schlag, den Du mir in einem Moment meiner äussersten Zärtlichkeit gabst, meine Seele auf Monate ver-

scheucht hat und bis zu meiner Abreise nicht überwunden
war) –

Was Deine Angst vor der Abhängigkeit von mir betrifft, so
ist sie z. T. artifiziell – hast Du mich nicht selbst dazu erzogen
und das aus mir gemacht wozu Du mich brauchtest. Bin ich
nicht wie Wachs in Deiner Hand, statt umgekehrt? – z. T.
spielt sie eine Rolle im Zudecken der praktischen Situation.
Dein Schrecken vor meinen »Flügen nach oben und unten«
ist wirklich und ambivalent. Und Angst vor mir, höchst am-
bivalenter Natur, hat Dich auch, u. a., zur Reise nach
P.[uerto] R.[ico] bestimmt. (C'est trop, vraiment. Das Ablenken der monatelang aufgebauten Stauungen bringt um alles
Benefit)

Soll ich Dir noch zugeben, dass ich mich, ganz wie Du
sagst, nicht als femme trahie fühle und nicht der Meinung bin
dass Du eine Maitresse hast. Wieso das möglich ist, verstehe
ich selbst nicht, denn objectiv ist es doch so. Und was ich bei
alledem leide, wie nah ich täglich am Selbstmord bin, das
kannst Du Dir kaum vorstellen – während alle Schwankun-
gen Deines Gefühls, so oszillierend wie das Wetter in Kenscoff, in mir doppelt registriert werden, einmal qua Du, einmal qua ich.

Es ist ganz klar, meine Gesundheit und Deine Arbeit verlangen von uns beiden mehr Vernunft – aber, ich frage Dich
im Ernst, ist ein gewisses besser zu dosierendes Minimum an
Unvernunft nicht nur nicht unzulässig, ist es nicht ein gutes
Klima für Deine Arbeit?? Ich denke darüber bald so bald anders. Ich halte meine Erregung für einen sehr guten Dynamo
(within limits, that is the difficulty), aber meine Kerze verbrennt erschreckend schnell. Tu ne le vois pas? Mon petit, bin
ich nicht vernünftig? Je te voudrais heureux

H.

28. 9. 52

62 *In Ciudad Trujillo*

Nach der Lektüre Deiner Briefe & Deinem
– zum kleinen Teil – gerechten Ärger über Dich.

                                                    10. XII. 52

Mein Herze.

Eine Bitte (darf ich?): nimm mich, von jetzt an, ein wenig unter Deinen Schutz. (Ich meine nichts Aeusserliches, Lieber,
ich will nichts behalten was ich Dir geben kann, in keinem
Sinn.) Du würdest Dich wundern, wieviel einfacher das Verhältnis von »Dir zu Dir« würde.

Jetzt, mein Lieb, wo Du auf der Höhe Deines formalen
Könnens stehst, kommt alles darauf an was Du zu sagen hast.
Hab Mut, stell die Dinge auf den Kopf: alles was Du weggibst,
wirst Du doppelt haben – und ohne die Angst die Dich quält.
Verlange von Dir – nicht für Dich, dann wird alles auf Dich
zukommen. (Ach, wirst Du sagen, der Hase mit seinem nai-
ven Glauben an den Sieg des Positiven, und seinen Predigten).

Nein, es ist wirklich nicht mehr als eine Bitte: sei gut zu
mir, trag mich über den Fluss – statt umgekehrt. In Kenscoff,
da wollte ich statt des »puer eternus« die tägliche »chal-   1, 2
lenge«, da wollte ich Dich als einen Gegner, dem zu unterliegen so glücklich macht wie das Widerstreben. Vielleicht
kommt das wieder, es ist auch nicht wichtig. Heute – heute
solang heute ist und nicht schon wieder gestern – heute bin
ich krank und müde und sehne mich danach dass Deine
Liebe in Zärtlichkeit und Güte (einer nicht so ruckartigen
und unvollkommenen Güte, wie die meine in diesen Tagen
war. Deine Vorwürfe bestehen zu Recht – nur dass sie Dir
nicht zukommen) für mich Partei ergreift. Wenn Du mich in
Deinen Schutz nimmst, Liebster, und sozusagen meine Seite
ergreifst, dann ist all das, was uns quält und trennt, ohne
Kraft: Schuld, Verzeihen, Ressentiments, die Traurigkeit der
Enttäuschung, alles wird gegenstandslos werden; was immer
wir verloren haben, wird uns neu – vielleicht ganz anders –

zurückgegeben werden. Ich werde glücklich sein Dich – auf eine neue Art – zu bewundern – und Du, vielleicht wirst Du auf diesem Wege all das finden was Dir – wer wagt es das zu entscheiden? – vielleicht bisher, trotz all der grossen Gaben, nicht gegeben war.

3   Verzeih mir, wenn Du es unbescheiden findest. C'est ce que je voudrais te voir briller comme un étoil.

Es-tu fâché de ça?   H.

63   *In New York*

1   May be read without fear – or so I believe.
in the train, par example.

                                                    15. V. 53

Mein Lieb, Taifunito:

Heute früh Dein Brief. Ich habe ihn mir aber nicht kommen lassen sondern erst gefrühstückt (ich habe mich so daran gewöhnt dass Du mir den Kaffee ans Bett bringst, petit, mit Deinen lächelnden Augen) und die furchtbare Times gelesen, wozu ich bei gewissenhafter Lektüre über zwei Stunden verwende. Dann bin ich entsetzlich gut informiert und mindestens so pessimistisch wie Du, was die hiesige Entwicklung anbelangt. (Nachrichten zweiter Hand, selbst aus dem äfflichen Mund, sind eben nicht das Gleiche. Man zieht davon ab, man passt manchmal nicht so gut auf weil man verträumt ist oder Dich ansiehst, kurz, der Impact ist sanfter. Dazu kommt, dass ich die Zollaffairen mitlese, was Du ja nie tust.)

Dann bin ich also hinuntergegangen, habe Deine kleine Note und das Couvert genommen, und war shopping. – Im übrigen, petit, töricht wie ich bin habe ich eine sehr schlechte Nacht gehabt, obwohl ich nach einem Tag langweiligster Arbeit mich früh genug hingelegt hatte – was nicht schlafen

heisst. Ich habe also die beiden hier herumliegenden Briefe
nochmals und diesmal kühler und genauer gelesen und daraus gesehen, dass Du wirklich die Wahrheit gesagt hast hinsichtlich der Reihenfolge (das erste Mal war ich so aufgeregt,
und die Briefe, besonders der incriminierte, sind ja doch – ruhig gesprochen, nimm mirs nicht übel – schon ziemlich im
Zwischenland zwischen dem was noch als normal bezeichnet
werden kann, und dem was behandlungsbedürftig ist. Zuge-
geben dass das Zusammentreffen mit Inhibitionslos-Patho-
logischen Menschen nicht reizlos ist – sicher sind fast alle
Irrenhausinsassen seelisch attraktiver als die Broadwaybevöl-
kerung – es bleibt doch schwer verständlich, mein Lieb. Ich
will da nur gleich sagen dass ich, der ich daraufhin noch die
Nacht weiter damit verbringen konnte an jemand so Fikti-
visches geschriebene Briefe wie den von mir in Lakewood ²
verfassten nochmals durchzusehen, mit Dir da auf einem
Boot sitze: ich glaube Du hast eine Person kreiert, aus dem
Beinah-Nichts, an deren Existenz wir dann beide geglaubt
haben, ganz abgesehen von vielen Zügen die die Person posi-
tiv und materiell auch hat. Dieser Eindruck ist sehr verstärkt
worden als ich das Photo wiedersah, das – verzeih mir – noch
viel mehr all dessen ermangelt, dessen ermangelt, als ich es in
Erinnerung hatte: ich rede nicht von der körperlichen Schönheit, von der ja keinerlei sichtbare Spur geblieben ist. Mag
sein dass das im Reiz der Bewegung ein wenig geheilt wird.
Ich rede davon dass da weder Grösse, noch Leidenschaft,
noch Enthusiasmus, noch .. sind, und selbst die »Gemeinheit«, das Grobknochige, Hässlich-Schultrige, führt für mein
Auge – Frauen beurteilen ja Frauen verschieden – noch lange
nicht zu dem oft so starken appeal des schlechthin Ordinären.
Kurz, mon petit, ich sehe noch wie sie Dich in Mexico in den
Schlingen gefangen hat die sie Deiner Eitelkeit ausgelegt hat
(und sie hat ja da an nichts gespart um Dich zu »flattern«, Du
selbst fandest ihre Efforts in dieser Richtung direkt grotesk,
bevor Du auf den Leim gingst), nachdem Du dort so verloren

und erschüttert warst und ein so leichtes Opfer – und dabei von einem so vagen Heimweh nach mir, nicht nach mir wie Du mich weinend und hilflos in Sto. D.[omingo] zurückgelassen hattest, sondern nach mir als Bild, vielleicht von einem intensiveren Heimweh und gleichzeitig einem so tiefen Verloren- und Heimatlossein wie nie zuvor – infolge von Mutters Tod und meinem Collaps – kurz all das sehe und verstehe ich noch. – Aber letzten Sommer, mein Lieb – und das qualvolle halbe oder dreiviertel Jahr hernach, das ist doch ohne Deine panische Angst schon garnicht mehr zu verstehen.

Also, ich habe als ich heraufkam das Couvert aufgemacht, wie Du schon siehst, denn irgendwie konnte ich mich schwer entschliessen ihr Photo zu verbrennen (als wäre es ein magischer Act, wie das Nadeln-hineinstecken. Ich aber gehe leichter auf den Menschen los als auf sein image. Und noch dazu, sie ist so eine arme Person, ich bin ausserstande ihr im Ernst ein Unheil zu wünschen, wenn ich es auch in Wut manchmal sage. »Was für ein Unglück für eine Frau, reich zu sein – und was für ein Unglück, arm zu sein. Wir halten beide unsern unverdaulichen Apfel in der Hand« um meinen nicht abgeschickten Brief aus Lakewood zu zitieren. Was aber tue ich nun mit dem Photo? Ich glaube am Besten tue ich es in einen envelope in den Koffer. Nach Jahren, mon petit, wenn auch ich noch das Wenige verloren habe was mir diese anderthalb Jahre von Tortur gelassen haben – und Du siehst mein Photo und ihr Photo (ich werde dann nicht mehr bei Dir sein, denn ganz im Ernst, trotz der grossen Zuversicht und des grossen Flugs, den ich manchmal nehme, es muss da schon ein kleines Wunder geschehen damit ich den Mut habe an Deiner Seite älter zu werden) tu pleureras. Mon petit, Du hast oft in Verzweiflung gesagt: »alle Welt würde auf Deiner Seite stehen, niemand würde da etwas zu wählen finden« .. und »ich müsste erst verrückt werden um Dich für sie aufzugeben« (so noch während des Cortéz. Sic!) – nach Jahren aber, wenn Du weniger verängstigt und gereifter bist, und vielleicht ein wenig mehr Abstand zu Dir selbst hast, da wirst Du erst begreifen, mein Herze, welch ein tragischer Irrtum es war, das Beste was Dir die widerspenstige Welt gegeben hat, einer Chimäre wegen so bis aufs Skelett zu zerstören. – Was die papers betrifft (es schienen mir <u>wenig</u>, so misstrauisch bin ich. War der Rest des Couverts doch Gedichte? Waren es papers die Du behalten hast, oder die Du selbst zerstört hast, Sachen, vor denen Dir noch mehr bang war dass ich sie lesen könnte? Du siehst, der einmal Betrogene – nein der tausend mal Betrogene, glaubt so schwer) so habe ich ein Streichholz an sie gehalten, sie wurden aber nur schwarz. Dann habe ich die letzte Seite angesehen, Datum Ende August (hast Du weiter nicht Tagebuch geführt???) und ein Blatt gelesen, während die elektrische Platte heiss wurde. Du wirst erstaunt sein: nein, mein Eindruck war nicht katastrophal, im <u>Gegenteil</u>. Alles was Du mir an Worten an den Kopf geschmissen hast war ja so unverhältnismässig schlimmer. Jeweils wenn Du fühltest wie Deine Gefühle für sie in der Liebe zu mir einfach weggeschwemmt wurden, hast Du ja so verzweifelt Deinen Willen aufgeboten um die wegtreibenden allzuleichten Kähne wieder festzumachen. Was Du da alles gesagt hast um Dich selbst zu überzeugen, und auch mich, wie Du da je mehr Du mich liebtest, umso verzweifelter gegen die Liebe zu mir kämpftest und, in halben Selbstgesprächen, das Unsre auszuhöhlen suchtest (wie wenn einer das Fleisch der Früchte mit viel Mühe aus der Schale löst um es in andern Behältern zu servieren, die netter auf dem Tisch aussehen y ⁴ porque sí) davon hast Du ja selbst keine Ahnung, es war auch jeweils so über das Wahre hinaus dass Du es sofort vergassest – deswegen hat es mich doch nicht weniger verletzt. Daher, mein Herze, war ich eigentlich überrascht wie gänzlich sich die Falschmünzerei, die Du in Deinem Herzen so eifrig betriebst, in den wahrhaft mörderischen Attacken auf mich ausgelebt hat, sodass nur ein schwacher Abglanz davon zu Papier gekommen ist. (unless, of course, there are worse papers ⁵

you did not send). Das einzig Neue, was ich las (ich habe nur ein Blatt gelesen, denn als ich damit fertig war, war die Platte heiss, und ich widerstand der Versuchung weiterzulesen – wieso habe ich der Versuchung alle diese Monate widerstanden, und als das Papier nicht Feuer fing, nicht mehr? Genau wie ich in C.[iudad] T.[rujillo] auf einmal Eile hatte den Schlüssel für Deinen Schreibtisch machen zu lassen, selbst das neue Schloss anschraubte – Dir dann den Schlüssel gab. Hättest Du an dem Nachmittag, als ich Dir den Schlüssel gab, ihn dagelassen, meine Widerstandskraft wäre am Ende gewesen. Ich hätte die Prae-Portoricocorrespondenz doch noch gelesen. Etwa wie ein Kranker, schon gesund, auf einmal einen Collaps erleidet. Kurz, die Platte war heiss, ich hielt einen Bogen daran, er verkohlte sofort, dann bereute ich den zweiten Bogen nicht gelesen zu haben – aber es erwies sich, er war verbrannt. Was ich noch in der Hand hielt, war das ge-
6 schwärzte Blatt, das ich kannte) Kurz, the only news which was no news to me: Du wolltest ein Kind von ihr. DAS hast Du in der Tat nicht so ausführlich gesagt – nur Dich im Generellen bereit erklärt allen Frauen Kinder zu machen, die
7 sich dazu bereit fänden (mind, you did say that!). Immerhin, Du sagtest gleich, wir könnten ja ein »eigenes« Kind haben –
8 as opposed to hers – and at times you were willing enough to let me have one. – Aber nicht wegen dieser Gespräche war es keine news für mich, sondern weil ich damals sofort realisierte, dass es Dir und nicht ihr convenierte ein Kind zu haben. Du hättest damit einen festen claim an Sie und ihre finanzielle Unterstützung gehabt. Die »Entscheidung« wäre, mit einem solchen »fait accompli« leichter zu ihren Gunsten ausgefallen, denn Du hättest damit ein Band geschaffen, das die eigentlich monstruöse Incongruenz in etwa überbrückt hätte. Kurz, Du wolltest sie, in einem sehr materiellen Sinne, mit dem Kind verpflichten (ganz im Gegensatz zu dem was Du Dir weismachtest, dass Du eine Peitsche wünschtest, zum Erfolg hin: Du wolltest eine Rückversicherung für Miss-

erfolg bei einer Frau, der Du im Grunde nicht trauen konntest, und von deren gemeinem Charakter Du, hinsichtlich ihres eigenen Mannes, genug Proben hattest). Und Du wolltest das Mich-Verlassen Dir erleichtern, und, ehe Du ins Fremde gehst, etwas Eigenes dort haben. Mein Lieb, all das war mir klar, und auch dass Du in Deinem rückhaltlosen Egoismus überhaupt nicht übersehen hast, dass dies von allem für mich das Schlimmste war. (Dies, nachdem Du wenige Monate zuvor mir in rüdester Weise vorgeworfen hast dass ich <u>Dich</u> mit einem Kinde an mich fesseln wollte, und mir dabei noch »Betrug« zur Last gelegt hast – so grob und so lieblos, dass mein Körper sich weigerte von Dir ein Kind zu haben) C'était de la chance qu'elle n'a pas eu cet enfant, moi $_9$ je me serais tuée assurément, n'en doutes pas. Tu aurais eu un enfant maladif, peut'être même déficient – quelle consolation! parce que, après ma mort, toutes tes mensonges seraient crollées, cet aveuglement voluntaire aurait cédé et tu aurais vu – <u>beaucoup mieux qu'aujourd'hui</u>! – les raisons très nettes qui t'ont porté à cette trahison de toi-même. All das ist nicht gesagt worden, mein Taifunito, weil wir über diese Frage, solang sie wie eine Wolke über uns hing, wenig geredet haben. Mais te voilà – und lass uns <u>nicht mehr</u> davon reden. $_{10}$

Was aber die »Immunität« betrifft, mein Lieb – warum sollte der physische Act mit einem andern Partner nicht exciting sein, besonders wenn das Herzklopfen des Verbotenen dazukommt, sogar des »Verbotenen« nicht im Bürgerlich Gesetzlichen Sinne, sondern des vom eigenen Gefühl verbotenen. Die überwundene Hemmung schafft da sicher, wo nicht Widerwillen, Aufregung. Soll man, wegen der Möglichkeit dieser Sensation, die Hemmung überwinden und sein Leben zerstören? Denn wir haben immer gesehen dass in der Liebe die Spannung, die zeitweilig besteht, periodenweise schwächer wird, wie ja auch eine Lebensgemeinschaft, im Gegensatz zu einer kurzen Begegnung, der Belastungsprobe des mesquinen Kampfs mit der Welt und dem Täglichen aus-

gesetzt ist, der so oft das Gefühl herabstimmt und die ganze
Vitalität angreift. Es ist mir dabei nur merkwürdig, dass Du
mich gerade in unsern virtuell besten Momenten verraten
hast – sodass Du, ganz umgekehrt, wie man es eigentlich erwarten sollte, die intensive Zärtlichkeit für mich ins Fremde
gelenkt hast, und mich so doppelt arm gemacht hast. Ich sage
noch nichts von jener trostlos verzweifelten Zärtlichkeit und
Sehnsucht für mich, die Du in Mexico verraten hast. Wir wären vielleicht aus der Trostlosigkeit ohne Schock nicht her-
ausgekommen. Ich sehe durchaus, so schrecklich es auch für
mich war (ich werfe mir heute aufs Ernsthafteste vor, uns dem
2. Akt Theseus so zum Opfer gebracht zu haben!), dass es ein
fruchtbarer Schock war (obwohl Du, mon petit, Dich dabei
wie [ein] wildes Tier benommen hast). Was aber eines kleinen
Wunders bedarf um je wieder gut zu werden (von dem Nicht-
wiedergutzumachenden in Hinsicht auf das Physische rede
ich schon garnicht), ist der letzte Sommer: nie, verstehe mich
gut, <u>nie</u>, haben wir so aufeinander gewartet, nie waren alle
Umstände dem Glück so günstig: wir waren so frei von aller
Interferenz und allem Praktischen, beide so inspiriert, es war
ein so langer Anlauf auf eine Erfüllung hin. Der kleine
Leichtsinn, herbeigeführt durch die grosse Angst vor der Mi-
sere, vor dem künstlerischen Misserfolg, der neue Fetischis-
mus, die durch die Hasenbriefe beleidigte Eitelkeit, das hat
uns nicht nur um den Glückssummit gebracht, der im Leben
so selten ist und so für Jahre hin sichtbar bleibt, es hat es – und
das ist beinah noch schlimmer, wenn solche Verluste sich ab-
wägen liessen – verhindert dass der Strom Deiner Erinnerung
wieder in sein Hauptbett geflossen ist, wie er das so zwanglos
getan hätte. Die Episode, die zum grossen Teil von Deinen
Gefühlen zu mir und dem Widerspruch gelebt hat, behält
einen falschen Intensitätswert – und wenn wir nicht sehr viel
Glück haben, kann sie uns noch jahrelang unglücklich machen und unser Zusammenleben unmöglich machen. Ohne
das, mein Lieb, wäre uns der ganze Schock zum reinen Segen

ausgeschlagen: beim ersten, petit, warst Du hilflos, aber das zweite war eine Sünde, nicht weniger gegen Dich als gegen mich. Und was es ganz schlimm gemacht hat: Deine Beharrlichkeit, Dein continuierlicher Versuch alle Intensität zwischen Dir und mir auf sie hin zu interpretieren (ich bin erstaunt in dem Gelesenen so wenig davon zu finden, nachdem Du so Tolles in dieser Richtung geleistet hast) – und Dein Gefühl des Verlusts, und der entgültigen Überwertung der Episode, nachdem Du bei mir geblieben bist. Ich bin jetzt das was Du <u>hast</u> – sie hat den Glanz dessen was man verloren hat – und all das was sie davon gehabt hat, dass Dein Warten auf mich und alle angespannten Gefühle nicht mit mir zusammengestossen sind (so wenig Glück Du auch davon in Wahrheit hattest, denn Du weisst selbst, Du warst in P.[uerto] R.[ico] auf der Suche nach einer Erregung die Du nicht gefunden hast, und <u>nicht</u> glücklich, in Sto. D.[omingo] aber ganz unbehaglich. Hinterher, je mehr es klar war dass Du glücklicher bei mir warst und je mehr Du, wie ich, davon überzeugt warst <u>was</u> wir verloren hatten, umso mehr hast Du in den Fehler hineininterpretiert).

Ach, mein Herze, kaum bist Du weg und ich sehe Deine geliebten Augen nicht mehr und höre Deine Stimme nicht, die mich hypnotisiert, da ergreift meine Hasenseele die Flucht. Aber selbst wenn Du da bist: es ist etwas in mir, das hat Angst und steht wieder auf und warnt mich. Fände ich nur einmal das letzte Vergessen wieder in Deinen Armen, vielleicht würde es anders. Aber das was da so tief verletzt ist dass es sich nicht betäuben lässt, das steht eine Art Grenzwache in mir. Nie war ich wieder so Dein wie in den Träumen im Juli und Anfang August, als die haitianischen Berge zwischen uns lagen. Und jene glücklichen Morgende auf der Terasse, die wortlosen Umarmungen vor meiner Abfahrt: wie Du strahltest wenn Du mich sahest! Jetzt muss ich sehr bescheiden sein, wir beide müssen sehr bescheiden und vorsichtig sein, nach all dem angerichteten Unheil.

Gestern nacht habe ich so zärtlich von Dir geträumt (nach Abschiedsgedichten, of all things): wir mieteten eine neue Wohnung, es war ein Bett darin mit italienischen Pfosten (die Nacht davor sah ich uns beide in Italien!) und Du wolltest es gleich ausprobieren. Du legtest Dich zärtlich und wollüstig schwer auf mich. Mein Körper, wie immer, eine Membrane unter Deiner Berührung. Aber ich weiss nicht ob ich in Dir versank, wie es mir jetzt in der Wirklichkeit und selbst im Traum versagt ist, denn der Rest des Geträumten ist mir verdunkelt. –

Lieber, rechne mir doch die Welt nicht an, die so stachlig ist. Denk an die 50 Peers von 89 die ihren Mantel leihen wollten, und dann mit »Hasenhermelin« vorlieb nahmen – wenn sie mit der Tube oder dem Bus oder einem geliehenen Auto nachhause fahren, so werden sie auch nicht alle ihre Frauen prügeln weil sie unzureichende Göttinnen sind statt Millionärinnen – oder damit sie aus Verzweiflung Goldstücke schissen. – Und schon ganz, mein Herze: wie soll mir nicht der Mut sinken wenn Du mich für Deinen Erfolg verantwortlich machst. Da bin ich wie ein kleiner Soldat mit einem Maschinengewehr der einen Hügel gegen eine Armee halten soll: Du sagst, »Wenn Dir nur einer meiner verhassten Feinde entkommt, so will ich Dich kreuzigen[.]« Wie soll der kleine Soldat da Kampfgeist haben?

Soldat hin oder her – was für eine schlechte Sekretärin Du hast! (Denn gestern, pour vrai dire, hab ich Dir auch geschrieben, und abends den Brief zerrissen) Herbei mit dem Rhinozeros. Dabei sollte es heute fertig werden – und ich bin, nach den töricht verbrachten Nächten, so blass und jammervoll müde. Und morgen kommst Du spät und mit einem Sack voll bunter Erzählungen. Und am Sonntag, indeed, Windheim, der zur Arbeit bereit ist (!) Wenigstens sind heute die Bäume wieder grün, wenngleich der Himmel trübe ist – am Morgen nach Deiner Abreise war die Welt sehr grau. Der reviewer des letzten Buchs von Rosalind Lehmann (who is she,

anyway, she got an extraordinary review) sagte irgendwo: »in   15
any case, it was made plain that love is not a cure for living«. Is
it – or isn't it? I am afraid that is just what I expect it to be.
(But you, you expect it to be not only that but also a cure for
all the minor discomforts of life, something that heals a cold,
something one pays the restaurant bill with, something one
smears on one's thinning hair, a charm to bewitch the critics
in one form or another, – and, when all this is said and done,
of course and in the main, a raison d'etre in this precariously
balanced affair that is life.) However, and though I have just
layed out myself in the opposite direction yesterday evening
while crying and writing French poems (how terribly far one
goes out on some byways in this poetry business, and how
true it is all in the moment when you write it!) I do love you.
But it is not a happy love, for the time being.

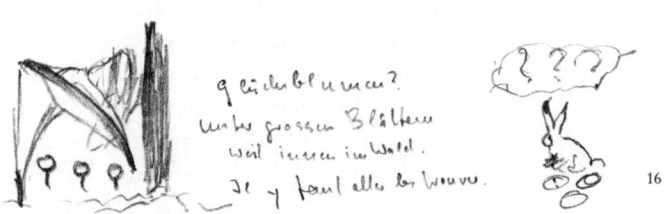

16

64   *In Ciudad Trujillo, 26. August 1953*

Dem Geliebten   1
zum 27. August 1953.

Wären meine Tränen
Perlen,
ich schenkte Dir heute
lächelnd
ein Diadem.

       26. VIII. 53

5. »Die Lösung heisst:
Nur eine Rose als Stütze.«
Februar 1954 bis März 1959.
Deutschland, Spanien, Schweiz

Am 18. Mai 1953 bestätigt Theodor Klauser, der Vorsitzende des Deutschen Akademischen Austauschdienstes, dass Er-
1 win Walter Palm »auf die Dauer von 6 Monaten ein For-
schungsstipendium von DM 700,– je Monat zugebilligt«
wurde. Damit ist für ihn und seine Frau der Weg zurück nach
Deutschland gebahnt. Im Februar 1954 reisen beide zusammen mit dem Schiff von New York nach Bremerhaven. Zum
ersten Mal seit fast 14 Jahren betreten sie am 27. Februar europäischen Boden. Zunächst fahren sie nach Hamburg, wo
Palm das Nachwort zu *Rose aus Asche* entwirft. Dann geht es
weiter nach Berlin, Köln und Frankfurt a. M. Schließlich lassen sich die Palms vorübergehend in München nieder. Hans
Löwenstein, der sich seit seinem Exil in England und den
USA John Lorden nennt, lebt dort bereits seit mehreren Jahren. Domin hat ihren Bruder zuletzt vor ihrer Abreise nach
2 Italien im Jahr 1932 gesehen. »Da stand er auf dem Bahnsteig und sah meinem Vater erstaunlich ähnlich, was er als
Junge gar nicht getan hatte«, erinnert sie sich 1981 an ihre
Ankunft im April 1954 in München. »Ich kannte ihn nur von
Photos […] Ich weiß nicht mehr, was wir gesagt haben. Wir
waren sicher sehr schüchtern. […] Was ich nie vergessen
werde: wie ich im Auto plötzlich zwischen zwei Männern
saß, die beide mir gehörten, die offene Flanke gegen die Welt
geschützt.«
    In den Erinnerungen verklären sich die Schwierigkeiten,
die mit dieser Rückkehr aus dem Exil verbunden sind. Mehr
als problematisch ist nicht nur die Konfrontation mit dem
Land der Verfolger und Mörder, mit denjenigen, die Auschwitz möglich gemacht haben, sondern auch die private Situation. Auf die bedingungslose Solidarität ihres Bruders
›Johnny‹ kann sich Domin 1954 in der Tat verlassen, der ihres

Mannes ist sie sich hingegen keineswegs sicher. Noch wenige
Wochen zuvor, beim Verpacken ihrer Bücher und des Haus-
rats in Santo Domingo, hat sie massive Zweifel an der Zu-
kunftsfähigkeit ihrer Ehe gehabt, und auch in den nächsten
Jahren finden die Spannungen zwischen ihr und Palm kein
Ende – insbesondere nach ihren ersten literarischen Erfolgen. Diese ergeben sich fast zufällig: »Zunächst dachte ich ³
nicht ans Veröffentlichen, es stieß mir zu, wie mir das Schreiben zugestoßen war. [...] Es passierte in München. Dr. Schöningh fragte mich, die ich nur [mit Palm] mitgekommen war:
›Und was tun Sie?‹ Auf seinen Wunsch schickte ich ihm ein
Gedicht, ein einziges. Es war drei Jahre alt, das dritte, das ich
geschrieben hatte. Schöningh druckte es in der nächsten
Nummer des ›Hochland‹. Ich schämte mich sehr, für ein Gedicht gelobt zu werden.«

Während Palm seine Forschungen durch Stipendien finan-
ziert und sich als literarischer Übersetzer, nicht aber mit
eigenen literarischen Werken einen Namen macht, finden
Domins Gedichte sofort breite Anerkennung. Ab 1954 veröffentlicht sie in den wichtigsten Literaturzeitschriften, und
so ist es nur eine Frage der Zeit, bis ihr erster eigener Gedichtband in einem namhaften Verlag erscheint. Palm ist
nicht etwa stolz auf die wachsende Bekanntheit seiner Frau,
vielmehr reagiert er skeptisch, wenn nicht gar eifersüchtig.

Am engsten sind Domins Kontakte zur *Neuen Rundschau*
und zu S. Fischer in Frankfurt a. M., seit 1957 insbesondere
zu Rudolf Hirsch, dem Leiter des Verlags in den Jahren 1954
bis 1962. Mit ihm, der ebenfalls aus dem Exil nach Deutschland zurückgekehrt ist, entsteht eine enge Beziehung, die
sowohl in Domins als auch in Hirschs Leben tiefe Spuren
hinterlässt. Nach den ausgestandenen Krisen der Vorjahre
stellt die Begegnung mit Hirsch das Verhältnis zu Palm abermals grundsätzlich in Frage.

Um 1958 zieht Domin eine Bilanz der Verwerfungen im
Zusammenleben mit ihrem Mann. Der Brief ist an ihren Bru-

der gerichtet, wird aber möglicherweise niemals abgeschickt. Die beispiellose Schonungslosigkeit, mit der Domin ihre eigene Lage analysiert, macht ihn zu einer ihrer wichtigsten Selbstauskünfte überhaupt. Sie habe in jüngster Zeit eine »fast religiöse Erkenntnis« gehabt, schreibt sie einleitend. Johnny solle sich Mühe geben, sie zu verstehen: »Wir Menschen, weisst Du, haben das Bedürfnis auf ein höheres Leben, ein Fortleben, zu hoffen, gleichgültig ob wir daran sicher glauben oder nicht. Wir müsse[n] hoffen dürfen. Bist Du damit einverstanden? Es gilt allgemein als DAS Kennzeichen des Menschseins. Wir müssen weiterleben wollen.«

Dieser Wunsch sei ihr im Jahr 1951 abhandengekommen – nicht etwa durch den Schock, plötzlich keine Mutter mehr zu haben, wie sie es in ihren öffentlichen Selbstauskünften immer betonte, sondern durch Palms Umgang mit den Folgen des Trauerfalls: »Normalerweise wird der Wunsch zum Weiterleben im Kind befriedigt. Erwin wollte kein Kind, nie. Er empfand das als einen Verzicht. Auf mich und auf seine ewige Jugend. Er gab mir, anstelle des Kindes, göttliche Ehren. Es war anstrengend aber schön, sie anzunehmen. Piedestal und Blumen oder Prügel, je nachdem, wie die Umstände waren (nicht wörtlich Prügel, ich bitt Dich). Ich werfe es ihm nicht vor. Ich habe mich mitschuldig gemacht, indem ich einverstanden war. Indem ich ihm nichts nehmen wollte. In jedem äussersten Moment, im Angesicht des Todes – er war ja zweimal sehr krank – habe ich nach dem Kind geschrien. In diesen Stunden der Wahrheit. Es wurde mir nicht gewährt. Auch nach Mutters Tod, übrigens. Lauter als je.«

Die Hoffnung auf ein »ewiges Leben« sei für sie allein in ihrer Ehe begründet gewesen: »Es ging so weit, dass ich von früh an an das Sterben als an ein Sterben in seinen Armen dachte, ein äusserster coitus [...]. Ein sich Verlieren im Andern. Als Mutter starb und es das einzige Mal im Leben war, dass ich eine Stütze gebraucht hätte, statt zu stützen, dass ich der Empfangende hätte sein müssen, da verliess er mich. Ich

mache ihm keinen Vorwurf. Es war entsetzlich, die grosse
Göttin zusammenbrechen zu sehen. Er brach mit zusammen.
Aber dann bekam er eine Panik und suchte nach einer grösseren Göttin. Rechne dazu noch die äussere Verlassenheit in
Santo Domingo, die Du Dir kaum ausmalen kannst und unter der wir beide so stark litten. – Ich fand mein Leben mit
einem Schlage als widerlegt, wenn die Liebe diese einzige ihr
auferlegte Probe nicht ertrug.«

Unvermutet habe Domin angefangen, sich vor dem Tod als
Fortsetzung des Lebens zu fürchten. »Das, was der Mensch
hofft, wurde für mich das eigentlich Schreckliche. Aber Leben mochte ich auch nicht mehr. Ich dachte, ich würde verrückt (rechne dazu, dass ich Mutters Tod als ein sich in den
Tod halb freiwillig[es] Hineingleiten betrachtete, und alle andern Umstände, die wir kennen). Da wurden mir die Gedichte gegeben. Ich setzte den Fuss in die Luft und sie trug.
Ich ging weg in eine eigene Welt. Wir lebten zwei Jahre ne-
beneinander, so. Ich bat ihn auch danach noch um ein Kind.
Ich dachte, ein Kind hülfe mir hinweg über das mit dem
Nichtsterbenkönnen, im Nichtlebenkönnen. Ich sagte: ›gib
mir ein Kind und geh‹. Er wollte nicht. Ich bekam das Kind,
trotzdem. Ich verlor das Kind, weil er so wütend war. Nach
zwei Jahren kam er ganz zu mir zurück, Du weisst es. Es
wurde sehr gut zwischen uns. Nur das mit dem Tod kam nie
wieder in Ordnung. Und auch ein Letztes im Leben, was fast
der Tod ist, ebensowenig. Alles Vorletzte wunderbar. In den
sechs Jahren zwischen Mutters Tod und der Begegnung mit
Rudolf [Hirsch] gab es selten eine Zeit, in der ich nicht gerne
gestorben wäre, und nicht Angst vor dem ewigen Leben gehabt hätte. Mit ihm wollte ich nie wieder sterben, nicht in
ihm, nicht mit ihm. Und ich will es auch nicht. Das ist das
Unglück. […] Vielleicht, wenn er, als er zu mir kam, den
Kindersatz, den Ersatz für den Glauben an das Weiterleben-
können, wenn er die Gedichte und das Dichten freundlich
angenommen hätte. Aber er tat das Gegenteil. Vielleicht war

auch das natürlich. Er wollte mich genau wie vorher. Die Gedichte waren etwas, was an die schlimme Zeit erinnerte. Er selber denkt jetzt, dass er wie im Wahnsinn gelebt hat. Das hat er wohl auch. Denn er hat Dinge getan, die man niemandem erzählen kann. Du weisst, dass ich auf die Strasse ging, um mich zu prostituieren. Um mit mir selber ein anderes Ende zu machen. Ich ging hinter einem Neger her. Dann begann ich zu laufen und kam weinend in das Haus von Freunden. Es war ein so Äusserstes. Wie er es erfuhr, bekam er einen Schock und kam auf einen Augenblick zurück. Es ist gleichgültig, was weiter war. Er konnte nicht arbeiten. Ich sagte: verlass mich wieder. Ich wollte nicht schuld sein. Ich hielt mich für nichts, seine Arbeiten für genial. Das wurde nie
5 wieder gut. (Der Cortés, stell Dir vor, ein so unvollkommenes Kunstwerk. Er sagte: ›es ist mehr wert als Dein Leben‹. Ich war so wenig damals. Ich glaubte es.)

Ich starb fast, ich konnte mich aber nicht umbringen, weil ich kein rechtes Werkzeug hatte. Zu schwach war. Und solche Angst vor dem ewigen Leben hatte, nach all diesem. Ich hatte aber die Gedichte. Und lebte und wurde nicht verrückt. Ich begann ein ganz neues Leben. Mit den Gedichten. Er war gegen die Gedichte, die das waren, was Mutter mir gelassen hatte, als sie ganz tot war. – Dann aber war soviel Arbeit zu tun, 1954–1956 Ende. Ich tat meine Pflicht, ich dichtete nicht. Dann war ich frei. Ich dichtete wieder. (Gedichte, die er inzwischen sehr liebt. Ich widme sie ihm in dem Band.) Er war eifersüchtig auf die Gedichte. Und weil ich nicht mehr nur für ihn da war. Weil … ach, viele Gründe. Ich verstehe sie alle. Es nutzt nichts. Er sagte: ›Abels Feuer brennen‹. Er litt, das ist kein Zweifel. Zumindest, wenn er nicht litt, er war verdrossen. Das ist das Wort. In dieser Zeit von Kain und Abel, in der er mir Prügel anbot, weil ich zum Beispiel eine Blume schön fand – nicht dass er mich schlug, er sagte es nur – da traf ich Rudolf. Rudolf legte die Hände schützend um die kleine Flamme von Abel. In den sechs Jahren zwischen der

Begegnung mit Rudolf und Mutters Tod war ich nicht so getröstet eingeschlafen. Jeden Abend, seine Hand wie ein Flügel auf meiner Schulter. Ich hörte auf sterben zu wollen. Ich überlegte nicht mehr, ob ich Angst vor dem Weiterleben hatte. Es hörte alles auf. Ich war so beschützt. Ich lebte von Rudolfs Stimme. Ich begann, irgendwann auch von Mutter zu träumen. Ich habe nie von Mutter träumen können, seit ich zu ihr gesagt hatte: ›bitte, bitte, bitte, sei ganz tot‹ (nur an ihrem Todestag träumte ich immer von ihr. Weil ich ihn erst am Tag danach erinnerte. Sie erinnerte mich in der Nacht). Seither träume ich immer von Mutter und Rudolf zusammen. Zahllose Träume, in denen sie zusammen sind oder das Gleiche sind.

Rudolfs Mutter, Du weisst, war sehr krank. Sie starb ja etwa 4 Monate nachdem wir uns kannten. Er, ein Sohn, hilflos mit einer kranken Mutter (dazu der Mensch, der mich beschutzengelte). Ich begann an seiner Mutter ein Interesse zu nehmen, das die Psychiater als nicht normal bezeichnen würden. Ein stellvertretendes Interesse. Ich kannte sie nicht und wäre gerne ihre Tochter gewesen. Ich frug ängstlich ob sie Widerstand leistete. Ob sie leben wolle. Als ihr Wunsch zu leben nachliess, schrieb ich ihr einen dringenden Brief, wie nötig sie sei, und dass sie um das Leben kämpfen müsse. Ich konnte kaum abreisen von Frankfurt, weil ich dachte, diese mir unbekannte Frau brauche mich. Ich müsse Rudolf helfen. Weil ich Dir nicht geholfen hatte. Weil ich doch kein Fahrgeld gehabt hatte, als Mutter noch lebte. – Das Unerhörte war, dass meinerseits, ich für ihn das einzige Gegengewicht gegen den Tod seiner Mutter war. Seine gesamten Freundschaften waren nichts. Ich war da. Als sei ich von höherer Stelle geschickt worden. Das war so stark, dass er mir in seinem zweiten Brief – er hat mir ja nur zwei geschrieben – sofort eine Art Heiratsantrag machte. Er weiss das sicher selber garnicht. – So wurden wir uns von unseren toten Müttern anvertraut. Wie von Engeln, wenn Du erlaubst, dass ich so etwas sage. Er mir, damit er leben könne. Was er so schlecht kann. Ich aber kann es ja. Ich sehe ja jeden Tag und jede Minute Schönes. Und ich ihm, damit ich die Angst vor der Auferstehung verlöre. Diesen Wunsch und diese Panik im Hinblick auf den Tod.

Ich glaube, wenn Du dieses nimmst: es war etwas so Ausserordentliches in der Art unserer Begegnung, dass es jenseits dessen steht, was mit Ehebruch oder so benannt wird. Ich glaube, dass ein Recht bestand, dass wir miteinander dies neue Leben, das unsere Mütter, im Sterben, uns gelassen hatten, gelebt hätten. Es war etwas so Reines und Grosses in unserem gegenseitigen Gefühl, wie es uns in unserem Alter und nach allem kaum mehr zustand.

Es ist nicht, dass ich Erwin nicht verziehen hätte: den dreifachen Fehler der Kinderlosigkeit, des Nichtsichbewährens im Augenblick meiner grössten Verlassenheit, des Egoismus im Hinblick auf das, was mich doch vor dem Selbstmord und dem Irrenhaus alleine bewahrt hat, als er mich hineintrieb: ich habe ihm alles verziehen. Ich verstehe alles. Aber der Tod ist kein gemeinsamer Tod mehr. Seiner, mit mir, ja. Meiner nicht. Er weiss das. Er fühlt es in jeder Umarmung, so gut sie sind. Mit Rudolf wollte ich sterben. Deswegen begann ich mit ihm leben zu wollen. Und deswegen konnte ich mit ihm ein so neues Leben haben, als sei ich in der Tat ein Mädchen gewesen. Deswegen wäre er auch kein Dieb gewesen. Sondern er war ganz legitim. Aber das wussten wir nicht. Jetzt ist es zu spät.

Der irdische Teil in dieser Liebe, die eine Liebe zu Gott hin war, wie jemand richtig gesagt hat, war auch erschreckend gross. Er sagte einmal zu meinem Körper: komm. Es reichte, dass er es nur andeutete. Da war ich noch Erwins Geliebte, aber da war ich nie wieder seine Frau. Ich habe mir Vorwürfe gemacht. Ich kam mir schlecht vor. Und doch nicht schlecht. Ich bin ganz mädchenhaft zu Rudolf geblieben. Er sagte das auch selbst, dass ich keusch sei. [...] Daher, verstehe es, warum ich nicht von ihm lassen konnte noch er von mir. Wir hatten ein Recht aufeinander, das war gewiss so gross wie Erwins Recht. Deswegen, weil er eine geradezu heilige Aufgabe hatte. Wie ich bei ihm. Deswegen war es gleichgültig, dass Erwin jünger ist und was er ihm voraus hat. Und ob seine Freundinnen hübscher sind als ich. Und wie spät im Leben wir uns getroffen haben. Es war auch keine solche Sünde, wie wir dachten. – Uns nicht genommen zu haben, ist vielleicht eine viel grössere Sünde. Es macht es mir leichter, mit mir selbst zu leben, dass ich das weiss. – Erinnerst Du Dich, wie Du sagtest: ›vielleicht wärest Du so glücklich mit Rudolf, dass Du keine Gedichte mehr schreiben würdest‹. Ich sagte: ›es ist mir gleich[.]‹ Du verstandest es nicht. Jetzt kannst Du es verstehn. Jetzt musst Du alles verstehn.«

Das also ist die innere Wirklichkeit, die sich auch in Domins Roman *Das zweite Paradies* spiegelt. Äußerlich hingegen scheint ihr Leben in diesen Jahren in relativ geregelten Bahnen zu verlaufen, und das, obwohl Palm und sie bis zu ihrer endgültigen Rückkehr nach Heidelberg 1961 nicht einmal einen festen Wohnsitz haben. Nach einem knappen Jahr, das Domin vorwiegend in München und Oberammergau verbringt, folgt sie Palm 1955 nach Madrid, wo er seine Forschungen zunächst im Auftrag der Universität von Santo Domingo und 1956/57 als Fellow der J. S. Guggenheim Memorial Foundation fortführt. Domin arbeitet in dieser Zeit intensiv an ihren Gedichten, an verschiedenen erzählenden Texten und beobachtet im Auftrag des S. Fischer Verlags die iberische Literaturszene. Es entstehen freundschaftliche Beziehungen zu spanischen Schriftstellern und Intellektuellen, und ab Mitte 1956 erscheinen mehrere von Domins Gedichten in spanischer Übersetzung. Wie schon in den letzten Exiljahren lebt das Paar auch in Spanien immer wieder für längere Zeit getrennt. Palm besucht Granada, Sevilla und Südfrankreich, Domin begibt sich Anfang 1957 in eine Schreib-Klausur nach Fuengirola. Palm plant unterdessen ihre Rückkehr nach Deutschland und bewirbt sich auf mehrere Professuren.

Von Mitte 1957 bis Februar 1959 leben Palm und Domin in Frankfurt a. M. Danach bricht Palm, unterstützt von der Deutschen Forschungsgemeinschaft, noch einmal nach Spanien auf. Bevor Domin ihm nachreist, zieht sie sich allein ins Tessin zurück, um die Arbeiten an ihrem ersten Gedichtband abzuschließen, der im Herbst 1959 im S. Fischer Verlag erscheint. Mit ihm wird sie sich endgültig als Lyrikerin etablieren. In dem kleinen Ort Astano, gelegen zwischen dem Lago di Lugano und dem Lago Maggiore, findet sie nach langem Nachdenken jenen Buchtitel, der seither fast sprichwörtlich geworden ist: *Nur eine Rose als Stütze*.

65   *Aus Ciudad Trujillo nach New York, 4. Februar 1954*

Mein Aff.
Eben komme ich vom Telephon: die »All American« infor-   1
miert mich dass das Kabel am Abend und in der Nacht nicht
ausgerichtet werden konnte, sondern dass das NY office an-
gewiesen wurde das Telegramm am <u>Morgen</u> schriftlich zu
bringen.

?

Ich zittere so dass ich die Feder kaum halten kann. Wo warst
Du in der Nacht vom Dienstag zum Mittwoch?
    Mein Lieb, mir ist zumute als stürbe ich. Wenn auch nur
der mindeste Grund besteht dass Deine Augen sich mit dem
Schleier des schlechten Gewissens bedecken – lass uns einander nie NIE NIE wiedersehen.
    Vielleicht, mein Herze, ist es das Beste, ich nehme das Ve-
ramon in Deinem Schreibtisch – denn so zu leben ist schlimmer als Tod.
    Du, der Du nach einem Strumpfband herumläufst, wieso
schreibst Du nicht täglich, wieso wickelst Du mich nicht in
Liebe ein – sondern machst mich leiden? Was habe ich Dir
getan? Ich kann nicht mehr.

H.
4. II. 54

Ich schäme mich so, ich schäme mich so für uns beide. Da
stirbt Consuelo und verbringt ihre letzten Wochen damit ihr   2
Leben in die Formen des meinen und des Deinen umzuerin-
nern. Da trennt sich Vela von einer Frau die er liebt und sucht   3
eine, mit der er »Hand in Hand« durch die Welt gehen kann

4 wie wir. Er sagt es direct selber. – Und da liege ich, rot vor
Scham vom Haaransatz bis in die Zehen, auf meinem Bett
und weine. Mein Herze, warum hast Du mich weggeschickt –
und warum machst Du mir dies zu einer solchen Prüfung?

66 *Aus Oberammergau, 2. Juni 1954*
1   »Himmelreich« Oberammergau.
2   Wo Johnny mich entzückend einlogiert hat.
Mein Lieb.
Ich liege hier im Bett bei offenem Fenster, sehe auf die blühenden Apfelbäume und die vielgrünen Bäume, noch ein wenig verschlafen – und mir ist ganz wohlig weil Du da bist und
doch nicht da bist. Dabei ist ein zweites leeres Bett im Zimmer. Ich habe Platz und packe die wenigen Sachen mit Wol-
3 lust in den grossen Schrank. Wie heisst es bei Beckett: »Ich
vermisste Dich und war zufrieden Dich zu vermissen« (oder
so ähnlich). Ein paar Sonnenstrahlen und Vogelgezwitscher,
damit ich mich über Deine zärtlichen Morgenaugen und
4 Deine Küsse hinwegtröste und den Tag gut beginne. De loin,
mon petit, tu es comme je te rêve – aucune réalité, aucune parole dure pour me troubles. Je t'aime bien, mon cœur est tout
doux, je voudrais te baiser et te demander pardon pour les
réproches que je t'ai faites – justes ou injustes, ce que sais-te –
je voudrais te laver avec tout de pureté ce que le mirâcle se
répète et ce que tu te transformes sous mes mains. Je voudrais ... mais tu n'es pas ici – et j'en suis très contente.
Eine Drossel sitzt auf dem Apfelbaum und steckt den
Schnabel in die Blüten als sei sie ein Kolibri. Und Du, mein
Herz, hast gar keine Zeit diesen Unsinn zu lesen, und sagst
5 ärgerlich: »je m'en fiche des rêves de ce conejito. Ich muss
soviel Leute sehen und von ihnen gesehen werden. Und die
Autos sollen still halten auf den Strassen, wenn ich komme
und hinüber will.« Hast Du beim Aufwachen heut früh

(wo?) an meine Augen gedacht? Ach nein, nur an die Tele-
phonliste. Verzeih. Verzeih.

Je t'aime – et je suis heureuse d'être seule (pour deux jours,   6
n'est-ce pas?)

∞ H.

2. VI. 54

PS. Mein erstes Gedicht angenommen (die Schale im Ofen,
im »Hochland«) Dito Altolaguirreübersetzung. – Aber die   7, 8
grösste Freude des gestrigen Tages: Cronauer einfach begei-   9
stert vom Requiem. Ach, mein Herz, was ist mir das »Ja« der   10
Welt gegen das Ja in Deinen Augen! Du brauchst sie, die Reihen von klatschenden Händen – deshalb freut mich, wenn
einer Dir klatscht. – Wenn sie mir klatschen, ist es wie ein
Kleid von Dior oder Ja[c]ques Fath, ein preislos teures Kleid,
das mich Dir schöner macht? Wozu? Wünschst Du mich
bunt um mich auszuziehen, und leuchtend von der Bewunderung der andern, um mich Dein zu machen? Quel jeu,   11
l'amour! Weisst Du, dass Lilo Thom mich sehr coquett findet   12
sozusagen natürlich coquett.? Just imagine. Sie findet, ich   13
nehme es darin mit einem Heer von Frauen auf, any age,   14
easily. Funny. Du findest es doch garnicht, mein Lieb?

67   *Aus München, vermutlich nach Hamburg, 27. Juli 1954*

Die vielen Morgende ... eine blaue Reihe. Das kleine Erstaunen des Herzens, wenn man aufwacht am Geburtstag.   1
   In der Ferne, die Kinderjahre und die Geschenke. Die Eltern wie Beamte des Geburtstags, von den Gaben verdeckt.
   Dann Du, Jahr nach Jahr, und Deine lächelnden Augen.
Die Geschenke nur Zeichen, ein Gruss der zum Ding wird
und bleibt. Und die Gewissheit hier zu sein für Dich – als sei
der Samen, den der Wind treibt, nur für den einen Boden ge-

meint. Ausgesuchte Morgende – wie wenn man innehält auf dem Weg und die Landschaft glänzt. Unzerstörbares Zuhaus. Wir haben das Paradies gekannt, wahrhaftig. Und wir waren von Ewigkeit zu Ewigkeit, unsterblich.

Seither sind wir Menschen geworden und sehen die Unvollkommenheit, die Grenzen, den Tod. Kehren unsre Nachmittage noch hin zur ewigen Wiederkehr? Und werde ich Dich bei der Hand nehmen dürfen, an jenem Tag, und Dich herausführen aus den Reihen der Männer?

Mein sanftes Haar ist verwelkt und wir wissen die Angst des Verwaistseins. Nun ist uns Güte und Mut nötiger als früher. Mein Lieb, nie habe ich willentlich für Dich den grossen Mantel abgelegt, in dem Du Dich bergen kannst. Sei behutsam. Und störe mein Herz nicht das beschäftigt ist wie ein Maler Glanz auf Dein Bild aufzutragen.

Möge mir gegeben sein Dir in Demut zu dienen
– wie ein Mensch einem Menschen dienen darf.

27. VII. 54

28. VII. 54

Soll ich Dir dies Blatt schicken. Gewiss, ich wachte früh am 27. auf und habe geweint. Hätte ich die Fähigkeit Dich glücklich zu machen!

2   Dein Anruf, für den man mich weckte, ganz verschwubbelt, freute mich sehr. Der Tag günstig: Sonne, eine reizende Fahrt (per Rad. Welch ein Kindervergnügen, wie Karussellfahren) in den ›Märchenwald‹. Da hast Du etwas versäumt. Dann zurück über den See, Regenwolken, starke Sonne, ein Stück Regenbogen. Moder wie ein goldener Reif zwischen Binsen und Wasser. Ein paar Töne Zauberflöte: unsere Lieblingsstelle. Dann las ich Frau L. doch noch Gedichte vor – sie
3   mir auch (si me leca, te leo). Der Nachthimmel klar und schön. Die Milchstrasse fern aber fast so hell wie in den Tropen, der Wagen zum Einsteigen über dem Dach. Ich schlief zufrieden ein.

Heute beiliegender Brief. Congratulations. Freust Du   4
Dich? Wir antworten nächste Woche, sowie ich da bin. Bezüglich der 175 $, on verra. Man müsste auf 250 kommen.   5
Ferner »Hochland« Augustheft, die beiden Übertragungen
von Altolaguirre.   6
À bientôt. Je t'embrasse. Und Du – hast Du mich schon   7
vergessen, magst Du Dir nur die Zeit nehmen ein Blatt von
mir zu lesen, in dem Betrieb. Und schmeicheln Dir die Menschen? Verzeih. – Ich hoffe es sind nette Tage. Hier hast Du
das schlimmste Wetter mitgenommen. Regnet es wo Du bist?

∞ Has.

Schicke morgen resp. bringe Antwort mit.

68   *Aus München nach Hamburg, 3. Januar 1955*

Mein Lieb. Mein kleiner armer Aff,
gleich als ich aufwachte – ich habe eine schreckliche Nacht   1
gehabt, voll Angstträumen medizinischer und semi-medizi-
nischer Natur – dachte ich daran, dass Du nun schon den Brei
zu schlucken bekommst, für die Röntgenaufnahme. Mein
Lieb, ich habe mich so schlecht benommen, gestern am Telephon: statt Dir Mut zu machen, habe ich geweint. Ich habe
mir hinterher solche Vorwürfe gemacht. Dabei bin ich überzeugt, es ist ganz harmlos – und dann ist man beruhigt, wenn
es gründlich untersucht ist. Und Du so alleine dort: obwohl
es nicht so schlimm ist, wie als ich von Ciudad Trujillo nach   2
New York ins Krankenhaus musste. Trotzdem, so ganz ohne
den Arm Deines Hasen um Dich!
Weisst Du, neulich sagte Johnny zu mir: »Jemand kann
einem leid tun, aber man soll es nicht übertreiben.« (Dies, als
er mich an dem Sonntag vormittag zum Arzt stürzen sah) Es
handelt sich aber gar nicht um »leidtun«.
Du bist für mich wie eine Fortsetzung des eigenen Kör-

pers: meine empfindlichste Stelle. Lieber lass ich mir an jeder andern wehtun, als an Dir. (Man kann es nicht aussuchen, mein Lieb, ob einem das Bein oder der Arm oder der Aff schmerzt. Mir ist jeder andre – »eigne«, wie man sagt – Körperteil lieber.)

Ich hoffe so, dass wir nun den »dicken Anfang« dieses Jahres überstanden haben – und alles weitere sanfter wird. Und dass Du reizende Tage in Holland & Belgien hast.

Ich möchte meinen Arm um Dich legen, ganz beschützend. Reg Dich nicht auf, mein Lieb, wie immer es ausgeht. Es kommt gewiss wieder in Ordnung. Wir sind nun einmal, selbst Du, ungeduldiger Mono, eine sehr zerbrechliche Maschine, und keiner von uns kann immer und immer nur das Glück beanspruchen. Keine Liebe kann die Rückschläge verhindern. Lass uns hoffen, es sei nichts – lass uns mit Mut und Energie an die Heilung denken, falls es etwas ist. Mein Herze, benimm Dich, ich bitte Dich inständig, nicht wie ein kleiner Bub. Sei vernünftig, wenn es nötig ist. Ich will auch vernünftig sein. Könnte ich, was es auch sei, es Dir abnehmen. Wir haben aber keine Wahl. Aber »keine Katze mit sieben Leben, kein Wurm, dem das verlorene Glied nachwächst, ist so zäh wie der Mensch«. Das ist ein Trost. Ach, ich hoffe so, morgen ist alles gut vorbei, Du besteigst den Skandinavienexpress. Und Du vergisst es. Wäre ich nur dort. Ich kann aber gleich kommen, falls Du Trost brauchst.

Mein Herze, ich liebe Dich sehr zärtlich.

Hab Mut.   Dein Hasenkopf

                                                         3. 1. 55.

69 *Aus München nach Berlin, 17. März 1955*

                                                 Donnerstag abend.

Vor mir Osterglocken, von Prof. Kehrer, die Mimis gelbe und rote Tulpen abgelöst haben (Kehrer suchte mich auf, da Cook ihm gleichfalls wegen der Ausstellung geschrieben hat.

Ich habe ihm den Brief übersetzt und ihm gleich die nötigen Tipps gegeben, und so beiden einen Gefallen erwiesen). Kehrer, den ich unten in der Hall empfing, fand mich übrigens sehr »angegriffen«, und das war ich dann auch noch. Aber das wird mit jedem Tag besser.

Auf dem Bett ein Eilbrief (vom Merkur). Als das Mädchen ihn brachte, da war meine erste Regung: von Dir. Aber wie kann der gefälligste Briefträger etwas bringen, das nicht gesandt worden ist. Also eine ganze Woche ohne Post!

Und Deine Stimme, heute früh, dank ich nur dem Umstand dass ich annahm, Du habest den Brief mit der Adresse unterdess bekommen – und daher nicht telegraphierte. Sonst, mein Häslein, kein Wort von Deinem übergeschäftigen Herrn & Gebieter. »Ach«, sagte ich mir, »findet er die Adresse nicht, so wird er gewiss anrufen. Tant mieux!« (Nicht mal, auch am Telephon nicht, ein Wort zu der gut ausgelaufenen Operation. Du verdienst es wahrhaftig, dass die im April noch folgenden Untersuchungen schlechter ausgehen. Dies sträfliche Vertrauen, als sei nicht dieser Deiner, wie wir alle, nur eine kleine Wolke, die jeder Wind hinwegblasen kann. Mon petit, ich sage dies nur halb im Zorne, denn sérieusement, ich kann mir auch nichts Böses vorstellen. Trotz des Buchs Hiob! Nach all diesen schlimmen Jahren will und will ich mir nun, von keiner Seite, weitere Schrecken erwarten. Ach, mein Herze, ich schreibe dies mit einer Art theologischer Furcht. Denn es wird nicht nach unserer Bereitschaft gefragt, und ob wir niederknien wie das Lama, weil uns die Bürde zu schwer ist.) En tout cas: Du hast angerufen – und ich habe mich nicht getraut zu erwähnen, was für Briefe unterwegs waren, oder etwa zu fragen, ob Du auch Sehnsucht nach mir hast. Sicher hast Du schon gar keine Zeit dazu – abends fällst Du müde ins Bett, morgens wachst Du mit einem eiligen Programm auf: wann solltest Du da an mich denken? Und eines Tages, weil nun gerade der 31. ist oder der 1., spuckt Dich Dein Programm, ganz plangemäss und doch wie zufällig (was in diesem Fall aufs selbe hinauskommt) auf dem Ulmer Bahnsteig vor mir aus. Dann warst Du mehr als ein Fünftel des Jahres weg. Und man hat soviel gearbeitet und sich um sich selbst gedreht, dass man es kaum gemerkt hat, wieviel Zeit dabei vergangen ist. Freilich, seit ich liege und Dir nicht so viel diene, merke ich es ganz anders. (Diese furchtbare lebenschlingende Aktivität!)

Und wann wirst Du – wo? – wieder von mir hören? Wenn ich am Samstag früh wegfahre, hab ich Deine Basler und Züricher Adresse nicht. Das betrübt mich. Und finde ich Post von Dir in Seefeld? Wenn nicht, so verfalle ich in die schwärzeste Melancholie?

Ich denke merkwürdig viel an das Wiedersehen – und seit ich Dir schrieb, dass ich mirs nicht vorstellen kann, beginne ich es mir vorzustellen. Ein »Erfolgsgesicht« wirst Du wenigstens nicht haben, hoff ich. Dazu gehört irgendwie der amerikanische Whisky. Wie steht es mit der dem »Typhus« verdankten schlanken Linie? Haben die Festessen ihr wieder aufgeholfen? Aber das ist mir, verglichen mit dem Gesicht, gleichgültig genug.

Ach, mein Lieb, schon in dem bunten Italien warst Du das bunteste Tier auf dem Bahnsteig: so blass, so dunkel, so rot. Jetzt bist Du eher bräunlicher, scheint mir, und alles ist weicher und weniger hart an hart. Ich weiss es nicht recht. Der kurze Augenblick, wo man sich gegenübersteht – besonders wenn irgendwelche Schranken dazwischen sind – und man gerade noch denkt: »das also ist das Schicksal«. Und da kommt es schon auf Dein Herz zu und geht über Dich weg wie eine Herde wilder Fohlen. Zum Staunen ist kein Raum mehr. – Natürlich ist es nicht immer und jedes Mal so. Aber doch ganz eigentlich.

In New York warst Du so entzückend. Aber da hattest Du sehr auf mich gewartet. Wie in Tarquinia, in dem Zimmer mit den Salpeterblumen an den Wänden. Und das Cafeteriaessen, das Du mir im Bett serviertest, war uns kalt geworden. Auch in Freiburg war es sehr nett, und dann kam Strassburg und der beste Teil der Reise. (Bis Bonn, wo ich es nicht ertrug mich von Dir zu trennen, und Dir schlechten Gewissens nachreiste, und es war kein Glück dabei. Aber nun habe ich mich mehr als ein Fünftel dieses kurzen Jahres 1955 de bonne manière von Dir getrennt. Was hab ich mir damit bewiesen? Das sind törichte Spiele, wenn man uns so vordemonstriert, wie kurz das Leben sein kann!

Mein Lieb, wär heute der 31. und ich sollte Dich auf dem Bahnhof in Ulm treffen, ich möchte die Fahrt nach Friedrichshaven – da übernachten wir doch? – sehr lang finden. Ich weiss nicht, wie ich so etwas schreiben kann. Alles liegt bei Dir. – Diese enorme und vielfältige für Dich geleistete Arbeit, compliziert wie sie war, Du wirst sie mir – wie stets – nicht zugute halten. Gewiss fändest Du's sogar coquetter ich hätte das Deine vernachlässigt & etwas Eigenes getan. Und wenn alle Welt findet dass es ausserordentlich für Dich ist eine solche Helferin zu haben, so findest Du's gerade noch passabel und comme il faut. Es ist ja auch gleichgültig. – Wenn nur die Gebirgsluft meiner Schwäche aufhilft. Ich wollte so gern blühend und gut aussehen, bis Du wiederkommst. Jetzt ist es nicht sicher, ob es mir gelingt. Hoffentlich ist <u>blaues</u> Wetter, bis dahin. Und am Bodensee.

Mein Lieb, so wie mir heute zumute ist, stände ich auf dem Bahnsteig und starrte auf meinen Koffer: aus Scheu wie Deine Augen sind – die wiederzusehen ich doch kaum erwarten kann.

Ach ich bin unverbesserlich. Da schreib ich Dir schon wieder solch verrückt zärtliche Briefe: as little dignified as a swooning woman. Et j'ai bien juré de ne pas te faire la vie trop facile. Et, avec tout, je ne le ferais pas. Il te faut en écrire quelque chose de vraiment aimable – ou je te punirai pour avoir reçu cette classe de lettre.

∞ H.

Möge ich in Deinem Herzen so fühlbar sein wie ein Kind im Mutterleib – und wie Du in meinem! Das ist ein hübsches

12 Motto, um es an den Rand der Briefe zu schreiben. Ne trouves-tu pas?

13 Bei alledem vergass ich ganz: der Piperband ist da, <u>sehr</u> nett, und es regt mich doch nicht sonderlich auf. Dich?

70 *Aus München nach Berlin, 22. und 23. März 1955*

Dienstag abend.

Mein Lieb.

1 Ich weiss selbst nicht recht, was in Deinem Brief aus Hannover mich so verstört: seit er kam, ist meine Stimmung gänzlich umgeschlagen. Alles Behagen hat Körper und Seele verlassen. Die intensive Zärtlichkeit von heute nacht und heut nachmittag, wo Du so nahe warst, ist zu Tränen geworden.

Wenn Du mir anriefst morgen früh. Und doch, wozu?

All Deine entzückenden Briefe. Ich verstehe es nicht. Dabei ist es ein Widersinn Dir dies zu schreiben – und die Hand zu heben, als bäte ich Dich um Hilfe.

Zwei Monate und 3 Tage bist Du nun weg. Alles war so gut. Das Herz war mir leicht, seit Du aus dem Krankenhaus in Hamburg bist.

Und auf einmal, Tränen und Gefühle über die ich zutiefst beschämt bin. Als sei es mit dem blauen Himmel aus und vorbei. Als läge der Ort, wo wir uns wiedersehen, auf einem andern Stern.

Was für ein Unsinn: und dabei schlag ich das Kursbuch nach, auf welchem Bahnsteig in Ulm wir uns treffen, und mache mir einen Schottenrock um Dir zu gefallen: mit vielen vielen kleinen Falten. Ach, mein Herze, ich kann nie nie nie NIE eine richtige Ehefrau werden. Du weisst gewiss, wie ichs meine. Ich könnte mich selber ohrfeigen, heute abend.

Mittwoch morgen, nach dem Aufwachen.
Ob Du wohl anrufst. Ob ein tröstlicher Brief von Dir
kommt? Mein Herze, ich liebe Dich in solcher Schüchternheit, als sei ich immer ein wenig auf der Flucht. Und doch,
manchmal ist mir wieder, als habe ich vom Anbeginn aller
Zeit die Augen aufgeschlagen unter Deinem Kuss: als müsse
alles so sein.

Mein Lieb, ich kniee vor Deinem Bett auf dem Boden, wie
ich es so viele Nächte getan habe, Du weisst. Und ich küsse
Deine Hand, die mich geschlagen hat und die ich abgewaschen habe, und die wieder so ganz ein Instrument der
Zärtlichkeit geworden ist: bei alle dem, was uns so neu zurückgegeben wurde, bitte ich Dich, mein Lieb, und in der
Demut des Herzens, die Du mir so ungern glaubst: sei gut
zu uns. Gib das Unsere nicht billig weg, für den Reiz von
zwei Tagen oder das Vergnügen eines kleinen Siegs – oder
aus den gehabten Gründen einer primitiven »Schaffenshygiene«.

Weisst Du, es ist wie bei der Atombombe: es ist schlimm,
dass es Hiroshima gab. Principiis obsta. Man muss das Tabu
wiederherstellen. – Wir haben sehr gelitten, seit Du von dem
bewussten Apfel assest. Das zweite Mal war es kaum erträglich. Selbst Du bist ganz grau geworden. Aber nach einem
schlimmen Jahr wurde uns verziehen (vergib, dass ich mich
so theologisch ausdrücke.) Es war doch beinah wie ein Wunder und eine Wiedergeburt. Wir wissen beide, dass sich das
nie wiederholen könnte. Ich bitte Dich sehr inständig, mein
Herze: habe den Willen uns beide zu schützen (was immer
die Greise über die Liebe sagen mögen).

Möge ich in Deinem Herze so fühlbar sein wie ein Kind im
Mutterleib – und wie Du in meinem.

∞ H.

Mittwochabend.
Kein Brief. Eigentlich konnte auch keiner kommen. Ich habe
3 den ganzen Tag gearbeitet: Listen und Kärtchen für Piper. Es
war etwas monoton – aber es ist mir doch besser bekommen
als im Bett zu liegen und an Dich zu denken. Du wirst es
nicht für möglich halten, mein Herze, aber als ich heute früh
aufstand, da hatte mir die wild-zärtliche Laune von gestern,
und die morbide darauf, fast soviel geschadet, als wenn Du
hier gewesen wärest, und wir wären de facto unvernünftig
gewesen. Gleich fing es wieder an zu bluten und ich bekam
wieder Temperatur. – Das Schreibmaschineschreiben scheint
aber eine beruhigend-consolidierende Wirkung gehabt zu
haben.
4   Dein Telegramm: hast Du Schulz nicht gesehen? Wieso
5, 6 brauchst Du keinen Cortés? Und die Adresse von Dr. de la
Roy hast Du doch inzwischen gewiss: Platz der Republik 38,
Fkft.[/]Frankfurt. Sie stand oben auf der Copie des Briefs.
Mimi hat ihn doch (sagt sie) am Sonntag abend eingeworfen
7 (gleichzeitig mit dem Brief an de la Roy & Bahlinger[)]. Hast
Du von beiden gehört? Es ist so beunruhigend die Briefe andern anvertrauen zu müssen. Ich weiss selbst nicht mehr, wieviele ich Dir nach Berlin geschrieben habe. Unzählige, scheint
mir. Gestern einen, und vorgestern. Und dann 2 oder 3.
   Bitte schreib mir gleich Deine Adresse in B.-Baden und in
Basel. Ach, mein liebstes Lieb, und bist Du sehr unzufrieden
mit meinen Briefen? – Die Spatzen sind schon ganz frech geworden, und wecken mich sehr früh mit einem ungeladenen
Besuch.
   Um mit etwas Vernünftigem zu schliessen (nachdem man
es schon kaum mehr erwartet, nicht wahr?) so klingt die Idee
von der anthropolog. Kunstgeschichte, als sei es das Eigentliche. Aber wehe dem, der sich auf einen solchen Weg wagt,
ohne harte Fakten in der Hand zu haben.
   Ach, mein Herze, den ganzen Tag habe ich im Grunde das
Ohr gespitzt, ob sie mir einen Brief von Dir brächten. Bei

den unzählig vielen, die Du mir geschrieben hast. Aber gleich
ist es 8, es kommt keiner mehr. Ich habe so Sehnsucht nach
Dir. (Das kommt vom Nichtstun, wenn man das eigene Herz
schlagen hört). Und Du hast in Berlin gewiss kaum Zeit das
Meine zu lesen – und Dich darüber zu ärgern. Nein bitte, är-
gere Dich nicht.

71 *Aus München nach Zürich, 23. März 1955*

Schreibe Bergolds   1
Mein Liebstes Lieb.
Ich habe Dir viele, ich glaube 4, Briefe geschrieben: 3 traurige,   2
enttäuschte – einen ziemlich trüben. Es ging mir sehr
schlecht. Am schlechtesten als Du anriefst. Heute begann
man Antibiotica zu spritzen. Seit einer halben Stunde fühle
ich die Erleichterung. Es besteht also doch Aussicht dass ich
zu Fuss, nicht mit dem Roten Kreuz, das Haus wieder verlassen werde. Bis vor einer Stunde sah ich die Sache doch als fraglich an. Im vorigen Brief bat ich Dich beinah um Rückkehr.
    Wenn alles vorüber ist, im April, werde ich nach Meinung
des mich jetzt behandelnden Arztes, eines Freundes von
B.[ergold], zur Beobachtung in eine Klinik müssen. Das hat
gute Weile. Erst haben wir unsere Ferien.
    Bergolds sind reizend. Jugendfreunde könnten nicht net-
ter sein. Sie ist ganz anders, als wir dachten.
    Mein Lieb, obwohl Du mich seit Hannover über all dem
Trubel vergessen hast – bitte schreibe – damit es so ist, als
sähe ich Deine Augen.
    Als Du in H[am]b.[ur]g im Krankenhaus lagst, da schrieb
ich Dir: »Du bist meine verletzbarste Stelle«. Du aber, mein
Herr, hast mich sehr im Stich gelassen, als ich krank war.
Wieder (wie schon einmal, Du weisst) kannst Du's Dir
»nicht vorstellen«.

Bis dieser Brief ankommt, bin ich gewiss über dem Berg. Du aber, Du denkst, ich bin Dir sicher, ja viel sichrer, als ein abgestelltes Gepäckstück.

Ach, mein Herze, ich hoffe so sehr, dass es zu dem Treffen auf dem Bahnsteig in Ulm kommt, mit dem neuen Rock & allem. (Und dass Du den Compass, den ich noch nach dem fatalen Aufenthalt im Keller für Dich erwarb, richtig verstanden hast. Hast Du?)

∞ H.

23.3.55

Mach Dir keine Sorgen

72 *Aus Seeshaupt nach Heidelberg, korrekt 12. Mai 1955*

Seeshaupt.

Donnerstag 11.V.55

Mein Lieb,

Deine Stimme klang so weit weg und so unpersönlich – als telephoniertest Du mit irgendwem.

Warum schreibst Du nicht eine Zeile? Nun sitze ich hier, mit Hund, Katze, Fahrrad, als sei es mein Zuhause – und Du rennst von Verabredung zu Verabredung, und hast nicht die kleinste Zeit an mich zu denken. Und das gerade, als es wieder angefangen hatte so süss zu sein in Deinen Armen zu liegen. Morgens wenn ich aufwache – viel zu früh, wie Du vorausgesehen hattest – habe ich so Sehnsucht nach Deinen Augen und Deinem Mund. Und Du? Die guten Liebhaber sind die Unbeschäftigten. Wann also widmest Du diesem kleinen conejito wieder etwas Zeit? Ach, ich bin ungerecht, mein Herz. Aber das Leben ist gar so kurz. Ich mag nicht Karrenpferd neben Dir sein (obwohl es schlimmeres gibt). Jetzt treffen wir uns also – falls nicht neue Gegenbefehle kommen – und sehen uns Peter, Xenia und den Minotaurus an – und küssen uns in Heidelberg. Ich bin wie im Traum, ich

kann mir das Ganze nicht vorstellen. Deine Spitzenbluse ist
entzückend, wir wollen uns in die letzte Reihe setzen und Du
musst mich bei der Hand halten, damit ich nicht davonrenne.
Es liegt alles so weit zurück, als sähe man durch ein umge-
kehrtes Opernglas. Trotzdem, Du musst mich mit Küssen
und zärtlichen Blicken dagegen impfen. On ne sait jamais. 3
Wäre ich nur nicht so unausgeschlafen, das nimmt einem
noch den Rest von Wirklichkeitssinn.

Hier sitze ich und ordne endlich ein wenig meine Gedichte. Ich habe einen reizenden kleinen Tisch – aber die Zeit
ist zu kurz.

Mein Lieb, ich möchte Deine Lippen auf meinen fühlen, ce 4
petit choque si doux – vergiss mich nicht. Ach warum dürfen
wir nicht ein paar Wochen für uns haben!

Hier springt die bunte (dreifarbige) Katze schnurrend auf
dem Tisch und versucht mich zu trösten.

Je t'aime bien. 5

H.

Und bist Du überhaupt im Hotel Monopol? Ich fahre wohl
Sonntag abend nach M[ün]chen, gehe früh Montag zum Fri-
seur, und komme dann nach Darmstadt. Und die Adresse?
Das kann gut werden.

Frau Schürer ist übrigens reizend – stünde sie nur etwas 6
später auf! Sie ist ganz weg von meinen Gedichten – ich las
ihr ein paar vor – besonders von den langen. Wir haben uns
direkt angefreundet. Gehe ich eigentlich mit einem Körbchen durch die Welt und sammle die intimen Sorgen der andern ein?

– Seit gestern hab ich einen wahren Hunger nach Deinen
Zärtlichkeiten: das ist immer das erste Zeichen, dass ich beginne mich wohl zu fühlen. Suis un peu bon avec moi. 7

73   *Auf Reisen in Spanien nach Madrid*

Hinter Zaragoza. 1. 2. 56

Mein Herz,

die Mandelbäume blühen schon in der Gegend von Zaragoza, die Felder sind schon unordentlich grün, und die Sonne
sieht so warm aus dass man das Fenster aufreissen möchte um
zu riechen ob es schon nach Frühling riecht. – So viele Schafherden: schwarze und weisse Schafe gemischt, nur die armen
Hirten so grau und verloren, gegen einen Telegraphenmast
oder einen Stein gelehnt, oder, bei Hagel, unter einer kleinen
Brücke. Und all die lehmfarbenen Dörfer der äussersten
menschlichen Genügsamkeit (wo wir, alle beide, so unbescheiden sind).

Mein Herze, lass mir ein wenig mehr Freiheit: so dass Platz
bleibt für die – und sei es nur eine Fiktion – <u>freiwillige</u> Mitarbeit. Der totale Druck, die totale Pflicht, das macht nur widerwillig. Man bekommt eine Lust zum Davonlaufen – gar
nicht zu beschreiben.

Dabei lieb ich Dich doch.

Bitte Bitte Bitte.

Die Schrift: ein Zufallsprodukt aus ductus und ructus (des
1 Taf)

[Am linken Rand:] Lass uns … lass uns … lass uns wieder
Wolkenhirten sein, wenn die Bäume grün werden (und sollten wir das Buch zum Fenster hinausschmeissen müssen)

<u>wenden</u>

Barcelona 2.11.

Äfflein.

Eiskalt. Sehr müde. Gut dass ich gekommen bin.
Um Gottes Willen, sorg dafür dass unter <u>keinen</u> Umstän-
den die Wohnung gemalt wird. Hier in ein frisch gemaltes
Zimmer, eisgekühlt?
Wenn alles klappt, auf Samstag
Küsschen

Has.

Kein Öl, keine Gilette azul.   2

74 *Aus Fuengirola nach Madrid, 10. Februar 1957*
»La Verdad« (mit Recht in Gänsefüsschen) 1
Liebster,
der Sonnenuntergang – den ganzen Mittag schon der Mond
ganz leicht im Himmel, sich auf Deine Rückkehr zu run-
dend – findet nun weiter landeinwärts statt. Die Spitze von
Fuengirola, eine scharfe Silhouette, abgeschnitten von einem
blanken Messer. Kaum mehr angefressen von der goldenen
Auflösung. Die Bucht, dunkelblau – heute zumindest, kein
Metallsee mit schwarzen Schmetterlingen. Je weiter es geht,
je mehr wird die Sonne landeinwärts untergehen: die glo-
riöse Auflösung findet dann nicht mehr statt. Aber immer
noch rosa Schnee auf den Spitzen der Sierra Nevada, nur
noch ganz auf der Höhe. Das Wunder der abendlichen Bou-
gainvilias: kürzer. Es ist erschreckend, wie die Zeit voran-
rückt. Und ich habe noch nichts getan, als mich mit dem
Praktischen herumgeschlagen und gegen Windmühlen aus
Matra[t]zen gekämpft! (Gestern machte ich einen Spaziergang nach dem Caballo Blanco, besuchte dort die komische
Deutsche (Tochter von Arthur Marnau, Schriftsteller und
Verleger in Berlin vor den Nazis. Der Name klingt mir, aber
nur unbestimmt. Dir?) Vermutlich, sie schreibt gleich ihrem

2 Mann, werden sie eben die Matra[t]zen kaufen. C'est ça.
Sagt, alle ihre Gäste schimpfen auf die spanischen Betten,
haben schon Sekt – ich weiss nicht, ob sozusagen oder wirklich – aufgemacht, nach der ersten Nacht bei ihr. Auf dem
Weg auch das kleine Häuschen inspiziert, welches weder
grosse Aussicht noch auch Licht hat, noch vermietet wird.
Inzwischen aber hier wieder ganz beruhigt, obwohl immer
3 noch weder recibo noch Vertrag). Heute morgen die neue
Matra[t]ze, welche, nach erstem Beliegen, heut nacht wird
sie beschlafen, ein wirklicher Erfolg zu sein scheint. Sie ist
dickstens auf den Spiralen gefüttert, hat ferner noch, zwischen den Spiralen, Seegras im Bauch. Au[f] den ersten Lieg
eine angenehme Balanze zwischen Getragensein und Einsin-
ken. Matra[t]zen, wie Körperteile, sollte man garnicht zur
Kenntnis nehmen.
Heute ein Tag so hell, so klar, so still, dass man kaum zu at-
men wagt. Gestern ein widerlich feuchter Wind, Kopfweh
heranwehend. Heute: einfach euphorisch.
Ich werde morgen einen Effort machen, die wenigen noch
zu erledigenden Dinge erledigt zu bekommen. Wenn nicht,
4 to hell with them. Ich habe das Praktische abgeschrieben und
stöbere in meinen Gedichten, habe einiges ins Spanische
übersetzt (ein unnützes aber doch divertides Geschäft) und
bin dabei mich wohler zu fühlen. (abnehmen tue ich ein Biss-
5 chen, will es auch garnicht schneller. Die Ayds sind wirklich
gut.) Ich benutze sie zur Vermeidung des Hungers in den
Zwischenzeiten. Wie Rahmkaramellen. Eine hervorragende
Anschaffung war die Gänsehalslampe (die gleiche kostet
jetz[t] 75. In Madrid in den Almacenes Capitolio sah ich sie
für 40 annonciert. Aber ich glaube, wir kommen mit einer
aus. Im Bett, ein Genuss, wie nichts seit Jahr und Tag [–] an
6 Beleuchtung, bien entendu! Habe den Lorca fast durch, will
7 nur »Así que pasan« nochmals lesen. Ich bin fest entschlossen regelmässige Stunden zu machen und einfach loszu-
schreiben (dito wenn Du da bist) / nur mit Regelmässigkeit

kriegt man die ungebärdige Phantasie in Ordnung. Was nützt
das entzückende Briefeschreiben schon (apropos, wunder
Dich nicht, ich habe auch an Rafael Laffon nochmals ge-   8
schrieben (obwohl Dein Brief unübertrefflich und daher
auch unerreicht ist, wie ich ihn in Erinnerung habe). Was
mich angeht, so hat mich nichts von den andern ähnlich beeindruckt, trotz der grossen Namen. Bei Alto halten die   9
schlechten Gedichte den guten doch sehr die Waage. Ich habs
nicht ausgezählt. Die besten kannten wir. Ob es überhaupt
ein guter Tag war, an dem uns dies Buch ins Haus kam? Es
war der grosse Tag der Kündigung, und der Ankunft von
Bernabé als Retter. Apropos, vergiss nicht, dass Du Aleixan-   10, 11
dre mahnen sollst ihm zu schreiben (per Telephon, Du
brauchst nicht hinzugehen. Grüss ihn dito von mir, dank für
den Brief). Gerda habe ich drei Zeilen zur Hochzeit ge-   12
schickt. Verblüffend!

Zum Praktischen möchte ich noch sagen, dass ich zu meinem grossen Kummer vergass, Dich um meine weissen etc.
Söckchen zu bitten. Ich kaufe mir eben 2–3 paar neue.
Schreie nicht, aber heute habe ich irgendwelche affligen angezogen. Oder schreist Du? Welche? Ich hab nicht so genau
hingeguckt. Was Graues, was zu dem Rock passt. Vielleicht
solltest Du auch Pando anrufen, der noch nicht geschickt hat.
Ich schicke die Filme morgen ab. Eben will ich den Film her-   13
austun: Du hast den Schlüssel der Tasche! Also bis zu Deiner
Rückkehr nichts! Au[c]h kein grosser Unterschied. Frag
bitte Pando, ob die Filme noch frisch genug waren, und die
Contraste noch gut (Du erinnerst Dich, uns war der Grund
nicht transparent genug). – Die Pakete aus Madrid leider bisher nicht gelandet. Ich will mir das Haar färben und in Ordnung bringen lassen ehe Du kommst. Mal sehen, ob ich es
wieder fertigbringe »wie eine Frau« auszusehen. I'll try as   14
hard as I can. Das Abnehmen steht mir besser.

Radioprogramme, in Deiner Abwesenheit, infam. Habe
nicht die Geduld den neuen Radio mit seinen tausend Statio-

nen genau auszuhorchen. Habe aber einiges aufgeschrieben (einziger Fehler: die Stationen sind mehr und so eng beieinander, wenn auch gut getrennt, als dass man sich Anhaltspunkte aufschreiben könnte. Wir werden sehen, wie man das technisch hinbekommt[)].

Heute abend Afrika, sowie Gibraltar, klarer und näher als je: die Luft voll von ihrem Singsang, sowie man den Apparat öffnet. Besser stille Berge über dem Meer!

Ich lebe zwischen den Zimmern, richte mich, wie Du, auf dem grossen Tisch ein: nur eben mit dem Gesicht zum Meer! Möven und Schiffe heute weisser als je.

Vielleicht kommt morgen doch wieder ein Bericht von Dir, aus der grossen Welt, und dem Spiegeleierparadies (oder nicht?)

Also, wünsche mir einen sanften Schlaf (irgendwie bin ich immernoch halb ausgeschlafen. Heut nacht sturmartiger Wind) auf dem neuen colchón Felipe. Die Katze lässt grüssen, sie wird täglich anspruchsvoller. Ein Mensch mit einer Katze ist ihren Velleitäten eben schrecklich ausgeliefert.

Petit, petit! Alleine ist alles schrecklich ordentlich, aber es ist ein Haus für uns beide, sehr fühlbar!

Es umarmt Dich und krault Dich sehr zärtlich

DEIN DEIN DEIN

kleiner lieber guter unfrisierter

kurz Dein

Es gelüstet mich – zumindest – nach geschriebenen Zärtlichkeiten, mientras tanto.

10.2.57

Richte Dir Murcia ein?

Oder geht es nun nicht?

Von Ricardo noch nichts gehört.

75   *Aus Oberammergau nach Madrid, 25. September 1957*

Mein liebstes Herze,
Ich habe Dir, in Gedanken, so viele Briefe geschrieben, und habe sie alle, in Gedanken, wieder zerrissen.

Übrig geblieben ist nur das Eine: ich bin, heute, so bereit wie nur irgendwann vor Dir niederzuknien, Dir die Füsse zu küssen. Ich, so wie ich bin. Aber mich aufgeben, wegen einer Marotte, das kann ich nicht.

Hast Du mir, nach der Abtreibung 1940, und nach dem Abort 1952, nicht übel genommen, dass die Kinder weg waren, die Du nicht wolltest? Wie übel nähmst Du mirs erst, gäb ich Dir nach und triebe mich selber ab! Alles wäre zu Ende.

Nein, Du kannst nicht das verzogene Kind mit mir spielen. Nach allem, was wir miteinander durch gemacht haben, kannst Du Dich nicht in den Sand setzen und mit den Füssen um Dich hauen und brüllen aus Ärger wie ein eigensinniger Zehnjähriger. Das tust Du aber seit Monaten. Das kannst Du nicht tun.

Auf Augenblicke, kannst Du sein als hätt ich Dich gerade geboren. Aber von Tag zu Tag musst Du mir gegenüber leben können und mich ansehen. Bleib nicht auf dem Boden sitzen, ich bitt Dich. Du tust uns ein Unrecht.

Ich liebe Dich doch – Du liebst mich doch. Damit die Einheit sein kann, muss die Zweiheit sein. – Wozu schreib ich all dies? Du weisst es natürlich, aber Du willst es nicht wissen. Wolle!

∞ H.

25. 9. 57

76 *Aus Oberammergau nach Madrid*

7. X. 57

Mein Herze,

1   Auf der Terrasse in der Sonne, im »Himmelreich«! Nicht bei
Doll, sondern bei Albe. (Trostloses Bett, wieder einmal) Bezauberndes Wetter. Ein Sonnenuntergang: die Berge in rosa
Nebel aufgelöst. Ich war ganz glücklich. Bayern (und die
Welt) so schön wie eh und je. So blau. So grün, so rosa, so
sanft. Laute Kuhglöckchen. Lauter weisse Kirchtürme. – Da-
2   vor die Noldeausstellung. Du musst sie sehen. Bis 12. Dezember. Ich werde mich erkundigen, ob sie nach F.[rankfurt]
kommt. Am Wochenende geh ich nochmals hin. Ich habe
mich in die Altenbilder verliebt. Obwohl, vielleicht, liegt sie
Dir nicht. Ein herrlich aufsteigendes Leben. Bis 80, bis über
80, die Gefühle immer reiner realisiert. (Er starb mit 89.)
3   Ich ging hin, weil die Dammann es mir so sehr empfohlen
hatte. Die D. übrigens ganz reizend. Ich ass Samstag bei ihr
zu Mittag. Wir verstanden uns unwahrscheinlich gut, obwohl
es doch nur ein kurzer Besuch war. Sie ist übrigens – jetzt,
oder unter Frauen – viel weniger gekünstelt als vor 2 Jahren
(ihr erster Mann auch ein Kunsthistoriker & Georgejünger).
4   Bei Bergolds zum Tee. Beide reizend. (Sagen, Du musst
abnehmen.) Aber irgendetwas profunde in Unordnung bei
ihnen. Sie zweifellos tief unglücklich. – Von 7–11 mit der
5   Bachmann im Kaffee. Und ganz enttäuscht. Ein einsames,
unglückliches Geschöpf, etwas schmuddelig. Merkwürdig
unvital, irgendwie. Auch unzugänglich, obwohl auftauend.
Nichts Glänzendes. Nichts Charmantes. Sehr österreichisch.
6   (Aber nicht wie die Aichinger.) Trotzdem irgendwie sehr
nett. Erst 31. Unzufrieden in München. Heimweh nach Rom
7   (danach, New York). Hentze, stell Dir vor, schwul (sagt Werner B.[ergold]) Und zwar ganz penetrant. Daher also das Unglück.
8   »Was ihr wollt« sehr eigenartig aufgeführt. Kabarettistisch,
doch in den oberen Lagen zu karikiert. Aber nicht reizlos.

Ein bezauberndes Stück. Dann mit Sabeth bis Mitternacht   9
beisammen gesessen.

Minne will unbedingt heraufkommen. Stell Dir vor. Ich   10
möchte so gerne niemanden sehen. – Quoi faire? Mal sehen,   11
ob ich es auf Donnerstag verlegen kann. Die Tage so kurz.
Man sieht den Sand fallen.

Einkäufe einigermassen, nicht ganz, erledigt. Umpacken
insgesamt etwa 6–7 Stunden, ach Gott.

Sonst nichts zu berichten. Je t'aime. Aber es ist ein kleines   12
Zögern in mir. Ich vermiss Dich hier in O. – und bin doch
nicht ungern allein. Du hast mirs so schwer gemacht. Als
müsse eine Last gehoben werden. Stündlich. Und ich
brauchte so sehr eine Hand, die die Handfläche nach oben
hält. Ach, mein Lieb, Deine Augen bei der Abfahrt. Aber Du
hattest keine Zeit mich zu umarmen. Wir werden es nachholen. Bring nicht das Weltgericht mit. Und hoffentlich hab ich
eine Wohnung ganz wie wir sie brauchen, bis Du kommst.
Und eine, in der Dir was einfällt. Johnny glaubt, dass Du in
Satyre Grossartiges leisten würdest. Ich auch. A ver! Ich   13
wünsche es so sehr. Mehr als irgendwas sonst.

Ich küsse Dich auf die Augen, mein Lieb, (die so oft, so oft,
so ärgerlich sind) und auf Deinen weichen & zärtlichen
Mund. Sei mir gut (was einschliesst: sei gut zu mir)

Dein Has   Alle 14

Mitbringliste folgt.   7. X. 57

77 *Aus Oberammergau nach Frankfurt a. M., 28. Mai 1958*

Klammere die Geschichte bitte (falls ich hier nicht noch eine   1
Klammer auftreibe)

Mon petit,   2
Du warst nicht nett am Telephon: auch nicht unnett. Irgend-

wie matt betrübt – was schlimmer ist als lebhaft betrübt. Was
für eine miserable Woche wir hatten! Dem dürfen wir uns
nicht überlassen. Der flachen ebenen Betrübnis, meine ich. Es
verdirbt alles, alle Möglichkeiten. Liesse man sich dem für
eine längere Zeit, es ist nicht abzusehen, was daraus würde.
Etwas ganz Anderes und viel Schlechteres als alles Bisherige.
(alles, sag ich und mein ich). Ich hasse das Matte, Laue. Es ist,
als ob ein straffes Band auf einmal ganz schlapp da hänge. Das
kann nicht sein, das dürfen wir nicht zulassen. Beide nicht!

Dein abscheulicher Neid! Sodass Dich nun schon stört, ob
ich einen halben Fuss vorneweg gehe. Als sei das etwas Sym-
bolisches. Ich hab es doch oft getan. Das hat keine Bedeutung.
So etwas ist ärger als die Frage ja oder nein ein wenig Sadis-
mus – wieso wundert es Dich nur? Was ist ausserdem schon
dabei? Doch nur eine Etikette, gut oder schlecht gewählt,
für etwas was da ist. Ich glaube ausserdem, dass die meisten
Männer es, mehr oder weniger, haben – wie die Frauen eine
grundsätzliche Neigung zum Umgekehrten haben. Es liegt in
der Natur der Sache. Solange es nur ein »dejo« ist, eine kleine
Prisa, was schadet's? Bei Deinem Stück ging es über diesen
dejo hinaus, auf einer sehr tiefen Ebene. Vielleicht kann man
nicht mit einer Frau wie mir leben und fürs niederste Parkett
schreiben – selbst wenn man es <u>könnte</u> und vulgär <u>wäre</u>, was
Du doch keineswegs bist, auch wenn Du Dich noch so sehr
anstrengst. Ich brauche, ganz wie Du auch, ein Bild von Dir,
an das ich glauben kann. Nicht dass es Dich in eine bestimmte
Richtung zwängen soll. Aber wiederum, unter ein bestimmtes Niveau fallen ist nicht erlaubt ohne dass es tiefe Enttäuschung hervorruft, und ohne dass die Attraktion nachlässt.

Bitte, trag mirs nicht nach, wenn ich zu heftig reagiert
habe. Es war nicht nett, aber es IST verzeihlich. Wir wollen
nicht mehr darüber reden. Du wirst etwas Anderes schreiben. Theater oder was auch immer. Und ich werde es wieder
bewundern, wie ich alles Deine immer bewundert habe,
gleichgültig, was die Welt dazu gesagt hat.

Vor allem: sei nicht zu nett zu Dir selbst. Soweit möglich, sollte man versuchen, nett zu dem Partner, ärgerlich mit sich selbst zu sein. Wenn man es kann, c'est à dire. Jedenfalls ist es 4 fruchtbarer, für das Werk, für die Beziehung, für alles und jedes.

Ich muss Schluss machen. Ich hab die Geschichte abgeschrieben, gekürzt – was ihr direkt bekommen ist – und schick sie für die »Stuttgarter« if and when. Falls Du die Leute dort <u>nicht</u> siehst, telegraphiere an Minne, just for the 5, 6 case, ich bleibe nicht hier wohnen. Trübes Wetter. Süsslicher Kuhduft. Ich sehr unausgeschlafen. Unsere Wohnung in FFm. zumindest ohne Sonne, doch <u>viel</u> behaglicher! Beneid mich nicht. Kein Grund. Arbeiten lässt sich überall.

Kuss, ermuntere Dich, sieh nicht auf das hinter Dir, sondern aufs Nächste

Dein

Dienstag 28. 5. 58

78 *Aus Frankfurt a. M. nach Berlin, 13. Juli 1958*

Mein liebstes Herze,
Dein Briefchen – vor dem Riesenbericht – heute um zehn. Ich bin an Deinen Schreibtisch umgezogen (bei mir erstickt man, H[am]b.[ur]g kann unmöglich stickiger sein als es hier ist. Dauernder Regen der nicht fällt. Man atmet kaum) und als Erstes will ich Dir danken. Du bist so gut und reizend zu mir. Ich werde es Dir nie vergessen. Gestern, in dem Abgerissenen, hatte ich mich schon darüber ausgesprochen, dass die Leute, die Deine Gedichte doch unentwegt als »edel« bezeichnet hatten, da doch etwas Richtiges getroffen haben.

Kurz, ich finde es nobel und reizend. (Deswegen darfst Du auch keine <u>niedere</u> Komödie schreiben. Das <u>Bild</u>, das man vom Andern hat, ist ja so enorm wichtig). Dabei ist »Noblesse« keine jüdische Eigenschaft. Vater hatte sie ja in hohem Masse. Johnny wohl kaum. Mutti auch nicht. Rudolf schon garnicht. Nicht jeder kann alles haben. Aber gerade dies ist so wichtig.

Im übrigen siehst Du, dass ich mich bereits unabhängig Deiner Meinung angeschlossen hatte: bajar el tono. Ich bin eigentlich wieder ganz heiter, giesse die Blumen, die ich vernachlässigt hatte, koche mir wenigstens etwas (zum Frühstücken fehlst Du sehr. Allein tu ich nicht) und habe die Ordnung auf dem Schreibtisch hergestellt.

Was das Verlegerische angeht, bin ich en principe Deiner Meinung, werde aber sehr versuchen, doch das Frühjahr zu erzwingen (die Geschichten dann bei Fischer oder wo immer, im Herbst). »Sie sind so jung, Sie können warten« sagte er. Hahnebüschen, was immer das Wort bedeuten möge. Psychologisch ist es mir weitgehend unverständlich. Er [d. i. Rudolf Hirsch] mag die Gedichte (von Demus sagte er, er sei noch so sehr jung, das »Gewebe« sei schön – was ich auch finde, konnte dem aber nichts entgegen halten, als ich sagte, es gehe nicht genug Erregung davon aus.), es liegt ihm unendlich an der Autorin. Sein erster Wunsch ist, mich »heiter« zu sehen – also was? Es ist ein Faktum und doch auch Dir implicite bewusst, dass ein Teil des Bändchens, sagen wir, ein Viertel, aus Gedichten besteht, die mehr oder weniger direkt aus der Spannung dieses Winters entstanden sind. Hat er da nun Hemmungen? Dann ginge ich wirklich besser zu jedem andern Verleger. Obwohl ich so darüber deprimiert bin (dies, die Schwierigkeiten, die wir beide immer wegen der Gedichte haben, die Sache Boehlich–Unseld–Akzente), vielleicht sollte ich alles im Schreibtisch lassen a nunca jamás. Ich denke daran, Frau Fischer zu schreiben, die mir ja sehr gewogen ist (ich habe den Verdacht, auch eingeweiht ist). Es fehlte

ja wenig, dass sie mich über die Behandlung, die er meinen
Gedichten angedeihen lässt, tröstete[.] Sie legte liebevoll den
Arm um mich und sagte: ich werde ihm sagen etc. Falls Dir
was dazu einfällt, warum ein Mensch so verfährt? Ich vergass,
er nimmt noch einen neuen Dichter: Bernhard, der den der   8
Rhein.[ische] Merkur so lobte. Für wann, sagte er nicht. Er
sagte: »dann ist da noch Bernhard« – ich machte grosse
Augen – »aber das hat nichts mit Ihnen zu tun«. (NB. Der
Verlag und die Zeitschrift hat seit dem Kriege keine Dichter
gebracht. Mit Hilde Domin in der N.[euen] R.[undschau]
öffneten sich die Schleusen. Nur, ich vergass, Celan war in   9
der Zeitschrift[.]) Also bitte, Du bist so ein guter Psychologe.
(Minne sagte in Seeshaupt, er wolle es für sich behalten, aber 10
das ist doch wohl kaum denkbar?)

Ich habe übrigens ein Verzeichnis seiner kleinen Lügen gemacht und bin auf 6 gekommen, incl. der mit der spanischen
Consulenz, und seinerzeit der schnaufenden Dame im Theater. (Affectlügen nicht gerechnet). Ich war getröstet, dass es
nicht mehr waren, obwohl es doch zu viele sind. Ich hatte gedacht, es seien mindestens zwei Dutzend. – Das Unerhörte an
der ganzen Sache ist: an diesem Dienstag abend war er, wenn
je, wirklich gut (nicht nett, nur, sondern gut, in einem religiö-
sen Sinne). Er verzichtete ohne Ressentiment, ganz selbstlos,
ganz in Zärtlichkeit. Wann bringt man das schon fertig? Doch
nur an wenigen Tagen des Lebens. (Es sind ja Kategorien, an
denen Dir vermutlich nichts liegt, die ich aber so wesentlich
finde. Etwas worum man beten könnte.) Deswegen war ich
auch so erschüttert und konnte ihn mit diesen verdammten
Gedichten garnicht angreifen – es gibt ja stets einen andern
Grund, warum ich es nicht fertig bringe, wie Du weisst. Ich
kam mir so schlecht vor. Findest Du mich eigentlich schlecht?
Doch nur hilflos, manchmal, nicht wahr? – Zum ersten Mal
im Leben beginne ich die Vorteile des Altwerdens zu sehen.
Dann wird alles eben leichter. Aber auch weniger schön, vielleicht.

Zu dem Praktischen: das Radio scheint mir das Beste, bis
11 jetzt excellent. Riemerschmidt ist doch in Ferien. – Ich will es
12 morgen versuchen. Tochter Grisebach »muttert« sich: »pfer-
det« sich also.

Ich hoffe, Du hast es nett in der Joachimsthalerstrasse.
Hetz Dich nicht um mir zu schreiben. Obwohl es gut war,
dass Du von H[am]b[ur]g konntest. Dienstag oder Mittwoch
am frühen Nachmittag geh ich in den Verlag, wenn ich die
Energie aufbringe, was ich noch nicht weiss.

Jetzt lese ich die Proben für Piper. Falls etwas dazu zu fragen, im PS.

Ich fühle mich gestreichelt und bin ein wenig getrösteter.

Hab mich lieb, sei gut zu mir

Dein
13. 7. 58

13, 14 Mein Herze, eben rief Frau Fonrobert an, lud mich für Mittwoch mit Silvanis und einem Radiomann namens Kerr ein.
Dachte Du wärest dann da. Bei dieser Gelegenheit consultierte ich ihn wegen Ärzten für Rudolf, und wegen dieser
ganzen Abnehmerei. (Ohne Namen, natürlich). Jetzt bin ich
schon wieder ganz deprimiert. Bei einer Psychose soll man
also 20 kilo wirklich abnehmen können, und es affektiert
auch die Wirbelsäule, und muss unbedingt richtig untersucht, behandelt etc. werden. Soll in diesem Alter garnicht
leicht zu nehmen sein. – Statt mich um die »kleinen Lügen«
zu kümmern, hätte ich ihm anrufen sollen und sagen, ich
habe ein EKG machen lassen und es sei o. k. (Falls es keine
Psychose ist, kann es nur Krebs sein, sagt er. Aber es ist natürlich eine Psychose. In diesem Fall redete er von Psychiater.
Ich kann nur lachen[.]) Da redet man von den Gedichten.
Was sie für Unglück bringen, nicht zu sagen. F. gab mir
Adressen von einem Internisten und einem Röntgenologen.
Ich habe zwar noch zu mittag gegessen, aber mir ist so übel,
als müsse ich mich übergeben. *[handschriftliche Anmer-*

kung:] Ging vorbei. Wieder besser! [–] Vorher schrieb ich den Brief an Frau F[ischer], den ich Dir beilege. Aber ich kann es ihm doch nicht antun, nicht wahr? Wenn es so weiter geht, gehen wir noch alle daran ein. Nicht an den Gedichten, mein ich.

Dass ich ihm dabei noch Vorwürfe gemacht habe (Sie ha- 15 ben gesagt C. a- und C b, entweder oder) ist doch barbarisch. Er sagte: ›es schliesst sich nicht aus‹. Ich sagte: ›doch, es schliesst sich aus‹. Es ist wirklich furchtbar – und noch dazu typisch Hase, leider. Wo er doch so gut und rührend war. Unsere Zuneigung erwähnten wir irgendwann, am Rande, als hätten wir die Pest, oder sonst eine Krankheit, die man schwer los kriegt.

Piperband corrigiert. Kaum Änderungen. Lege Inhaltsver- 16 zeichnis bei Kösel Verlag Graphische Werkstätten Kempten (Allgäu) Blumenstr. 9. Falls es so nicht recht ist[.]

79   *Aus Astano (Tessin) nach Madrid, 9. März 1959*

FGG März eingetroffen. Diesmal etwas mehr in frcs. da frc. 1 schwächer[.] Nuancen

Mein Lieb,
beginne <u>endlich</u>, mich zu akklimatisieren, obwohl mir immer noch bisweilen das Blut wie ein Heer Soldaten, mal leiser mal lauter stampfend, durch die Ohren zieht, wenn ich liege. (Der Blutdruck, ich schrieb es Dir schon, ist ja in Ordnung, auch der Herzschlag, nach dem Wecker gemessen, regelmässig und normal.) Ich fühle mich zum Arbeiten aufgelegt, endlich. Hoffentlich wird es. Dabei wache ich nachts mehrfach mit Angst wegen der Börse und der Geldanlagen auf, und habe mich entschlossen, aus diesen Aktien (den chemischen) auszusteigen, sowie wir ohne Verlust können. Es ist nichts

für uns, fühle ich. Als ich am Kaufen war gingen sie rauf und rauf. Jetzt gehn sie runter und runter. Stell Dir vor, das ginge so weiter. (In der Zürcher sehe ich ja nur wenig Kurse, diese beiden ja. In der FAZ vom Wochenende, auf die ich schon deswegen lauere, kommt dann alles.) Ich setze also Dein Einverständnis voraus. Dazu muss man einen längeren Atem haben als wir. Und das Jahr ist nicht rosig genug dazu.

2 Einverständnis, dito, zu einem fabelhaften neuen Titel für den Band (womit ich endlich voll zufrieden bin): Mit einer Rose als Balanzierstab.? (immer wieder aus dem Trapez genannten Gedicht.[)] Ich mache heute den Klappentext, schicke ihn Dir dann.

Seit vorgestern abend habe ich einen Ofen. Es war doch zu ungemütlich. Ich glaube, das hat das Lebensgefühl so verändert. Nicht die Gesellschaft: er hat eine dunkle Emaillemähne und schnauft ein wenig wie ein veritabler Löwe, und statt nach Tier riecht er ein klein Bisschen nach Öl. Der elektr. Heizkörper: dauernd Kopfweh. Fenster auf, Fenster zu. Dieser wird wohl Miete 75 cents am Tage kosten, plus das Öl, was immer noch nicht mehr ist als der Strom, und es wert ist. Merkwürdig: hier sind 14° nicht kalt, ich sass manchmal bei 12. Ich habe noch ein paar gefütterte Schuhchen aus dem
3 Ausverkauf in München und sie erweisen sich als gut (Paatz riet so dazu, am Telephon)[.]

Gefiele Dir besser: Nichts als eine Rose? Wohl kaum.

4 Gestern abend den Eich fertig gelesen. Ausser Setubal der Festianus das Beste, bei Weitem. Empfinde doch eine grosse Frustration nach der Lektüre. Das Thema, immer wieder das Gleiche, relevant aber so begrenzt. Haben wir alle nur die eine Leier, jeder die seine? Vermutlich. Mit Ausnahme dieser Riesenplatten, auf denen so viel eingegraben ist: Goethe, Shakespeare und die wenigen. Auch der Dreh des Gesprächs: ich kann es fast schon so schreiben. Reizend, aber doch, im Letzten, nichts. Da ist Brecht ein andrer Kerl. Auch die Requisiten der Bildung, der ewige Schleiermacher, die Ölsardi-

nen von Setubal et etc. Es ist zu wenig. Was Neues, bitte. Menschlich besehen: ist es nicht das Wichtigste, ob er die Eichinger [Aichinger] glücklich macht und dass sie diese bei- 5 den goldlockigen Kinder haben? (was jeder haben kann, der blond ist und eine hübsche Frau hat) Ich weiss es nicht. Es könnte noch kommen. Aber bei ihm? Man hat nicht das Ge- fühl. Auch das Zitieren der eigenen Einfälle auf neu. Erst sitzt »das Glück gern oder ungern auf unsern Sesseln«, dann der Zweifel in unserem Zimmer. Es ist erlaubt. Besser eigene Kulissen als fremde. Trotzdem, man fühlt die Wände der Vorratskammer. (Schlimm, wenn man das selber täte. Tut man vielleicht auch) Danach möchte man fast garnichts schreiben. Fragt sich, wozu.

Aber ich will jetzt aufhören und an den Klappentext gehen und die Arbeitslaune benutzen. Te beso, mon petit, cariñosa- 6 mente. H.

9. 3.

(als der Ofen gebracht wurde: als solle man ewig hierbleiben. Ich wurde zunächst ganz melancholisch. – Kaffee, Tee, Ziga- retten, ganz eingeschränkt. Morgens eine Orange und Hepa- rogulona, was mir sehr bekommt, nachmittags ein kleines Tässchen Kaffee, was ich auch noch abschaffen möchte).

80 *Aus Astano (Tessin) nach Madrid, 11. März 1959*
                              Morgen bei Hesse zum Tee 1
Mein Herze,
heute, am 11.3., Dein[e] nr. 18 und kein Bankbrief, endlich. 2
Nichts Praktisches. Ein Kärtchen von Frau Jahn, des Rocks 3
wegen, sowie ein paar sehr nette Zeilen von Hesse, mit ein paar beinah guten, jedenfalls sehr anrührenden Gedichten und einer Einladung zum Tee (Tag noch zu vereinbaren). Ich 4
rufe morgen an, er schickt die Telephonnummer.

Gestern, und auch heute früh, den Klappentext ausgearbeitet, der, soweit ich selbst das sagen kann, ausgezeichnet gelungen ist. Nur etwas lang. Ich bin in Verlegenheit, wo er gekürzt werden soll. Nachträglich über das Ganze verblüfft. Man weiss selbst nicht, wie es einem einfällt. Ich wachte mit der Affaire mit der Rose auf. Von da das Weitere. Endgültiger, aber endgültiger, Titel: Auf eine Rose gestützt. Das hat ALLES. Ganz ich, so absurd wie eben ich. Wie schon vorne gesagt, aus dem Gedicht »Trapez« (Neufassung, d. h. Verwendung der allerersten Fassung, beiliegend zur freundlichen Ansicht.) Wie findest Du den Titel? Was kann einem da noch passieren! Ich meine, auf diese »Rose gestützt«, im Leben und auch was die Kritik angeht! Im übrigen finde ich mich, nach der Selbstanalyse, doch verblüffend modern. Als sei ich eigentlich die Quadratur des Zirkels. Als was ich mich auch oft empfinde, mit dem Gefühl etwas ganz und gar
5 Verbotenes zu sein, etwas nicht Vorgesehenes (»fleur point prévue dans la botanique de la réalité«, wie das in Haiti hiess). Womit ich nichts Gutes sondern etwas Angsterregendes sage. Schlimmer als das einzige Visum nach Jamaica zu haben, wenn Du weisst, was ich meine. Kurz, so. Jeden-
6 falls, dixi, und ich bin zufrieden. Bleibt nur abzuwarten was
7 der Bienenkorb sagt, von dem ich in Wochen nichts gehört habe.

Zu Deinem Brief: das Spanische scheint ja, ohne Hasenbarriere, entsetzlich nah an Dich heranzukommen. Was vielleicht ganz gut ist. Ich finde Deine Briefe sehr lebendig. Als ob Du gleich zu schreiben beginnen könntest. Garnicht im Sinne des Gelehrten. Apropos Graham Greene (nur Samstags, ich lese es nicht: wie war denn der »Grosse Bruder«
8 oder wie es hiess? Von diesem Ulmer? (Ich leide an Gedächtnisschwund, mir fällt der Name nicht ein)

Die Museen: warum nicht, wenn ich da bin? Obwohl, sie laufen ja nicht weg. Aber Du kennst dann schon alles. Was bleibt? Wo Du doch in die Bibliotheken solltest. Womit ich

Dir aber das Vergnügen nicht verkürzen will. Keinesfalls. Es ist nur so hingesagt.

Der Eich[-]Lorca: ja, ich würde es Boehlich vielleicht mit- 9, 10 teilen. Damit niemand anders es dort sagt. (Rossmann: es war 11 doch ausgemacht, dass Du abschickst wenn er nicht binnen einer bestimmten Frist antwortet). Der Hermes: furchtbar. Ich billige J. R. nicht. – Das Vorwort zu Deinem Buch, ich musste lachen. Die Anmerkung der »Objektivität« in diesem 12 Klima!

Wer die Massina ist, weiss ich immer noch nicht. Schrieb ich Dir, dass Johnny mir seine Bilderchen in etwas vergrös- 13 serter Form schickte, ich sie doch beträchtlich und sehr persönlich finde. Ausser den gehabten noch zwei weitere. Ich bat ihn um mehr Abzüge, behielt dies zusammen, schick dirs demnächst, wenn neue kommen. (Frau Jahn und Johnny ja für das Bild in dem Stuhl für das Buch, weil so ausdrucksvoll. Zweifellos das poetischste. Wenn auch zu altmachend) Auch ein weiteres Profil mit schönem Auge.

Für den Auszug über die Bachmann vielen Dank. Ich finde es verdient. Viel besser als der Festianus, der mir lieb ist. Bes- 14 ser als alles. Schrieb ich Dir, dass ich ihr sagte – abgesehen davon, dass ich ihr das Eichhorn gab – dass es bei uns die stete Drohung ist: »Werde mir nicht wie die B«, als wie von Unseld beschrieben, hilflos etc. Sie lachte sehr. Wir verstanden uns ja grossartig. Hinsichtlich des »Guten Gotts« hatte sie 15 schreckliche Bedenken, die gleichen, die ich mit der Prosa habe. Wegen des Persönlichen. »Was tu ich nur mit dem Ding!« fragte sie sich ganz ratlos, als das MS endlich fertig war. Sagt, inzwischen sei es so selbständig geworden, dass sie ihre Bedenken selbst nicht mehr verstehe.

Frau Amado besuchte mich vorgestern, hat dito die Soldaten im Ohr, auch ihr Mann, empfahl Herzberuhigungsmittel, will mir besorgen, was sie nehmen. Ich nahm Sedicor und siehe, die »Regimenter« hörten auf zu ziehen. Es ist eben doch das Herz.

Und nun seh ich, dass ich nicht für das Durchsehen der Gedichte gedankt habe. Ich dachte, ich hätte es schon gestern
getan. Dabei bin ich ganz gerührt – und auch entsetzt, wegen
der langen langen Zeit, die es Dich gekostet hat. Wieso
16 nur??? Siehe Extrablättchen, betreffs Details.

81   *Aus Astano (Tessin) nach Madrid, 14. März 1959*

Herze, liebstes,
der Tisch wie ein Schlachtfeld. Die Post, die üblichen drei
1   Bankbriefe, plus der Ormondsache: welche nun freilich eine
<u>angenehme</u> Mühe ist. Man wundert sich, man wundert sich.
Wir <u>haben</u> mit diesen Sachen Glück gehabt. Und vielleicht,
wenn alle Stricke reissen, könnten wir doch im Süden leben.
Es ist hier SEHR schön. Vielleicht näher an den Seen doch
noch schöner. Montagnola gestern: die blühenden Bäume, alles so südlich, es hat mich sehr aufgeregt. Hier oben gebirg-
lich, im Sommer gewiss besser, aber viel karger, wenn auch
sehr sehr schön. All die Kastanienwäl[d]er die erst im Mai ihr
Laub haben werden. Ach Du lieber Gott, so spät erst. Vorher
Besen. Wo ich die Kastanien so sehr liebe. Die Birken bekommen es früher. Ich will ja ein Fahrrad nehmen, in etwa
14 Tagen, und den Lago Maggiore umfahren. Das will ich.
Signora Amado sagt, ich sei verrückt und so etwas tue eben
nur ich. Well, Du weisst, ich tus so gern.
     Also, nochmals zum Ormond: anbei die Briefe, damit Du
sie begutachtest und abschickst. (<u>So</u> scheint es mir <u>recht</u>. Wir
zahlen jetzt DM 2000 und zu den griechischen Kalenden
eben den Rest[.]) Und vor zwei Tagen schrieb ich Neuvians
um wieder aus den Anilin und den Bayers, insges. etwa
DM 18 mill, auszusteigen, sowie wir ohne Verlust können
(d. h. inclusive der <u>Ein</u>[-] plus <u>Ver</u>kaufsspesen). Und ich
denke, wie ich die heutige Zürcher sehe, dass wir heraus sind.

Das mit dem Mai ist illusorisch, es wird viel länger gezerrt werden. Ich werde also bei dem nächsten tiefen Stand lieber in Zertifikate gehen statt in diese. Auch doch in Grund??? Hier??? Es geht gewiss noch oft hin und her. Diese Kurse, ich möchte nicht die Verantwortung für ein débacle. Wo wir nachher so mit leeren Händen dastünden wie zuvor. Es wäre fatal. Was tue ich also?

Gestern bei den Hesses. Die Frau reizend, wohl eine Ost- 2
jüdin. Aus der Bukowina. Schülerin von Dworschak (Ortho- 3
graphie?). Seit 1927 mit H. H. Sehr an antiker Mythologie und Archäologie interessiert. Die Hs mit den Adornos befreun-det, treffen sich sommers mit ihnen im Engadin. Schott soll es 4
immer noch am Rande gehen, wird demnächst pensioniert. H. H. erinner[t]e sich sehr an Deine Schrift, die ihm vom er-sten Augenblick an so gefallen hat. Vielleicht schreibst Du ihm ein paar Zeilen, dass ich so beeindruckt gewesen bin und wie leid es Dir tue etc. und ein andermal etc. Über den etwas komischen Nachmittag habe ich mir flüchtige, stilistisch sehr gehuddelte Aufzeichnung[en] gemacht, welche anbei. Der 5
Schluss, mit den Bäumen und Gärten, war grotesk. Tu verrás. 6

Eben habe ich meine Briefe verbrannt und mir, wie so oft, die Augenwimpern angesengt, was mich so SEHR aufregt. Die Briefe verbrennt man im Garten zwischen Steinen, d. h. ich meine die alten Papiere, und bei Wind, Du weisst, haben die Flammen es mit mir. Es ist aber nicht schlimm.

Die gnocchi, mein Lieb, waren tolerabel, nichts extras, und überhaupt nehme ich, alleine, es mit dem Essen nicht so ge-nau. [U]nd wenn einmal ein paar Tage kein Fleisch kommt, so esse ich Eier und Reis. Am Mittwoch gehe ich nach Luino zum Friseur (man geht zu Fuss eine halbe Stunde, d. h. eine halbe vom Dorf, von hier ³/₄, bis Domenza, dort nimmt man den Autobus. Nachmittags kommt Frau Amado nach Luino und nimmt mich mit zurück. Dann kaufe ich auch wieder gross ein, Gemüse, Obst, Blumen, Käse. Sehr gute Maron glacées (mit e? ohne e?)

Ich freute mich, dass das Couvert mit den Ausschnitten nicht verloren ist. Ein neues füllt sich schon. Die Teffi: ja, in man-
7 cher Hinsicht eine Schwester, ich fand das auch. – Der Her-nández: ich fand die Gedichte für das Kind doch sehr <u>schön</u>. Was hast Du gegen den Verfasser oder besser, was hat er mit »Rose aus Asche« zu tun?
8 Die Canarias: ich wäre gespannt. Ein neues Sto. Domingo, so auf kurz, warum nicht?

Ob es arg ist, dass ich den Hesses geschrieben habe, dass ein Besuch bei ihnen ist wie ein Geschenk mit Preiszettel daran? Es IST aber so. Zweimal das Schild ist mindestens einmal zuviel.

Fischer: ich mache heute keinen extra Zettel. Am Ende des Monats ist der Zweimonatsbericht fällig. Das Geld ist in M[ün]chen eingegangen. Ich mache den Bericht, mit den restlichen Daten, falls Du mir sie noch schickst. Vielleicht sprichst Du ja auch den Baroja noch.
9, 10 Rychner wird den Alberti BRINGEN, bestimmt. Sagt er.
Hochland bringt im April 3 Hasengedichte. Netter Brief
11 von Schaezler, der auch gegen die Ziehende Landschaft ist, welches ja überholt ist. Und für die Schüssel (welche Hesse auch zu lang fand. Bei Julien Green werden sie, Frau Hesse, die <u>sehr</u> intelligent ist, wusste es nicht genau wo, dito ins Meer geworfen)[.]
12 Lope: ich weiss noch nicht. Schritt für Schritt gefällt mir nicht. Trotz des Französischen kann man es wörtlich haben, finde ich. Es ist weniger abgenützt als »umsonst« oder »ver-geblich«.

Hesses haben einen Büchertisch dort der Angst macht (obenauf auch der Riese). Sie liest ihm vor. Auch die Ak-
13 zente. Dies nicht ohne Naivität. Z. B. mögen sie Höllerer gerne, halten viel von ihm. Aber – so Frau H. nachdem er schon weg war »ich gebe mir eine solche Mühe mit den Ge-dichten, aber ich verstehe sie nicht«. Ich: »verzeihen Sie, dass ich so unbescheiden bin, mir ein Urteil zu erlauben. Es sind

schlechte Gedichte, gewollt surrealistisch etc.« Sie: Davon
verstehe sie nichts. Enzensberger lasen sie gerne, dito den   14
Gefesselten. Von Eich hatten sie die ersten Stücke der Stim-   15, 16
men gelesen, sprachen sich nicht aus.

Der Brief über die p[ese]tas, doch, Du hattest ihn längst
beantwortet. Es ist ALLES gelandet, scheint mir. Gatto n n   17
ci cova! G. Zamora: da ich keine Antwort auf meinen ausführlichen Bericht darüber habe, nehme ich an, der Verlag
schliesst sich der Ansicht an, dass NEIN. – Hesse erzählte
ich von Vergara. Er wusste von einem Klub de lobos estepa-   18
rios in Buenos Aires. Weisst Du Näheres? Sicher ein Unsinn.
Dass er das über das Spazierengehen im Auto geschrieben
hatte, war ihm nicht erinnerlich, er wollte es sofort nachsehen
(sic!). Lieb, dies ist alles. Vielleicht morgen Neues.

Nach Hesses Reaktion auf meinen herrlichen Titel <u>Auf</u>
<u>eine Rose gestützt</u>, komme ich doch auf den Balanzierstab
zurück. Es ist angenehmer für die Blume und viel luftiger.
Bitte, äussere Dich umgehend. Vom Verlag nur SCHWEI-
GEN.

Wie ich an Majorie schrieb – ein reizender Brief von ihr,
wirklich entzückend – brannte ein finocchio an. Was mich   19
auf Frey brachte. Wie heisst sein Buch mit dem Weg. Wir   20
könnten es A. and U empfehlen. Wo ist es erschienen? Ein   21
Bisschen mehr Taschengeld, why not?   22

Womit ich schliesse. Immer noch in Gedichten, statt in
Prosa. Dabei höchst arbeitslustiger Stimmung. Das mit den
Soldaten im Ohr etwas besser aber nicht vorbei. Morgen Wei-
teres für Dein Couvert.

Te beso, petit. Du wirst über das Ende des Hesse[-]Be-   23
suchs lachen. Das Nachspiel, meine ich. Tuya   24

H   14.3.59

82 *Aus Astano (Tessin) nach Madrid*

Montag 16. 3. 59

Mein liebes gutes Herze,

es ist Montag und halb zwölf. Ich bin spät aufgestanden und hörte, wie Domenico den Wagen mit den Steinen, womit auf der andern Seite des Plateaus am Waldrand noch ein Häuschen gebaut wird, erstaunt anhielt, denn es war schon 10 und

1 ich war noch im Bett und er dachte wohl, ich sei krank. Ich habe ein Phanodrom genommen und grün[d]lich ausgeschlafen. Aber dann habe ich diesen Morgen mit Ärgerlichem begonnen: ich hatte gestern nicht gespült und es schien mir ein kleines Jahrhundert zu dauern, denn alle Töpfe waren schmutzig. Trotzdem war es auf der Uhr kaum mehr eine

2 halbe Stunde. Dann trug ich die vasura in den Wald hinüber, wo ich hinter einem alten Baumstamm die Müllabfuhr eingerichtet habe. Wenn das Laub da ist, wird man es nicht sehen,

3 obwohl, nach Elisabeths und auch andrer Leute Kategorien, mancherlei dabei ist, was der Wald nicht assimilieren kann. Hartes, durch keinen Regen Auflösbares. Zwischendurch machte ich mir einen wunderbaren Haferbrei, denn leider hatte ich eine grosse Blutung, welche hier die zweite ist. Sollte eine dritte kommen, wo soll ich einen Arzt aufsuchen? In Zürich? Das dürfte viel teurer sein als in Deutschland. In Mailand? Oder garnicht? Aber vielleicht war es das Schlafmittel. Und vorher war es der Fruchtwürfel gewesen, und ich habe es ja seit 1948 gelegentlich und es ist immer gut gegangen. Deswegen sollte ich es auch nicht schreiben. Trotzdem hätte ich gerne Deine Meinung, wo Du findest, man sollte, if and when. Im Ganzen fühle ich mich sehr wach hier, trotz des ungenügenden Schlafens und der Soldaten im Ohr, welche ja nicht weggehen, nur mit Beruhigungsmitteln, und bin guter Arbeitsstimmung. <u>Zunehmend.</u>

4 Heute ist also Johnnys Geburtstag und Mimote hat die Platte bestellt aber leider kommt sie erst in zwei Monaten. Immerhin, ich tröste mich damit und hoffe, er auch. – Ge-

stern morgen kam wieder reizende Post: eine Karte von
Günter Eich, entzückend, und dass sie beide am Tiefpunkt
sind, was er insofern begrüsst, als es nur aufwärts gehen
kann. Sie sind wirkliche Geschwister. Und ein Brief, wie auch
nicht, von der D.[eutschen] Effecten und W.[echsel-]Bank,
Ffm. dass sie die Telephonrechnung bezahlt haben. Und ich
war bestürzt, denn sie war schon bezahlt, und dies war eine
neue, Zählerlesung am 26. 2., wo ich das Telephon für den
30. 1. aufgesagt hatte und den Brief persönlich abgegeben
hatte (wozu ich extra in die Stadt gefahren war). Sie haben ihn
auch bekommen, denn in dem Brief stand, die Bank würde
die Rechnung bezahlen, und that is why die Rechnung an die
Bank gegangen ist. Und als es 12 Uhr vormittags war (die
Briefe bekam ich vor 10), da hatte ich alles kontrolliert und
wusste schon, dass ein teil der Rechnung noch uns angeht,
etwa 23 DM von 41 (was das wohl wi[e]der gutzumachende
Unglück auf DM 18 reduziert), nämlich Ferngespräche nach
Zürich und Oberammergau und die Gebühren vom 26. 1.
zum 30. 1., und hatte auch Briefe mit vielen Durchschlägen
geschrieben, für Herrn Merz, und das Fernmeldeamt, und
die Familie Kantlehner, welche übrigens auch die DM 45 der
Matra[t]ze noch schuldet. – Und die Bank schickte auch die
Nummern von all den Aktien, für die ich inzwischen Ver-
kaufsorder gegeben habe, sowie wir ohne Verlust herauskön-
nen, was inzwischen vermutlich schon möglich war. – Den
Rest des Tages verbrachte ich im Auseinanderlegen der
4 MSS denn mir ist unheimlich, dass Falkenberg nichts von   5, 6
sich hören lässt. Ich hätte ja abschicken müssen. Und was neu
zu schreiben war, schrieb ich neu und war geduldig wie ein
Mönch und brachte viele Kleinigkeiten noch in Ordnung.
Warum es nur beim 10. Mal geht, und nicht beim Ersten???
Es nahm eine trostlose Zeit. Aber ich war zufrieden dabei.
Und dann schrieb ich mir alle möglichen Titel mit der Rose
darin auf einen Zettel wie Caprino und die Maler so etwas
tun. Und ich änderte sie und eliminierte, und das war schon

9 Uhr abends und ich hatte keinen Teller gespült, obwohl ich mir einen Blumenkohl im Ofen, höchst elaboriert, zubereitet hatte, wo doch kein Fleisch im Haus war. Und abends Käsebrote, die ich auf einer Pfanne dito in den Ofen tat, und der Käse klebt an der Pfanne und will nicht abgehen, heute früh, und sie steht immer noch unter Wasser, damit es aufweicht (sonst ist alles sauber, aber nass, am Ablaufen). Also abends – ich hörte nicht auf, mich der Rose wegen zu ängstigen, und auch, weil ich H. H.[esse] das von dem Geschenk mit dem Preiszettelchen geschrieben hatte, was ich bestimmt nicht abgeschickt hätte, wenn du da gewesen wärest – fiel mir ein Ausweg ein. Ich consultierte die 44 Maulwürfe, die sich zwischen den Bienen und mir auf der Wiese angesiedelt haben und ein veritables Dorf errichtet haben. Aber keiner kam heraus und alle schliefen schon. Da war ich mit mir alleine zufrieden. Die Lösung heisst: Nur eine Rose als Stütze. Und man hat es nicht und hat es doch, was ja im Leben so schwer zu erreichen ist. Denn erstens hält sie den Kopf nach oben und tut es freiwillig, zweitens nimmt man es por supuesto nicht an, und drittens ist man immer noch in der prekären Lage nur eine Rose als Stütze zu haben. Auch klingt es nett. Denn es ist ja eine Gedichtzeile. Und niemand, der es wörtlich nimmt, kann mir vorwerfen, ich habe eine Rose zerdrückt (wie den Kanarienvogel, weiland). Das Spanische bringt einen eben auf abstruse Abwege. Auch den Klappentext habe ich nochmals geändert, d. h. ich streiche die beiden ersten Sätze, beginne mit dem Schiff, und ende mit dem Wunder (plus dem letzten Abschnitt). Dadurch wird es viel straffer, einfacher, besser.

7

Apropos Verlag: trotz des Wunschs der dortigen Verlage hat dort por supuesto Herr Wilhelm oder wer immer vorher für Fischer gescoutet hat, über das Frühere berichtet. Insofern, wenn wenig erscheint, tant mieux. Nur, wo das Frühere Dir wirklich lohnend erscheint, solltest Du es ansehen.

8

Weiter, apropos: wie heisst eigentlich Freys Buch, das mit

9

den Wegen? Es fiel mir ein, als der Fenchel fast verbrannte, 10
vorgestern oder wann es war. A and U könnte es nehmen,
peut-être, und uns dafür zahlen. (Hab ich dies schon gefragt? 11
Ich lese den Riesenbrief nicht wieder.)

Womit ich schliesse, denn ich war sehr ausführlich. Sei
umarmt, mein Lieb und wickle alle diese tausend Papiere geduldig auseinander, wie Du es sicher tust. Te beso. Cariññños 12
Has
16.3.59

Frage: um nicht zuviel Titel zu haben, denke ich, ich möchte
die beiden Teile des Buchs so benennen:

Aufbruch ohne Gewicht

Nur eine Rose als Stütze (statt Auf Wolkenbürgschaft)

Findest Du es nicht auch besser?

Anhang

Editorische Notiz

In den Nachlässen von Hilde Domin und Erwin Walter Palm im Deutschen Literaturarchiv Marbach finden sich allein 844 Briefe, Postkarten und Telegramme, die Domin ihrem Mann in den Jahren 1931 bis 1959 geschrieben hat. Hinzu kommen Palms Antworten. Die vorliegende Edition präsentiert also ein knappes Zehntel der überlieferten Dokumente. Das macht die Auswahl der Briefe notwendigerweise subjektiv, wenn auch nicht willkürlich. Sie folgt dem Ziel, alle wichtigen Ereignisse in Domins Leben auf dem Weg ins Exil und wieder zurück nach Deutschland zu dokumentieren. Die Einleitungen zu den einzelnen Kapiteln, die sich an den Wohnorten des Paares orientieren, stellen die jeweilige biographische Situation vor. Hinzu kommt ein knapper Stellenkommentar. Er bietet Lesehilfen zu fremdsprachigen Textstellen und Auskünfte über Personen und Sachzusammenhänge, sofern sie ermittelt werden konnten. Darüber hinaus werden besonders aussagekräftige Passagen aus den Briefen von Palm an Domin wiedergegeben. Nahezu aussichtslos ist es, Nachbarn, Studenten, Kollegen und Schüler in Italien und Santo Domingo zu ermitteln, sofern diese nicht an anderen Stellen in den Nachlässen von Palm und Domin auftauchen und sie auch nicht mit eigenen Schriften oder Werken hervorgetreten sind.

Die einzelnen Briefe werden ungekürzt und getreu den Textzeugen ediert. Regelwidrigkeiten in Orthographie und Interpunktion sollten daher nicht als Satzfehler angesehen werden. Stillschweigend korrigiert wurden lediglich offenkundige Flüchtigkeitsfehler in Typoskripten. Sofern nicht anders in den Fußnoten vermerkt, stehen alle Hinzufügungen der Herausgeber in eckigen Klammern [...]. Domins oft flüchtige Abkürzungen für die Konjunktion *und* werden einheitlich mit dem Zeichen & wiedergegeben. Nicht in die Edition aufgenommen wurden die oft sehr ausführlichen Anlagen. Palm und Domin hatten die Angewohnheit, ihren Briefen lange, meist »Salat« genannte Listen beizulegen, auf denen sie stichwortartig zu erledigende Angelegenheiten festhielten und Veränderungen in ihrem privaten Umfeld oder der politischen Lage zusammenfassten.

Domins oft flüchtige Handschrift wirkt auf den ersten Blick recht flüssig lesbar, doch finden sich immer wieder einzelne Wörter, die sich nur aus dem Zusammenhang erschließen lassen. Schwierigkeiten entstehen vor allem durch die Mehrdeutigkeit vieler Graphen. So lassen sich in der Handschrift *l* und *t* oft nicht unterscheiden, auch *S* und *P* sowie *H* und *M* sind zuweilen fast identisch, ganz zu schweigen von üblichen Verschleifungen und Ähnlichkeiten wie denen zwischen *n* und *u*. Meist besteht die Möglichkeit, sich für die inhaltlich überzeugendste Lesart zu entscheiden, doch besonders beim Entziffern von Eigennamen bleibt eine Restunsicherheit bestehen. Außerordentlich schwer zu dechiffrierenden Buchstabenfolgen wurde ein Fragezeichen in eckigen Klammern nachgestellt [?]. Hier sollte die Lesart lediglich als ein Vorschlag der Herausgeber angesehen werden.

Die Arbeitsanteile an den einzelnen Kapiteln verteilen sich folgendermaßen: Das erste Kapitel wurde von Melanie Reinhold bearbeitet. Jan Bürger bearbeitete das zweite und fünfte Kapitel, Frank Druffner das dritte und vierte.

Die Übersetzungen aus dem Italienischen entstanden in Zusammenarbeit mit Beatrice Rabaglia, die aus dem Spanischen gemeinsam mit Carolina Strecker. Beiden danken wir herzlich. Besonders danken wir auch Hilde Domins langjähriger Mitarbeiterin Marion Tauschwitz, die nicht nur bei der Sicherung der Nachlässe geholfen hat, sondern uns auch Rechercheergebnisse zur Verfügung gestellt hat, die bei der Arbeit an ihrer Domin-Biographie entstanden sind (*Dass ich sein kann, wie ich bin. Hilde Domin – Die Biografie*, Heidelberg 2009). Für zahlreiche Hinweise, Korrekturen und erste

Transkriptionen danken wir: Konrad Schaller, Monika Weber, Karin Müller, Sonja Heller, Dr. Helgard Hahn-Runge, Anna Katharina Hahn.

Jan Bürger, Frank Druffner   *Marbach, im Dezember 2008*

777777777777777

Siglen

Autobiographische Schriften	Hilde Domin: Gesammelte Autobiographische Schriften. Fast ein Lebenslauf. Frankfurt a. M. 1993.
Das zweite Paradies	Hilde Domin: Das zweite Paradies. Roman in Segmenten. Frankfurt a. M. 1993.
DLA	Deutsches Literaturarchiv Marbach.
Gesammelte Gedichte	Hilde Domin: Gesammelte Gedichte. Frankfurt a. M. 1987.
Gesammelte Essays	Hilde Domin: Gesammelte Essays. Heimat in der Sprache. Frankfurt a. M. 1993.
Rose aus Asche	Rose aus Asche. Spanische und spanisch-amerikanische Lyrik seit 1900. Hg. und übertragen von Erwin Walter Palm. München ²1958.

Zeittafel

1909 Hildegard Dina Löwenstein wird am 27. Juli in Köln geboren als erstes Kind von Siegfried Eugen Löwenstein (1871–1942) und seiner Frau Paula, geb. Trier (1882–1951). Der Vater stammt aus Düsseldorf und ist promovierter Jurist; die Mutter ist ausgebildete Sängerin aus Frankfurt a. M.

1910 Erwin Walter Palm wird am 27. August in Frankfurt a. M. geboren als einziges Kind des Lederhändlers Arthur Palm († 1938) und seiner Frau Else, geb. Hess († 1922). Nach dem Tod von Else Palm heiratet sein Vater Anna Hess (1889–1942).

1912 Geburt von Domins Bruder Hans Löwenstein. Seit der Emigration nennt er sich John »Johnny« Lorden.

1929 Domin macht ihr Abitur am humanistischen Mädchengymnasium Merlo-Mevissen in Köln. Palm macht sein Abitur am humanistischen Goethe-Gymnasium in Frankfurt a. M.

1929–1932 Domin studiert ab dem Sommersemester 1929 für zwei Semester Jura an der Ruprecht-Karls-Universität Heidelberg, dann ein Semester lang an der Universität Köln. Im Wintersemester 1930/31 setzt sie ihr Studium an der Friedrich-Wilhelms-Universität in Berlin fort. Nach ihrer Rückkehr nach Heidelberg studiert sie zunächst weiter Jura, um dann im Wintersemester 1931/32 zur Nationalökonomie zu wechseln. Zusätzlich belegt sie eine Soziologie- und einige Philosophie-Veranstaltungen.

Palm studiert 1929 bis 1931 Klassische Philologie und Archäologie sowie Kunstgeschichte und Philosophie an der Universität Göttingen. Zum Sommersemester 1931 wechselt er an das Philologische Seminar der Ruprecht-Karls-Universität Heidelberg.

1931 Im Sommersemester lernen sich Domin und Palm in Heidelberg kennen.

1932 Domin legt am 29. Juli die Prüfung zur Diplom-Volkswirtin mit der Gesamtnote gut ab. Studienaufenthalt von Palm und Domin in Italien. Beide fahren getrennt nach Rom: Palm am 22. Oktober über Basel und Mailand, Domin vier Tage später über Luzern. Palm immatrikuliert sich am 15. November an der Università di Roma.

1933 Durch die Machtübernahme Hitlers wird Italien zur ersten Exil-Station. Im Herbst verlassen Domins Eltern Deutschland.

1934–1935 Am 30. November 1934 schreibt sich Domin am R. Istituto Superiore di Scienze Sociali e Politiche »Cesare Alfieri« in Florenz ein. Palm immatrikuliert sich am 30. März 1935 an der Università degli studi di Firenze. Im Oktober 1935 stellt er seine Abschlussarbeit über Ovids *Metamorphosen* bei Giorgio Pasquali fertig. Gleichzeitig beendet Domin ihr Studium mit einer politikwissenschaftlichen Untersuchung über Pontanus als Vorläufer von Machiavelli bei Armando Sapori. Der Titel wird ihr am 6. November 1935 verliehen. Rückkehr beider nach Rom.

1936 Im Februar beziehen sie ihre erste gemeinsame Wohnung in der Via Monte Tarpeo 69. Am 30. Oktober 1936 heiraten sie auf dem Kapitol in Rom. Domins Bruder zieht nach New York.

1936–1939 Domin unterrichtet Deutsch und erledigt Arbeiten für ihren Mann. Palm betreibt freie Forschungen und gibt Privatunterricht in Sprachen, Musik und Philologie.

1938 Arthur Palm stirbt am 24. Juli.

Februar 1939 – Mai 1940 Ausreise über Paris nach England. Erst wohnen sie bei Domins Eltern in London. Hier entdeckt Palm die Gedichte Federico García Lorcas. Umzug nach Minehead: Domin bekommt eine Stelle als Sprachlehrerin am St. Aldwyn's College.

1940 Juni: Besetzung Frankreichs. Domin und Palm verlassen England auf einem Frachter über Kanada und Jamaica. August: Nach sechs Wochen erreichen sie ihr drittes Exilland, die Dominikanische Republik. Der Aufenthalt dort währt bis 1954. Enge Kontakte zu dominikanischen und spanischen Intellektuellen und Künstlern. Besuche von André Breton und Emil Ludwig. Auch Kontakte zur passiven dominikanischen Opposition. Abtreibung eines gemeinsamen Kindes.

1941 Domins Eltern verlassen England, um nach New York umzusiedeln. Palm wird im Februar freier Dozent, im Oktober Professor an der Universität von Santo Domingo. In einem Brief an Hector Trujillo, den Bruder des Diktators Rafael Trujillo, bringt er seine Solidarität mit der Regierung der Dominikanischen Republik zum Ausdruck. Domin lässt sich in Architekturfotografie ausbilden.

1942 Siegfried Eugen Löwenstein stirbt am 9. August in New York.

1944 In Ciudad Trujillo erscheint als Privatdruck Palms *Requiem für die Toten Europas* (1946 ebd. in spanischer Übersetzung).

1945 Nach vier Jahren erste Reisemöglichkeit für Palm. Er macht eine Vortragsreise nach Cuba. Auch Domin unternimmt 1945 ihre erste große Reise: In New York besucht sie ihre Mutter, andere Verwandte und Freunde. Treffen mit dem Verleger Gottfried Bermann Fischer, dem Regisseur Erwin Piscator, dem Kunsthistoriker Richard Krautheimer und der Philanthropin Frieda Schiff-Warburg.

1946 Domin entdeckt das Schreiben. Ende 1946: Rückkehr Paula Löwensteins nach Deutschland. Palm wird technischer Berater der Staatlichen Kommission für Denkmalschutz. Er reist nach Honduras, Guatemala und Cuba. Der Diktator Trujillo ermahnt ihn schriftlich wegen »Umgangs mit Personen, die der Regierung feindlich, abgeneigt oder indifferent gegenüberstehen«.

1947 Domin gibt Deutsch- und Kunstkurse an der Universität von Santo Domingo. In New York unterzieht sie sich einer medizinischen Behandlung.

1948 Palm wird Leiter der Abteilung für Kolonialkunst am Dominikanischen Anthropologischen Institut. Er reist in die USA.

1949–1950 Palm reist nach Brasilien, Argentinien, Uruguay, Chile, Bolivien, Peru, Ecuador, Kolumbien, Venezuela, Puerto Rico, Curaçao und Haiti.

1950 Domin reist nach New York.

1951 Paula Löwenstein stirbt am 2. September in Karlsruhe. Domin schreibt ihre ersten Gedichte. Beginn einer schwierigen Ehesituation. Palm reist nach Mexico, Cuba und New York.

1952 Domin erleidet eine Fehlgeburt. Palm reist nach Haiti.

1953 Aufenthalt in den USA, wo Palm für ein Jahr ein Stipendium der J. S. Guggenheim Memorial Foundation in New York hat. Noch in den USA bekommt Palm eine Einladung des DAAD nach Deutschland. Im Herbst schließt Domin mit *Wen es trifft* in Vinalhaven (Maine), USA, ihre erste Gedichtperiode ab.

1954 Im Februar Rückkehr nach Deutschland. Längerer Aufenthalt in München.

1954–1955 Der Verleger Franz Joseph Schöningh veröffentlicht einzelne Gedichte in der Zeitschrift *Hochland*. Für ihre erste Veröffentlichung legt sich Hilde Palm das Pseudonym Hilde Domin zu. Palm geht in der Bundesrepublik, in den Niederlanden und Belgien auf Vortragsreise. 1955 erscheint in Ciudad Trujillo sein Hauptwerk *Los monumentos arquitectónicos de La Española* (Nachdruck 1984).

1955–1957 Erster Spanienaufenthalt von Domin und Palm. Freundschaftliche Beziehungen zu den Dichtern Vicente Aleixandre und Dámaso Alonso. Veröffentlichung von Gedichten in der Zeitschrift *Caracola*, Málaga, in spanischer Übersetzung.

Mitte 1957–Februar 1959 In Frankfurt a. M. Aufnahme

von literarischen Kontakten. Ende 1957 werden in den Literaturzeitschriften *Akzente* und *Neue Rundschau* mehrere Gedichte von Domin veröffentlicht. Enge Freundschaft mit Rudolf Hirsch. Palm arbeitet in Deutschland.

Februar 1959–Mai 1959 Klausur in Astano (Tessin). Abschluss des Manuskripts von *Nur eine Rose als Stütze*. Fortsetzung der in Frankfurt begonnenen Prosaarbeiten. Besuch bei Hermann Hesse. Zweiter Spanienaufenthalt (1959 bis 1961). Palm arbeitet 1959 bis 1960 in Spanien.

1959 Domins erster Gedichtband *Nur eine Rose als Stütze* (S. Fischer Verlag) erscheint.

1960 Palm erhält eine Professur für Iberische und Iberoamerikanische Kunstgeschichte und Kultur an der Universität Heidelberg.

1961 Im Februar endgültige Übersiedlung Domins nach Deutschland. Das Ehepaar bezieht seine erste eigene Wohnung in Heidelberg (Hainsbachweg 8). Im April erste öffentliche Lesung Domins in Köln.

1962 Regelmäßige Lese- und Vortragsreisen. Domins zweiter Gedichtband *Rückkehr der Schiffe* (S. Fischer Verlag) erscheint.

1964 Domins dritter Gedichtband *Hier* (S. Fischer Verlag) erscheint.

1966 Die Anthologie *Doppelinterpretationen. Das zeitgenössische Gedicht zwischen Autor und Leser* (Athenäum Verlag) erscheint.

1968 *Das zweite Paradies. Roman in Segmenten* (R. Piper & Co. Verlag) und der Essay *Wozu Lyrik heute. Dichtung und Leser in der gesteuerten Gesellschaft* (R. Piper & Co. Verlag) erscheinen. Ida Dehmel-Literaturpreis. Domins vierter Gedichtband *Höhlenbilder* (Guido Hildebrandt Verlag) wird veröffentlicht.

1970 Domin publiziert ihren fünften Lyrikband *Ich will dich* (R. Piper & Co. Verlag) und die Anthologie *Nachkrieg und Unfrieden. Gedichte als Index 1945–1995* (Luchterhand Verlag).

1971　Droste-Preis der Stadt Meersburg.

1972　Heine-Plakette der Heinrich-Heine-Gesellschaft.

1974　Der Prosaband *Von der Natur nicht vorgesehen. Autobiographisches* (R. Piper & Co. Verlag) erscheint. Roswitha-Gedenkmedaille der Stadt Bad Gandersheim.

1976　Rainer Maria Rilke-Preis für Lyrik.

1982　Der Prosaband *Aber die Hoffnung. Autobiographisches aus und über Deutschland* (R. Piper & Co. Verlag) wird publiziert. Richard-Benz-Medaille der Stadt Heidelberg.

1983　Nelly Sachs-Preis der Stadt Dortmund und Bundesverdienstkreuz 1. Klasse.

1985　Ehrengast der Villa Massimo.

1987　Der von Domin zusammengestellte Band *Gesammelte Gedichte* (S. Fischer Verlag) erscheint. Wintersemester: Frankfurter Poetikdozentur.

1988　Verdienstkreuz des Landes Nordrhein-Westfalen. Palm erhält den Augsburger Universitätspreis für Spanische und Lateinamerikanische Studien. Am 7. Juli stirbt Erwin Walter Palm an Nierenkrebs. Wintersemester: Poetik-Dozentur an der Universität Mainz.

1990　Verdienstmedaille des Landes Baden-Württemberg.

1992　Die beiden Prosa-Sammelbände *Gesammelte Autobiographische Schriften* und *Gesammelte Essays* (beide R. Piper & Co. Verlag) erscheinen. Friedrich Hölderlin-Preis, Carl Zuckmayer-Medaille, 1. Heidelberger Preis für Exilliteratur.

1993　Sinsheimer-Preis der Stadt Freinsheim, Ehrenprofessorin des Landes Baden-Württemberg.

1994　Großes Bundesverdienstkreuz.

1995　Literaturpreis der Konrad Adenauer-Stiftung.

1999　Domins letzter Gedichtband *Der Baum blüht trotzdem* (S. Fischer Verlag) erscheint. Jakob Wassermann-Literaturpreis und Staatspreis des Landes Nordrhein-Westfalen.

2004　Verleihung des Ehrenbürgerrechts der Stadt Heidelberg.

2005 Domin wird für ihr Lebenswerk die höchste Auszeichnung der Dominikanischen Republik durch den Botschafter Pedro Vergés verliehen.

2006 Domin stirbt am 22. Februar in Heidelberg an den Folgen eines Unfalls.

Anmerkungen

Vorwort
Im Schatten fruchtloser Palmen.
Zu Hilde Domins Briefen aus der Zeit des Exils

1] *»Ich bin ... ist?«: Autobiographische Schriften*, S. 248.
2] *»Und die hiesigen ›Bulletins‹ ... einflössen.«:* Brief an Erwin Walter Palm, 8. 11. 1942. Nachlass Domin, DLA.
3] *»Ich kam erst... gestorben.«: Autobiographische Schriften*, S. 21, vgl. auch S. 244.
4] *»Ich kann wohl sagen ... lassen.«:* Handschriftlicher Brief von Thomas Mann, 8. 1. 1946, unveröffentlicht. Nachlass Palm, DLA.
5] *»Das Reisegeld ... ihren Tod.«:* Hilde Domin. Lyrikerin im Gespräch mit Corinna Benning-Creanga. Sendung des Bayerischen Rundfunks vom 23. 7. 1999.
6] *»Ich fand ... ansehen.«:* Brief an John Lorden, undatiert, nicht abgeschickt, Nachlass Hilde Domin, DLA. *Siehe* S. 256–262.
7] *»Meine Hand / greift nach einem Halt und findet / nur eine Rose als Stütze«: Gesammelte Gedichte*, S. 113.
8] *Ach, dieser ganze schöne Leib ... Rose aus Asche du, Geliebte.: Rose aus Asche*, S. 59.
9] *»Sie bot ihm an ... mir nichts!‹«: Das zweite Paradies*, S. 159.

1. »Ich biete Dir ein Teeviertelstündchen an ...«
April 1931 bis Oktober 1932. Heidelberg

1] *»[...] ich [habe] ... zusammen.«: Autobiographische Schriften*, S. 123.
2] *»Hier ist es ... stehen.«:* Domin an Palm, 27. 3. 1932, Nachlass Domin, DLA.
3] *»Ein Weg ... wert.«:* Palm: Tagebucheintrag vom 21. 10. 1932, Nachlass Palm, DLA.
4] *»Ihr zwei ... verfallen.«:* Palm an Domin, 25. 3. 1932, Nachlass Domin, DLA.
5] *Ervinus Waltharius Palum Graf zu Klosterhausen:* Palm an Domin, o. D., mutmaßlich 1932, Nachlass Domin, DLA.
6] *»nicht glücklich sein, zumindest nicht in der Nähe dessen den man liebt«:* Palm an Domin, 25. 3. 1932, Nachlass Domin, DLA.
7] *»Ich hätt gestern morgen Häuser einreißen mögen vor Vergnügen.«:* Palm an Domin, 16. 10. 1931, Nachlass Domin, DLA.

8] »*Da war zunächst ... Jahren der Not.*«: *Vertrauen, dieses schwerste ABC.* In: Domin: *Aber die Hoffnung. Autobiographisches aus und über Deutschland*, S. 161.

9] »*Denk mal ... brauchst.*«: Domin an Palm, 14. 9. 1931, Nachlass Domin, DLA.

10] »*Bist Du ... Einsamkeit!*«: Palm an Domin, 17. 9. 1931, Nachlass Domin, DLA.

11] *Beziehung ernsthaft gefährdet: Siehe* S. 52.

12] *Kaethe Silberberg, Irina Renata und Hilde Löwenstein:* Palm: Studienabschriften zu Hans Oppermann, ›Vergil‹, 1931, Nachlass Palm, DLA.

13] »*Hilde ... aussähe.*«: Palm: Tagebucheintrag vom 5. 11. 1931, Nachlass Palm, DLA.

14] »*Noch ... aufgepfropft?*«: Palm: Tagebucheintrag vom 9. 11. 1931, Nachlass Palm, DLA.

15] »*Abend mit Hilde. Klärungsversuche.*«: Palm: Tagebucheintrag vom 10. 11. 1931, Nachlass Palm, DLA.

16] *dass in der Zwischenzeit eine Entscheidung gefallen sein muss: Siehe* S. 56.

17] »*Ich konsultierte ... Arbeit.*«: Domin an Palm, 12. 8. 1931, Nachlass Domin, DLA.

18] »*Dein Brief ... Winter].*«: Palm an Domin, 13. 8. 1931, Nachlass Domin, DLA.

19] *Jaspers' Veranstaltungen zur* »*Existenzphilosophie*«, *zu* »*Kants Kritik der reinen Vernunft*« *und zur* »*Logik*«: Palms Studienbücher, Nachlass Palm, DLA. Domins Studienbücher, Nachlass Domin, DLA.

20] »*Am späten Abend ... weiterhelfen.*«: Palm: Tagebucheintrag vom 7. 11. 1931, Nachlass Palm, DLA.

21] »*Kant ... Schwierigkeiten.*«: Palm: Tagebucheintrag vom 8. 11. 1931, Nachlass Palm, DLA.

22] »*Jaspers ... Kant.*«: Palm: Tagebucheintrag vom 11. 11. 1931, Nachlass Palm, DLA.

23] *Karl Mannheim:* Domin: Studienbuch der Ruprecht-Karls-Universität Heidelberg, Nachlass Domin, DLA.

24] *Reifezeugnis des Frankfurter Goethe-Gymnasiums:* Palm: Zeugnis der Reife vom Goethe-Gymnasium zu Frankfurt a. M., 15. 2. 1929, Nachlass Palm, DLA.

25] »*Noch als ... Karl Burkart.*«: Palm: *Erinnerungen geschrieben und erzählt.* In: Ibero-Amerikanisches Archiv, Neue Folge, Jg. 15, H. 4, 1989, S. 442.

26] *Georg-August-Universität in Göttingen:* Palm: Aufnahmebestätigung der Georg-August-Universität Göttingen, 16. 4. 1929, Nachlass Palm, DLA.

27] *März 1931:* Palm: Universität Göttingen Anmeldebuch, Nachlass Palm, DLA.

28] *Philologische Seminar der Ruprecht-Karls-Universität Heidelberg:* Palm: Studienbuch der Ruprecht-Karls-Universität Heidelberg, Nachlass Palm, DLA.

29] *Bei Friedrich Gundolf hört er eine Vorlesung:* Geschichte der Deutschen Literatur im Zeitalter der Reformation, Sommersemester 1931.

30] *»Gespräch ... Ruhe.«:* Palm: Tagebucheintrag vom 6.11.1931, Nachlass Palm, DLA.

31] *Studien der Klassischen Philologie an der Universität Heidelberg:* Palm: Studienbestätigung der Ruprecht-Karls-Universität Heidelberg, Nachlass Palm, DLA.

32] *Diplom-Volkswirtin:* Domin: Zeugnis der Diplom-Volkswirt-Prüfungen, Nachlass Domin, DLA.

33] *»Am Montag ... Bekannten.«:* Palm an Domin, 26. 5. 1931, Fragment, Nachlass Domin, DLA.

34] *Italienischkenntnisse bescheinigen:* Handschriftliche Bescheinigung von Dr. Silvio Pellegrini, Romanisches Seminar der Universität Heidelberg, 13.11.1931, Nachlass Palm, DLA.

35] *»Eben ... Plan [...]«:* Domin an Palm, 29.9.1932, Nachlass Domin, DLA.

36] *»Ist übrigens ... verzichten.«:* Domin an Palm, 29.9.1932, Nachlass Domin, DLA.

37] *moi pas:* Frz.: ich nicht.

38] *Sie ziehen nach Rom:* Das Dokument befindet sich in Domins Nachlass, DLA.

1   *In Heidelberg, ohne Datum*
Visitenkarte »HILDE LÖWENSTEIN«, einseitig beschriftet, mit Umschlag. Auf dem Umschlag notiert Palm: »tel. / Hilde Löwenstein / Anlage 51 B̲. IV./bei Nagel«.

2   *In Heidelberg, ohne Datum*
Zettel, Handschrift mit Zeichnungen, einseitig beschriftet.
1] *dormiglione:* Ital.: Langschläfer.

3   *Aus Heidelberg nach Frankfurt a. M.*
Postkarte, Handschrift, beidseitig beschriftet.
1] *φιλτατε:* Griech.: Liebster.

4 *Aus Heidelberg nach Frankfurt a. M.*
Brief, Handschrift, drei Blätter beidseitig, ein Blatt einseitig beschriftet.

1] *geburtstäglich fassen:* Palm wurde am 27. 8. 1910 in Frankfurt a. M. geboren.

2] *N'importe:* Frz.: egal.

3] *et que nous désirer nous savons:* Frz.: und was wir wünschen, wissen wir.

4] *mir:* In der Handschrift: mir mir.

5] *Ignoramus. Ignorabimus?:* Lat.: Wir wissen es nicht. Wir werden es niemals wissen?

6] *arme Marxistin:* In dieser Zeit ist Hilde Domin Mitglied einer sozialistischen Studentengruppe.

7] *»Que l'importance soi[t] dans ton regard, non dans la chose regardée.«:* André Gide: *Les Nourritures terrestres,* S. 19. *Siehe* S. 34 f.

8] *Goethe:* Domin hat bereits als Schülerin Goethe gelesen: »Als Goethekind wuchs ich auf. Die Verehrung datierte von einer meiner zahlreichen Halsentzündungen, die ich als Schulmädchen hatte und die mir immer eine ungestörte Lesezeit garantierten. Dabei lieh mir eine meiner Tanten die wunderbare Ausgabe *Der junge Goethe,* diese großen dunkelblauen Quartbände, die man heute nirgends mehr sieht. Ich verliebte mich in ihn, glühend beneidete ich die Bettina und kam nur schwer darüber hinweg, im falschen Jahrhundert geboren zu sein.« (*Vertrauen, dieses schwerste ABC.* In: Domin: *Aber die Hoffnung. Autobiographisches aus und über Deutschland,* Frankfurt a. M. 1993, S. 160.) Später begleitet Goethe sie ins Exil (vgl. *Autobiographische Schriften,* S. 227).

9] *Heine:* Auch Heine ist Teil von Hilde Domins Exilbüchern. 1972 schreibt sie ein fiktives Interview mit ihm (vgl. *Autobiographische Schriften,* S. 233–242).

10] *Gide:* André Gide: *Les Nourritures terrestres,* Paris 1921.

11] *multis et multo:* Lat.: in großer Zahl und in vielerlei Hinsicht.

12] *Zitaten getan:* André Gide: *Les Nourritures terrestres,* Paris (Librairie Gallimard) 1921. Domin schreibt Palm am 26. 8. 1931 folgende Zitate in das Exemplar, das sich im DLA in der Handbibliothek von Domin und Palm findet: »Que l'importance soit dans ton regard, non dans la chose regardée. / Tout ce que tu gardes en toi de connaissances distinctes restera distinct de toi jusques à la consommation des siècles. Pourquoi y attaches-tu tant de prix? / Il y a profit aux désirs, et profit au rassasiement des désirs – parce qu'ils en sont augmentés. Car, je te le dis en vérité, Nathanaël, chaque désir m'a plus enrichi que la possession toujours fausse de l'objet même de mon désir.« (S. 19) In der deutschen Übersetzung *Die Früchte der Erde* von Hans Hinterhäuser

(André Gide, *Gesammelte Werke in zwölf Bänden*, hg. von Raimund
Theis und Peter Schnyder, Stuttgart 1999): »In deinem Blick liege das
Bedeutsame, nicht in dem, worauf du ihn richtest. / Alles, was du in dir
an unterscheidenden Kenntnissen bewahrst, wird unterschieden sein
von dir bis ans Ende aller Tage. Warum mißt du ihm dann so großen
Wert bei? / Es liegt Gewinn in den Begierden, und Gewinn in der Stil-
lung der Begierden – weil sie sich dadurch steigern. Denn in Wahrheit,
ich sage dir, Nathanaël, jede Begierde hat mich mehr bereichert als der
immer trügerische Besitz des Gegenstands meiner Begierden.« (S. 70) –
»Regarde le soir comme si le jour y devait mourir; et le matin comme si
toute chose y naissait. / Que ta vision soit à chaque instant nouvelle. / Le
sage est celui qui s'étonne de tout.« (S. 32) In der deutschen Übersetzung: »Betrachte den Abend, als müsse der Tag mit ihm sterben; und
den Morgen, als wenn alle Dinge in ihm zum Leben erwachten. / Von
Mal zu Mal erneuere sich dein Blick auf die Welt. / Weise ist, wer über
alles staunt.« (S. 78)

13] *n'est-ce pas:* Frz.: nicht wahr.

14] *Gide: la porte étroite:* André Gide: *Die enge Pforte*, Berlin 1909
(*La porte étroite*, Paris 1909).

15] *φίλτατε:* Griech.: Liebster.

16] *Frankfurter [Zeitungen]:* Die Frankfurter Zeitung ist für Palm und
Domin die wichtigste Zeitung. In Briefen tauschen sie sich oft über bestimmte Beiträge aus. Zeitweilig sammelt Domin sogar Ausschnitte aus
der F. Z. für Palm und schickt sie ihm zu.

17] *Diebold:* Bernhard Diebold: *Vor der Theater-Saison.* In: Frankfurter Zeitung, 76. Jg., Nr. 631, Dienstag, 25. 8. 1931. Diebold setzt sich in
seinem Artikel mit deutschen und ausländischen Kunst-, Buch- und
Theaterproduktionen auseinander. »Die Autorennamen Pelzer, Cam-
merloher und Menzel versprechen deutsche Produktion. Sonst tönt es
ausländisch. Aber verzage nicht! Die Welt ist im Austausch begriffen,
und Deutschland kommt nicht zu kurz.«

18] *Roth:* Joseph Roth: *Schluß mit den Kriegsfilmen!* In: Frankfurter
Zeitung, 76. Jg., Nr. 631, Dienstag, 25. 8. 1931. Roth klagt, dass alle
Kriegsfilme »eine falsche Vorstellung vom Krieg« gäben. »Der Gedanke, daß man Statisten als Todeskandidaten verkleidet und in künstlichen Schützengräben herumlaufen und zum Schein sterben läßt, hat
für sensiblere Kriegsteilnehmer etwas Schnödes und Verletzendes.«

19] *Bianca samt Serighof:* Bei Bianca handelt es sich um eine Bekannte
von Palm, bei der er einige seiner Habseligkeiten untergestellt hat. Auch
bei Frau Serighof befinden sich noch persönliche Gegenstände von
Palm. Das geht aus seinen Briefen an Domin vom 28. 8. und vom
1. 9. 1931 hervor.

20] *Schmiedel:* Max Schmiedel, Musiker des städtischen Orchesters und Vermieter von Domin in Heidelberg.

5 *Aus Heidelberg, vermutlich nach Miltenberg a. M.*
Brief, Handschrift, drei Blätter, beidseitig beschriftet.
1] *tanto sola:* Ital.: sehr allein.
2] *Anni:* Vermutlich handelt es sich um einen Hund.
3] *Thibauts:* Anton Friedrich Justus Thibaut besaß zur Goethezeit das Haus in der Karlstraße 16. Domin schreibt in der Rede *Dank an Heidelberg:* »Für mich war es das Zimmer, wo vor mir die Studentin Christiane von Hofmannsthal gewohnt hatte, die dann den Indologen Heinrich Zimmer heiratete, dem Erwin Walter Palm in Verehrung und Freundschaft verbunden war. – Daß der Flötist Schmiedel, dessen Untermieterin ich war, noch im gleichen Raum musizierte, in dem Goethe den Thibautschen ›Singabenden‹ beiwohnte [...], und daß durch den Garten dieses Hauses, der 1932 noch wunderbar imstande war und in dem wir unsere erste gemeinsame Erwerbung, zwei Kaninchen, hielten, Goethe hinauf ins Schloß stieg, 1814 und 1815, und vielleicht sogar auf der Schmiedelschen Terrasse ein Gedicht des Divanzyklus entstanden war, habe ich vermutlich damals nicht recht realisiert.« (*Autobiographische Schriften*, S. 66)
4] *Caspari:* Ernst Walter Caspari (1909–1984), einer der engsten Freunde Palms in Göttingen, der später in den USA als Genetiker arbeitet. *Siehe* S. 164.
5] *Der Braun ... Wert:* In seinem Brief vom 1.9.1931 an Domin betont Palm, dass auch sie nun vom »Bücherteufel ergriffen« worden sei, ihre letzten »Einkäufe« allerdings »nicht sehr bedeutend« seien: »d. h. ich hasse Reclamausgaben gleichviel was es ist. Aber mir ist die proletische Gleichmacherei in schäbiger Aufmachung wie die ganze Volksbildung vom Grunde her verhasst. Der Braun ist ein feines Buch und wenn es gut erhalten ist durchaus 1,50 – wert. [...] Den [Rudolf] Borchhardt kannst Du für Dich erwerben, ich habe an diesem säbelrasselnden Gewaltmenschen [...] weder menschlich noch dichterisch Interesse. Und ist auch der Aufsatz von [Walter] Benjamin vor ein paar Tagen in der Frankfurter Zeitung von einer nicht zu billigenden Haltung dieses kleinen Journalisten gegenüber dem Dichter[,] so enthält er doch im Letzten die Wahrheit.« Palm bezieht sich auf Benjamins kurzen Aufsatz *Baudelaire unterm Stahlhelm* (Frankfurter Zeitung, 23.8.1931), eine Besprechung des Baudelaire-Buchs von Peter Klassen, das als Zeichen für den Verfall der »Schule« Stefan Georges betrachtet wird. Einleitend schreibt Benjamin: »Ganz elende Schriften haben mit ganz vorzüglichen dies gemein, ihr Wesen im Sprachlichen vollkommen offenkundig

und präsent zu haben.« Abschließend stellt er apodiktisch fest: »Für die Schule«, die einen Autor wie Peter Klassen möglich gemacht hat, habe »die letzte Stunde geschlagen.«

6] *»Hauptmann v. Köpenick«:* Carl Zuckmayer: *Der Hauptmann von Köpenick. Ein deutsches Märchen in drei Akten,* Berlin 1930.

6 *Aus Heidelberg nach Miltenberg a. M.*
Postkarte, Handschrift, ein Blatt, beidseitig beschriftet.
1] *φιλε:* Griech.: Lieber.
2] *ἀντίδοσις:* Griech.: Wiedervergeltung.
3] *σχολή:* Griech.: Muße.

7 *Aus Köln nach Frankfurt a. M.*
Brief, Handschrift, drei Blätter, beidseitig beschriftet.
1] *Nous voilà à Cologne:* Frz.: Wir sind in Köln angekommen.
2] *Jettchen Gebert:* Der Roman *Jettchen Gebert* von Georg Hermann erschien 1906 und war sofort ein Bestseller.
3] *»Kartelle & Trusts«:* Es könnte sich um *Kartelle und Trusts und die Weiterbildung der volkswirtschaftlichen Organisation* von Robert Liefmann (Stuttgart 1922) handeln.
4] *πρός τό διδασκειν:* Griech.: zum Unterrichten.
5] *nihil faciens nec cogitans:* Lat.: nichts tuend, nichts denkend.
6] *πολλοι:* Griech.: Vielen.
7] *ἀριστοι:* Griech.: Besten.
8] *»Ich gab das Letzte hin nach links & rechts, sogar das Lager teilte ich mit ihnen.«:* Domin zitiert nicht Tucholsky, sondern Kästners Gedicht *Die Hummermarseillaise.* Vgl. Erich Kästner: *Zeitgenossen, haufenweise. Gedichte.* Hg. von Harald Hartung in Zusammenarbeit mit Nicola Brinkmann. München 1998, S. 27.
9] *Weh mir! soll ich gleichsam nackt... Bleib bei mir, Du geliebter Leib:* Heinrich Heine: *Leib und Seele.* Vgl. Heinrich Heine: *Historisch-kritische Gesamtausgabe der Werke.* In Verb. mit dem Heinrich-Heine-Institut hg. von Manfred Windfuhr, Bd. 3 / 1. Hamburg 1992, S. 187.
10] *Τί οὖν:* Griech.: Was nun.
11] *Nourritures:* André Gide: *Les Nourritures terrestres. Siehe* S. 34 f.
12] *Harry:* Harry Schulze, ein Freund von Domin.
13] *c'est ma faute:* Frz.: Es ist meine Schuld.
14] *η ὁδός ἄνω κάτω μία:* Domin zitiert Heraklit: (griech.) Der Weg nach oben und nach unten ist ein und derselbe.

8   *Aus Heidelberg nach Frankfurt a. M.*
Brief, Handschrift, ein Blatt, beidseitig beschriftet.
1] *Caro mio:* Ital.: Mein Lieber.
2] *Petron[?]:* Entzifferung unsicher. Möglicherweise lasen sie das
frivole *Satyricon* von Petronius.
3] *C'est votre faute, et de vos lettres:* Frz.: Schuld sind Sie und Ihre
Briefe.
4] *Klingenstein:* Die Frau des Heidelberger Gymnasialprofessors
Gustav Klingenstein, Friesenberg 1 a.
5] *Niederheisser:* Vermutlich der Heidelberger Bahnspediteur Eugen
Niederheiser.

9   *In Heidelberg*
Brief, Handschrift, drei Blätter, beidseitig beschriftet.
1] *dicendo dicere:* Lat., sinngemäß: in Form einer Rede zu sagen.
2] *Achim:* Achim Gerstel, Freund von Domin.
3] *ἀπό του αὐτομάτου:* Griech.: von selbst.
4] *»Beim ersten sind wir frei ...«:* Domin zitiert Goethes *Faust I.*
5] *φιλε:* Griech.: Licbcr.
6] *Manasse:* Richard Manasse, Jurist und Volkswirt.
7] *Nostra res agitur:* Lat.: Es geht um unsere Sache.

10   *In Heidelberg*
Briefkarte, Handschrift, ein Blatt, beidseitig beschriftet.
1] *Kätes:* Käthe Silberberg, frühere Geliebte von Palm in Göttingen.
2] *φιλε:* Griech.: Lieber.
3] *Tertium non est:* Lat.: Eine dritte Möglichkeit gibt es nicht.
4] *Que le jour d'hier ne soit qu'une rêve, c'est tout à fait à vous:* Frz.:
Dass der gestrige Tag nur ein Traum ist, liegt ganz an Ihnen.

11   *In Heidelberg*
Brief, Handschrift, ein Blatt, einseitig beschriftet.
1] *Salis:* Arnold von Salis (1881–1958), Archäologieprofessor von
Palm, der auch noch nach 1945 mit ihm in Kontakt steht.
2] *peut-être:* Frz.: vielleicht.
3] *Dein höchstpersönliches:* In der Handschrift: Deine höchstpersön-
lichen.

12   *Aus Heidelberg, vermutlich nach Frankfurt a. M.*
Brief, erstes Blatt: Handschrift, beidseitig beschriftet; zweites und
drittes Blatt: Typoskript mit handschriftlichen Korrekturen, einseitig beschriftet.

1] *Brausin:* Zunächst wohnt Palm in Heidelberg bei Frieda Braus,
Hirschgasse 1. Nach seinem Auszug lässt er dort einige seiner persönlichen Gegenstände:»Und meine Sachen bei der Brausin können ja
wohl ruhig stehen bleiben. Es wäre aber vielleicht gut, Du bereitetest sie
vor daß ich (in folge Geldmangels) vermutlich gezwungen sein werde
mir ein billigeres Zimmer zu mieten, damit sie sich nicht auf mich ver-
läßt, oder soll ich ihr schreiben?« (Palm an Domin, 28. 8. 1931, Nachlass
Domin, DLA) Zwei Monate später lässt Palm alles von Frieda Braus zu
Frau Professor Klingenstein bringen.»Doch würde ich dem lieben
Eselein […] gern noch etwas wenn auch nicht zu beschwerliches auf-
laden. Nämlich vermittelst eines Dienstmannes um[?] bei der Brausin
aufgestapeltes Gepäck in meine neue Wohnung transportieren zu
lassen. […] Frau Prof. Klingenstein werde ich heute schreiben und sie
von den ankommenden Dingen unterrichten.« (Palm an Domin,
20. 10. 1931, Nachlass Domin, DLA) Domin wohnt bis Anfang September 1931 bei Palms ehemaliger Vermieterin Frieda Braus und zieht dann
zur Untermiete zu Max Schmiedel in die Karlstraße 16.

2] *B.[ergsträsser]:* Arnold Bergsträsser ist Professor für Auslandskunde
der Ruprecht-Karls-Universität in Heidelberg. Domin belegt bei ihm
drei Veranstaltungen zur Nationalökonomie.

3] *Scheu:* Domin spricht von Karl Scheu, Konditorei und Kaffee,
Hauptstraße 137, Universitätsplatz, Heidelberg, wo sie zuweilen ihre
Briefe schreibt.

4] *Olschki:* Leonardo Olschki (1885–1961), Romanist in Heidelberg,
Palm wechselt mit ihm bis zu seinem Tod Briefe.

5] *Mixed grill der Woche.:* Das Folgende ist mit der Maschine geschrieben.

6] *Daz.:* Die Deutsche Allgemeine Zeitung erscheint bis 1945 in Berlin.

7] *Kreditzusammenbruchs:* Im Typoskript: Kreditzusammenbrichs.

8] *Artikel von Diebold:* Der Zeitungsausschnitt mit einem Artikel von
Bernhard Diebold ist nicht überliefert.

9] *seine:* Im Typoskript: seien.

10] *seiner:* Im Typoskript: seienr.

11] *Radbruch:* Gustav Radbruch, Juraprofessor an der Ruprecht-
Karls-Universität in Heidelberg. Domin belegt drei Veranstaltungen bei
ihm. In der Weimarer Republik ist er Reichsjustizminister.

12] *Die Zeitungen von gestern, heute noch nicht gelesen:* handschriftlich.

13 *Aus Köln nach Frankfurt a. M.*
Brief, Handschrift, ein Faltblatt, beidseitig beschriftet.
1] *alles entschieden ist.:* Palm hat sich zu einem baldigen Aufbruch nach
Italien entschlossen: »Die Dinge gehen jetzt schnell: ich habe gestern
mit meinen Eltern telefoniert, sie sind gegen die nochmalige Frankfurt-
fahrt und für baldigen Aufbruch nach D̶e̶u̶t̶s̶ Italien. Auch ich bin <u>drin-
gend</u> dagegen erst zum Semester zu kommen ...« (Palm an Domin,
28. 9. 32, Nachlass Domin, DLA)
2] *Hast Du inzwischen Deine Gedichte an [den] nobelsten aller Poeten
gesandt?:* Möglicherweise dachte Palm darüber nach, sich mit seinen
Gedichten an Stefan George zu wenden, den er spätestens seit seiner
Zeit an der Göttinger Universität bewunderte.
3] *Carl Plotke:* Vermutlich der in der Kölner Schillerstraße ansässige
Prokurist Karl Plotke.
4] *Fraenkel:* Eduard Fraenkel, Professor der Klassischen Philologie am
Institut für Altertumskunde in Göttingen.
5] *Hans Georg:* Vermutlich Hans Georg Pflaum.
6] *Wölflin: Barock & Rennaissance:* Heinrich Wölfflin: *Renaissance
und Barock. Eine Untersuchung über Wesen und Entstehung des
Barockstils in Italien,* München 1888.

14 *Aus Köln nach Frankfurt a. M.*
Brief, Handschrift, ein Blatt, beidseitig beschriftet.
1] *Mon cher ami:* Frz.: Mein lieber Freund.
2] *Tante Liese:* Wahrscheinlich Marie-Luisa Linfield (1881 – ?), ältere
Schwester von Paula Löwenstein.
3] *Tu, amice, cave canem:* Lat.: Du, Freund, hüte Dich vor dem Hund.
4] *La tua infelice:* Ital.: Deine Unglückliche.

15 *Aus Köln nach Frankfurt a. M.*
Brief, Handschrift, vier Blätter, beidseitig beschriftet.
1] *On verra:* Frz.: Man wird sehen.
2] *Mais, quand je serais fatiguée d'avoir donné et pris nos plus douces
caresses:* Frz.: Wenn ich aber müde würde, unsere süßesten Liebkosungen gegeben und empfangen zu haben.
3] *Al rividerci:* Wahrscheinlich spielerisch für ital. *Arrivederci:* Auf
Wiedersehen.

16 *Aus Köln nach Frankfurt a. M.*
Brief, Handschrift, fünf Blätter, beidseitig beschriftet.
1] *Mon bien aimé:* Frz.: Mein sehr Geliebter.
2] *meinen:* In der Handschrift: meinem.

3] *Flügelrad:* Nicht ermittelt, vermutlich ein Hotel in der Schweiz.

4] *tua sponte:* Lat.: aus eigenem Antrieb.

5] *caresses:* Frz.: Liebkosungen.

6] *Pflaum:* Hans Georg Pflaum; er pflegt eine intensive Brieffreund-
schaft mit Domin, besonders in den Jahren 1931–1932.

7] *»Kultur d. Renaissance«:* Jacob Burckhardt: *Die Kultur der Renaissance in Italien,* Basel 1860. – In der Handschrift: Rennaissance.

8] *»Voss«:* Die Vossische Zeitung erscheint von 1911 bis 1934 als über-
regionale Zeitung des liberalen Bürgertums in Berlin.

9] *On verra:* Frz.: Man wird sehen.

10] *Kracauer:* Siegfried Kracauer: *Gestaltschau oder Politik?* In: Frankfurter Zeitung, 77. Jg., Nr. 774–775, Sonntag, 16. 10. 1932. Kracauer
bespricht in diesem Artikel Ernst Jüngers Abhandlung *Der Arbeiter.
Herrschaft und Gestalt* (Hamburg 1932): »[*Der Arbeiter*] ist aus dem
Grunde wichtig, weil es nicht von fixen Parteiprogrammen und welt-
anschaulichen Formulierungen ausgeht, die vielleicht der heutigen
Wirklichkeit gar nicht mehr angemessen sind, sondern diese Wirklichkeit selber ins Bewußtsein zu erheben sucht. Genauer gesagt: Jünger
stellt, wenigstens seiner Absicht nach, keine freischwebenden Forderungen auf, die von außen her an unsere Situation heranträten und doch
sie zu verändern beanspruchten – er leitet, gerade umgekehrt, aus dem
Bild des gegenwärtigen Zustands das des künftigen ab.«

17   *Aus Luzern nach Rom, 26. Oktober 1932*
Postkarte, Handschrift, beidseitig beschriftet.

1] *Al rivederci a Roma:* Ital.: Auf Wiedersehen in Rom.

2] *Sono felice:* Ital.: Ich bin glücklich.

**2. »Überhaupt komme ich mir vor wie eine Italienerin.«
November 1932 bis Februar 1939. Rom und Florenz**

1] *»Ich bemerke ... europäisch [...]«:* Palm: Tagebucheintrag vom
25. 11. 1932, Nachlass Palm, DLA.

2] *»Die Stadt ... wünsche sie.«:* Palm: Tagebucheintrag vom 8. 7. 1933,
Nachlass Palm, DLA.

3] *»nachmittag: ... Welt.«:* Palm: Tagebuchaufzeichnungen aus dem
Jahr 1933, Nachlass Palm, DLA.

4] *»Am 27. Juni ... geahnt?«:* Palm an Domin, 10. 2. 1936, Nachlass
Domin, DLA.

5] *»etwas, ... Aventin.«:* Autobiographische Schriften, S. 83–85.

6] *»Dort ... normal.«:* Autobiographische Schriften, S. 90.

7] »*Ich bin ... Trost [...]*«: Palm an Domin, 2. 8. 1938, Nachlass Domin, DLA.

8] *Die Rassengesetze ... werden:* Vgl. Klaus Voigt: *Zuflucht auf Widerruf. Exil in Italien 1933 – 1945.* Zweiter Bd. Stuttgart 1993, S. 15 f.

9] *Constantin:* Für eine der Reinschriften der Gedichtsammlung *Reflexe*, die in Italien entsteht, hat sich Palm das Pseudonym Constantin Burger zugelegt.

10] »*Nächtliche Taxifahrt ... beratend.*«: Domin: *Das zweite Paradies. Roman in Segmenten,* S. 108 f.

11] »*Die Visasache ... reißen.*«: Paula und Eugen Löwenstein an Domin, 27. 9. 1938, Nachlass Domin, DLA.

12] *wie es im* Zweiten Paradies *heißt:* Ebd., S. 110.

18   *Aus Andermatt (Schweiz) nach Verona (Italien)*
Brief, Handschrift, ein Blatt, beidseitig beschriftet.

1] *Die schöne Karte:* Die Karte, auf die sich Domin bezieht, ist nicht überliefert. Möglicherweise spielt Domin auf Palms Versuche an, Gabriele D'Annunzio persönlich kennenzulernen (*siehe* S. 84). Auf der Halbinsel Sirmione im Gardasee befinden sich Überreste einer römischen Villa.

2] *Peccato!:* Ital.: Schade!

3] *Göschenen:* In der Handschrift: Göschingen.

4] *Wir beratschlagen sehr, hoffentlich kommt etwas Vernünftiges dabei herum:* Domin beratschlagt mit ihren Eltern über deren geplante Emigration.

5] *Baumgartnersche:* Im August 1932 hatte Palm ein Zimmer bei der Familie Baumgarten am Vierwaldstättersee gemietet.

6] *Codizill Napoleons:* Der beigelegte Ausschnitt, der vermutlich aus der Pariser Tageszeitung *Le Matin* stammt, ist nicht überliefert.

7] *Kästnersche Satz: die Preise und die Berge sind das Höchste in den Alpen:* Domin zitiert Kästners Gedicht *Gruß aus den Bergen.* Vgl. Erich Kästner: *Zeitgenossen, haufenweise. Gedichte.* Hg. von Harald Hartung in Zusammenarbeit mit Nicola Brinkmann. München 1998, S. 96 f.

8] *Piazza d'erbe:* Piazza delle Erbe in Verona.

9] *Latteria:* Ital.: Milchgeschäft.

10] *Feriozzi:* A. Feriozzi, ein Freund, der auch an der Hochzeitsfeier von Domin und Palm teilnimmt.

11] »*Bamberger & Herz*«: Bekleidungshaus mit Filialen in mehreren deutschen Städten, das 1938 arisiert wird.

12] *Denaro:* Ital.: Geld.

19   *Aus Mailand nach Selva Val Gardena (Italien), 20. und 21. August*
1933
Brief, Handschrift, ein Blatt, beidseitig beschriftet.
1] *Dabei will ich um 5 ¹/₂ schon wieder aufstehen, und um 6 mit den*
Kirchen beginnen: Domin recherchiert in Mailand und Umgebung für
Palms kunstgeschichtliche Forschungen.
2] *Caro mio:* Ital.: Mein Lieber.
3] *Beatrice:* Leonardo da Vinci: *Beatrice d'Este.* Ambrosiana, Mailand.
Holz, 51 × 34 cm.

20   *Aus Rom nach Viterbo (Italien)*
Ansichtskarte »ROMA – Via Appia – Tombe e Tumuli dei tre
Curiazi.«, Handschrift.
1] *Casanova:* Ida Casanova und ihr Mann Giovanni sind die Vermieter
von Palm und Domin in Rom.
2] *Zamponi:* Ital.: gefüllte Schweinshaxen.
3] *Mentuccia:* Ital.: Minze.

21   *Aus Nizza (Frankreich) nach Rom, 19. November 1934 (Poststempel)*
Ansichtskarte »La douce France / Cote d'Azur / Nice (Alpes-Mari-
times) / Entrée du Port et Mont Boron«, Handschrift.
1] *Mon bien Chéri ... zu erkennen.:* Domin trifft in Nizza ihre Eltern,
die in dieser Zeit in Paris leben.
2] *petit philosophe:* Frz.: kleiner Philosoph.
3] *a fiori[?] che[?] ti piacia:* Zwei Wörter unsicher entziffert, möglicherweise fehlerhaftes Ital.: geblümt, was Dir gefällt.
4] *Bien des caresses. Ta:* Frz.: Liebe Zärtlichkeiten. Deine.

22   *Aus Nizza (Frankreich) nach Rom*
Brief, Handschrift, ein Blatt und ein Faltblatt, beidseitig beschriftet.
1] *d'ailleurs, avec raison:* Frz.: im übrigen zu Recht.
2] *Je t'aime ... tant de caresses:* Frz.: Ich liebe Dich von ganzem Herzen.
Immer Deine Hilde / viele Liebkosungen.
3] *C'est peu:* Frz.: Es ist wenig.

23   *Aus Rom nach Florenz, vermutlich 9. Februar 1936*
Brief, Handschrift, zwei Blätter, beidseitig beschriftet.
1] *Heute habe ich, ohne Erfolg, den ganzen Tiber abgelaufen:* Nachdem
Domin und Palm in Florenz ihre Studien abgeschlossen haben *(siehe*
S. 85 f.), sucht Domin für sie beide eine neue Wohnung in Rom.
2] *Velabro:* Gemeint ist die Via del Velabro in Rom.
3] *Cicala:* Vermutlich Salvatore Cicala.

4] *Battara:* Vermutlich der Sozialwissenschaftler Pietro Battara.

5] *warum der Vatican … volontà:* Palm möchte im Vatikan forschen, möglicherweise erwägt er sogar, dort eine Stelle als Kunsthistoriker anzutreten. Domin antwortet auf folgende Passage aus seinem Brief vom 7.2.1936: »Mit Cicala habe ich appuntamento für Montag abend. Was sage ich dem wenn er fragt wieso wir seinethalben auf den Vatican verfallen sind? Er war am Telefon überaus liebenswürdig. [Ettore] Bignone nicht erreicht.« (Nachlass Domin, DLA)

6] *Uomini di buona volontà:* Ital.: Menschen guten Willens.

7] *certamente una lettera del fidanzato:* Ital.: sicher ein Brief des Verlobten.

8] *giovane:* Ital.: Jungen.

9] *cosa assai buffa:* Ital.: ganz komischen Sache.

10] *intanto:* Ital.: inzwischen.

11] *piut[t]osto:* Ital.: vielmehr.

12] *Quoi faire:* Frz.: Was soll man machen.

13] *ma … corredo:* Ital., sinngemäß: Aber schau, was für ein Aufzug!

14] *ma ché … la piccola:* Ital.: Ach was, sie ist toll, die Kleine, ich sage es dir!

15] *se mai ne avessi bisogno:* Ital.: wenn ich mal einen bräuchte.

16] *scappata:* Ital.: Seitensprung.

17] *»nicht ernstgemeinten Permeß … scappata«:* Palm schreibt am 7.2.1936, Domin solle Ida Casanova auf keinen Fall etwas »von der nicht allzu ernsthaften Lizenz zur scappata«, also zum Seitensprung, sagen: »sonst oh meine armen Augen. Immerhin ist sie nicht ganz sicher, was Du mit C.[alò] tust.« (Nachlass Domin, DLA)

18] *Nemmeno per sogno, Signore mio:* Ital.: Nicht mal im Traum, mein Herr.

19] *gelosia:* Ital.: Eifersucht.

20] *Non è vero, ti assicuro.:* Ital.: Das ist nicht wahr, ich versichere es dir.

21] *magari:* Ital.: vielleicht.

22] *Calò:* Vermutlich der Pädagoge Giovanni Calò.

23] *Sabata:* Victor de Sabata (1892–1967), ital. Dirigent und Komponist.

24] *Unvollendete:* Franz Schubert: Sinfonie in h-Moll, D 759, genannt *Die Unvollendete.*

25] *Strauß:* Richard Strauss: *Till Eulenspiegels lustige Streiche*, op. 28.

26] *Dann Preludio und Morte di Isotta:* Richard Wagner: Vorspiel zu *Tristan und Isolde* und *Isoldes Tod.*

27] *Ricercato:* Ital.: gekünstelt.

28] *e senza passione:* Ital.: und ohne Leidenschaft.

29] *adirittura:* Ital.: geradewegs.

30] *petto di tacchino con funghi e tartuffi:* Ital.: Putenbrust mit Pilzen und Trüffeln.

31] *Klages:* Palm arbeitet an einem Essay über den Lebensphilosophen Ludwig Klages (1872–1956). Hierzu schreibt er am 11.2.1936 an Domin: »Mit noch mehr Vergnügen würde ich den Klages abschließen. Meine Gute: es handelt sich wirklich nicht um logische Schwierigkeiten – um viel schlimmeres.« (Nachlass Domin, DLA)

32] *lasciamola stare:* Ital.: lassen wir es.

33] *τά τοῦ Ἀριστοφάνου:* Griech.: in den Schriften des Aristophanes.

34] *Qu' importe:* Frz.: Was soll's.

35] *Je t'aime, tu m'aimes, nous nous aimons. Est-ce que nous somme une seule personne réunie, ou une unité de deux personnes réunies d'une puissance soit interne, soit externe? Ce que je sais bien sur: moi, je suis à toi, & toi, tu es à moi. – et tes idées. – et tes idées seront les miennes:* Frz.: Ich liebe dich, du liebst mich, wir lieben uns. Sind wir zwei zu einer Person vereinigt oder sind wir eine Einheit zweier Personen, die eine innerliche und äußerliche Macht vereinigt? Was ich sicher weiß: ich gehöre dir, du gehörst mir – und deine Ideen. – und deine Ideen werden meine sein.

36] *Am Rand folgende Bemerkung zur irreführenden Beschriftung der letzten Seite:* Das war zuerst geschrieben, der Vergeßlichkeit wegen.

37] *Povero:* Ital.: Armer.

24 *Aus Rom nach Florenz*
Brief, Handschrift, ein Faltblatt, beidseitig beschriftet.

1] *Redivivo?:* Ital.: Auferstanden?

2] *Spiegelbild:* In seinem Brief vom 3.2.1936 schreibt Palm: »Ich träumte eine halbe Stunde vor dem Spiegel, sehr langsam kam ich in eine Art von Traum von mir selbst wozu das Sausen des Wasserkessels seine Elemente liefert, griff nach Nietzsches Briefen (in der Öhlerschen Ausgabe) und habe in angenehmster Gesellschaft einen sehr leidenden Zustand auf schopenhaurische Weise zu einer Art von interesselosem Glück gebracht. Schüler und Freund des ersten Europäers, mit der besten europäischen Frau versehen, Römer aus Anschauung: ich falle in meine eigenen Schächte, höre mein eigenes Glucksen und bin glücklich weil ich Dich habe […]« Am 8.2.1936 führt er diese Selbstbespiegelungen fort: »Im übrigen beginne ich mich zu transformieren. Man sieht sich langsamer und sorgfältiger an, geht mit mehr Gefühl von sich selber[,] isst genügsamer (mit Leidenschaft eine ganze Woche Schweinekotteletten) und hat bedächtigere Bewegungen. Ich überraschte mich wie ich liebevoll und mit größter Überlegung eine Zigarre anzündete und wie ich mein Spiegelbild zu einem gepflegten Begleiter umzugestalten versuche. Neueste Erfindung: Schlafrock und weißes Halstuch mit Brosche, was wahrhaft klassisch aussieht.« (Nachlass Domin, DLA)

3] *Voilà la différence:* Frz.: Hier liegt der Unterschied.

4] *Mannheim:* Vermutlich spielt Domin auf einen Ausspruch des Soziologen Karl Mannheim an, der neben Karl Jaspers zu ihren wichtigsten Hochschullehrern gehörte.

5] *On ne te peut pas changer.:* Frz.: Man kann Dich nicht ändern.

6] *capelli alla Abissin[i]a:* Ital.: Frisur auf abessinische Art.

7] *sont bien passés:* Frz.: sind gut vergangen.

8] *Veramente:* Ital.: wirklich.

9] *Velabro:* Gemeint ist die Via del Velabro in Rom.

10] *Aria bassa!:* Ital.: Schlechte Luft!

11] *adirittura:* Ital.: geradewegs.

12] *Troppo basso:* Ital.: Zu niedrig.

13] *ça va sans dire:* Frz.: das ist selbstverständlich.

14] *Quant à toi:* Frz.: Was Dich betrifft.

15] *Paskovsky:* Gemeint ist das Café Paszkowski in Florenz:»In echter römischer Laune (in Florenz!!) begab ich mich ins Paszkowski, wo ich die schönsten Beobachtungen machte: wirklich schade daß wir uns das so lange haben entgehen lassen. Es gibt da einen großen Fleischmarkt den zu belauschen äußerst ergötzlich ist« (Palm an Domin, 8. 2. 1936, Nachlass Domin, DLA).

16] *Wilamovitz:* »Wilamowitz begonnen (muß ganz gelesen werden!)« (Palm an Domin, 12. 2. 1936, Nachlass Domin, DLA). Ulrich von Wilamowitz-Moellendorff (1848–1931) und Hermann Usener (1834 bis 1905) waren bedeutende Altphilologen, die mehrere Standardwerke verfasst haben.

17] *labor improbus:* Lat.: mühevolle Arbeit.

25 *Aus Rom nach Florenz, vermutlich Februar 1936*
Brief, Handschrift, ein Faltblatt, einseitig beschriftet.

1] *Giovedì:* Ital.: Donnerstag.

2] *tormenti:* Ital.: Qualen.

3] *Laissons, laissons, laissons!:* Frz.: Lassen wir es, lassen wir es, lassen wir es!

4] *Cela ne va plus.:* Frz.: Es geht nicht mehr.

5] *Ça ce n'est pas de la letteratura.:* Frz. und ital.: Das sind keine Phrasen.

26 *Aus Rom nach Neapel*
Brief, Handschrift, zwei Blätter, beidseitig beschriftet.
1] *giornataccia:* Ital.: schlechter Tag.
2] *precise:* Ital.: pünktlich.
3] *al solito:* Ital.: wie immer.
4] *donna languida:* Ital.: schmachtende Frau.
5] *in pieno fervore:* Ital.: auf dem Höhepunkt.
6] *orario:* Ital.: Stundenplan.
7] *solito:* Ital.: übliche.
8] *lettera:* Ital.: Brief.
9] *Bottai:* Giuseppe Bottai (1895–1959), Erziehungsminister in Mussolinis Kabinett.
10] *indirizzo:* Ital.: Adresse.
11] *Tessera:* Ital.: Ausweis.
12] *Deine Mutter:* D.i. Anna Palm. *Siehe* Brief Nr. 34 (S. 137–139) und Anmerkung 7 zu Brief Nr. 34 (S. 339 f.).
13] *questorini:* Fehlerhaft, ital.: Polizisten.
14] *solite triglie:* Ital.: üblichen Seebarben.
15] *a basso Montecatini:* Ital.: Nieder mit Montecatini!
16] *sfinita:* Ital.: müde, erschöpft.
17] *Malocchio (tocchiamo ferro): Malocchio* bedeutet wörtlich: böser Blick. Domin spielt auf die okkulte Praxis an, zur Abwehr desselben ein Stück Eisen zu berühren.
18] *Jahrestessera:* tessera: (ital.) Ausweis. Es geht um die Erlaubnis, sich weiterhin zu Studienzwecken in Italien aufhalten zu dürfen.
19] *Mimi? Non so. In ogni maniera niente tisi, per favore.:* Ital.: Mimi? Ich weiß nicht. Auf jeden Fall keine Tuberkulose, bitte.

27 *Aus Rom nach Neapel*
Brief, Handschrift, zwei Blätter, beidseitig beschriftet.
1] *Sieh das Datum.:* Am 30. 10. 1936 haben Domin und Palm geheiratet.
2] *anatre arrosto:* Ital.: gebratene Ente.
3] *Positanesen:* Bereits am 1. 12. 1933 schreibt Palm ein Gedicht mit dem Titel *Die Canzonen eines Positanesen,* das den Auftakt zu einem größeren Gedichtzyklus bildet, der sich im Nachlass in mehreren Abschriften findet.
4] *albergatori:* Ital.: Hotelbesitzer.
5] *Que penses-tu? Tu ne penses rien:* Frz.: Was denkst du? Du denkst nichts.
6] *Überwartungen: Darüber korrigierend hinzugefügt:* Er (Du siehst, vor lauter »über« verschrieb ich mich)
7] *Podagraslager[?]:* Podagra: med. (griech.) Fußgicht.

8] *bisogna sacrificarsi:* Ital.: man muss sich aufopfern.

9] *Tante Marie:* Wahrscheinlich Marie-Luisa Linfield.

10] *lezione:* Ital.: Unterricht.

11] *cioè:* Ital.: das heißt.

12] *Amüsant ist die Geschichte von dem Raritätenfreund:* In seinem Brief vom 28. 10. 1937 berichtet Palm über seine Museumsbesuche in Neapel. Im *Gabinetto Segreto* des *Museo archeologico nazionale* begegnet ihm, nachdem er zunächst Schwierigkeiten hat, überhaupt eingelassen zu werden, ein sonderbarer Mann: »Gerade will ich herein, kommt atemlos ein Mann, Ragionieretyp [ital.: Buchhaltertyp] mit Rosinenaugen und erklärt er wolle es auch sehen. Die versammelten Wärter brechen in ein entrüstetes Kriegsgeheul der Negation aus. Der Mann zieht eine tessera hervor und erklärt er komme extra und um des Kabinetts wegen von Rom, auf dem Unterrichtsministerium habe man ihm versichert damit könne er überall herein. Ablehnung des Wärterchors. Schnaubend vor Wut, dunkelrot im Gesicht stampft er auf und zieht drohend eine andere Tessera heraus, die ihn als Mitglied der corte dei conti [ital.: Rechnungshof] legitimiert. Die Wärter stutzen. Ich vermute vor mich hin das sci doch kein wissenschaftliches Institut. Der Mann wirft mir erst einen wilden dann einen klebrig honigsüßen Blick zu [...]« Daraufhin gesteht der Mann Palm, dass er ein Amateur sei, allerdings ein enorm kenntnisreicher. Kurzerhand überredet Palm den Wärter, der dabei nicht zuletzt »20 Lire verdient«, den Mann mit ihm zusammen in das Kabinett zu lassen. (Nachlass Domin, DLA)

13] *Reflex:* Neben den *Canzonen eines Positanesen* arbeitet Palm an seinem Gedichtzyklus *Reflexe.* Im Nachlass findet sich u. a. eine Reinschrift des Zyklus von 1938 unter dem Pseudonym Constantin Burger. In seinem Brief vom 28. 10. 1937 schreibt Palm: »Daß Dir die Positanesen solchen Eindruck machen ehrt mich sehr. Ob es wirklich nur das Artistische ist? Sobald ich nach Hause komme schreibe ich Dir den Rest ab, hier fehlt alles dazu. Du solltest im übrigen die lyrische Laune nutzen und einmal versuchen wie sich Gedichte wieder einmal allein lesen. Es ist ein anderer aber nicht kleinerer Genuß. Wenn ich als Gutenachtgruß jeden Abend einen Reflex schriebe?« Und am 10. 11. 1937: »Es freut mich daß Dir die Reflexe gefallen haben – eigentlich liebe ich den ›Schläfer‹ mehr, aber Du wirst das noch sehen wenn er in seiner Sphäre steht, die Du bei den Reflexen ohne weiteres mitliest.« (Nachlass Domin, DLA)

14] *cioè:* Ital.: das heißt.

15] *Tessera:* Ital.: Ausweis.

28 *Aus Rom nach Neapel*
Brief, Handschrift, ein beidseitig und ein einseitig beschriftetes Blatt.
Anlage: ein Blatt, beidseitig beschriftet, mit Notizen zu Palms Forschungen (nicht ediert).
1] *»ma oggi era giornata di Napoli, Signora!«:* Fehlerhaft, ital.: Aber
heute wäre der richtige Tag für Neapel, Signora!
2] *Povero:* Ital.: Armer.
3] *J'y suis, j'y reste:* Frz.: Hier bin ich, hier bleibe ich.
4] *Reflex:* Palm arbeitet an seinem Gedichtzyklus *Reflexe. Siehe* S. 119.
5] *Triglien:* Ital.: Seebarben.
6] *Strong:* Vermutlich ist Eugenie Strong (1860–1943) gemeint, klassische Archäologin und Kunsthistorikerin.
7] *Ara:* Domin besichtigt die Ara Pacis Augustae. Der »Altar des
Augustusfriedens« ist von einer Mauer mit Reliefs umgeben und wurde
1937/38 in der Nähe des Augustusmausoleums wiederhergestellt.
8] *Argentina:* Teatro Argentina, Largo di Torre Argentina 52, in
Rom.
9] *Raynal:* Paul Raynal: *Napoleon Unique. Comedie epique en trois
Actes,* Paris 1937.

29 *Aus Rom nach Neapel*
Brief, Handschrift, zwei Blätter, beidseitig beschriftet.
1] *[L. 25]:* Eckige Klammern von Domin.
2] *dies irae:* Lat.: Tag des Zorns.
3] *dies niger:* Lat.: schwarzer Tag.
4] *Krewer:* Gemeint ist Paula Krewer, eine Freundin in Rom.
5] *Kurse:* In Palms Nachlass überlieferte Visitenkarten belegen die
Kurse und Unterrichtsstunden, die der junge Gelehrte anbietet:
»GRECO LATINO FRANCESE TEDESCO STORIA DI LETTERATURA
STORIA D'ARTE VIOLONCELLO«. Trotz dieser eindrucksvollen thema-
tischen Bandbreite ist es vor allem Domin, die in Rom den Lebensunterhalt des Paares mit Deutschunterricht sichert.
6] *front terassé:* Nicht ermittelt.
7] *Colpo:* Ital.: Schlag.
8] *biglietti di 90 L.:* Ital. Scheine von 90 Lire.
9] *eccoli:* Ital.: da sind sie.
10] *Vaglia:* Ital.: Bankanweisung.
11] *Bene, ma come le dicevo, non ricevo telefonate fra le 2–4:* Ital.: Gut,
aber wie ich Ihnen schon gesagt habe, nehme ich zwischen 2 und 4 Uhr
keine Anrufe entgegen.
12] *Benone:* Ital.: ziemlich gut.
13] *»Napoleone Unico« von Raynal:* Siehe S. 123.

14] *cioè:* Ital.: das heißt.

15] *Aguilla:* Am 10. 11. 1937 schreibt Palm: »Du weißt daß Lucrez […] dem Wahnsinn verfallen ist. Nun hat mir heute Aguilar erzählt daß es seit wenigen Tagen gelungen ist sein Portrait zu sichern: es zeigt den gealterten <u>Dichter</u> (auf einem Stück in Rom hat er den Efeukranz auf) pathetisch groß noch immer aber vom Wahnsinn gehetzt: ein Stück stammt aus Pompei […] aber das großartigste ist eine Bronze des Neapler Museums: Du wirst es erraten haben: es ist der sogenannte Seneca. Daß ich nicht darauf verfiel! […] Ich kann nicht leugnen daß mir die hellen Tränen heruntergelaufen sind als ich das Stück wiedersah. Müssen alle Tapferen so enden? (Und hat man erst einmal den Wahnsinn erkannt so führt der Weg nahe zur Büste Hölderlins und weiter)[.]« (Nachlass Domin, DLA)

16] *»un colpo di nostalgia«:* Ital.: ein Stich von Sehnsucht.

17] *sotto un aspetto umano:* Ital.: aus menschlicher Sicht.

18] *Chi lo sa?:* Ital.: Wer weiß es?

19] *Hans:* Hans Löwenstein (1912–1995), Domins jüngerer Bruder, der sich später John Lorden nennt.

30 *Aus Rom nach Neapel*
Ansichtskarte »Roma – Il Campidoglio«, Handschrift.

1] *denaro:* Ital.: Geld.

31 *Aus Rom nach Neapel*
Brief, Handschrift, ein Blatt, beidseitig beschriftet.

1] *Bild geschickt hast:* Palms Brief vom 17. 11. 1937 ist ein Bild beigelegt: »So habe ich Dir heute morgen den schönen Apollokopf gekauft. Ob der nicht besser als ich die Dämonen bannt? Sieh ih[n] Dir lang an und aus dem beruhigten Fluß der Linien steigt die Ruhe. Folge ihm zärtlich mit den Augen.« (Nachlass Domin, DLA)

2] *Peccavi, peccavi – peccavissimus ambo.:* Lat.: Ich habe gesündigt, ich habe gesündigt – wir beide haben gesündigt.

3] *labor improbus:* Lat.: mühevolle Arbeit.

32 *Aus Rom nach Neapel*
Brief, Handschrift, ein Blatt, beidseitig beschriftet.

1] *Deiner Mutter:* D. i. Anna Palm. *Siehe* Brief Nr. 34 (S. 137–139) und Anmerkung 7 zu Brief Nr. 34 (S. 339 f.).

2] *Posa:* Ital.: Belichtungszeit.

3] *Daß der Münchhausen von Lichtenberg ist:* Palm antwortet darauf am 20. 11. 1937, dass der *Münchhausen* gar nicht von Lichtenberg, sondern von Gottfried August Bürger sei, »aber entstanden aus einer Art

Serapionsgemeinschaft von Bürger Lichtenberg und Kärstner. Bürger hat es nur aufgezeichnet. [...] Das Original erschien als ›Übersetzung aus dem Englischen‹. Ich hätte übrigens große Lust nach Bürgerschen Balladen. Und dabei habe ich so eine Prachtausgabe in Frankfurt.« (Nachlass Domin, DLA)

4] *Fin di mese!:* Fehlerhaft, ital.: Ende des Monats!

5] *Dir geschrieben habe:* Siehe Brief Nr. 31 (S. 128–131).

33   *Aus Rom nach Neapel*
    Brief, Handschrift, ein Blatt, beidseitig beschriftet.

1] *affari sono affari:* Ital.: Geschäft ist Geschäft.

2] *Friedrich:* Vermutlich die Gesamtausgabe der Schriften von Friedrich II. (Berlin 1788–1789), die Domin 1954 vor der Rückreise aus Santo Domingo verkaufte, um die Überfahrt zu finanzieren (vgl. *Autobiographische Schriften*, S. 121).

3] *Ciaceri:* Palm am 17.11.1937: »Es war gleich 10. Und ich war in der Nähe der Uni. So erkundigte ich mich nach [Emanuele] Ciaceri [d. i. ein Altphilologe]. Er macht Examen. Die Studenten sind weit ärger als in Rom. Übelstes Gesindel. Und da hat Thomas von Aquino gelehrt.« (Nachlass Domin, DLA)

4] *Bompiani:* Italienischer Verlag, der 1929 in Mailand gegründet wurde.

5] *Bontempelli:* Möglicherweise ist der Philologe Massimo Bontempelli (1878–1960) gemeint.

6] *Reflex:* Palm arbeitet an seinem Gedichtzyklus *Reflexe*. Siehe S. 119.

7] *Käte:* Käthe Silberberg. *Siehe* S. 24.

8] *meinen:* Wort nachträglich von oben eingefügt.

9] *stranieri:* Ital.: Ausländer.

10] *petti di pollo:* Ital.: Hühnerbrust.

11] *mi sono tolta una curiosità:* Ital.: Ich habe mich von einer Neugier befreit.

12] *»e mi saluti tutti i principi!«:* Ital.: grüßen Sie alle Fürsten von mir!

13] *C'est impossible.:* Frz.: Es ist unmöglich.

14] *vaglia:* Ital.: Bankanweisung.

15] *C'est tout.:* Frz.: Das ist alles.

16] *Raccommandata:* Ital.: Einschreibebrief.

17] *Del resto:* Ital.: Übrigens.

34   *Aus Livigno (Italien) nach Rom*
    Brief, Handschrift, ein beidseitig und ein einseitig beschriftetes Blatt.

1] *c'est bien solitaire sans toi:* Frz.: es ist ganz einsam ohne Dich.

2] *pompetta:* Ital.: kleine Pumpe.

3] *Wenn uns der ferne Osten ferne bleibt!:* Domin spielt auf die Tschechienkrise an, vor deren Hintergrund das Ehepaar zum ersten Mal ernsthaft versucht, Italien zu verlassen.

4] *fluctuat nec mergitur:* Lat.: Sie mag schwanken, aber sie geht nicht unter.

5] *μυριοι:* Griech.: tausende.

6] *Tante Liese:* Wahrscheinlich Marie-Luisa Linfield.

7] *Dass Deine Mutter so vernünftig ist:* Am 24. 7. 1938 ist Palms Vater Arthur in Frankfurt a. M. gestorben. Er handelte mit Lederwaren. Am 1. 8. 1938 schreibt Palm über seine Stiefmutter Anna Palm (1889–1942): »Von meiner Mutter ein sehr vernünftiger Brief. Sie geht eventuell Mitte der Woche nach Köln (?) Sie hat an sich die Absicht wenn möglich das Geschäft weiter zu führen. [...] Meine Mutter ist sehr gerührt über ›Vaters Beliebtheit‹. In Zeiten wie diesen fühlt jeder etwas in sich Knacken beim Tod eines Bekannten: die Leute haben feinere Ohren bekommen. Es freut mich aber wenn mancher darüber hinaus an ihn gedacht hat. Ich selbst habe nun gar kein Verhältnis zu der Tatsache.« (Nachlass Domin, DLA)

8] *μετεξις:* Richtig: μεθεξις, griech., Teilnahme.

3. »Das Leben ist kein Spaß.«
Sommer 1939 bis Juli 1940. London und Minehead

1] *»Visasache«: Siehe* S. 89.

2] *Ausreise nach London:* Die erhaltene Korrespondenz der Eltern erlaubt es, ihre Emigration schrittweise nachzuvollziehen. Der Weg führt über Maastricht und Brüssel nach Paris. In einem undatierten Brief Paula Löwensteins heißt es: »Mitte der Woche geht's über Brüssel nach Nordwjik-Holland, wo Du an Gretels Adr.[esse] ins ›Huis ter Duinen‹ schreiben kannst! Dann geht's nach England! Was dann + dort wird sich finden – keine Pläne machen, keine Erwartungen – nur abwarten!« (Nachlass Domin, DLA)

3] *»schickten uns ... eingearbeitet.«:* Aus dem Interview, das Gert Eisenbürger 1994 mit Hilde Domin führte, einsehbar im Internet: http://www.ila-web.de/lebenswege/schicksaldomin.htm.

4] *Palm datiert ... für sich.:* Palm: handschriftliches Notizbuch aus den achtziger Jahren, Nachlass Palm, DLA.

5] *»Es war kurz ... Buchladen war.«:* Palm, *Erinnerungen und Texte*, zusammengestellt von Hilde Domin. In: Ibero-Amerikanisches Archiv, N. F. 15/4, Berlin 1989, S. 468.

6] *»Ich stieg ... diesen Text.«:* Ebd., S. 469.

7] *»Insassen, die es nicht wahrhaben wollten«:* Palm: handschriftliches
Notizbuch aus den achtziger Jahren, Nachlass Palm, DLA.

8] *»Ich habe heute … nicht besichtigt.«:* Brief von Palm an Domin,
2. 1. 1940, Nachlass Domin, DLA. Bei Rendell dürfte es sich um einen
Makler handeln.

9] *»Auspacken … Sto. Domingo«:* Palm: handschriftliches Notizbuch
aus den achtziger Jahren, Nachlass Palm, DLA.

10] *Visa bemühen:* Die Eltern Domins bemühen sich gleichzeitig ebenfalls um ein Visum für die USA, siehe den Brief von Paula Löwenstein an
Domin, 31. 5. 1940, Nachlass Domin, DLA: »I <u>do</u> hope that we are still
in good time when our visa arrives & be able to take what is left to U. S.
– we cannot all 4 of us live on nothing or on Hans. […] we will <u>not</u> wait
for Hitler's grip!« (Engl.: »Ich hoffe, dass wir noch Zeit haben, wenn
unser Visa eintrifft & in die US mitnehmen können, was uns geblieben
ist – wir können nicht alle vier von nichts oder auf Kosten von Hans
leben. […] wir werden <u>nicht</u> darauf warten, dass Hitler zugreift!«) Hans
Löwenstein (1912–1995), Domins Bruder, ist bereits 1936 nach Amerika ausgewandert.

11] *»aber die hatten wir nicht«:* Siehe Anmerkung 3 auf Seite 339.

12] *»ein furchterregender Menschenretter«:* Siehe Anmerkung 3 auf
Seite 339.

13] *»Eingeschifft. Liverpool … französisch.«:* Ausgerissene, zusammen-
geheftete, unpaginierte Tagebuchblätter Palms, in ein Heft eingelegt,
Nachlass Palm DLA.

14] *Unamuno:* Miguel de Unamuno y Jugo (1864–1936), spanischer
Dichter. 1913 erscheinen unter dem Titel *Del sentimiento trágico de la
vida en los hombres y en los pueblos.* 12 Essays. *El llorar* bezeichnet das
Weinen.

15] *miles:* Lat.: Soldat, Krieger.

16] *Kiplings:* Rudyard Kipling (1865–1936), englischer Schriftsteller.
Verfasst u. a. den 1888 erschienenen Band *Soldiers three.*

17] *Whitmans:* Walt Whitman (1819–1892), amerikanischer Schriftsteller, der in seinen freirhythmischen Gedichten die Kameradschaft,
den freien durchschnittlichen Menschen und die amerikanische Demo-
kratie feiert.

18] *Chateau Frontenac:* Historistisches Luxushotel in Quebec, von der
gegenüberliegenden Stadt Lévis aus gut zu sehen.

19] *fiumi:* Ital.: Flüsse.

20] *»Kingston Jamaica … Arbeit.«:* Siehe Anmerkung 13 auf Seite 340.

21] *»Die Maschine … nie zuvor.«:* Palm, *Erinnerungen und Texte*, zusammengestellt von Hilde Domin. In: Ibero-Amerikanisches Archiv,
N. F. 15/4, Berlin 1989, S. 452.

35 *Aus London nach Minehead, 1. Januar 1940 (Poststempel)*
Postkarte, Handschrift, beidseitig beschriftet.
1] *Carissimo, piccolo Affan! ... Kindest regards Father:* Fehlerhaftes
Ital.: Liebster, kleiner Aff! Ich hatte eine hervorragende Reise, traf Papa
in einem Zustand atemberaubender Nervosität. Wie wir in dieser Verfassung vorankommen werden, wer weiß es! London grau. Alle Plätze
schneebedeckt. Doch nicht über Salisbury gekommen. Alles, alles Gute,
und einen zarten Kuss. Deine H. 11 Lyndhurst Road. N. W. 3 [In der
Handschrift des Vaters, engl.:] Freundlichste Grüße Vater.

36 *Aus London nach Minehead, 2. Januar 1940 (Poststempel)*
Postkarte, Handschrift, beidseitig beschriftet.
1] *coniux with coalite fire:* Die Gattin [lat. coniux, vielleicht auch Bezeichnung für ein Ehebett] mit Coalite-Feuer [Coalite ist ein 1904 ent-
wickelter, rauchfreier Brennstoff].
2] *Gli affari ... spagnolo?:* Ital.: Die Geschäfte ungewiss wie nie. Marx
[emigrierter deutscher Bankier] war sehr nett, ich war in seinem Büro.
In vielem war er verschiedener Meinung, und letztendlich hat er zwei
Sachen empfohlen, die er für ausgezeichnet hält, aber die scheint's
Haken haben. Der arme Papa ist sehr unglücklich, es ist eine Tragiko-
mödie. Man muss vom Erfolg her beurteilen, ob es eher komisch oder
tragisch ist. – Mein Lieber, es ist z. K.[otzen]!! Jedoch werden wir heute
oder morgen fertig sein und dann werde ich Papa nach Hause schicken –
und ich werde versuchen, den Rest so bald wie möglich zu erledigen.
Was macht der Spanier?
3] *Kindest regards ... Father:* Engl.: Freundlichste Grüße, alles ist sehr
schwierig trotz der klugen Hilde. Vater.

37 *Aus London nach Minehead, 3. Januar 1940 (Poststempel)*
Postkarte, Handschrift, beidseitig beschriftet.
1] *Seeley:* Frank F. Seeley korrespondiert 1939 mit Palm, der ihm Kurzgeschichten zugesandt hat.
2] *Marx:* Ein nach England emigrierter deutscher Bankier.
3] *triste affari:* Ital.: Traurige Angelegenheit.

4. »Die Inselkäfigexistenz – ich wünsche ihr die Pestilenz.«
August 1940 bis August 1953. Dominikanische Republik
1] *»Der Amerikaner ... im Koffer.«:* Palm, *Erinnerungen und Texte*, zusammengestellt von Hilde Domin. In: Ibero-Amerikanisches Archiv,
N. F. 15 / 4, Berlin 1989, S. 457.

2] »*Zwar hatte … Veröffentlichung […].*«: Aus dem Interview, das Gert Eisenbürger 1994 mit Domin führte, einsehbar im Internet: http://www.ila-web.de/lebenswege/schicksaldomin.htm.
Siehe Palm, *Ecos de Arquitectura clásica en el Nuevo Mundo. La formación de la casa dominicana.* In: Anales de la Universidad de Santo Domingo 5/1–2, Ciudad Trujillo 1941, S. 129–160, im selben Jahr noch als Einzelpublikation erschienen (Publicaciones de la Universidad de Santo Domingo XV).

3] *Bahn, Bus und Maultierkarawane kommen zum Einsatz: Siehe* Palm, ungedrucktes Material zu seinen Erinnerungen, S. 5/13 und 5/14 sowie 5/20 und 5/21, Nachlass Palm, DLA.

4] »*As to me … flavor of a sort.*«: Brief von Domin an Frieda Schiff-Warburg, 4.11.1949, Nachlass Domin, DLA. Engl.: »Was mich betrifft, so bin ich eben von dem winzigen ›Hotel‹ (man muss es apostrophieren), das mir immer als erste Station hier oben dient und aus dem ich immer eilig entfliehe, in ein ›Haus‹ umgezogen, das – was Komfort angeht – auf einer Stufe mit den Hütten des Landes steht. Es hat aber hübsche, kühle Terrassen mit Blick über das Tal und liegt recht ruhig. […] Die melancholisch anmutenden Posttarife an den Wänden – das Haus war vormals das Postamt des Dorfes, und der Fußboden ist mit Tintenklecksen gesprenkelt, als dauerhaftes Zeugnis wilder und, so muss man befürchten, ungleicher Kämpfe mit dem Teufel der Ignoranz – habe ich mit Wasser und Seife abgeschrubbt, wenngleich die Namen weit entfernter Länder dem Ort irgendwie ein mondänes Flair verliehen.«

5] »*Man hat … so glücklich.*«: Brief von Domin an Palm, 7.10.1942, Nachlass Domin, DLA.

6] *deportiert:* Brief von Bertha Schiff an Palm, 15.7.1945: »Nun fragst Du mich nach Deinen Lieben, wie gerne möchte ich Dir eine gute Nachricht über sie geben, leider habe ich seit August 42 keinerlei Nachricht mehr von Deiner Großmutter & Paul bekommen, es war ein Abschied vor ihrem Transport nach Theresienstadt noch aus Frankfurt. […] Von Anne [= Anna Palm, die Stiefmutter, stirbt am 25.8.1942 in Litzmannstadt/Łodź], die ja viel früher deportiert wurde, wohin wußte ich nie, auch Deine Großmutter bekam nie ein Lebenszeichen von ihr, hörte nie etwas. Es ist wohl anzunehmen, daß sie alle nicht mehr am Leben sind, ich hoffe & wünsche nur, daß sie kein grausames Ende gefunden haben & ihre Ruhe in der kühlen Erde haben.« (Nachlass Palm, DLA)

7] »*Dearest little … tragic.*«: Brief von Paula Löwenstein an Domin, 10.8.1942, Nachlass Domin, DLA. Engl.: »Liebstes Kleines, ich bin mir sicher, dass Dein lieber Mann Dir die schreckliche Nachricht so einfühlsam wie möglich beigebracht hat und er das gewiss gut kann. Ja, liebes Kind, wir haben etwas sehr Wertvolles und Liebes aus unserem

Leben verloren. Ich fühle mich noch immer wie in einem bösen Traum. Es ging alles so schnell, und es war so unerwartet, und es ist alles so tragisch.«

8] »*Mittags ... Interessante.*«: Brief von Domin an Palm, 23. 10. 1944, Nachlass Domin, DLA.

9] *Besuche ... sind:* Palm, *Vita.* In: Jahrbuch für Geschichte von Staat, Wirtschaft und Gesellschaft Lateinamerikas, Bd. 20, 1983, S. XXX, und Domins *Autobiographische Schriften*, S. 106 f., sowie den Briefwechsel mit Emil Ludwig, Nachlass Palm, DLA.

10] »*Eingesperrtsein auf einer Insel*«: Palm, *Erinnerungen und Texte*, zusammengestellt von Hilde Domin. In: Ibero-Amerikanisches Archiv, N. F. 15 / 4, Berlin 1989, S. 475.

11] *Proben ... andere:* Die entsprechenden höflichen Absagen haben sich im Nachlass erhalten.

12] »*[...] hinauf aufs Empire Building ... langweilig.*«: Brief von Domin an Palm, 12. 10. 1945, Nachlass Domin, DLA.

13] »*Gestern ... Copie.*«: Brief von Domin an Palm, 8. 10. 1945, Nachlass Domin, DLA. Die »Deudalsassche« ist die Venus des Doidalsas, um 250 v. Chr.

14] *Radio: Autobiographische Schriften*, S. 117: »In diesem ersten Haus [in Ciudad Trujillo] hatten wir zunächst ein geliehenes Radio, für die Kriegsnachrichten. Dann einen Telefunken Tosca, den wir in einer kümmerlichen Hütte der Oberstadt, die damals die Hüttenstadt war und heute die Wohnstadt, alt erwarben, und der uns zwölf Jahre hindurch treu und ohne eine einzige Reparatur gedient hat. Wir hingen an den Nachrichten aus Europa wie an einer Nabelschnur.«

15] *Personal: Siehe* Brief Nr. 46 (S. 204–206).

16] »*This will ... thereafter.*«: Brief von Domin an Frieda Schiff-Warburg, 3. 8. 1948, Nachlass Domin, DLA. Engl.: »Das wäre immerhin ein Neuanfang, das Leben in der Prärie wird eine neue Erfahrung sein, und ich vertraue darauf, dass sich im Jahr darauf etwas Besseres, sei es an der Universität von Kalifornien oder was auch immer, auftun wird.«

17] »*I have, ... ready.*«: Ebd. Engl.: »Ich habe mich deshalb entschlossen, den Kokon unserer Inselexistenz nicht jetzt zu verlassen, unsere beeindruckende Bibliothek nicht zu verpacken, unser weniger beeindruckendes Mobiliar nicht zu verkaufen usw. usw., sondern mich auf unser vorrangiges Problem zu konzentrieren: Das Buch fertigzubekommen.«

18] »*This has ... expensive.*«: Undatierter Brief von Domin an Frieda Schiff-Warburg, Nachlass Domin, DLA. Engl.: »Das überkam ihn derart mächtig, dass es unser ganzes Leben umstürzte, in jeder Beziehung. Wir standen kurz vor der Scheidung, da er zweimal der Versuchung erlag, mit einer Millionärin davonzurennen, die ihm die Chance bot, sich ganz der literarischen Arbeit zu widmen, anstatt seinen Lebensunterhalt als Wissenschaftler zu verdienen. Die Furcht, diesen kreativen Drang zu behindern (mit 40 ist man für den Zeitfaktor besonders anfällig), trieb ihn in eine Panik. Ich sollte dazu sagen, dass er keine Anstrengung scheute, seine Gefühle mir gegenüber auszumerzen und sich eine Liebe zu ihr einzureden, um seine Selbstachtung in diesem Projekt zu wahren. Seine Liebe zu mir erwies sich jedoch als stärker, und diese Versuche waren von kurzer Dauer. Das Leben seither war aber nicht gut. Alles, was bisher ein Segen war, verwandelte sich in etwas Gefährliches. Ich stand am Rand des Selbstmords. Die Liebe, der größte Trost in unseren vielen Notlagen, ist fast zu einer Last geworden, da sie mit Ehrgeiz, Ruhmsucht und berechnetem künstlerischem Schaffen aufgewogen – und für teuer befunden wurde.«

19] *Sohn Hans nachgereist ist:* Brief von John Lorden an Domin, 30. 5. 1946, Nachlass Domin, DLA.

20] *»Wenn der Mensch ... befreien.«:* Aus dem Interview, das Gert Eisenbürger 1994 mit Domin führte, einsehbar im Internet: http://www.ila-web.de/lebenswege/schicksaldomin.htm.

21] *»Die Leuk[a]emie der Enttäuschung ... Geröll.«:* Nachlass Domin, DLA, Konvolut Gedichte, dat. auf 30. 8. 1952. Handschriftlich betitelt: »Hilfloses SOS nach Deinem Geburtstag«. Ebenfalls handschriftlich die Korrektur der vorletzten Zeile: »ich versickre im Traum«.

22] *»Ein ... schreibt.«:* Brief von Domin an Ernst Walter Caspari, 25. 10. 1952, Typoskript, Nachlass Domin, DLA.

38 *Aus Jarabacoa nach Ciudad Trujillo, Oktober 1941*
Brief, Handschrift, zwei Blätter, beidseitig beschriftet.

1] *Telegramm zu schicken:* Vgl. den Brief von Palm an Domin, 20. 10. 1941, Nachlass Domin, DLA: »Fast erwartete ich ein Telegramm. Trotzdem war ich betrübt als es ankam. Es nutzt nun aber nichts. Du musst Dich erst schön auskurieren ehe Du den Hoppelkasten nach Ciudad Trujillo besteigst. Und Dich doch nach Möglichkeit etwas kräftigen. Ich stelle jedenfalls fest dass ich trotz allem entschieden besser daran bin als zuvor.«

2] *Sascha:* Doña Sascha sowie die im Folgenden genannten Doña Nelia und Herr Miravalle sind Nachbarn der Palms in Jarabacoa. Das nun folgende ›Bulletin‹ bezieht sich auf den Gesundheitszustand Domins. Dazu der Brief von Palm an Domin, 20. 10. 1941, Nachlass Domin, DLA: »Gestern abend sagte mir Dr. Robitschek [ein Angehöriger der jüdischen Kolonie in Ciudad Trujillo], dass Emetina [= Emetine] nur gegen Amoebenruhr hilft, die aber in den Tropen kaum oder gar nicht auftritt. Heute morgen erklärte mir Don Virgilio, dass Emetina zwar eine vorübergehende Besserung schafft, aber die noch nicht gänzlich entwickelten Keime nicht alleine zerstört. Statt dessen (Dosierung laut Waschzettel oder Arzt) empfiehlt er Diathrena [= Dianthron] Bayer, das klassische Antiruhrmittel.« Tags darauf schreibt er: »Das Emetina hat also in der Tat nicht gewirkt.«

3] ›Que dolores‹ ist eine Verrückte, genannt »la loquecita.«: Span.: Was für Schmerzen. Die kleine Verrückte.

4] Deine erste Stunde als Professor: Seit 1941 erhält Palm als Dozent verschiedene Lehraufträge (für Archäologie, Kunstgeschichte, Ästhetik) an der Universität von Sto. Domingo in Ciudad Trujillo. In einem Brief vom 21. 10. 1941 schreibt er: »Um 4 h wurde ich feierlich von Rector, Decan und Gecko vereidigt. [...] um 6 war die erste Facultätssitzung.« (Nachlass Domin, DLA)

5] Chapi, & den Film von Hausdorff: Enrique Chapi Casal (1909 bis 1977), spanischer Komponist, der zwischen 1940 und 1945 in der Dominikanischen Republik lebt und das Nationalorchester leitet, und Hausdorff gehören zum Freundeskreis des Ehepaars in Ciudad Trujillo.

6] Capital: Span.: Hauptstadt.

7] Odore: Ital.: Geruch, Gestank, vermutlich Bezugnahme auf die Lage der Latrine oder Senkgrube.

8] Nachmittagspaseos: Span. paseo: Spaziergang.

9] dulce: Span.: Süßigkeit, Naschwerk.

10] Ernennungsurkunde: Siehe S. 156 und Anmerkung 4 (S. 345).

11] Que va: Span.: Ach was!

12] Dia Social: Dominikanische Tageszeitung.

13] Juan Tomas: Wahrscheinlich der Komponist Juan Tomas Peréz (1896–1967).

14] »Rueda Iberica«: Span.: Der iberische Kreis, vermutlich eine – unter diesem Titel allerdings nicht nachweisbare – Anthologie spanischsprachiger Autoren.

15] Unamo: So im Brief, gemeint ist Miguel de Unamuno (1864–1936), span. Philosoph und Autor.

16] Expedidor: Span.: Versender.

17] Casanova: Die Vermieter des Paars in Rom.

18] Reconstituente: Span. reconstituyente: Stärkungsmittel.

39 Aus Jarabacoa nach Ciudad Trujillo
Brief, Handschrift, fünf Blätter, beidseitig beschriftet (außer Blatt 3)
1] Dr. Wirz: Paul Wirz (1892–1955), schweizerischer Ethnologe, der mit seiner Frau Erna kurze Zeit in Jarabacoa lebt und später durch Arbeiten über Neuguinea bekannt wird. Korrespondiert weiterhin mit Palm.

2] *Procul ab bregis:* Lat. procul ab: fern von, und span. brega: Schufterei, Kampf, harte Arbeit.

3] *Reyes:* Span.: Dreikönigstag.

4] *Mit dem Gelde von America:* Vgl. das Interview, das Gert Eisenbürger 1994 mit Hilde Domin führte:
http://www.ila-web.de/lebenswege/schicksaldomin.htm:
»Dann hatten wir noch irgendwelche Verwandte meiner Eltern in den Vereinigten Staaten, die zu Zeiten meiner Großeltern ausgewandert waren. Sie schickten uns mehrmals ein Couvert mit zehn Dollar. Das half uns eine Zeitlang, bis mein Mann richtig bezahlt wurde.« Palm erhält als Universitätsdozent anfangs lediglich Kolleggeld.

5] *»Dr. Guillotin«:* Ein undatiertes, maschinenschriftliches Werkverzeichnis Palms in seinem Nachlass nennt *Dr. Guillotin* eine 1939 in England entstandene Novelle.

6] *Es lebe der Leichtsinn:* »Meine Eltern hatten uns [bei der Flucht aus England] etwas Geld mitgegeben. Zudem hofften wir anfangs auf eine Überweisung einer minimalen Summe von 2000–3000 US-$ durch meine Eltern an die New York-Citybank-Filiale in der Dominikanischen Republik. Doch in der Bank hieß es dann: ›Against valid Passport‹, d. h. die Bank wollte zur Auszahlung unseren Paß einziehen. Da wir das nicht taten, bekamen wir das Geld nicht.« Aus dem Interview, das Gert Eisenbürger 1994 mit Domin führte, einsehbar im Internet: http://www.ila-web.de/lebenswege/schicksaldomin.htm.

7] *»Pocos, solamente 60! Necesito per lo menos 70 para que no bavren el curso.«:* Fehlerhaftes Span.: »Wenige, nur 60! Ich brauche mindestens 70, damit der Kurs nicht ausfallen muss.«

8] *Dulces:* Span.: Süßigkeiten, Naschwerk.

9] *»Now I know you.«* Oder: *if I had known you better.* oder *»before?«:* Engl.: Jetzt kenne ich Dich. Wenn ich Dich besser gekannt hätte. Bevor.

10] *Pferdchen:* Domin beginnt zu dieser Zeit das Töpfern. Siehe weiter unten den Hinweis auf eine Töpferscheibe. Als erstes Gedicht von ihr erscheint 1954 in Hochland, 46/6, S. 542, »Schale im Ofen, du wirst gebrannt« (*Gesammelte Gedichte,* S. 59).

11] *Wirz:* Siehe S. 170.

12] *Constance:* Constance und Philipp Locke gehören zur angelsächsischen Kolonie in Ciudad Trujillo. Sie sind die Untermieter der Palms. Siehe das Interview, das Gert Eisenbürger 1994 mit Domin führte, einsehbar im Internet:
http://www.ila-web.de/lebenswege/schicksaldomin.htm.:
»Ich mietete ein kleines Haus mit vier Zimmern und vermietete die Hälfte an einen US-amerikanischen Studenten und seine Frau so unter, daß man gemeinsam essen konnte.«

13] *Al honorable Señor Catedratico de la Universidad Nacional,
Dr. E. W. P., Alto Empleado de la Nacion:* Span.: An den ehrenwerten
Herrn Professor der Nationaluniversität, Dr. E. W. P., den erhabenen
Angestellten des Staats.

14] *vieja:* Span.: Greisin, alte Frau.

15] *Brega:* Span.: Schufterei.

16] *struggle »and all that it stands for«:* Engl.: Kampf »und allem, wofür
er steht«.

17] *redoutablen:* Frz. redoutable: furchtbar.

18] *Ariete + Hollywood, + Academie, Ateneo:* Ariete (span.: Widder,
Rammbock) dürfte ein Lokal bezeichnen, das Hollywood war ein Kaf-
feehaus in Ciudad Trujillo. Die Academia Dominicana de la Lengua ist
1927 gegründet worden. Das Ateneo Dominicano, 1871 gegründet, hat
bis heute die Förderung der Kultur zum Ziel.

19] *petite déesse:* Frz.: kleine Göttin.

20] *Kassner:* Rudolf Kassner (1873–1959), österreichischer Schriftsteller und Kulturphilosoph. Domin bezieht sich auf das Kapitel *Über die
Eitelkeit* in Rudolf Kassner: *Das physiognomische Weltbild*, München
1930, S. 63–86.

21] *»Symbiose von Deutschem & Jude von der Natur vorherbestimmt
scheint«:* Ebd., S. 82: »Der Deutsche und der Jude haben so viel Ge-
meinsames, daß die Symbiose beider von der Natur vorherbestimmt
erscheint.«

22] *»Mitte, die die Mitte einer Welt«:* Ebd., S. 81: »[…] insoweit es sich
eben um ein echtes Genie, d. h. um einen Menschen handelt, der für sein
Maß nicht zu tief oder dessen Mitte die Mitte einer Welt ist […].«

23] *Demiurg:* Platons Schöpfergott, der Baumeister des Alls.

24] *solar:* Span.: Grundstück.

25] *cocola y enana:* Span.: Kinderschreck (coco) und Zwergin.

40 *Aus Jarabacoa nach Ciudad Trujillo*
Brief, Handschrift, zwei Blätter, beidseitig beschriftet.

1] *Gedicht:* Brief von Palm an Domin, 8. 11. 1942, Nachlass Domin,
DLA: »Beiliegend ein paar Verse. Schöne Verse? ich glaube, ja, wie immer wenn ich an den mythologischen Grund komme, der mir so tief, so
unerreichbar ist. Aber lies es nicht mythologisch. Es ist ganz praesent
gemeint.« Die Gedicht-Beilage fehlt in der Korrespondenz.

2] *Vati's Tod da unten wieder auf mich warte:* Siegfried Eugen Löwenstein, geb. 1871, stirbt am 9. 8. 1942 in New York.

3] *tant mieux:* Frz.: umso besser.

4] *Novellen:* In Palms Nachlass hat sich eine Arbeitsmappe mit der
Aufschrift *Novellen 1935–38* erhalten. Die noch in Rom entstandenen

Texte sollten offenbar in der Dominikanischen Republik ins Spanische übertragen werden.

5] *Tao:* Ein undatiertes, maschinenschriftliches Werkverzeichnis Palms nennt als eine 1939 in England entstandene Novelle *Der Schüler des Tao.* Die im Folgenden genannte Weihnachtsgeschichte war nicht zu ermitteln.

6] *Samstagbrief + dem Manuscript heut erhalten:* Der entsprechende Brief von Domin konnte nicht nachgewiesen werden.

7] *in maiorem gloriam urbis:* Lat.: Zur höheren Ehre der Stadt (Rom). *Siglo XII:* Bezieht sich vermutlich auf Palms Aufsatz *El Estilo Imperial de Felipe II y las Edificaciones del Siglo XVII en la Española,* erschienen in: Boletín del Archívo General de la Nación, Ciudad Trujillo 1943.

8] *die Palme Valeries ... le désert«:* Paul Valéry (1871–1945) publiziert *Palme* 1921 in der Gedichtsammlung *Charmes.* In der Übersetzung Rilkes lauten die Verse: »Diese Tage, die leer dir scheinen / und wertlos für das All, / haben Wurzeln zwischen den Steinen / und trinken dort überall.« (Rainer Maria Rilke, *Sämtliche Werke,* Bd. 7: Übertragungen, Frankfurt a. M. und Leipzig 1997, S. 407)

9] *cielo raso:* Span.: flache Zimmerdecke.

10] *Qu'en penses tu?:* Frz.: Was meinst Du dazu?

41 *Aus Jarabacoa nach Ciudad Trujillo*
Brief, Handschrift, zwei Blätter, beidseitig beschriftet.

1] *Rattenschwanz:* Gleichbedeutend mit »Salat«, d. i. ein Briefanhang in Listenform.

2] *Bayguate:* Baiguate: Fluss mit Wasserfällen unweit von Jarabacoa.

3] *Guagua:* Span.: Autobus.

4] *Ciruelas:* Span.: Pflaumen.

5] *Tristan:* Der eingangs erwähnte Dienstagsbrief Palms stammt vom 17. 10. 1944, Nachlass Domin, DLA. Darin heißt es u. a.: »Der Tristan hat wahre Verheerungen angerichtet. Und mich einmal so aus allem befreit, so für 2 Tage mir zurückgegeben, dass alle Umgebung sehr unerträglich geworden ist. Kein Wunder, dass man immer so umherschleicht und selbst der Musse kaum Geschmack abgewinnt. Dass man unter diesen Bedingungen überhaupt auch nur ein Wort schreiben kann – die Musen mögen die Lästerung verzeihen – ist bestimmt kein Verdienst des Hinhörens, sondern reine Verzweiflung. Sterngeburt! Um die wunderbar deutsche Stimmung des Tristan zu halten suchte ich mir die Wesendonkbriefe hervor und habe gelesen wie ein Verdurstender. Es war unbeschreiblich schön, sich einmal so von den Wellenschlägen des grossen Werks schaukeln zu lassen.« Palm hat sich offenbar durch das Anhören einer Schallplattenaufnahme von Wagners *Tristan und*

Isolde (in Frage kommen Aufnahmen von 1928, 1936 oder 1937) zur Lektüre des Briefwechsels zwischen Richard Wagner und Mathilde Wesendonck anregen lassen. Bekanntlich war die Dreiecksgeschichte zwischen Wagner und dem Ehepaar Wesendonck Inspirationsquelle der Oper.

6] *Vacua:* Lat.: Leerräume.

7] *Tante grazie:* Ital.: Vielen Dank.

8] *Y nunca trotea, verdad?:* Span.: Und niemals im Trab, nicht wahr?

42   *Aus dem Zug in Richtung New York nach Ciudad Trujillo,*
4. Oktober 1945
Brief, Handschrift, drei Blätter, beidseitig beschriftet.

1] *Karte:* Postkarte mit Poststempel vom 3. 10. 1945 (ein Mittwoch): »Ich war so betrübt Dich alleine zurückzulassen. Es kam mir ganz abenteuerlich und unwirklich vor.« (Nachlass Domin, DLA)

2] *Margarita Ibarra:* Die Ibarras gehören zu den ersten dominikanischen Bekannten der Palms.

3] *Camaguey:* Camaguey ist die drittgrößte Stadt Cubas.

4] *mystery stories:* Vermutlich die *Nancy Drew Mystery Stories*, die zwischen 1930 und 2003 kontinuierlich erschienen.

5] *Good Housekeeping:* 1885 gegründete Frauenzeitschrift mit Beiträgen bekannter angelsächsischer Autoren (u. a. Maugham, Woolf, Waugh, Cronin).

6] *cabulla:* Span., vermutlich gemeint: cebolla: Zwiebel.

7] *screens:* Engl.: Gitter. Es dürften Fliegengitter vor Fenstern und Türen gemeint sein.

8] *Mam:* Domins Eltern, Paula und Eugen Löwenstein, sind 1940 von England nach New York emigriert. Bei ihrem Besuch in New York begegnen sich Mutter und Tochter erstmals seit 1940. Der Vater ist 1942 verstorben.

9] *Galindes:* Jesús Galindez (1915–1956), baskischer Schriftsteller und Politiker. 1940–1946 in Santo Domingo, ab 1946 in New York. Der dominikanische Diktator Trujillo lässt ihn 1956 – nach Vollendung der Dissertation *Die Ära Trujillo: Eine Fallstudie hispanoamerikanischer Diktatur* – entführen, in die Dominikanische Republik bringen und ermorden.

43   *Aus New York nach Ciudad Trujillo, 6. Oktober 1945*
Brief, Handschrift, vier Blätter, beidseitig beschriftet (außer Blatt 4).

1] *Requiem:* Karl Jaspers, der von 1933 bis 1945 Lehr- und Publikationsverbot hat und trotz der Bedrohung durch die Nationalsozialisten in Deutschland bleibt, wird 1945 zwar nicht Rektor der Universität Heidelberg, beteiligt sich aber maßgeblich an ihrem Wiederaufbau. Die Rede, die Domin erwähnt, findet sich in der als Vereinsblatt des German Jewish Club in New York 1934 begründeten Zeitschrift *Aufbau* (11. Jg., 1945, Nr. 38, 21. 9. 1945, S. 2). Das *Requiem*, von dem hier die Rede ist, ist Palms Langgedicht *Requiem für die Toten Europas*, das 1944 als Privatdruck in Ciudad Trujillo erschienen ist. Am 23. 10. 1944 hat Domin in einem Brief ihre »Freude über das Fortschreiten des – mir so lieben – Requiems« zum Ausdruck gebracht, nachdem ihr Palm am 15. 10. einen neuen »Plan für das Requiem« zugesandt hatte.

2] *Die neue Rundschau erscheint wieder:* Die 1890 gegründete *Neue Rundschau* wird 1945 von dem emigrierten Verleger Gottfried Bermann Fischer in Stockholm neu begründet.

3] *Cyclon dafür, oder den Falken:* Gedichte Palms, im Nachlass nicht eindeutig nachweisbar.

4] *Mannschen Antwort an Molo:* Thomas Mann, *Warum ich nicht nach Deutschland zurückkehre. Antwort auf einen Brief Walter von Molos in der deutschen Presse* (Aufbau, 11. Jg., 1945, Nr. 39, 28. 9. 1945, S. 5). Mann reagiert hier auf einen offenen Brief Molos in der Hessischen Post vom 4. 8. 1945, in der dieser die sog. inneren Emigranten in Schutz nimmt. Seine Aufforderung an die emigrierten Schriftsteller, nach Deutschland zurückzukehren, um das Elend zu sehen, dem sie entgangen sind, weist Mann schroff zurück.

5] *Freymuths:* Mitglieder der jüdischen Kolonie.

6] *»Tomorrow we sing«:* Engl.: Morgen singen wir.

7] *4 ist der Stock. J ist das Apartment (es dürften über ein Dutzend kleine Apartments auf jedem Stock sein) 83 ist der Block, und 19 das Haus, 116 die Strasse:* Palms erhaltene Briefkuverts tragen die Anschrift: Dr. Hilde Palm, c/o Mrs. Paula Lowenstein, 4 J apt., 83 – 19, 116th Street, Kew Gardens (L.I.), New York, USA.

8] *Hampstead:* Der erste Wohnort des Ehepaars in London, vor dem Umzug nach Minehead.

9] *potro gris:* Span.: Graues Fohlen. Bezieht sich wohl auf ein bestimmtes Tier in Jarabacoa.

10] *»Nabisco«:* Abk. für National Biscuit Company, eine amerikanische Bäckereienkette.

11] *Carry & Bee:* Carrie Blumenthal, Bee und Stella sind Kusinen von Paula Löwenstein.

12] *Schener:* Verwandte der Familie Löwenstein.

13] *Morand:* Paul Morand (1888–1976), frz. Schriftsteller und Diplomat. Veröffentlicht 1930 das Buch *New York*, auf das sich Domin hier beziehen dürfte.

14] *Bloomsbury Square, Russel's oder so:* Londoner Platzanlagen.

15] *Ambassador:* Vornehmes Hotel in New York, das von Literaten und der amerikanischen Oberschicht frequentiert wurde.

16] *Luminal-derivate:* Luminal: Warenzeichen der Bayer AG für das damals als Schlafmittel weit verbreitete, 1912 eingeführte Phenobarbital.

17] *Marie:* Marie-Luisa Linfield, eine Schwester von Domins Mutter in London.

18] *Dr. Arlt:* Vermutlich Gustave O. Arlt (1895–1986), deutschstämmiger Germanist, seit 1935 Professor an der University of California in Los Angeles.

19] *Hans:* D.i. John Lorden, Domins Bruder.

44 *Aus New York nach Ciudad Trujillo*
Brief, Handschrift, vier Blätter, einseitig beschriftet.

1] *»Vergeblichen«* und *»Ofelia & Esteban«:* Im Nachlass Palms haben sich die Manuskripte *Die Vergeblichen Formen* und *Ofelia und Esteban* erhalten. Die *Vergeblichen* datieren z.T. bis 1942 zurück. Am 9. 10. 1944 schreibt Palm: »Am Samstag abend entschloss ich mich zu einer Revision der ›Vergeblichen‹, an der ich gestern mit Ausnahme des Vormittags den ganzen Tag verbracht habe.« (Nachlass Domin, DLA) Der Brief enthält eine Gliederung des Werks in acht thematische Gedichtgruppen.

2] *Fischer:* Gottfried Bermann Fischer (1897–1995), deutscher Verleger, der Österreich 1938 verlässt, in Stockholm weiter wirkt und 1940 nach New York geht. Im Folgenden als »F.« bezeichnet.

3] *Weissberger:* José A. Weissberger, in Österreich geborener Spanier, der sich in New York als Vermittler zwischen Palm und Franz Werfel bzw. Thomas Mann anbietet.

4] *Landshoff:* Fritz Helmut Landshoff (1901–1988), 1927 Partner im Kiepenheuer Verlag, eröffnet 1933 in Amsterdam den Querido Verlag, der 1940 geschlossen wird. 1942 gelangt er von London über Mexiko nach New York, wo er mit Gottfried Bermann Fischer den Verlag L. B. Fischer Publishing Company gründet.

5] *Seaver:* Die L. B. Fischer Publishing Company betraut Edwin Seaver mit der Redaktion eines Jahrbuchs des amerikanischen Schrifttums.

6] *Neue Deutsche Rundschau:* Seit 1904 *Neue Rundschau. Siehe* Brief Nr. 43, Anmerkung 2 (Seite 350).

7] *Requiem:* Das *Requiem* ist Heinrich Zimmer (1890–1943) gewidmet, dem Indologen, der 1938 aufgrund der Rassengesetze seine Professur für Indische Philosophie an der Universität Heidelberg aufgeben muss. Er geht zunächst nach Oxford, 1942 nach New York, wo er im folgenden Jahr stirbt.

8] *Frau Z.:* Christiane Zimmer (1902–1987), die Tochter Hugo von Hofmannsthals. Domin begegnet ihr später in New York und stiftet ihre zweite Ehe mit einem Exildominikaner (vgl. *Autobiographische Schriften*, S. 135).

9] *H. Steiner:* Herbert Steiner (1892–1966), Schriftsteller und Germanist.

10] *Kurt Wolff:* 1887–1963, Verleger expressionistischer Literatur von 1913 bis 1940, geht 1938 nach Frankreich, 1940 nach New York. Dort gründet er 1942 den Verlag Pantheon Books, in dem mitunter englische Übersetzungen deutscher Autoren erscheinen.

11] *Simon & Schuster:* 1924 von Richard L. Simon und Max Schuster gegründetes Verlagshaus.

12] *Knopf:* 1915 von Alfred A. Knopf gegründetes Verlagshaus.

13] *Isabela:* Palms Aufsatz *Excavations of La Isabela. White Man's First Town in the Americas.* In: Acta Americana 3 / 4, San Francisco 1945, S. 298–303.

14] *Chilin:* Chilín Lugo ist der Sohn von Américo Lugo. *Siehe* Brief Nr. 56 (Seite 229–232).

15] *Huntingtons:* Huntington Library, eine Forschungsbibliothek mit Museum in San Marino, Kalifornien.

16] *»Cloisters«:* The Cloisters: Zweigstelle des Metropolitan Museum of Art, New York, mit dem Schwerpunkt mittelalterliche Kunst und Architektur.

17] *Lage in Argentinien:* Am 10. 10. 1945 wird Arbeitsminister Juan Perón auf Druck einer demokratischen Opposition vom Militär entlassen und inhaftiert. Nach einer Massendemonstration der ihn unterstützenden Arbeiter kehrt er bereits am 17. 10. in sein Amt zurück.

18] *Inge Robitschek:* Palms späteren Aufzeichnungen zufolge gehören die Robitscheks zur jüdischen Kolonie in Ciudad Trujillo.

19] *Chilin:* Chilín Lugo. *Siehe* Brief Nr. 56 (Seite 229–232) und Anmerkung 14 (Seite 352).

45 *Aus Ciudad Trujillo nach Tegucigalpa, Honduras, 9. August 1946*
Brief, Handschrift, zwei Blätter, beid- bzw. einseitig beschriftet.

1] *Briefe aus Miami:* Palm reist im August 1946 über Miami und Key West nach Cuba und von dort weiter nach Honduras und Guatemala. Die beiden genannten Briefe datieren vom 4. und 5. 8. 1946. Im ersten schildert er den schweren Abschied von Domin: »Das war ein Abschied als solle es in den Krieg gehen. Nie bin ich so schwer zu italienischen Ruinen gefahren. Und Du bliebst so traurig zurück. Hoffentlich hast Du den Nachmittag gut weggeschwätzt.« (Nachlass Domin, DLA)

2] *Emile B.:* D.i. Emil Boyrie de Moya.

3] *grietas:* Span.: Risse.

4] *Frau Warburg:* Zu Frieda Schiff-Warburg *siehe* S. 159.

46   *Aus Jarabacoa nach Ciudad Trujillo*
Brief, Handschrift, ein Blatt, beidseitig beschriftet.
1] *Dionise:* Unter den Pseudonymen Denise Turner und Denise Brühl
verfasst Domin seit 1946 Kurzprosa, die erst deutlich später im Druck
erscheint.
2] *»¿ Y Ud. sintiò ... siento nada.«:* Span.: »Haben Sie den Stoß gestern
abend gespürt?« »Nein, Gott sei Dank nicht. Ich habe der Muttergottes
am Tag der Barmherzigen Maria [24. September] versprochen, in einem
fertigen Kleid und mit einem Baumwollmantel loszugehen und vor der
Tür der Kirche Almosen zu erbitten. Und seit ich dieses Versprechen
gegeben habe, habe ich Gott sei Dank nie mehr etwas gespürt. Ich sehe
keine Masten schwanken und höre das Haus nicht knirschen. Die Jung-
frau beschützt mich, und ich spüre nie etwas.«
3] *»puer ni fué un ... de la Isla«.:* Span.: »es war aber weder ein Erdbeben noch ein Vulkanausbruch, noch sonst etwas derart Schlimmes –
sondern eine einfache, wenngleich unerklärliche Bewegung einer geolo-
gischen Verwerfung im Nordosten der Insel.«
4] *Dorfpornithion[?]:* Griech. pornea: Dirne. Vermutlich spielerisch für
Bordell.
5] *pomos:* Span.: Apfel.
6] *Comedor de[l] Verano:* Span.: Sommer-Esszimmer.
7] *rollcall:* Engl.: Appell.
8] *»de mala manera«:* Span.: Auf schlechte Weise.
9] *»villain«:* Engl.: Gauner.

47   *Aus New York nach Ciudad Trujillo*
Brief, Handschrift, drei Blätter, einseitig beschriftet.
1] *28, 29 erhalten:* Briefe Palms vom 15. 10. 1947 (»Der Tag ist wieder so
vorlaut dass er mich kaum zu Dir kommen lässt, zu mir ist der Weg viel
zu weit.«) und 16. 10. 1947 (»Anbei die 12 Photos. Sie sehen zwar weniger poetisch dafür aber mehr für eine Bewerbung in Hollywood geeignet aus. Von Geist keine Spur. Das entspricht jedoch wohl dem genius
loci. Wie das Kameraauge das fertig gebracht hat!«).
2] *Pielographie:* Med. Pyelographie: Radiologische Darstellung des
Harnleiters und des Nierenbeckens.
3] *Damirón:* Damirón und Cohen sind Ärzte in Ciudad Trujillo.
4] *Krautheimer:* Richard Krautheimer (1897–1994), Kunsthistoriker
und Byzantinist, seit 1935 in den Vereinigten Staaten.
5] *spazzino:* Ital.: Straßenkehrer, Müllmann.
6] *Stechow:* Wolfgang Stechow (1896–1974), Kunsthistoriker, seit 1936
in den Vereinigten Staaten.
7] *On verra:* Frz.: Man wird sehen.

48 *In Ciudad Trujillo, 27. August 1949*
Handschrift, Innen- und Außenseite des gedruckten Programms des
Ateneo Dominicano zu Goethes 200. Geburtstag.
1] *Chrysosthomos:* Griech.: Goldmund. Chrysosthomos ist der Name
eines Kaninchens aus der Heidelberger Zeit: »Dort hatten wir unsere
ersten Kaninchen, es war unser erster gemeinsamer Besitz, wir hatten
sie auf dem Wredemarkt erworben. Sie hießen Leontin und Chrysosto-
mos und waren ganz zahm [...].« (*Autobiographische Schriften*, S. 136)

49 *Aus Jarabacoa nach Quito*
Brief, Handschrift, vier Blätter, einseitig beschriftet.
1] *Jarabacoa 25. XII.* 1949: Palm quittiert den Eingang dieses Schreibens
in einem Brief, den er auf der Fahrt von Bolivien nach Peru verfasst: »Im
Zug nach Arequipa am 12. 1. 1950 auf 4800 m [...] Erhalten in La Paz aus
Jarabacoa 23; 25; s. d.; 31 XII; 2; 3 1; = 6 Briefe.«
2] *Joven:* Sohn der Haushaltshilfe Ramona.
3] *Salesianerseminars:* In Jarabacoa wird 1947 ein Salesianerseminar gegründet. Die Ordensgemeinschaft geht auf die Gründung Don Boscos
im Jahr 1859 zurück.
4] *urina de malos:* Span.: Urin von Kranken.
5] *»Dolce del Paraiso Molta«:* Span. Kuchenspezialität.
6] *Rolionschen:* Chan Rolion, Nachbar in Jarabacoa. Mella ist ebenfalls
ein Nachbar Domins.
7] *¡milagro!:* Span.: O Wunder!
8] *Panchito:* D.i. Francisco Prats-Ramírez.
9] *»filius aut Romae aut Silvae«:* Lat.: Entweder Sohn der Stadt oder
des Waldes.
10] *Die erneute Lektüre der Briefe hat mich mehr gefreut:* Am 9. Dezember schreibt Palm aus Cuzco: »Der Ort ist nicht ohne Tücken. Die
Fahrt war noch ganz normal. Da das Flugzeug über 5000 m hoch fliegt,
bekommt man Sauerstoffschläuche zwischen die Zähne. Zunächst unter uns der Wolkenschnee über Lima, undurchdringlich wie am Tag der
Ankunft. Dann die roten Berge, als ob sie oben aufgeworfen sind, kahl,
Tal unter Tal. Keine Spur von Menschen [...] Kein Herzklopfen trotz
der 3400 m in 2 Stunden. Auch die fürchterliche Treppe des Hotels er-
klomm ich wacker. [...] Aber kaum war ich im Zimmer ging es los. Ich
erbrach Blut. Dann furchtbares Übelsein. Ich rettete mich aufs Bett.
[...] Es wurde immer ärger. Ich glaubte wirklich ich würde Dich nicht
wiedersehn und verfluchte dies indianische Rom.« (Nachlass Domin,
DLA)
11] *Esperanza:* Gottesanbeterin (Insekt). Span.: Lichtblick, Hoffnung.
12] *en hora buena!:* Span.: Zur guten Stunde.

13] *Sucre:* Der Brief vom 9. Dezember zeigt auf Seite 12 eine Hand-
skizze Palms mit dem Reiseverlauf von La Paz über Potosi nach Sucre
(»Eigentlich sollte ich nach Sucre gehen von Potosi aus. Aber ob mir das
gelingt? Und die Zeit! Sucre so important und so schwer zu erreichen.«). Eingetragen hat er auf der Skizze den »Andenkamm« (Nachlass
Domin, DLA).

14] *pedester:* Lat.: Einfach; ohne poetischen Schwung.

15] *2 Bände Sartre:* Vgl. den Brief vom 4. 1. 1950: »Mittlerweile habe ich
die beiden Bände Sartre fertig gelesen (es sind die beiden ersten Bände
einer Tetralogie, von der die restlichen wohl noch nicht heraus sind, auf
spanisch. Wieviel besser das auf französisch zu lesen. Der 2. Band, ›apla-
zamiento‹ behandelt die Tage vor München im Querschnitt – pro Tag
ein Capitel – und springt höchst ungeschickt von einem Stratum zum
andern, erreicht auch dass das Interesse sich völlig auf die Gesamtsitua-
tion verteilt, und die einzelnen Schicksale und Reaktionen nicht mehr
als Facetten des Ganzen sind [...] stilistisch ist das Buch uninteressant,
also wozu weiterlesen. Man tut es aus Gewissenhaftigkeit, und um zu
sehen wie er es abwickelt.« (Nachlass Domin, DLA) Domin liest die
Romane *Zeit der Reife* und *Aufschub* von Jean-Paul Sartre (1905 – 1980),
die 1945 erschienen sind.

16] *Panchito:* D.i. Francisco Prats-Ramírez.

17] *Man muss die Stunden geben:* Domin gibt seit 1948 Deutschkurse
an der Universität ihres Mannes.

18] *cielo raso:* Span.: Zimmerdecke.

50 *Aus Ciudad Trujillo nach Quito*
Brief, Handschrift, vier Blätter, einseitig beschriftet.

1] *»El Dr. Palm regresa a su patria«. Nada de eso es cierto:* Span.:
»Dr. Palm kehrt in sein Vaterland zurück«. Nichts davon ist gewiss.

2] *»cabeza de gata«:* Span.: Katzenkopffarbe. Siehe Domin: *Meine
Wohnungen – Mis moradas.* In: *Autobiographische Schriften,* S. 102:
»Die Treppe war wie immer mit ›Katzenkopffarbe‹ gestrichen, einem
glanzlosen Rotbraun.«

3] *dia de Duarte:* 26. Januar: Geburtstag des Mitbegründers der Dominikanischen Republik, Juan Pablo Duarte (1813 – 1876), und dominika-
nischer Nationalfeiertag.

4] *menos mal:* Span.: Dann ist es nicht so schlimm.

5] *no. 40:* Postkarte Palms aus Arequipa, Peru, vom 14. 1. 1950, Nachlass Domin, DLA, mit einer Ansicht der Kathedrale vor dem Hintergrund des 5800m hohen Vulkans Misti: »Cara, carissima dai occhi az-
zurri: Non è forse un ricordo della Sicilia, qualche illusione americana
di una felicità d'altro mondo [...]?« (Ital.: »Liebe, Liebste mit den

blauen Augen: Ist das vielleicht keine Erinnerung an Sizilien, irgendeine
amerikanische Illusion einer Glückseligkeit in der anderen Welt [...]?«)
6] *Tongo:* Einer der ersten Freunde in Ciudad Trujillo.
7] *Ojalá:* Span.: Hoffentlich.
8] *Hostosprologs:* »Vogelkopf« ist vermutlich der Übername für Emilio
Rodríquez Demorizi (1908–1986), der bereits 1939 eine Arbeit über
den puerto-ricanischen Erzieher, Philosophen und Intellektuellen Eugenio María de Hostos (1839–1903) vorgelegt hat. Er ist Leiter des Na-
tionalarchivs in Ciudad Trujillo.
9] *lengua autoctónamann:* Span. lengua autóctona: autochthone (d. h.
eingeborene, eingesessene, bodenständige) Sprache.
10] *Dein 1. Brief aus Quito:* Brief Palms vom 23. und 24. 1. 1950:
»Quito 24.1. morgens [...] Der Zug kam um $^1/_2$ 10 an, d. h. nach 17
Stunden Fahrt.« (Nachlass Domin, DLA)
11] *Boyries: Siehe* Brief Nr. 45 (Seite 201–204).
12] *Ludwig:* Emil Ludwig (1881–1948), bedeutender Biograph, der
seit 1940 in den USA lebt. Sein Besuch in der Dominikanischen Republik, bei dem ihm Palm und Domin als Begleitung zugeordnet werden,
soll dem Schreiben einer Biographie des Diktators Trujillo dienen. Sie
kommt nie zustande, Ludwig wird vielmehr von Studenten über die
reale Situation in der Diktatur informiert. Palm und Domin sehen sich
zeitweise in Gefahr (vgl. *Autobiographische Schriften*, S. 109f.).
13] *C'est tout:* Frz.: Das ist alles.

51 *Aus Ciudad Trujillo nach Puerto Rico, März 1950*
Brief, Typoskript, zwei Blätter, einseitig beschriftet.
1] *Seit Tagen nervös über das Fehlen von Post. Ein Brief aus Caracas,
plus ein Telegramm:* Palm schreibt am 16.3. 1950 erstmals aus Caracas,
nachdem er zuvor Ecuador, Peru und Kolumbien bereist hat.
2] *soc. filosofica:* Domin schreibt am 2.3. 1950 an Frieda Warburg, sie sei
maßgeblich an der Gründung der Sociedad Dominicana de Filosofia beteiligt. Ein erhaltener Briefbogen dieser Gesellschaft führt Palm als lei-
tendes Mitglied des Beirats auf, »Hilde de Palm« erscheint unter den
»vocales«, den Ausschussmitgliedern.
3] *asquerös:* Span. asqueroso: Ekelhaft, scheußlich.
4] *Vacuna:* Span.: Impfung.
5] *Hemarroghie:* Hämorrhogie: med. für Blutung.
6] *Juves:* Arzt, der Domin zuvor behandelt hat.
7] *C'est ça:* Frz.: So ist es.
8] *Tata:* Tata Silvorio, Haushaltshilfe.
9] *Alliance:* Im Typoskript: Alliancae.
10] *Wie wohl Coro war?:* 1527 gegründete Stadt in Venezuela. Vgl. den

Brief Palms vom 20. 3. 1950, Nachlass Domin, DLA: »Die Fahrt nach
Coro machte ich mit einer Hamburger Stewardess, die mir lange von der
grossen Enttäuschung der Deutschen über die Westmächte erzählte. Sie
will jedenfalls unter keinen Umständen nach Deutschland zurück wo
man sie aus der Schule in die Fabrik abkommandierte. Coro, trostlos in
Dünen (local médanos geheissen) gelegen, ein Azua-artiger Anblick
[Azua: südliche Provinz der Dominikanischen Republik], wenn auch
die Häuser aus Lehm statt aus Holz sind. Das Meer traurig, die Stadt
flach an den Boden gepresst, offen für alle Winde ...«
11] *berühmte:* Im Typoskript: berPuhmte.
12] *Betracht:* Im Typoskript: Brtracth.
13] *cielo[?]:* Entzifferung unsicher, span.: Himmel.

52 *Aus Ciudad Trujillo nach Mexico City, 15. Oktober 1951*
Brief, Handschrift, zwei Blätter, einseitig beschriftet.
1] *Magueysaft:* Maguey: Amerikanische Agave, Grundlage für einen
nahrhaften Sirup.
2] *Schmutz & Steine:* In diesem Passus geht es um die Auseinandersetzungen der Geschwister nach dem Tod der Mutter. Domin hat John
Lorden vorgeworfen, er habe sich nicht ausreichend um die medizini-
sche Versorgung der Kranken gekümmert.
3] *Vela:* José Vela Zanetti (1913 – 1999), spanischer Maler, mit Palm und
Domin in der Dominikanischen Republik befreundet.
4] *On sautera:* Frz.: Man wird springen.

53 *Aus Ciudad Trujillo nach Mexico City*
Brief, Handschrift, ein Blatt, einseitig beschriftet.
1] *Ich komme aber, so allein, zu keinerlei Entschluss, ja meine Lust zu
John zu fahren, wird immer blasser:* Aufgrund des Todes von Domins
Mutter erwägt diese eine Reise, die jedoch aufgrund der Differenzen
mit dem Bruder über die Behandlung der Kranken aufgegeben wird. Im
Nachlass sind die langen Auseinandersetzungen zwischen den Ge-
schwistern dokumentiert.
2] *Theateranzeige traurig ist:* Palm hat seinem 11. Brief, dessen Eingang
Domin hier bestätigt, neben zwei Zeitungsausschnitten über seine Vor-
tragstätigkeit auch eine Anzeige des *Teatro del Caracol* beigelegt – es
präsentiert »¡El milagro teatral en cuatro siglos!«, »Isabela Corona, la
expresión dramática de América«. Palm kommentiert auf dem Ausriss:
»Das sagt alles! Jede Schmiere ist dagegen eine Comédie Française.«
(Nachlass Domin, DLA)

54   *Aus Ciudad Trujillo nach Mexico City, 28. Oktober 1951*
Brief, Handschrift, zwei Blätter, einseitig beschriftet.
1] *14, 15 & 17:* Palms Brief Nr. 14 ist undatiert, das Kuvert trägt den
Poststempel vom 22.10.1951; Nr. 15 stammt vom 26., Nr. 17 vom
26.10.1951; alle drei werden in Mexico City verfasst, Nachlass Domin,
DLA.
2] *C'est tout:* Frz.: Das ist alles.

55   *Aus Kenscoff, Haiti, nach Ciudad Trujillo*
Brief, Handschrift, ein Blatt, beidseitig beschriftet.
1] *not bumpy at all:* Engl.: Überhaupt nicht holprig.
2] *abominable:* Frz. und engl.: Abscheulich, widerwärtig.
3] *On verra:* Frz.: Man wird sehen.
4] *admiring you as much as ever:* Engl.: Die Dich wie immer so sehr bewundert.
5] *Je baise tes yeux:* Frz.: Ich küsse Deine Augen.
6] *et, avant tout, à Hélène:* Frz.: Und vor allem an Helena. (Anspielung
auf Palms Schauspiel *Die aegyptische Helena* bzw. *Helena in Aegypten*,
in zwei machinenschriftlichen Fassungen in seinem Nachlass erhalten.)

56   *Aus Kenscoff nach Ciudad Trujillo*
Brief, Handschrift, drei Blätter, einseitig beschriftet.
1] *24:* Palm bestätigt den Eingang in seinem Brief vom 13.8.1952.
2] *23:* Palms Brief Nr. 23 (er zählt ihn als 24) trägt den Poststempel
5.8.1952:»Don Américo ist tot. Es war schrecklich anzusehn wie er um
Luft kämpfte […].« Dem nächsten Brief vom 5.8.1952 liegt ein Zeitungsausschnitt mit einem Nachruf auf Don Américo Lugo in *El
Caribe* bei. (Nachlass Domin, DLA)
3] *D. Américo:* Don Américo Lugo (1870–1952), Schriftsteller und
Oppositionspolitiker, mit dem das Ehepaar eng befreundet gewesen ist,
obwohl er offiziell als Feind Trujillos und der dominikanischen Regierung eingestuft ist.
4] *Oficina:* Span.: Büro.
5] *»Breughelscher Art«:* »Dass es im Fremden einen gab, der über alles
Missverständnis hinweg so mit uns war war ein Trost … Breughelscher
Art. Ich zerbreche mir den ganzen Tag den Kopf über die Grenzen der
Freundschaft.« Eine Erklärung Palms lässt sich in seiner Korrespondenz nicht nachweisen.
6] *Mon chéri, je suis heureuse s'il y a chose mieux qui te puisse plaire:*
Frz.: Mein Schatz, ich bin glücklich, wenn es Besseres gibt, das Dir zu
gefallen vermag.
7] *Mes petits baisers:* Frz.: Meine kleinen Küsse.

57 *Aus Kenscoff, Haiti, nach Ciudad Trujillo, 11. August 1952*
Brief, Handschrift, ein Blatt, einseitig beschriftet.
1] <u>26</u>: Palm bestätigt den Empfang von Brief und Gedicht am
15. 8. 1952, Nachlass Domin, DLA: »Hab Dank für Deinen Brief und
das Gedicht. Es ist <u>gut</u> – im Gegensatz zu Deiner Meinung – und hat mir
sehr gefallen. (Die letzte Strophe ist nicht zugehörig. Da ist Dir der
Atem ausgegangen). Mon petit: es ist nicht mehr zu ändern: Du bist ein
Dichter geworden. (Inter mulieros poeta fit, non nascitur. [Lat.: Unter
den Weibern werden die Dichter gemacht, nicht geboren.]) Und verdienst einen Meisterkuss. Von jetzt an, Sternlein, die eigene Bahn! Ist
Dir klar dass Du damit (ich meine nicht dieses Gedicht natürlich) wirklich ein anderes Leben angefangen hast? Nicht dass Du vorher weniger
aufgenommen hättest … aber anders. Die Welt wiegt anders wenn man
zurückgibt. Noch etwas: Du bist in einem beneidenswerten Zustand.
Doch, wenn alles leicht zufliesst was in langen Jahren da war – ehe in
einem zweiten Schwung die Kelter schwerer läuft. Sei gut zu Dir, und
verdirb die Lese nicht. Der Wein wird. – Aber Du hast jetzt einen andern Sinn. Im übrigen halte Dich nicht an mich und die römischen
Rhythmen. Deine Zunge ist leicht von Natur und Du musst Dich anders sagen lernen. Was Du von mir hast lernen können ist gelernt. Es
wird immer da sein. Aber ich wollte Du sähest nicht nur, Du horchtest
in die Welt hinaus. Römisch ist nicht die Zunge dieser Zeit. Im übrigen
ist es sehr möglich dass Deiner grösseren Offenheit (die geringeren Ta-
bus) gelingt was ich versucht habe. Mit Ausnahme von ein paar Gedichten halte ich nicht viel von dem was ich getan habe […] Du solltest versuchen das was sich französisch sagen lässt in Deine deutsche Sprache
zu incorporieren (unbeschadet gelegentlicher fremder Ausdrücke).«
2] *den trübsinnigen Bericht der verweinten Nacht, die Beschreibung
eines Angsttraums:* Vgl. Domins Brief vom 14. 8. 1952, Nachlass Domin,
DLA: »[…] ich habe die ganze Nacht geweint, heut früh ein ganz ver-
q[u]ollenes Gesicht (wie die Duse nur bei all dem Weinen schön geblieben ist? es macht so hässlich), wie man es hat wenn man bis drei Uhr
nachts in Salzwasser liegt.«
3] *Helena:* Brief von Palm an Domin vom 17. 8. 1952, Nachlass Domin,
DLA: »Die Helena ist neu angefangen. […]. Ich wusste dass es herauf-
steigen würde. Es kam ganz sanft heute nachmittag als ich im Bad
sass.«
4] *Je baise tes yeux – et la bouche:* Frz.: Ich küsse Deine Augen – und
den Mund.
[Anlage:]
Typoskript mit handschriftlichem Kommentar, ein Blatt, einseitig
beschriftet.

5] *Friedhöfe in der Landschaft:* Siehe *Gesammelte Gedichte*, S. 80 (*Erste Reihe*).

58   *Aus Kenscoff, Haiti, nach Ciudad Trujillo, 16. August 1952*
Typoskript mit handschriftlichen Ergänzungen und handschriftlicher Anmerkung, ein Blatt, einseitig beschriftet.
1] *with the [Hasen]'s apologies for …:* Engl.: Mit des [Hasen] Entschuldigungen für …

59   *Aus Kenscoff, Haiti, nach Ciudad Trujillo, 16. August 1952*
Brief, Handschrift, ein Blatt, einseitig beschriftet.
1] *16. VIII. 52:* Wahrscheinlich bezieht sich Palms Brief vom 19. 8. 1952, Nachlass Domin, DLA, auf diese Zeilen: »Endlich heute nachmittag Post. Ich war 4 Tage ohne alle Nachricht (der Betrieb hier stellt alles auf den Kopf oder ist es Haiti?). Und ein so kleines Stimmchen wie eine Katze die sich verklettert hat. Ich komme bald, … Hélène ou pas Hélène [Frz.: Helena oder nicht Helena].«

60   *In Ciudad Trujillo, 11. September 1952*
Brief, Handschrift, ein Blatt, einseitig beschriftet.
1] *mon petit:* Frz.: mein Kleiner.

61   *In Ciudad Trujillo, 28. September 1952*
Brief, Handschrift, zwei Blätter, beidseitig beschriftet.
1] *In Ciudad Trujillo, 28. September 1952:* Eine Antwort auf diesen Brief ist nicht erhalten.
2] *Mon petit … mon chéri:* Mein Kleiner (frz.: Mon petit), Affenkopf und (lat.: atque) Panther (span.: pantera) und Bruder (span.: fray) … und mein Liebling (frz.: Mon chéri).
3] *at least that is what you say:* Engl.: Zumindest ist es das, was Du sagst.
4] *Isokephalie:* Begriff aus der Kunstgeschichte: Gleichkopfhöhe, d. h., die Köpfe der dargestellten Personen befinden sich auf derselben Höhe.
5] *Maria Luisa:* Maria Luisa Gomez Mena, Condesa de Revilla Camargo (1907–1958), kubanische Millionärin, Mäzenin und Filmproduzentin, die Palm in Mexiko kennengelernt hat. In seinem Nachlass hat sich ein Briefkonvolut von ihr erhalten, das eine intime Beziehung nahelegt. Auch Domin korrespondiert mit der Rivalin: Ein Brief an sie beginnt mit den Worten »Ya sé todo« (Span.: Ich weiß schon alles; Brief vom 7.9.1952).
6] *ce que tu fais:* Frz.: Was Du tust.
7] *als die Unesco uns for good aus dem Loch zu ziehen schien:* Siehe S. 162.

8] *C'est trop, vraiment:* Frz.: Das ist wirklich zu viel.

9] *femme trahie:* Frz.: Betrogene Frau.

10] *within limits, that is the difficulty:* Engl.: In Grenzen, das ist die Schwierigkeit.

11] *Tu ne le vois pas? Mon petit, bin ich nicht vernünftig? Je te voudrais heureux:* Frz.: Siehst Du es nicht? Mein Kleiner. ... Ich wollte Dich glücklich.

62   *In Ciudad Trujillo*
Brief, Handschrift, ein Blatt, beidseitig beschriftet.

1] *»puer eternus«:* Lat.: Ewiger Junge.

2] *»challenge«:* Engl.: Herausforderung.

3] *C'est ce que ... de ça?:* Frz.: Ich würde Dich gern wie einen Stern strahlen sehen. Bist Du darüber verärgert?

63   *In New York*
Brief, Typoskript mit handschriftlichen Korrekturen, drei Blätter, beidseitig beschriftet (außer Blatt 3).

1] *May be read without fear – or so I believe. in the train, par example.:* Engl.: Kann ohne Furcht gelesen werden – so glaube ich zumindest. Im Zug. Frz.: beispielsweise.

2] *Lakewood:* In Lakewood hält sich Domin im Juni 1950 auf. Gastgeber sind die Iwanows, genannt »Russengärtchen«, die in den dreißiger Jahren in Rom in der Via Monte Tarpeo 61 wohnten, also im selben Haus wie die Palms. Wjatscheslaw Iwanow (1866–1949) war ein symbolistischer Dichter, Philosoph und Philologe.

3] *tu pleureras:* Frz.: Du wirst weinen.

4] *y porque sí:* Span.: Und eben darum.

5] *unless, of course, there are worse papers you did not send:* Engl.: Wenn es natürlich nicht schlimmere Papiere gibt, die Du nicht absandtest.

6] *the only news which was no news to me:* Engl.: Die einzige Neuigkeit, die für mich nicht neu war.

7] *mind, you did say that!:* Engl.: Oh ja, das sagtest Du!

8] *as opposed to hers – and at times you were willing enough to let me have one:* Engl.: Im Gegensatz zu ihrem – und manchmal warst Du sogar gewillt, mich eins haben zu lassen.

9] *C'était de la ... toi-même:* Frz.: Es war ein Glück, dass sie dieses Kind nicht bekommen hat, ich hätte mich ganz sicher umgebracht, zweifle nicht daran. Du hättest ein kränkliches Kind gehabt, vielleicht sogar ein schwächelndes – welch Trost! denn nach meinem Tod wären all Deine Lügenmärchen aufgeflogen, diese selbstgewählte Verblendung

hätte aufgehört und Du hättest – <u>weit besser als heute</u> – die Gründe gesehen, die Dich zu diesem Selbstverrat gebracht haben.

10] *Mais te voilà:* Frz.: Aber da bist Du.

11] *pour vrai dire:* Frz.: Um die Wahrheit zu sagen.

12] *Rhinozeros:* Palms Arbeit.

13] *Rosalind Lehmann:* Gemeint sein dürfte Rosamond Lehmann
(1901–1990), die englische Romanschriftstellerin. 1953 erscheint von
ihr *The Echoing Grove.*

14] *who is she, anyway, she got an extraordinary review:* Engl.: Wer ist
sie, egal, sie hat eine außergewöhnliche Rezension bekommen.

15] *»in any case, ... for the time being:* Engl.: »Auf jeden Fall wurde klar,
dass Liebe kein Heilmittel fürs Leben ist«. Ist sie's – oder nicht? Ich
fürchte, es ist genau das, was ich von ihr erwarte. (Aber Du, Du erwartest
von ihr, dass sie nicht nur das ist, sondern auch ein Heilmittel für all die
kleinen Unbehaglichkeiten des Lebens, etwas, das eine Erkältung ku-
riert, etwas, womit man die Restaurantrechnung begleicht, etwas, das
man sich ins schütter werdende Haar schmiert, ein Zaubermittel, das irgendwie die Kritiker verhext – und, zu guter Letzt, natürlich und vor allem ein Daseinszweck in dieser heikel ausbalancierten Sache, die Leben
heißt. Dennoch, und obwohl ich mich gerade gestern abend, als ich
weinte und französische Gedichte schrieb (wie schrecklich weit geht
man doch auf Abwege in diesem Dichtergeschäft, und wie wahr ist alles
im Augenblick des Schreibens), in entgegengesetzter Richtung angeord-
net habe, liebe ich Dich. Aber es ist keine glückliche Liebe, vorerst nicht.

16] *Il y faut aller les trouver:* Frz.: Man muss sie dort finden.

64 *In Ciudad Trujillo, 26. August 1953*
Handschrift, ein Blatt, einseitig beschriftet.

1] *Dem Geliebten zum 27. August 1953:* Der Vorabend von Palms
43. Geburtstag.

5. »Die Lösung heisst: *Nur eine Rose als Stütze.*«
Februar 1954 bis März 1959. Deutschland, Spanien, Schweiz

1] *»auf die Dauer ... zugebilligt«:* Brief an Palm, 18. 5. 1953, Nachlass
Domin, DLA.

2] *»Da stand ... geschützt.«: Autobiographische Schriften,* S. 53.

3] *»Zunächst ... werden.«: Autobiographische Schriften,* S. 26.

4] *»Das, was der Mensch hofft, ... Jetzt musst Du alles verstehn.«:* Undatierter Brief an John Lorden, wahrscheinlich 1958, Nachlass Domin,
DLA.

5] *Cortés: Cortés und Marina*, eines der beiden Dramen von Palm, die 1951/52 entstanden. Am 12.4.1954 wurde das Stück in einem Münchner Privattheater öffentlich vorgelesen. Zu einer Aufführung kam es nicht.

65   *Aus Ciudad Trujillo nach New York, 4. Februar 1954*
Brief, Handschrift, ein Blatt, einseitig beschriftet.
1] *»All American«:* All American Cables and Radio: US-amerikanische Telegraphier- und Rundfunkanstalt mit einem Sondervertrag mit der Dominikanischen Republik. Palm ist 1953 bis 1954 Stipendiat der John Simon Guggenheim Memorial Foundation und arbeitet in New York und Washington.
2] *Consuelo:* Consuelo Prats-Ramírez, die Frau von Francisco Prats-Ramírez.
3] *Vela:* José Vela Zanetti (1913–1999), spanischer Maler, mit Palm und Domin befreundet.
4] *Und da liege ich ... Prüfung?:* Palm reagiert in einem undatierten Brief (der nach dem 7.2.1954 geschrieben worden sein muss) auf Domins Vorwürfe:»Eben kommen Deine Briefe voller Vorwürfe. Ich bin wirklich nicht schuld wenn die Post nicht ankommt und das Telegraphenbureau – Du hast ja inzwischen meine Briefe?? – Geschichten erfindet weil sie verschlampt haben auszutragen. [...] Es ging alles so gut und Du warst so vernünftig. Nun ist die Ruhe zum Arbeiten wieder weg. Wirklich, ich zittere jedesmal wenn ein Brief mit Deiner Schrift da ist. [...]« Beigelegt ist diesem Brief eine lange Aufgabenliste für Domin.

66   *Aus Oberammergau, 2. Juni 1954*
Brief, Handschrift, ein Blatt, einseitig beschriftet.
1] *»Himmelreich«:* Straßenname in Oberammergau.
2] *Johnny:* D. i. John Lorden, Domins jüngerer Bruder.
3] *»Ich vermisste Dich und war zufrieden Dich zu vermissen« (oder so ähnlich):* Domin zitiert Samuel Becketts *Warten auf Godot* aus dem Gedächtnis. In der 1953 bei Suhrkamp veröffentlichten Übersetzung von Elmar Tophoven lautet das Zitat:»Du fehltest mir, und dabei war ich doch zufrieden. Ist das nicht merkwürdig?« (S. 62)
4] *De loin ... contente:* Frz.: Von ferne, mein Kleiner, bist Du, wie ich mir Dich erträume – keine Realität, kein hartes Wort über meine Aufregungen. Ich mag Dich gern, mein Herz ist ganz sanft, ich möchte Dich küssen und um Verzeihung bitten für die Vorwürfe, die ich Dir gemacht habe – zu Recht oder nicht, das weißt nur Du – ich möchte Dich waschen mit all der Reinheit, dass das Wunder sich wiederholt und dass

Du Dich unter meinen Händen verwandelst. Ich möchte ... aber Du bist nicht hier – und darüber bin ich sehr zufrieden.

5] *»je m'en fiche des rêves de ce conejito:* Frz. und span.: Ich pfeife auf die Träume dieses kleinen Kaninchens.

6] *Je t'aime – et je suis heureuse d'être seule (pour deux jours, n'est-ce pas?):* Frz.: Ich liebe Dich – und ich bin froh, allein zu sein (zwei Tage lang, nicht wahr?).

7] *»Hochland«:* Hilde Domin: *Schale im Ofen.* In: Hochland 47, 1954, S. 14.

8] *Altolaguirreübersetzung:* In Hochland 47, 1954, erschien Manuel Altolaguirres von Palm übersetztes Gedicht *Dämmerung* (S. 335) zusammen mit Palms Übersetzung des Gedichts *Die Gärten* von Jorge Guillén (ebd.).

9] *Cronauer:* Willi Cronauer, Journalist und Filmemacher in München.

10] *Requiem:* Erwin Walter Palm: *Requiem für die Toten Europas.* Privatdruck, Ciudad Trujillo 1944.

11] *Quel jeu, l'amour!:* Frz.: Was für ein Spiel ist die Liebe!

12] *Lilo Thom:* Freundin von Domin in München, bei der sie auch zeitweilig wohnt.

13] *Just imagine:* Engl.: Stell Dir bloß vor.

14] *any age, easily. Funny:* Engl.: Gleich welchen Alters, locker. Witzig.

67 *Aus München, vermutlich nach Hamburg, 27. Juli 1954*
Brief, Handschrift, zwei Blätter, einseitig beschriftet.

1] *Geburtstag:* Domin schreibt den Brief an ihrem 45. Geburtstag.

2] *Dein Anruf:* Palm ist im Juli 1954 auf Vortragsreise durch Deutschland.

3] *si me leca, te leo:* Span.: Liest du mir, les ich dir.

4] *Heute beiliegender Brief:* Worauf Domin sich bezieht, konnte nicht ermittelt werden.

5] *on verra:* Frz.: man wird sehen.

6] *Altolaguirre:* Manuel Altolaguirre. *Siehe* S. 282.

7] *À bientôt. Je t'embrasse:* Frz.: Auf bald. Ich umarme Dich.

68 *Aus München nach Hamburg, 3. Januar 1955*
Brief, Handschrift, ein Blatt, beidseitig beschriftet.

1] *gleich als ich aufwachte ... Röntgenaufnahme:* Nachdem Palm Vorträge in Heidelberg, Mainz und Münster gehalten hat, tritt er eine Vortragsreise nach Norddeutschland, in die Niederlande (u. a. spricht er in Utrecht und Leiden) und nach Belgien (Gent, Löwen, Brüssel) an. Am Anfang dieser Reise erkrankte er (vgl. *Autobiographische Schriften*, S. 57).

2] *wie als ich von Ciudad Trujillo nach New York ins Krankenhaus musste:* Im Jahr 1947 lässt sich Domin in New York wegen einer Infektion behandeln.

3] *»keine Katze mit sieben Leben, kein Wurm, dem das verlorene Glied nachwächst, ist so zäh wie der Mensch«:* Domin zitiert ihr eigenes Gedicht *Wen es trifft*: »Keine Katze mit sieben Leben / keine Eidechse und kein Seestern / denen das verlorene Glied / nachwächst / kein zerschnittener Wurm / ist so zäh wie der Mensch« (*Gesammelte Gedichte*, S. 105).

4] *Skandinavienexpress:* Der Holland-Skandinavien-Express verkehrte über Deutschland.

69 *Aus München nach Berlin, 17. März 1955*
Brief, Handschrift, ein Blatt, beidseitig beschriftet.

1] *Prof. Kehrer:* Hugo Kehrer (1876–1967), Kunsthistoriker in München.

2] *Mimis:* Mimi Tho Rade, Münchner Kunsthändlerin, Lebensgefährtin von Domins Bruder Johnny Lorden.

3] *Cook:* Walter W. S. Cook (1888–1962), Institute of Fine Arts, New York.

4] *Merkur:* Der erwähnte Brief ist nicht auffindbar. Im vierten Heft der Zeitschrift *Merkur* (IX. Jg., 1955) erscheint von Federico García Lorca *Sang von der Zigeuner-Seguidilla* in der Übertragung von Palm (S. 333–336) sowie ein Vorabdruck des Nachworts zu *Rose aus Asche* unter dem Titel *Bemerkungen zur modernen spanischen Dichtung* (S. 381–389).

5] *Tant mieux!:* Frz.: Umso besser.

6] *Mon petit:* Frz.: Mein Kleiner.

7] *En tout cas:* Frz.: Auf jeden Fall.

8] *de bonne manière:* Frz.: Auf gute Weise.

9] *comme il faut:* Frz.: Ordentlich.

10] *as little dignified as a swooning woman:* Engl.: So wenig würdevoll wie eine Frau, die in Ohnmacht fällt.

11] *Et j'ai bien juré … de lettre:* Frz.: Ich habe Dir wohl geschworen, Dir das Leben nicht allzu leicht zu machen. Und, im Ganzen, hätte ich's nicht getan. Du brauchst beim Schreiben etwas wahrhaft Liebenswertes – oder ich werde Dich damit strafen, diese Art von Brief zu empfangen.

12] *Ne trouves-tu pas?:* Frz.: Findest Du nicht?

13] *Piperband:* Es handelt sich um die erste Ausgabe des von Palm herausgegebenen und übersetzten Bandes *Rose aus Asche. Spanische und spanisch-amerikanische Lyrik seit 1900*, der sein einziges auf dem Buchmarkt wirklich erfolgreiches Projekt bleiben wird.

70 *Aus München nach Berlin, 22. und 23. März 1955*
    Brief, Handschrift, ein Blatt, beidseitig beschriftet.
    1] *Brief aus Hannover:* In einem Brief vom 13.3.1955, Nachlass Domin, DLA, schreibt Palm über seine Eindrücke in Deutschland und sein Gefühl der Heimatlosigkeit.
    2] *Principiis obsta:* Lat.: Wehre den Anfängen!
    3] *Listen und Kärtchen für Piper:* Für die Verschickung von Exemplaren des Bandes *Rose aus Asche. Siehe* Brief Nr. 69 (Seite 269–273).
    4] *Schulz:* Vermutlich Dr. Günter Schulz aus Bremen, der mit Palm und Domin befreundet ist.
    5] *Cortés: Cortés und Marina*, Drama von Palm. *Siehe* S. 259.
    6] *Dr. de la Roy:* D. i. Rudolf de le Roi, Vorstand des Kulturkreises der deutschen Wirtschaft im BDI.
    7] *Bahlinger:* Herbert Bahlinger, Leiter der Abteilung Kulturelles Wort beim Südwestfunk, Baden-Baden.

71 *Aus München nach Zürich, 23. März 1955*
    Brief, Handschrift, ein Blatt, beidseitig beschriftet.
    1] <u>*Schreibe Bergolds:*</u> Domin wohnt in München bei Familie Bergold in der Tengstraße 44. Werner Bergold war Dramaturg der Münchner Kammerspiele.
    2] *Ich habe Dir viele, ... Rückkehr:* Am 7.3.1955 wird bei Domin eine Ausschabung vorgenommen, um sicherzugehen, dass sie keinen Krebs hat. Am 1.3.1955 schreibt sie Palm: »Passiert ist eigentlich bis jetzt nichts, als wieder, wie damals, die verdammte Blutsenkung, und auch sonst scheint das Blutbild hinsichtlich der Lymphgefässe in Unordnung. Die Ursache kann, auch hier, ungefährlicher Natur sein.« Nach der Operation berichtet sie ihrem Mann am 11.3.1955: »Also, das Herausgeschabte des Dr. Maulwurf ist <u>o. k.</u> Eine unnütze Operation, aber diese Sicherheit hat man. Weitere Versuche den Blutbefund zu klären zunächst auf April verschoben.« (Nachlass Domin, DLA)

72 *Aus Seeshaupt nach Heidelberg, vermutlich 12. Mai 1955*
    Brief, Handschrift, ein Blatt, beidseitig beschriftet.
    1] *conejito:* Span.: kleines Kaninchen.
    2] *Peter, Xenia und den Minotaurus:* Es handelt sich um Personen aus dem Drama *Theseus im Labyrinth* von Palm, das am 24.5. und am 2.6.1955 im HEAG Saal des Landestheaters Darmstadt aufgeführt wurde, inszeniert von Klaus Bremer. In den Wochen zuvor pendelt Palm zwischen Heidelberg und Darmstadt.
    3] *On ne sait jamais:* Frz.: Man kann nie wissen.
    4] *ce petit choque si doux:* Frz.: diesen einen kleinen, so süßen Schock.

5] *Je t'aime bien:* Frz.: Ich liebe dich sehr.

6] *Frau Schürer:* Dr. Elisabeth Schürer-v. Witzleben, Seeshaupt.

7] *Suis un peu bon avec moi:* Fehlerhaft, frz.: Sei ein bisschen gut zu mir.

73 *Auf Reisen in Spanien nach Madrid*
Brief, Handschrift, ein Blatt, beidseitig beschriftet.

1] *Taf:* TAF: Bezeichnung der Diesel-Triebzüge, die in Spanien seit 1951 eingesetzt wurden.

2] *Gilette azul:* Azul ist die Typenbezeichnung für einen bestimmten Gillette-Rasierer.

74 *Aus Fuengirola nach Madrid, 10. Februar 1957*
Brief, Typoskript mit handschriftlichen Korrekturen und Ergänzungen, ein Blatt, beidseitig beschriftet.

1] *»La Verdad«:* Bucht, nördlich von Fuengirola.

2] *C'est ça:* Frz.: So ist es.

3] *recibo:* Span.: Quittung, Empfangsbescheinigung.

4] *to hell with them:* Engl.: zur Hölle mit ihnen.

5] *Ayds:* Eine appetitstillende Süßigkeit, die 1946 ins amerikanische Warenregister eingetragen wurde und in verschiedenen Geschmacksvarianten erhältlich war, u. a. in Karamell.

6] *bien entendu:* Frz.: Wohl verstanden.

7] *»Así que pasan«: Así que pasen cinco años* (dt. *Sobald fünf Jahre vergehen*), Drama von Federico García Lorca, entstanden 1929/30.

8] *Rafael Laffon:* Schriftsteller aus Sevilla.

9] *Alto:* Gemeint ist der mit Palm und Domin befreundete Lyriker Manuel Altolaguirre (1905–1959). In dem von Palm herausgegebenen Band *Rose aus Asche* finden sich drei Gedichte von ihm.

10] *Bernabé:* Bernabé Fernández Canivell ist der Herausgeber der Zeitschrift *Caracola*, Málaga. Die Zeitschrift veröffentlicht zwischen 1955 und 1957 Gedichte Domins in spanischer Übersetzung.

11] *Aleixandre:* Vicente Aleixandre, spanischer Dichter und Freund von Palm und Domin. Das DLA besitzt drei Bücher von Aleixandre mit herzlichen Widmungen für Domin und Palm. In dem Band *Rose aus Asche* findet sich ein Gedicht von ihm.

12] *Gerda:* Vermutlich Gerda Miessner, Bekannte von Palm und Domin in Madrid.

13] *Eben will ich den Film ... transparent genug:* nachträglich eingefügt.

14] *I'll try as hard as I can:* Engl.: Ich werde mir alle Mühe geben.

15] *colchón:* Span.: Matratze.

16] *mientras tanto:* Span.: In der Zwischenzeit.

75   *Aus Oberammergau nach Madrid, 25. September 1957*
Brief, Handschrift, ein Faltblatt, beidseitig beschriftet.

76   *Aus Oberammergau nach Madrid*
Brief, Handschrift, ein Blatt, beidseitig beschriftet.

1] *Nicht bei Doll, sondern bei Albe:* Vermutlich Pensionen in der Straße
»Himmelreich« in Oberammergau.

2] *Noldeausstellung:* Gemeint ist die »Gedächtnisausstellung Emil
Nolde«, die am 24. 9. 1957 im Haus der Kunst, München, eröffnet wird.

3] *Dammann:* Anna Dammann (1912–1993), Schauspielerin und Rezi-
tatorin in München.

4] *Bergolds: Siehe* Anmerkung 1 zu Brief Nr. 71 (Seite 366).

5] *Bachmann:* Ingeborg Bachmann arbeitet von September 1957 bis
Mai 1958 als Dramaturgin beim Bayerischen Fernsehen in München, wo
sie in dieser Zeit auch lebt (vgl. Ingeborg Bachmann – Paul Celan: *Herz-
zeit. Briefwechsel.* Hg. von Bertrand Badiou, Hans Höller, Andrea Stoll
und Barbara Wiedemann, Frankfurt a. M. 2008, S. 366). – Domin erinnert sich 1981, sie in einem Café in der Tengstraße getroffen zu haben
(*Autobiographische Schriften*, S. 57). In Domins Nachlass finden sich
einige kurze, kollegiale Briefe von Bachmann.

6] *Aichinger:* Domin fühlt sich dem Schriftsteller-Ehepaar Ilse Aichinger und Günter Eich seit 1954 freundschaftlich verbunden. *Siehe* Anmerkung 5 zu Brief Nr. 79 (Seite 370).

7] *Hentze:* Mit dem Komponisten Hans Werner Henze (geb. 1926) verbindet Ingeborg Bachmann eine enge Freundschaft. Vgl. Ingeborg Bachmann, Hans Werner Henze, *Briefe einer Freundschaft*. Piper Verlag,
München 2004.

8] *»Was ihr wollt«:* Wahrscheinlich hat Domin Fritz Kortners Inszenie-
rung von Shakespeares Drama an den Münchner Kammerspielen gesehen, die am 20. 7. 1957 Premiere hatte.

9] *Sabeth:* Elisabeth Bergner (1897–1986), Schauspielerin an den
Münchner Kammerspielen.

10] *Minne:* Minne Bodenhorst, Tänzerin, die bei Mary Wigman ausge-
bildet wurde. Domin hat sie 1957 an der Küste von Málaga kennengelernt.

11] *Quoi faire?:* Frz.: Was tun?

12] *Je t'aime:* Frz.: Ich liebe dich.

13] *A ver!:* Span.: Mal sehen!

77 *Aus Oberammergau nach Frankfurt a. M., 28. Mai 1958*
Brief, Typoskript mit handschriftlichen Korrekturen, ein Blatt, einseitig beschriftet.

1] *Geschichte:* Die Anlage konnte nicht gefunden werden, vermutlich handelte es sich um Domins Kurzgeschichte *Die andalusische Katze.*

2] *Mon petit:* Frz.: Mein Kleiner.

3] *Deinem Stück:* Es konnte nicht ermittelt werden, welches wahrscheinlich nicht beendete Drama von Palm Domin kritisiert.

4] *c'est à dire:* Frz.: sozusagen.

5] *Minne:* Minne Bodenhorst. *Siehe* Brief Nr. 76 (Seite 285–286).

6] *just for the case:* Engl.: nur für den Fall.

78 *Aus Frankfurt a. M. nach Berlin, 13. Juli 1958*
Brief, Typoskript mit handschriftlichen Korrekturen, zwei Blätter, einseitig beschriftet.

1] *Rudolf:* Rudolf Hirsch, Verlagsleiter von S. Fischer. *Siehe* S. 256 f.

2] *bajar el tono:* Span.: Den Ton dämpfen.

3] *Was das Verlegerische angeht ... im Herbst).:* Es geht um die Herausgabe von Domins erstem Gedichtband, der schließlich im Herbst 1959 bei S. Fischer herauskommt. Die »Geschichten« werden nie in der von ihr zu diesem Zeitpunkt geplanten Form herauskommen.

4] *Demus:* Klaus Demus (geb. 1927), Lyriker und Kunsthistoriker.

5] *Boehlich–Unseld–Akzente:* Worauf Domin konkret anspielt, konnte nicht ermittelt werden, vermutlich geht es um ablehnende Urteile von Walter Höllerer (1922–2003), dem Herausgeber der *Akzente,* und der beiden Suhrkamp-Mitarbeiter Walter Boehlich (1921–2006) und Siegfried Unseld (1924–2002) über Gedichte von Palm und Domin.

6] *a nunca jamás:* Span., sinngemäß: auf Nimmerwiedersehen.

7] *Frau Fischer:* Brigitte Bermann Fischer (1905–1991), Verlegerin, Tochter von Samuel Fischer und Ehefrau von Gottfried Bermann Fischer.

8] *Bernhard:* Von Thomas Bernhard erscheint im S. Fischer Verlag der Band *die rosen der einöde. fünf sätze für ballett, stimmen und orchester* (1959).

9] *Celan:* Paul Celan (1920–1970), Lyriker und Übersetzer.

10] *Minne:* Minne Bodenhorst. *Siehe* Brief Nr. 76 (Seite 285–286).

11] *Riemerschmidt:* Ulrich Riemerschmidt, Verleger.

12] *Tochter Grisebach:* Hannah Grisebach und ihre Familie, Bekannte in Heidelberg, bei denen Palm zeitweilig wohnt.

13] *Frau Fonrobert:* Dr. Fonrobert, Arzt in Frankfurt a. M., bei dem Palm zeitweilig gewohnt hat.

14] *an:* Im Typoskript: ein.

15] *(Sie haben gesagt C. a- und C b, entweder oder):* Nicht ermittelt.

16] *Piperband corrigiert:* Gemeint ist die Neuauflage des Bandes *Rose aus Asche.*

79   *Aus Astano (Tessin) nach Madrid, 9. März 1959*
Brief, Typoskript mit handschriftlichen Korrekturen, ein Blatt, einseitig beschriftet.

1] *FGG März eingetroffen:* Seit dem 1.11.1958 kann Palm seine wissenschaftlichen Arbeiten in Spanien mit Unterstützung der Deutschen Forschungsgemeinschaft durchführen. FGG dürfte für Forschungsgemeinschaftsgeld stehen.

2] *Mit einer Rose als Balanzierstab:* Domin tippt zunächst *Balanzierstange* und korrigiert das Wort dann handschriftlich.

3] *Paatz:* Walter Paatz (1902–1978), Kunsthistoriker in Heidelberg.

4] *den Eich:* Günter Eichs Gedichtband *Abgelegene Gehöfte* (1948) gehörte neben Jahnns *Holzschiff* (1949) und Benns *Statischen Gedichten* (1948) zu den ersten deutschen Nachkriegsbüchern, die Domin las. Eich war auch der erste Dichter, den sie 1954 in Deutschland persönlich kennenlernte (vgl. *Gesammelte Essays*, S. 44). Sein Band *Stimmen. 7 Spiele* erschien 1958 im Frankfurter Suhrkamp Verlag. Er enthält u. a. die beiden Hörspiele *Die Brandung von Setubal* (S. 327–374) und *Festianus, Märtyrer* (S. 277–326).

5] *Eichinger:* Ilse Aichinger, seit 1953 mit Günter Eich verheiratet. Zusammen hatten die beiden zwei Kinder: Clemens (1954–1998) und Mirjam (geb. 1957).

6] *Te beso, mon petit, cariñosamente:* Span. und franz.: Ich küsse Dich, mein Kleiner, zärtlichst.

80   *Aus Astano (Tessin) nach Madrid, 11. März 1959*
Brief (unvollständig), Typoskript mit handschriftlichen Korrekturen, ein Blatt, einseitig beschriftet.

1] *Morgen bei Hesse zum Tee:* Der Besuch bei Hermann Hesse in Montagnola findet am 13. März statt.

2] *Dein[e] nr. 18:* Palms Brief Nr. 18 datiert vom 6., 7. und 8.3.1959, Nachlass Domin, DLA.

3] *Frau Jahn:* Gertrud Jahn, Bekannte Domins aus Seeshaupt.

4] *Einladung zum Tee:* Domin hat Hermann Hesses Bücher seit ihrer Jugend gelesen. In *Besuch bei Hermann Hesse* schreibt sie 1959: »Als Deutschland für uns von der Landkarte gestrichen war, war Hermann Hesse nicht mitgestrichen worden. Man konnte ihm sogar schreiben, und er antwortete auch. Er übernahm es, das Gegenüber zu sein, der Ältere, an den ein ganz junger Dichter sich wenden durfte – ich rede hier von anderen –, und insofern er da war, war es fast, als sei Deutschland noch da. Auch wenn auf dem Brief eine Schweizer Briefmarke war. Er selber hat wohl kaum ermessen können, was das bedeutet.« (*Autobiographische Schriften*, S. 41) In den Nachlässen von Domin und Palm sind mehrere Briefe von Hesse überliefert. Palm hatte bereits aus Italien einige seiner Gedichte an Hesse geschickt. Hesse hatte am 24. 1. 1938 geantwortet: »Ich finde Ihre Gedichte schön und sehr des Lesens wert, man spürt Mittelmeer und Antike segensreich im Hintergrund, ich würde einem Verleger sehr zum Druck raten.« (Nachlass Palm, DLA)

5] *»fleur point prévue dans la botanique de la réalité«:* Frz.: eine Blume, die in der Botanik der Realität kaum vorgesehen ist.

6] *dixi:* Lat.: ich habe es gesagt.

7] *Bienenkorb:* Als ›Bienenkorb‹ wird das Frankfurter Hochhaus an der Konstablerwache bezeichnet, in dem sich der S. Fischer Verlag damals befand.

8] *Ulmer:* Handschriftlich ergänzt: Nosak. – Domin meint den Roman *Der jüngere Bruder* des später mit Palm und Domin befreundeten Schriftstellers Hans Erich Nossack (1901–1977), der 1958 im Frankfurter Suhrkamp Verlag erscheint. Von 1956 bis 1961 lebt Nossack in Aystetten bei Augsburg.

9] *Eich[-]Lorca:* Worauf sich die Bemerkung »Eich-Lorca« bezieht, konnte nicht ermittelt werden. Palm hat schon seit langem vor, seine Lorca-Übersetzungen und auch eine Lorca-Monographie herauszugeben. Am 6. 4. 1956 schreibt er an Siegfried Unseld (Suhrkamp Verlag): »Ich habe auch den Aufenthalt in Madrid wahrgenommen, um mir von Lorcas Erben noch einmal ausdrücklich das Recht bestätigen zu lassen, innerhalb einer literarischen Würdigung seines Werks Gedichte in meiner Übertragung herausbringen zu dürfen. [...] Wir hätten also keinerlei Schwierigkeiten von Seiten von Enrique Beck zu befürchten.« (Nachlass Palm, DLA)

10] *Boehlich:* Walter Boehlich (1921–2006), Literaturkritiker und Chefredakteur des Suhrkamp Verlags.

11] *Rossmann:* Kurt Rossmann, Philosoph.

12] *Die Anmerkung der »Objektivität« in diesem Klima!:* Nicht ermittelt.

13] *Johnny:* John Lorden, Domins jüngerer Bruder.

14] *Festianus:* Gemeint ist Günter Eichs Hörspiel *Festianus, Märtyrer.* Siehe Anmerkung 4 zu Brief Nr. 79 (Seite 370).

15] *»Guten Gotts«:* Ingeborg Bachmann: *Der gute Gott von Manhattan. Hörspiel.* Erstsendung: BR und NDR, 29. 5. 1958.

16] *Siehe Extrablättchen, betreffs Details:* Dieses Blatt ist nicht überliefert.

81   *Aus Astano (Tessin) nach Madrid, 14. März 1959*
Brief, Typoskript mit handschriftlichen Korrekturen, ein Blatt, beidseitig beschriftet.

1] *Ormondsache:* Henry Ormond (1901–1973) ist ein Frankfurter Anwalt, dem Palm seine Wiedergutmachungsangelegenheiten anvertraut.
1939–1945 lebte Ormond im Exil.

2] *Die Frau reizend, wohl eine Ostjüdin:* Ninon Hesse – geb. 1895 als Ninon Ausländer in Czernowitz – war Kunsthistorikerin und die dritte Ehefrau von Hermann Hesse, sie starb 1966.

3] *Dworschak:* Max Dvořák (1874–1921), tschechischer Kunsthistoriker, seit 1909 Universitätsprofessor in Wien.

4] *Schott:* Rolf Schott (1891–1977), Kunsthistoriker und Schriftsteller, lebt seit 1933 in Rom.

5] *gehuddelte Aufzeichnung[en]:* Dem Brief liegt ein dreiseitiges Typoskript bei, eine erste Fassung des 1977 erstmals veröffentlichten Essays *Besuch bei Hermann Hesse.* In: *Autobiographische Schriften,* S. 41–47.

6] *Tu verrás:* Frz.: Du wirst sehen.

7] *Hernández:* Miguel Hernández (1910–1942), span. Dichter.

8] *Sto. Domingo:* Im Typoskript: Szo. Dominho.

9] *Rychner:* Max Rychner (1897–1965), Kulturredakteur der *Tat* in Zürich.

10] *Alberti:* Rafael Alberti (1902–1999) hat Palm 1949 in Argentinien persönlich kennengelernt. 1960 erschien im Suhrkamp Verlag die von Palm herausgegebene Gedichtsammlung *Zu Lande zu Wasser.*

11] *Schaezler:* Karl Schaezler (1900–?), Schriftleiter der Zeitschrift *Hochland.*

12] *Lope:* Im Münchner Piper Verlag erscheint der von Palm herausgegebene und übersetzte Lope-de-Vega-Band *Wir leben in zwei Zeiten.*

13] *Höllerer:* Walter Höllerer (1922–2003), Literaturwissenschaftler, Schriftsteller und Herausgeber der *Akzente.*

14] *Enzensberger:* Hans Magnus Enzensberger (geb. 1929), Lyriker und Essayist.

15] *Gefesselten:* Domin meint den Erzählungsband *Die Gefesselten* von Ilse Aichinger, der 1953 bei S. Fischer erschienen ist.

16] *Stimmen:* Siehe Anmerkung 4 zu Brief Nr. 79 (Seite 370).

17] *Gatto n n ci cova!:* Bedeutung unklar. Domin spielt mit der ital. Redensart »qui gatta ci cova«, die wörtlich so viel bedeutet wie »hier brütet die Katze etwas aus« und sinngemäß mit »hier ist etwas faul« übertragen werden könnte. Bei »n n« handelt es sich vermutlich um die Verneinung. So wäre der Einschub als Versicherung zu verstehen, dass alles in Ordnung ist.

18] *lobos esteparios:* Span.: Steppenwölfe. – Anspielung auf Hesses Roman *Der Steppenwolf* von 1927.

19] *finocchio:* Ital.: Fenchel.

20] *Wie heisst sein Buch mit dem Weg:* Domin meint den 1913 erschienenen Band *Dunkle Gänge. Zwölf Geschichten aus Nacht und Schatten* von Alexander Moritz Frey (1881–1957).

21] *A. and U:* Nicht ermittelt.

22] *why not?:* Engl.: Warum nicht?

23] *Te beso, petit:* Span. und frz.: Ich küsse Dich, Kleiner.

24] *Tuya:* Span.: Deine.

82 *Aus Astano (Tessin) nach Madrid*
Brief, Typoskript mit handschriftlichen Korrekturen, zwei Blätter, einseitig beschriftet.

1] *dachte:* Im Typoskript: radchte.

2] *vasura:* D.i. der Müll.

3] *Elisabeths:* Vermutlich spielt Domin auf ihre Freundin Elisabeth Bergner an.

4] *Mimote:* Spitzname für Mimi Tho Rade, die Lebensgefährtin von Domins Bruder John Lorden.

5] *MSS:* Abk.: Manuskripte.

6] *Falkenberg:* Hans-Geert Falkenberg (1919–2005), Cheflektor im S. Fischer Verlag.

7] *por supuesto:* Span.: selbstverständlich.

8] *tant mieux:* Frz.: umso besser.

9] *Freys Buch, das mit den Wegen?: Siehe* Brief Nr. 81 (Seite 297–300).

10] *Fenchel:* Im Typoskript: Fenschel.

11] *peut-être:* Frz.: vielleicht.

12] *Te beso. Cariññños:* Span.: Ich küsse Dich. Liebevoll (cariñosa) oder Liebling (cariño).

Personenregister

Adorno, Theodor W. 298
Aichinger, Ilse 10, 285, 294, 368, 370, 372
Alberti, Rafael 299, 372
Aleixandre, Vicente 282, 314, 367
Altolaguirre, Manuel (»Alto«) 266, 268, 282, 364, 367
Amiana, Manuel A. (»Cundo«) 218, 224, 229
Aquin, Thomas von 338
Aristophanes 332
Arlt, Gustave O. 196, 351
Auden, Wystan Hugh 200
Augustus 104, 336

Bachmann, Ingeborg 10, 285, 296, 368, 371
Baeza Flores, Alberto 16 f.
Bahlinger, Herbert 275, 366
Barnek, Irene 77
Battara, Pietro 102, 108, 331
Baudelaire, Charles 323
Baumgarten, Fam. 92, 329
Beck, Enrique 371
Beckett, Samuel 265, 363
Beethoven, Ludwig van 105
Benjamin, Walter 323
Bergner, Elisabeth (»Sabeth«) 286, 301, 368, 373
Bergold, Werner 276, 285, 366, 368
Bergsträsser, Arnold 58, 60 f., 326
Bermann Fischer, Brigitte 289, 292, 369
Bermann Fischer, Gottfried 159, 197 f., 313, 350, 351, 369
Bernhard, Thomas 290, 369

Bignone, Ettore 331
Blumenthal, Carrie 193, 350
Bodenhorst, Minne 286, 288, 290, 368, 369
Boehlich, Walter 289, 296, 369, 371
Böll, Heinrich 10
Bontempelli, Massimo 134, 338
Borchardt, Rudolf 41, 323
Bottai, Giuseppe 84, 113, 116, 334
Boyrie de Moya, Emil 217, 220, 352
Braus, Frieda 58, 326
Brecht, Bertolt 293
Bremer, Klaus 366
Breton, André 158, 313
Brinkmann, Nikola 324, 329
Buber, Martin 12
Burckhardt, Jacob 328
Bürger, Gottfried August 337 f.
Burkart, Karl 26, 319

Caló, Giovanni 104 f., 331
Canivell, Bernabé Fernández 367
Carrera Andrade, Jorge 9
Casanova, Giovanni 107, 109, 113, 330, 345
Casanova, Ida 96, 103, 107–109, 113–115, 169, 330 f., 345
Caspari, Ernst 40, 164, 323, 344
Celan, Paul 15 f., 290, 368, 369
Chapi Casal, Enrique 167, 345
Chaplin, Charlie 159
Churchill, Winston Spencer 147, 225
Ciaceri, Emanuele 134, 338
Cicala, Salvatore 102, 330

Cook, Walter W. S. 269, 365
Cronauer, Willi 266, 364
Cundo → Amiana

D'Annunzio, Gabriele 84f., 105, 329
Dammann, Anna 285, 368
Demus, Klaus 289, 369
Diebold, Bernhard 36, 62, 322, 326
Duarte, Juan Pablo 215, 355
Duse, Eleanora 86, 359
Dvorák, Max 298, 372

Eich, Clemens 294, 370
Eich, Günter 10, 293f., 296, 300, 302, 368, 370, 371
Eich, Mirjam 294, 370
Eisenbürger, Gert 339, 342, 344, 346
Enzensberger, Hans Magnus 300, 372

Falkenberg, Hans-Geert 302, 373
Feriozzi, A. 93, 329
Fischer, Samuel 369
Fonrobert, Fam. 291, 369
Fraenkel, Eduard 26, 67, 327
François-Poncet, André 213
Fränkel, Hermann 26
Frey, Alexander Moritz 300, 303, 373
Friedrich II. der Große, König von Preussen 65, 134, 338

Galindez, Jesus 190, 349
García Lorca, Federico 9, 144f., 148, 190, 197f., 281, 296, 312, 365, 367, 371
George, Stefan 11, 27, 285, 323, 327
Gerstel, Achim 24, 53f., 325

Gide, André 34–36, 48, 321f, 324
Gili, Joan 144
Göring, Hermann 64
Goethe, Johann Wolfgang von 26, 34, 40, 42, 67, 72, 184, 210, 293, 321, 323, 325, 354
Goll, Yvan 12, 159
Gomez Mena, Maria Luisa, Condesa de Revilla Camargo 237
Green, Julien 299
Grisebach, Hannah 291, 369
Guggenheim, John Simon 262, 314, 363
Guillén, Jorge 364
Gundolf, Friedrich 26, 320

Hartung, Harald 324, 329
Heine, Heinrich 34, 47, 321, 324
Henze, Hans Werner 285, 368
Heraklit 49, 324
Hermann, Georg (Autor des Romans *Jettchen Gebert*) 44, 324
Hernández, Miguel 299, 372
Hesse, Hermann 10, 12, 294, 298–300, 315, 370f., 372, 373
Hesse, Ninon 298f., 372
Hindemith, Paul 159
Hirsch, Rudolf 256, 258–262, 289, 291, 315, 369
Hitler, Adolf 64f., 83–85, 87, 312, 340
Hölderlin, Friedrich 13, 337
Höllerer, Walter 299, 369, 372
Homer 41
Hostos, Eugenio Maria de 216, 356
Hugenberg, Alfred 63

Ibarra, Margarita 188, 349
Iwanow, Wjatscheslaw 361

Jahn, Gertrud 294, 296, 370
Jaspers, Karl 21, 25–27, 32, 49,
 191, 319, 333, 349 f.
Joyce, James 200
Jünger, Ernst 328

Kant, Immanuel 25, 26, 56, 319
Kassner, Rudolf 177 f., 347
Kästner, Erich 92, 324, 329
Kehrer, Hugo 269 f., 365
Kipling, Rudyard 148, 340
Klages, Ludwig 106, 109 f., 332
Klauser, Theodor 255
Klingenstein, Gustav 51, 59, 325 f.
Knopf, Alfred A. 198, 352
Kolmar, Grete 222
Kortner, Fritz 368
Kracauer, Siegfried 79, 328
Krautheimer, Richard 159, 208,
 313, 353
Krewer, Paula 124 f., 129, 136,
 336

Laffon, Rafael 282, 367
Landshoff, Fritz Helmut 197 f.,
 351
Lehmann, Rosamond 251, 362
Leonardo da Vinci 330
Lichtenberg, Georg Christoph
 133, 337 f.
Lilienfeld, Hilde 138
Linfield, Marie-Luisa (»Tante
 Liese«) 69, 118, 139, 327, 335,
 339, 351
Locke, Constance 174, 346
Locke, Philipp 346
Lorden, John (»Johnny«, d. i.
 Hans Löwenstein, Bruder
 Domins) 127, 157, 162, 224 f.,
 255, 257, 265, 268, 286, 289, 296,
 301, 311, 318, 337, 340, 344, 351,
 357, 362 f., 365, 371, 373

Löwenstein, Eugen (Vater
 Domins, »Paps«, »Vati«) 89,
 91 f., 98, 102, 180, 311, 313, 329,
 341, 347, 349
Löwenstein, Hans → Lorden,
 John
Löwenstein, Paula (Mutter
 Domins, »Mutti«, »Mam«) 28,
 45, 66 f., 70, 76, 92–93, 98–101,
 139, 172, 174, 188, 190–196,
 199–201, 203, 205, 221, 223,
 232, 289, 311, 313 f., 327, 329,
 339 f., 342, 349 f.
Lucrez 125, 337
Ludwig, Emil 158, 217, 313, 343,
 356
Lugo, Américo 229 f., 352, 358
Lugo, Chilin 199 f., 352

Machiavelli, Niccoló 86, 312
Manasse, Richard 56, 67, 325
Mandelstam, Ossip 15
Mann, Thomas 12, 159, 191, 318,
 350, 351
Mannheim, Karl 26, 108, 319, 333
Marc Aurel 120, 128
Marnau, Arthur 280
Miessner, Gerda 282, 367
Molo, Walter von 191, 350
Morand, Paul 194, 350
Mozart, Wolfgang Amadeus 184
Müller, Kurt 26
Mussolini, Benito 84, 334

Neruda, Pablo 9
Niederheiser, Eugen 51, 325
Nietzsche, Friedrich 107, 332
Nolde, Emil 285, 368
Nossack, Hans Erich 10, 295, 371

Olschki, Leonardo 61, 326
Oppenheim, Gretl 195

Oppermann, Hans 24, 319
Ormond, Henry 297, 372
Ovid 86, 110, 312

Paatz, Walter 293, 370
Paganini, Niccoló 104
Palm, Anna (Stiefmutter Palms)
    87, 114, 132, 137, 139, 157, 311,
    334, 337, 339, 342
Palm, Arthur (Vater Palms) 27, 57,
    87, 311, 312, 339
Panchito → Prats-Ramirez,
    Francisco
Papen, Franz von 62–64
Paulus 85
Perez, Juan Tomas 168, 345
Peron, Juan 352
Petronius 51, 325
Pflaum, Hans Georg 68, 77, 327f.
Piscator, Erwin 159, 313
Platon 22f., 41, 107, 347
Plotke, Karl 67, 327
Pontanus 26, 312
Prats-Ramirez, Consuelo 264,
    363
Prats-Ramirez, Francisco
    (»Panchito«) 212f., 354, 355,
    363

Radbruch, Gustav 65, 326
Raynal, Paul 123, 125, 336
Regenbogen, Otto 26–28
Remarque, Erich Maria 188
Renata, Irina 24, 319
Riemerschmidt, Ulrich 291, 369
Rilke, Rainer Maria 87f., 161,
    348
Rockefeller, Nelson 199
Robitschek, Inge 200, 344, 352
Rodriquez Demorizi, Emilio 356
Rolion, Chan 212, 354
Rossmann, Kurt 296, 371

Roth, Joseph 36f., 322
Roi, Rudolf de le 275, 366
Rychner, Max 299, 372

Sabata, Victor de 104f., 331
Sachs, Nelly 10
Salis, Arnold von 26, 325
Sánchez, Tongo 215, 217, 220, 224,
    356
Sapori, Armando 86, 312
Sartre, Jean-Paul 161, 213, 355
Schaezler, Karl 299, 372
Schleiermacher, Friedrich 293
Scheu, Karl 59, 326
Schiff, Bertha 342
Schiff-Warburg, Frieda 159, 161,
    203, 238, 342, 343f., 352
Schmidt, Karl Ludwig 85
Schmiedel, Max 38, 323, 326
Schnyder, Peter 322
Schönberg, Arnold 12
Schöningh, Franz Joseph 256,
    314
Schopenhauer, Arthur 67
Schott, Rolf 298, 372
Schubert, Franz 104, 331
Schulz, Günter 275, 366
Schulze, Harry 23, 49, 324
Schuster, Max 198, 352
Schürer von Witzleben, Elisabeth
    278, 367
Seaver, Edwin 197, 351
Seeley, Frank F. 152, 341
Seneca 125, 337
Shakespeare, William 293, 368
Silberberg, Kaethe 24, 319, 325,
    338
Simon, Richard L. 198, 352
Spender, Stephen 144
Stechow, Wolfgang 209, 353
Stein, Otto 200
Steiner, Herbert 198, 352

Stifter, Adalbert 213
Strasser, Gregor 62
Strauss, Richard 104, 331
Strong, Eugenie 121, 336

Täubler, Eugen 26
Theis, Raimund 322
Thibaut, Anton Friedrich Justus
40, 323
Thom, Lilo 266, 364
Tho Rade, Mimi (»Mimote«) 269,
275, 301, 365, 373
Tiepolo, Giovanni Battista 95
Tischbein, Johann Heinrich
Wilhelm 72
Tongo → Sánchez
Trujillo, Hector 313
Trujillo, Rafael Leónidas 147, 313,
349, 356, 358
Tucholsky, Kurt 47, 324

Unamuno y Jugo, Miguel de 148,
169, 340, 345
Unseld, Siegfried 289, 296, 369,
371
Usener, Hermann 110, 333

Valéry, Paul 161, 181, 348
Vallejo, César 9
Vega, Lope de 299, 372
Vergil 24, 319

Wagner, Richard 30, 185, 331,
348 f.
Weber, Max 46
Weissberger, Jose A. 197, 351
Werfel, Franz 351
Wesendonck, Mathilde 349
Whitman, Walt 148, 340
Wilamovitz-Moellendorff, Ulrich
von 110, 333
Wirz, Erna 170, 345
Wirz, Paul 170, 174, 345, 346
Wolff, Kurt 198, 352
Wölfflin, Heinrich 68, 327
Wolfskehl, Karl 12

Zamora, G. 300
Zanetti, Jose Vela 264 f., 357, 363
Zimmer, Christiane 198, 323, 351
Zimmer, Heinrich 198, 323, 351
Zuckmayer, Carl 43, 324

fi 555 005 / 7 / a

Hilde Domin im S. Fischer Verlag

Prosa

Gesammelte autobiographische Schriften
Fast ein Lebenslauf

Gesammelte Essays
Heimat in der Sprache

Zu ihrem 80. Geburtstag
hat Hilde Domin ihre autobiographischen Schriften und
ihre Essays neu zusammengestellt und gegenüber
früheren Ausgaben erheblich erweitert.
Diese beiden Bände bieten
einen vollständigen Blick auf Leben und Denken
einer Autorin, die eine engagierte Zeugin
dieses Jahrhunderts ist.

Die Liebe im Exil
Briefe an Erwin Walter Palm
aus den Jahren 1931-1959

fi 555 005 / 2 / b

Hilde Domin im Fischer Taschenbuch Verlag

Lyrik

Nur eine Rose als Stütze
Band 12207

Rückkehr der Schiffe
Band 12208

Hier
Band 12206

Ich will dich
Band 12209

»Am ehesten überlebt, was Nachkommen
und Geschlechtern die Vergangenheit fast handgreiflich
nahebringt. Ich denke, daß unsere Urenkel in Hilde Domins
Werken die Botschaft einer wunderbar schöpferischen und
abscheulich zerstörerischen Epoche finden werden,
in der man es oft nötig hatte, nach einem Halt zu suchen
und ›eine Rose als Stütze‹ zu wählen.«
Manès Sperber

fi 555 005 / 10 / c